高等学校"十三五"规划教材

西安电子科技大学立项教材

网络营销与案例分析

主　编　李　琳

副主编　赵　江

西安电子科技大学出版社

内 容 简 介

本书共 3 篇 21 章,分别从网络营销基础与案例、网络营销方法与案例和互联网创新营销与案例这 3 个角度,系统地介绍了网络营销基本理论与知识、网络营销实践与应用、互联网创新营销的理论与实践等内容。本书借鉴了国内外同类教材的经验,系作者在实践与研究中收集和总结国内外网络营销案例汇集而成的,旨在借助对这些经典案例与最新案例的分析,帮助读者理解网络营销的理论与实践知识,掌握在互联网电子商务发展环境下如何正确地设计和运营网络营销的相关业务。

本书可以作为高等院校电子商务及市场营销等专业的本科教材,也可作为研究生教材,还可作为企业管理人员及网络营销岗位工作人员的学习用书。

图书在版编目(CIP)数据

网络营销与案例分析 / 李琳主编. —西安:西安电子科技大学出版社,2019.4
ISBN 978-7-5606-5289-4

Ⅰ. ① 网… Ⅱ. ① 李… Ⅲ. ① 网络营销—案例 Ⅳ. ①F713.365.2

中国版本图书馆 CIP 数据核字(2019)第 055707 号

策划编辑 戚文艳
责任编辑 武伟婵
出版发行 西安电子科技大学出版社(西安市太白南路 2 号)
电 话 (029)88242885 88201467   邮 编 710071
网 址 www.xduph.com   电子邮箱 xdupfxb001@163.com
经 销 新华书店
印刷单位 咸阳华盛印务有限责任公司
版 次 2019 年 4 月第 1 版 2019 年 4 月第 1 次印刷
开 本 787 毫米×1092 毫米 1/16 印 张 19.375
字 数 459 千字
印 数 1~3000 册
定 价 45.00 元

ISBN 978 - 7 - 5606 - 5289 - 4 / F

XDUP 5591001-1

如有印装问题可调换

前　言

　　互联网与移动互联网的迅速崛起，深刻改变着现实社会生活的各个方面。从国家政治、军事到日常衣食住行，这张无形的网包罗了我们能想到的所有领域。广大消费者也越来越习惯于用互联网来从事商业活动。截至 2018 年 7 月，我国网民规模已达 8.02 亿人，互联网普及率为 57.7%，其中我国网络购物用户和使用网上支付的用户占总体网民的比例均为 71.0%。随着电子商务的蓬勃发展，企业管理者和创业者越来越重视采用先进的技术手段和新的商业模式开展业务以及拓展商业空间，如何在网络时代谋求更快的发展以及提升竞争力，成为每个企业和创业者们都必须面对的问题。

　　在互联网时代背景下，电子商务新模式不断出现，网络营销不仅仅是一种技术手段，同时需要对网络社会的基本规律有充分了解，需要对网络中人们的行为习惯和消费习惯有充分把握，需要在网络环境中具备营销的思维能力和运营管理能力，因此就需要一套系统的知识体系来支撑。同时，只有充分了解国内外的典型实践案例，才能够更好地理解并运用网络营销知识体系。作为多年从事网络营销教学及研究的大学教师，我们一直在为编写一本能够充分吸收国内外最新理论研究和案例实践成果的优秀网络营销教材而努力。我们在参考大量国内外现有同类教材，吸收网络营销经典案例和最新案例研究的基础上，历时一年半才完成了本书的编写工作。

　　本书分为 3 篇，即网络营销基础与案例篇、网络营销方法与案例篇和互联网创新营销与案例篇。其中，网络营销基础与案例篇包括 8 章内容，主要概述了网络营销基本理论知识体系和案例分析；网络营销方法与案例篇包括 5 章内容，主要介绍了 5 种网络营销方法与案例：搜索引擎营销、社交媒体营销、电子邮件营销、病毒营销和娱乐营销；互联网创新营销与案例篇包括 8 章内容，汇集了目前互联网上最新的营销方式与案例，即移动营销、创意营销、视频营销、节假日营销、大数据精准营销、体验营销、公益营销和绿色营销。通过以上内容编排，可以帮助读者在了解网络营销的基本理论与实践知识后，借助这些经典案例与最新案例的分析，掌握在互联网电子商务发展环境下如何正确地设计和运营网络营销的相关业务。

本书可以作为高等院校电子商务、工商管理及市场营销等专业的本科教材，也可作为研究生教材，还可作为企业管理人员及网络营销岗位工作人员的学习用书。

本书由西安电子科技大学李琳副教授负责编写，赵江副教授在资料收集和整理上给予了支持。在编写过程中，我们借鉴了国内外大量出版物和资料中的部分内容，在此对相关作者也致以诚挚的谢意。本书的编写得到西安电子科技大学教材基金的资助。

由于网络营销的内涵与方法将随着技术的进步与发展日益丰富且呈现多样性，加之编者水平有限，书中难免存在一些疏漏与不足，因此希望能够得到来自不同企业、学校、研究机构的读者的意见与建议，以使本书更加完善，有所创新，这样我们的研究工作也能够真正为社会服务，为企业服务。

李 琳

2019 年 1 月于西安电子科技大学

E-mail: xinyi1242@163.com

目　录

网络营销基础与案例篇

第1章　网络营销基础理论与案例.........................3

1.1　网络营销基础与案例.........................3

【案例】　奥巴马竞选总统的网络营销.........................5

【案例】　宝洁携手京东的品牌联合营销.........................9

1.2　网络营销基本理论与案例.........................11

1.2.1　网络直复营销理论.........................11

【案例】　花旗银行的直复营销.........................12

1.2.2　网络软营销理论.........................13

【案例】　乐事逗乐薯天猫电商营销.........................13

1.2.3　关系营销和CRM理论.........................15

【案例】　VIPKID如何做到续费率95%，
70%新用户来自转介绍.........................16

【案例】　联邦快递的客户关系管理体系.........................19

1.2.4　整合营销理论.........................20

【案例】　迪士尼携手小米手环：
互动打卡整合营销.........................21

第2章　网络营销环境分析与案例.........................24

2.1　网络营销环境的特征.........................24

2.2　网络营销宏观环境分析.........................24

【案例】　淘宝遭遇"十月围城".........................25

【案例】　Nike+数字化运动战略.........................27

【案例】　海尔MV《都是我哒》的
品牌营销.........................32

2.3　网络营销微观环境分析.........................34

【案例】　杜蕾斯时尚定制游戏.........................34

【案例】　三只松鼠的"CEO用户
体验中心".........................36

【案例】　美团—大众点评的O2O
模式分析.........................38

第3章　网络消费者行为与案例.........................43

3.1　影响网络消费者购买的主要因素.........................43

【案例】　杜蕾斯的"遥控内衣".........................44

3.2　网络消费需求与购买动机.........................46

3.2.1　网络消费需求特征.........................46

【案例】　欧莱雅：如何追逐"Y一代"
消费者.........................47

3.2.2　网络消费者的购买动机.........................50

【案例】　广誉远定坤丹：精准对焦女性
用户需求.........................52

【案例】　999感冒灵暖心广告"总有人
偷偷爱着你".........................53

【案例】　麦当劳如何步步为营玩转
互联网.........................55

3.3　网络消费者的购买决策过程.........................58

【案例】　别克的搜索广告营销.........................59

第4章　网络营销战略规划与案例.........................62

4.1　网络营销战略规划的内容.........................62

【案例】　唯品会的战略模式分析.........................63

4.2　目标市场战略.........................67

【案例】　小红书的社区+跨境电商模式.........................69

【案例】　戴尔的一对一营销.........................73

4.3　市场定位战略.........................74

【案例】　永辉超市：新零售的超级物种.........................75

【案例】　强生公司的网络营销策略.........................78

4.4 二次定位战略 81

【案例】 腾讯公司的商业模式演变过程 .. 82

第5章 网络营销产品策略与案例 86

【案例】 索尼品牌的艰难曲折复兴路 86

5.1 网络营销产品的内涵 88

【案例】 百雀羚"弹性美学"新品营销 90

【案例】 可口可乐的个性化包装营销 92

5.2 网络新产品开发策略 92

【案例】 亚马逊的网络营销策略 96

5.3 品牌管理策略 99

【案例】 一风堂的品牌推广活动 100

【案例】 小米手机的品牌传播创新案例 102

第6章 网络营销价格策略与案例 107

6.1 网络营销定价特点 107

【案例】 复制 Dell 模式的网上"裁缝"

——Beyondtailors ... 107

6.2 网络环境中企业定价存在的问题 108

【案例】 波音与空客的价格竞争 108

【案例】 亚马逊：差别定价策略试验 112

6.3 网络营销定价策略 116

6.3.1 撇脂定价策略 116

6.3.2 渗透定价策略 116

【案例】 拼多多低价的商业逻辑 117

6.3.3 折扣定价策略 120

6.3.4 心理定价策略 120

6.3.5 动态定价策略 121

【案例】 Priceline：客户自己定价策略 122

6.3.6 免费价格策略 125

【案例】 起点网的利润来自 VIP 用户的

在线阅读 125

第7章 网络营销渠道策略与案例 127

7.1 网络营销渠道的优势 127

【案例】 外卖打开的即时配送 127

【案例】 eBay 的整合渠道 130

7.2 网络营销渠道的功能 131

【案例】 京东物流的青龙配送系统 132

7.3 网络营销渠道的类型 135

【案例】 Dell 的网络直销模式 135

【案例】 联想的分销渠道改革 137

7.4 网络营销渠道策略 139

【案例】 李宁公司网络营销渠道案例

分析 140

【案例】 七匹狼：解决渠道冲突之道——

培养网络经销商 143

【案例】 顺丰优选的整合营销 146

第8章 网络促销策略与案例 150

8.1 网络促销的形式 150

8.2 网络促销的实施 151

【案例】 阿联酋航空：大数据精准定向

高端人群 152

【案例】 诺诗兰"胶囊蝉翼"整合营销 155

8.3 网络广告 157

【案例】 大众汽车的《开车别低头》

视频广告 160

【案例】 Google 分享品牌"撩粉"

新技能：用声音让你怦然心动 162

8.4 网络公共关系 163

【案例】 海航"光明行"公关活动 165

【案例】 加多宝的网络公关营销 167

网络营销方法与案例篇

第9章 搜索引擎营销与案例 175

9.1 搜索引擎营销目标层次 175

【案例】 手机百度："让每一分都

有意义"高考项目 176

【案例】 海底捞的搜索营销 178

9.2 搜索引擎营销的方法 180

【案例】 美汁源的无线搜索营销 180

第10章 社交媒体营销与案例 183

10.1 社交媒体营销概述 183

【案例】 《爸爸去哪儿》的社交
媒体营销 183

10.2 微博营销 186

【案例】 "双十一"微博开启内容
营销新模式 188

10.3 微信营销 190

【案例】 中国银行信用卡的微信营销 191

10.4 社区营销 192

【案例】 知乎携手天猫:品质消费
新"择"学 193

第11章 电子邮件营销与案例 195

【案例】 浅析:欧盟 GDPR 生效后,
卖家在欧盟的电子邮件营销
将有何变化? 195

11.1 许可电子邮件营销实现步骤 196

【案例】 梅西百货频发促销电子邮件
好不好? 197

11.2 企业电子邮件营销策略 198

【案例】 实战:B2B 电子邮件营销
如何突破现状? 199

第12章 病毒营销与案例 202

【案例】 百度"唐怕虎":中国最早成功的
病毒视频营销 202

12.1 病毒营销基本要素 203

【案例】 路虎"最强路考"病毒
视频营销 204

12.2 营销设计策略 205

【案例】 Levi's 病毒营销:把▓好的,
留在眼前 206

第13章 娱乐营销与案例 209

13.1 娱乐营销的特点 209

【案例】 茵曼《女神的新衣》整合营销 210

13.2 娱乐营销策略 212

【案例】 赞意互动:娱乐营销也有
高级玩法? 213

【案例】 云南白药缘定《三生三世》的
娱乐营销 217

互联网创新营销与案例篇

第14章 移动营销与案例 221

14.1 移动营销的特点 221

【案例】 咪咕影院《你想约谁一起看电影》
社会化营销 222

14.2 APP 营销 224

【案例】 星巴克中国的 APP 营销 225

14.3 二维码营销 228

【案例】 维达二维码智能营销 229

第15章 创意营销与案例 231

15.1 创意营销的特点 231

【案例】 吉列"湿剃门"创意营销 231

15.2 创意营销的实施 233

【案例】 蒙牛大眼萌香蕉牛奶饮品的
创意营销 233

第16章 视频营销与案例 237

【案例】 京东视频创新营销:听老罗
语录送坚果 Pro 237

16.1 视频贴片广告 239

【案例】 青岛纯生的视频营销 239

16.2 视频病毒营销 242

16.3　UGC 模式 242

16.4　视频互动模式 243

【案例】汉堡王+直播视频互动营销 243

第17章　节假日营销与案例 247

【案例】哈根达斯《黑科技赏月

神器·情黏中秋》 247

17.1　节假日营销策略 248

【案例】唯品会"419"全球特卖狂欢节 ... 249

17.2　节假日营销实施要点 251

【案例】京东：打造史上最牛的店庆 252

第18章　大数据精准营销与案例 257

18.1　大数据精准营销概述 257

【案例】沃尔玛"啤酒+尿布"

大数据营销 258

18.2　大数据精准营销实施关键要素 ... 260

18.2.1　用户研究——用户画像 ... 260

【案例】雀巢奶粉"618"大数据

精准营销 261

18.2.2　个性化推荐 263

【案例】优衣库的个性化 T 恤营销 264

18.3　构建预测模型 267

第19章　体验营销与案例 268

【案例】IBM 借"Made with"开创

营销新篇章 268

19.1　体验营销的特征 270

【案例】蘑茹街："三边网络"的

"开放游戏" 271

19.2　体验营销的实施 274

19.2.1　体验营销实施原则 274

19.2.2　体验营销实施策略 275

【案例】星巴克的体验营销：抬头行动 276

第20章　公益营销与案例 279

20.1　公益营销的概述 279

20.1.1　公益营销的作用 279

20.1.2　公益营销的分类 280

【案例】平安人寿&幕天公益：

撑书撑少年 281

20.2　公益营销的实施 283

20.2.1　公益营销的手段 283

【案例】汉仪字库世界阿尔茨海默病

日公益倡导：不再遗忘 284

20.2.2　公益营销实施的关键点 285

【案例】"公益 + 创意 + 广告"构建的

公益营销新生态，改变还是

被改变？ 287

第21章　绿色营销与案例 290

21.1　绿色营销的界定 290

【案例】IBM 升级版"绿色地平线"

使空气污染无所遁形 291

21.2　绿色营销的策略 293

【案例】世界自然基金会的绿色营销：

数字地球一小时 295

【案例】快递"量"不是核心，"降解"

才是关键 297

参考文献 301

网络营销基础与案例篇

第 1 章　网络营销基础理论与案例

1.1　网络营销基础与案例

1. 网络营销的产生基础

网络营销的产生有其在特定条件下的技术基础、观念基础和现实基础，是多种因素综合作用的结果。

1) 技术基础——互联网和现代通信技术的应用

互联网所具有的开放、共享等特点促使其迅速普及并快速发展。网络技术的发展和应用改变了信息传播方式，在一定程度上改变了人们生活、工作和学习的方式，促使互联网在商业上大量应用。互联网提供了多种信息工具，如电子邮件、文件传输、BBS 等，它们连接和传输着各种形式的信息，使互联网具有了沟通与商业交易的能力，并逐渐成为企业经营和管理中不可缺少的工具。

2) 观念基础——消费者价值观的改变

网络经济的发展使得消费者在营销中占主导地位的时代来临，消费者的消费观念呈现出一种新的特点和趋势。在传统营销中，消费者始终处于被动地位，很难表达自己对产品或服务的想法；而在网络购物中，消费者能主动地利用网络快速搜集信息，对商品进行综合比较后，再决定是否购买。同时，互联网也迎合了消费者的个性化消费需求，消费者能够以个人的意愿为基础挑选和购买商品与服务。消费者注重的不仅仅是商品的实用性，更要求商品具有独特性，能够体现个人的价值标准。

3) 现实基础——激烈的市场竞争

竞争是市场经济的基本特征之一。企业为了在激烈的市场竞争中立于不败之地，关键要进行营销方式的创新，以低成本、高效率来有效地满足消费者多种多样的需求。网络营销的产生为企业更好地竞争提供了一个良好的平台和空间，从根本上增强了企业的竞争优势。

2. 网络营销的特点

1) 跨时空

互联网具有超越时间约束和空间限制进行信息交换的优点，使脱离时空限制达成交易成为可能。企业可有更多的时间和更大的空间进行营销，可以 7×24 小时随时随地提供全球性营销服务。

2) 多媒体

互联网被设计成可以传输多种媒体的信息，如文字、声音、图像等，使得为达成交易进行的信息交换能以多种形式存在，使得营销人员的创造性和能动性得到充分发挥。

3) 交互式

互联网通过展示商品图像、商品信息资料库等方式提供有关的查询，来实现供需互动与双向沟通。企业通过互联网可以收集资料、进行产品测试、展开消费者满意度的调查等活动。因此，互联网是企业进行产品联合设计、商品信息发布以及各项技术服务的最佳工具。

4) 人性化

互联网上的促销是一对一的、理性的、消费者主导的、非强迫性的、循序渐进式的，是一种低成本与人性化的促销，避免了传统营销中推销员强势推销的干扰，并通过信息提供与交互式沟通，与消费者建立起一种长期的、相互信任的良好合作关系。

5) 成长性

互联网使用者数量快速成长并遍及全球，使用者大部分是年轻的、有较高收入和高教育水准的群体，而且这部分群体购买力强，具有很强的市场影响力，所以它是一个极具开发潜力的市场渠道。

6) 整合性

在互联网上开展营销活动，可以完成从商品信息的发布到交易操作的完成和售后服务的全过程，是一种全程的营销渠道。另外，企业可以借助互联网将不同的传播营销活动进行统一设计规划和协调实施，通过统一的传播资讯向消费者传达信息，从而避免不同传播中因不一致性而产生的消极影响。

7) 超前性

互联网是一种功能最强大的营销工具，兼具渠道、促销、电子交易、互动顾客服务以及市场信息分析等多种功能。其所具备的一对一营销能力，正是迎合了定制营销与直复营销的未来趋势。

8) 高效性

网络营销应用计算机储存大量的信息，可以帮助消费者查询信息，所传送的信息数量与精确度远超过其他传统媒体，同时还能回应市场需求，及时更新产品或调整价格，因此能及时有效地了解并满足顾客的需求。

9) 经济性

网络营销使交易双方能够通过互联网进行信息交换，代替传统的面对面的交易方式，可以减少印刷与邮递成本，进行无店面销售而免租金，节约水电与人工等销售成本，同时也减少了由于交易双方之间的多次交流所带来的损耗，提高了交易效率。

10) 技术性

建立在以高技术作为支撑的互联网基础上的网络营销，使企业在实施网络营销时必须有一定的技术投入和技术支持，必须改变企业传统的组织形态，提升信息管理部门的功能，引进懂营销与计算机技术的复合型人才，才能具备和增强本企业在网络市场的竞争优势。

【案例】　奥巴马竞选总统的网络营销

案例背景

北京时间 2009 年 1 月 21 日凌晨 1 点，贝拉克·侯赛因·奥巴马(Barack Hussein Obama)从一位名不见经传的普通公民成为美国第 44 任总统，同时他也是美国历史上的第一位黑人总统。奥巴马的竞选成功大部分归功于通过各种网络整合营销而赢得了选票。据报道，奥巴马在竞选中投入网络政治广告的支出占了美国 2008 年互联网政治广告的 50%，远超于其他候选人的总和。奥巴马在竞选过程中，电子邮件营销费用占到网络营销团队费用的 62%。除了网络广告和电子邮件营销以外，奥巴马还在自己的官方网站、Facebook、Myspace 等开设个人主页，与网民拉近距离、互动交流。这些网络营销手法不仅帮奥巴马赢得了捐款，还帮他赢得了选票。

从奥巴马的筹款来源可以看出，奥巴马绝大多数的支持都来自互联网。奥巴马也是历史上第一位没有动用竞选资助金的总统。他的自筹款总额达 6.2 亿美元，其中超过 85% 来自互联网，且绝大部分是不足 100 美元的小额捐款。这一点充分证明了奥巴马利用网络所取得的成绩。

案例执行

1．建立竞选官方网站。

奥巴马的竞选官方网站以 Web2.0 的模式为主，内容丰富，而且充分利用了博客、视频、投票等互动环节，比如他的博客在竞选当天几乎是每十分钟更新一篇博文。整个网站的基调都是以"开放"为主的，更多的是通过信息的共享与互动来达到争取舆论支持的目标，并且在奥巴马的官网首页上只有两个主要内容：一个是博客，一个是竞选经费的筹集。网友可以在这个首页上很容易找到发布自己建议和观点的新媒体工具。由此不难发现，"给予支持者充分表达自己的方式"也许是奥巴马获得大选的主要亮点。美国知名媒体《纽约时报》报道，2008 年 9 月，奥巴马官网的访问人数已经超过 2000 万。

2．电视广告宣传。

奥巴马在电视广告上砸出重金，从 NBC 环球价值买了 500 万美元的广告时段，被认为是政治人物在奥运期间购买广告时段的最大手笔之一。其在 9 月份的广告宣传费用已经达到了创纪录的 15 000 万美元。按照 CNN(美国有线电视新闻网)广告经费顾问的说法，奥巴马的开支已经远远超过了约翰·麦凯恩(John Sidney McCain)。

3．网络广告巨额投入。

据国外媒体报道，奥巴马在竞选中投入在网络政治广告上的支出占了美国 2008 年所有互联网政治广告的 50%，远超其他候选人的总和。他在谷歌、雅虎和 Facebook 也投入了近 800 万美元的广告，还在一些游戏类及新闻网站也投入了一定的广告费。据透露，他在谷歌上就投入了 350 万美元，业内称，这或许也是谷歌首席执行官施密特(Eric Emerson Schmidt)

支持奥巴马的一个原因。

(1) 购买搜索引擎关键词广告。奥巴马购买 Google 的关键词广告之后，任何一个美国选民在 Google 中输入奥巴马的英文名字，搜索结果页面的右侧就会出现奥巴马的视频宣传广告以及奥巴马的博客等。奥巴马购买的关键词还包括热点话题，如"油价"、"伊拉克战争"和"金融危机"。输入这些关键词进行搜索，即知道奥巴马对这些敏感问题的观点评论，有助于人们更好地了解这位竞选人。因此，美国人日常搜索的关键词都打上了奥巴马的烙印，想不关注奥巴马都难。

(2) 内置网络游戏广告。如今，网络游戏是数字时代不可缺少的娱乐方式。2008 年，奥巴马看中了网络营销，为了进一步争取选民拉票，奥巴马竞选团队更是有史以来第一次投入了电子游戏广告。他们在美国一些最热卖的电子游戏的网络版上置入竞选广告。美国总统选举的宣传战场通常只是电视、广播和报纸，虽然近年来又加入了网络宣传，不过使用电子游戏拉票还是史上头一遭。

奥巴马竞选团队在美国艺电(Electronic Arts，简称 EA，是全球著名的互动娱乐软件公司)最受欢迎的 9 个电子游戏内购买了广告；2008 年从 10 月 6 日到 11 月 3 日期间，奥巴马的竞选广告出现在《狂飙乐园》《疯狂橄榄球 09》《云斯顿赛车 2009》《NHL 冰球 09》《极限滑板》等电子游戏中，对于总统大选结果极为关键的 10 个州的玩家如用线上对战平台玩这些游戏，则都会看到这些广告。

(3) 3G 广告宣传。在美国大选中，诸如手机短信等交流工具的使用使候选人能够跨越传统媒体直接和选民联系。当奥巴马宣布约翰·拜登(Joe Biden)为自己的竞选搭档时，其支持者们早已用预先注册电话号码的方式，通过短信和电子邮件在媒体公布之前就知道了该消息。奥巴马还是唯一一个通过在《吉他英雄》《麦登橄榄球 09》等流行电子游戏和成人游戏中植入广告、标记等的总统候选人。在 iPhone 3G 投放市场数天之内，奥巴马团队就发布了一个特殊的 iPhone 程序，该程序允许其支持者通过各自的 iPhone 讨论和接收来自奥巴马团队的最新消息。

4. 网络视频疯狂传播。

视频使奥巴马看起来更平易近人，而且这些看起来非常"草根"的网络节目深受民众喜爱。奥巴马曾经是一个社区创建者，深知网络力量的他在本次竞选中利用 Web 2.0，通过 Myspace、Facebook、YouTube 等平台建立与选民之间的互动。奥巴马在 Facebook 上拥有一个包含 230 万拥护者的群组，而在最流行的视频类网站 YouTube 上，仅仅一星期，其竞选团队就上传了 70 个奥巴马的相关视频，吸引了大量的"长尾"和草根力量。其中奥巴马关于种族问题的 37 分钟演讲，自从 3 月上传至网络以来查看率已经超过 500 万次。在 YouTube 上，《奥巴马令我神魂颠倒》被点击超过 900 万次，使他成为网络"红人"中的一颗闪亮的明星。充分利用网络广告以及运用互联网筹款等方面可谓超越了以往所有的总统候选人。

5. 电子邮件病毒营销。

在竞选过程中，奥巴马投入的电子邮件营销费用占到网络营销团队费用的 62%。其中不仅有针对美国公民的电子邮件信息，奥巴马还用中文写了一篇《我们为什么支持奥巴马参议员——写给华人朋友的一封信》，署名为全美华人支持奥巴马委员会，通过电子邮件病毒营销方式自动大范围地传播。邮件内容采用了中文，非常详细地阐述了奥巴马当选对美国当地华人选民的好处，他们说"请将这封信尽快转送给您的亲朋好友，并烦请他们也能将这封信传下去。这是您在最后几天里所能帮助奥巴马参议员的最为有效的方式之一"。奥巴马竞选团队通过这种方式获得了大量 100 美元以下的小额捐款，这为奥巴马赢得总统宝座并获得竞选所需要的巨额资金提供了帮助。

案例评析

从网络营销的角度来看，网络已经成为美国总统竞选最强有力的工具，奥巴马创造了政界竞选互联网营销的奇迹。在过去的美国总统选举活动中，参选人通常运用集会演讲、纸质媒体、电话和电视等手段，把自己的观点、计划、施政理念和措施告诉公众，让公众理解和认同自己的观念和做法。但在这次美国大选中，各竞选团队在充分使用从游说选民到动员选民投票的所有传统方式的基础上，更注重 IT 和网络技术，千方百计创新竞选手段，可以说网络使得美国总统大选的传统手段得以创新。

1. 营造轻松的政治沟通环境，吸引年轻选民。

在选举阶段，奥巴马的官方网站更似一个年轻选民的根据地，在这里，他们可以了解自己所需要的信息，自由发表言论，参与到政治中；同时通过这一网站，他们可以更多地结识生活中有同样政治观念的人，共同努力、扩大影响。可以说，奥巴马充分利用了新媒体的"草根"特性，吸引了大量年轻人参与其中，并由此渗透到广大选民之中，使官方网站成为吸引年轻选民的关键阵地。相对于其他政治宣传中千篇一律的文字，奥巴马官方网站所用的手法更多元化，充分发挥新媒体优势，结合文字、视频、动画、漫画，营造了轻松的政治沟通环境，也因此得到了众多年轻网民的喜爱。

2010 年 1 月 12 日，奥巴马官方博客上发表了一篇题为《在医疗改革中失败的轻松三步曲》的文章，用漫画的形式告诉读者，如果每个人对于医疗改革方案有强烈兴趣但无所作为，那么医疗改革不会成功。奥巴马还动员每人捐款 25 美元，用于网站对于医疗改革方案最后的推动。博文发表后短短半天内，就获得了 405 条评论。有网友表示"好吧，这实在很逗，就为它让我微笑，我捐这 25 美元"；"去年我收到类似邮件之后已经捐款了，这次我想再多捐款只是因为它实在与众不同，比以往有创意"。可见，网站上富有创意的、轻松的政治传播确实为奥巴马在医疗改革上赢得了额外的关注和支持。

2008 年的选后民意调查显示出，奥巴马的胜利得到了年轻人和少数族群、低收入群体的强力支持。18 至 29 岁选民中有 66%支持奥巴马，这些年轻选民对共和党的支持率已从 2000 年的 48%、2004 年的 54%降至 2008 年的 32%。这确实表明了美国年轻人政治风向的转变。

2. 官方网站热点话题，引受众关注。

在奥巴马官方网站的各个主要栏目中，都可以看到医疗改革的新闻：热点关注中将医疗改革与经济、新能源、教育一起列为重要事件，着重讨论；博客中总统每周的演讲、医疗改革的投票实时转播、官方发表的一系列有趣漫画，无一不围绕医疗改革这一话题。多渠道的议程设置使医疗改革方案理所当然地成为网站受众关注的焦点，也加强了受众对于政治的关注度以及参与度。

3. 运用视频网站宣传，提升影响力。

美国总统选举的竞技场拓展到网络后，民主党人希拉里·克林顿(Hillary Diane Rodham Clinton)、克里斯托弗·多德(Christopher Dodd)、约翰·爱德华兹(John Edwards)以及共和党人鲁道夫·朱利亚尼(Rudy Giuliani)和约翰·麦凯恩等参选人纷纷抢占网络宣传制高点，开通个人竞选网页和视频共享网站，与民众交流，提升自身的影响力。奥巴马竞选团队创建了一个社交网络来增进奥巴马在网络上的影响力。在最流行的视频类网站 YouTube 上，奥巴马竞选团队为他量身定做的竞选视频，开拓了除电视媒体外更广阔的广告平台。这些看起来非常"草根"的网络节目深受民众喜爱。

4. 运用网络筹集竞选经费，取得成功。

这次美国总统大选是在深受金融危机困扰的形势下进行的，但是，奥巴马却筹集了超过 6 亿美元的竞选资金，比历史上筹集竞选资金最多的总统所筹款额还要多出数倍，这是一个奇迹，其中的奥秘就在于依靠网络。奥巴马竞选资金的 85%以上来自网络，其中绝大部分是不足 100 美元的小额捐款。奥巴马竞选团队宣称，这些钱都是通过因特网由普通老百姓用 10 美元、20 美元这样的小额捐款聚集而成的。网民在奥巴马的竞选网站注册后，就会收到邮件请求"在下周一前捐款 15 美元或更多"，因为"周一将看到我们的捐款总数，看我们能否与麦凯恩的竞选活动相竞争"。他的支持者组织了很多活动，比如卖几块钱的钥匙扣、T 恤衫，就这么几块钱、几十块钱的累积，创造了一次史无前例的竞选。也正因为这一点，奥巴马成为第一个拒绝使用政府提供的公共竞选资金(8400 万美元)的总统候选人。

案例思考题

1. 总结网络从哪些方面为奥巴马竞选总统提供了支持。
2. 查找资料，分析奥巴马在 2012 年竞选总统时是如何开展网络营销的。

- - - - - - - - - - - - - - - - - - - ●

3. 网络营销的内容

1) 网上市场调查

网上市场调查是指企业利用互联网的交互式信息沟通渠道，来实施市场调查活动，所采取的方式是直接在网上发布问卷进行调查，企业也可以收集市场调查中需要的各种资料。

2) 网络消费者行为分析

网络消费者是网络社会的一个特殊群体，与传统市场上的消费群体的特性截然不同。因此，要开展有效的网络营销活动必须深入了解网上用户群体的需求特征、购买动机和购买行为模式。

3) 网络营销策略的制订

企业在采取网络营销实现企业营销目标时，必须制订与企业相适应的营销策略，因为不同的企业在市场中所处的地位是不同的。企业实施网络营销需要投入，并且也会有一定的风险，因此企业在制订本企业的网络营销策略时，应该考虑各种因素对网络营销策略制订的影响。

4) 网络产品和服务策略

网络作为有效的信息沟通渠道，改变了传统产品的营销策略，特别是营销渠道的选择。在网上进行产品和服务营销，必须结合网络的特点重新考虑对产品的设计、开发、包装和品牌的产品策略的研究。

5) 网络价格营销策略

作为一种新的信息交流和传播工具，互联网从诞生开始就实行自由、平等和信息基本免费的策略，因此在网络市场上推出的价格策略大多采取免费或者低价策略。所以制订网上价格营销策略时，必须考虑到互联网对企业的定价影响和互联网本身独特的免费特征。

6) 网络渠道选择与直销

互联网对企业营销活动影响最大的是企业的营销渠道。经历了传统市场到网络市场战略性转移的 Dell 公司，借助互联网交易双方可以直接互动的特性建立了网上直销的销售模式，改变了传统渠道中的多层次选择和管理与控制的问题，最大限度地降低了营销渠道中的营销费用，通过网络营销获得了巨大成功和巨额利润。但是企业在建设自己的网上直销渠道时必须在前期进行一定的投入，同时还要结合网络直销的特点改变本企业传统的经营管理模式。

7) 网络促销与网络广告

互联网具有双向信息沟通渠道的特点，可以使沟通的双方突破时空限制进行直接的交流，操作简单、高效，并且费用低廉。互联网的这一特点使得在网上开展促销活动十分有效。网络广告是进行网络营销最重要的促销工具，它作为第四类媒体上发布的广告，其交互性和直接性的特点具有报纸、杂志、无线电广播和电视等传统媒体发布广告无法比拟的优势。

8) 网络营销管理与控制等

网络营销依托互联网开展营销活动，必将面临传统营销活动未涉及的许多新问题。例如网络产品质量的保证问题、消费者隐私保护问题以及信息的安全问题等，这些都是网络营销必须重视和进行有效控制的问题，否则企业开展网络营销的效果将会适得其反。

【案例】 宝洁携手京东的品牌联合营销

案例背景

宝洁公司的舒肤佳产品在京东个人清洁品类销售量排行第一，但因整个品类线上渗透率低，市场增长有限，舒肤佳的新客提升遇到了瓶颈。数据发现，舒肤佳在京东的市场份额是线上、线下所有平台中最高的，在京东个人清洁品类中，舒肤佳市场份额更遥遥领先第二名 1.4 倍。抢占对手市场份额的发展方式对舒肤佳的市场份额增长意义甚微。与此同时，数据还显示，舒肤佳个人清洁品类的线上市场渗透率低于其他品类，只达到线下的 1/7，这表明舒肤佳在京东还有极大的发展可能性。于是，宝洁联合京东，借助京东的大数据商业分析能力，锁定与家、健康密切关联的运动、家电、牛奶、食品等品类，与这些品类的知名品牌联合推出"舒肤佳，舒服家"站内联合营销活动，在京东站内塑造全新生活场景，利用大数据驱动，联合众品牌，探索全新的智能场景营销之路。

此次营销的主要目标受众是京东站内的用户，这些用户访问京东往往已经有很直接的购物动机，他们会匆匆来，匆匆去，如何将其转化为舒肤佳的新客，就需要从他们所关注的事物中寻找机会。作为一个给家带来健康的品牌，舒肤佳目标受众是爱家并且希望家人有更多健康保护的人，他们往往容易受到品牌所塑造的生活情景的影响而产生决策，所以需要找到与舒肤佳有同样诉求的强关联品类，找到共同的情景卖点，并借助这些知名品牌的知名度，为舒肤佳开拓新领域的关联流量和提升品类销量打下基础。营销目标量化如下：

(1) 商业目标：累计新客 20%，拉动自营店品类市场增长 1%～2%。

(2) 消费者行为目标：品牌意向覆盖人数提升 30%，产品购买提升 5 倍。

(3) 消费者认知/态度目标：建立新的洗护品类生活场景，提升品牌需求。

★ 营销策略与创意

营销策略与创意源于对品牌受众的深刻洞察。消费者希望在生活的方方面面给予家人保护，但通常消费需求是需要被提醒的，当品牌为消费者塑造生活场景时，能激发呵护家人的向往；在传递品牌理念的同时唤起消费欲望，通过电商闭环能以最短路径达成购买，将提升营销活动的转化。

因此，舒肤佳携手京东，通过大数据分析选定跨界运动、家电、食品、牛奶四大品类，跳出仅以文字/产品堆砌的常规广告框架，推出一系列舒肤佳与这些品类知名品牌的合体广告和情景售卖专场，塑造家和健康的全新生活场景，配合 DMP(Data Management Platform，数据管理平台)定向精准投放，实现低成本高收益。

案例执行

"舒肤佳，舒服家"京东平台内跨界营销活动，旨在塑造舒肤佳和其他品类构成的全新生活场景，为消费者带来健康舒适的家。结合消费者的生活习惯，通过大数据找到高度关联品类产品——运动、家电、食品、牛奶，与之跨界组成合体广告和情景售卖专场。

1. 运动 & 舒肤佳。

舒肤佳可以去除人体运动后的汗味，我们打造了"尽情运动，不留汗味"的售卖情景。

2. 空净家电 & 舒肤佳。

舒肤佳除菌，家电除尘，打造洁净之家，给家人带来健康，于是我们打造了"健康守护，净享生活"的售卖情景。

3. 食品 & 舒肤佳。

舒肤佳洗手除菌，健康饮食，我们推出了"佳能量护卫队"售卖情景。

4. 牛奶&舒肤佳。

对身体而言，舒肤佳在外守护健康，牛奶在内给予健康活力，打造"内外兼修，守护健康"的售卖情景。

当消费者因其他品类需求浏览京东平台时，便会看到该品类产品与舒肤佳的合体广告和情景售卖专场，从而使舒肤佳从其他品类"拉"到了新客。例如，在与运动品类跨界专场中，舒肤佳从用户场景出发，与运动人群沟通，再现高强度运动时强壮的运动员酣畅流汗的场景，一方面唤起消费者对运动装备的购买需求，同时用场景建立起运动与流汗的强关联，强化"尽情运动，不留汗味"的产品功能，满足消费者运动后沐浴的诉求，成功把自己送进消费者的购物车。

营销活动选择在京东进行的原因主要有：

① 回避了站外媒体低转化的尴尬局面。

从以往经验看，站外投放引流到电商的转化率低于 0.05%，且个人清洁品类在电商的市场渗透率偏低，转化效果更不理想。因此，本次活动主要通过站内拉新的方法增加市场渗透率，而不在于从站外引流到京东，所以 80%以上媒体投放以站内为主。

② 站内最短购买路径，促进更高的转化。

数据调研显示，京东的用户信任站内便捷购买环境，且拥有较清晰、直接的购买目的。而个人清洁品类的参与性和单价都偏低，鉴于消费者凑单包邮的消费习惯，在京东站内投放可更容易促成购买。

③ DMP(定向首焦投放)具备完善定向投放效果。

本次活动以拉动合作品类为主，需要京东以大数据方法选择最合适的投放对象，从而达到触及人数及触及次数的目标。

在投放资源方面，覆盖了京东站内外广告流量渠道，囊括 DMP、京东超级品类页面资源、SEM(Search Engine Marketing，搜索引擎营销)等，同时鉴于过往投放经验，选择了投放效果较佳、触及受众范围广且性价比高的今日头条信息流作为站外引流渠道。

★ 营销效果与市场反馈

(1) 商业目标完成效果：此次营销活动覆盖京东站内人群 1.1 亿人次，直接触达 2260 万京东用户；新用户增长 26%；带动京东个人清洁品类整体增长，由 2017 年 3 月同比倒退 5%的生意总量，到 2017 年 5 月同比增长 60%；舒肤佳沐浴露产品京东自营店的市场占有率提升 2.3%；舒肤佳全线产品京东自营店市场占有率提升 0.2%。

(2) 消费者行为目标完成效果：京东舒肤佳品牌意向覆盖人数增加 48%；活动期间舒肤佳产品销售额突破 985 万元；活动爆发当日销售量较日常销售量平均多出 4 倍，最高达 6.5 倍。结合京东大数据，配合站内精准广告投放，直接触达 2260 万京东用户，为品牌强势引流，带来访问人数和新用户的大幅度增长。

宝洁以舒肤佳产品为消费者打造的健康生活场景，增加了品牌与消费者之间的联系与情感沟通，吸引了大量潜在消费者。26%优质新用户的增长实现了活动期间的销售爆发，进一步增加了舒肤佳在京东市场的占有率，提升个人清洁品类的京东人群渗透率，同时带动了整个品类市场增长。

1.2　网络营销基本理论与案例

1.2.1　网络直复营销理论

直复营销是一种为了在任何地方产生可度量的反应和(或)达成交易，而使用一种或多种广告媒体的相互作用的市场营销体系。直复营销中的"直"是指不通过中间分销渠道而直接通过媒体连接消费者；"复"是指信息交互，包括企业和消费者的信息交互、产品信息以及交易和支付信息的交互等。直复营销包括直接邮购、目录购货、电话营销、电子购物和其他媒体购物等形式。

直复营销的媒介通常有电视、广播、印刷品、产品目录、电话和互联网。互联网作为一种交互式双向沟通的渠道和媒体，具有跨时空性、互动性等特点，可以很方便地在企业与顾客之间架起桥梁，顾客可以直接通过网络订货和付款，企业可以通过网络接收订单、安排生产，直接将产品送到顾客手里。直复营销的重要特性是营销活动的效果具有可测定性、可度量性和可评价性。营销企业可以通过网站的后台管理软件及网络数据库统计网站浏览量、广告点击次数、各种产品的订货量以及付款、发货情况来评价营销业绩，还可进行网络客户关系管理。

【案例】 花旗银行的直复营销

案例背景

20 世纪 80 年代初，美国法律对金融业放松管制，允许银行在他州设置分行，花旗公司决定打进中大西洋区的抵押放款市场。然而设置一家分行要花费巨大的成本，包括资金、人力以及时间。于是，花旗决定另辟蹊径，采用直复营销，利用广泛普及的电话及发达的邮递业务与顾客进行直接接触。由于不需要寻找地点建立分行，无需过多的营业员，而且不受地区局限，直复营销为银行节省了资金、人力、时间，一样达到了良好的效果。

案例执行

(1) 成立专案小组，设计推出金融产品换屋贷款，向有相当资产且符合条件的客户提供贷款用于改建、增置房屋或其他用途。

(2) 推出报纸广告，在较大区域内进行宣传，给消费者留下一定印象，以此与直接信函相配合。

(3) 给消费水平高的消费者寄发直接信函，邀请消费者"在周一至周五早上 8：30—晚上 7：00 打我们的免费电话热线 080……您可以知道您家中的财产可以使您在换屋贷款中得到多少钱，不需成本，不需负担……随便您怎么用都可以。"并强调贷款利率富有竞争性，期限富有弹性且贷款快速、方便等优点。

(4) 当消费者产生兴趣拨打电话时，经过严格训练的电话营销员便在电话中给予消费者热情详尽的解答，并记下愿意申请贷款的客户的地址，给客户寄去申请表，同时约好下次电话时间。

(5) 在第二次电话中，营销员通过电话协助客户填妥申请表。填写完备的申请表被送到区域推销员处，由其进行信用审核和贷款处理，一个贷款协议便产生了。

✍ 案例评析

(1) 花旗公司此次的直复营销，为了评价效果，设立了 3 项标准：① 推广达成的户数；② 对每户的收益；③ 推广贷款的成本。根据统计分析，符合条件的消费者均喜欢利用免费电话查询。因此，直复营销可以接触到高比例的合适客户，信息反馈效果较好。测试还表明，将多种媒体加以组合，会产生互补效果。

(2) 花旗公司在进行以上直接沟通的同时，另一个重要过程——数据库的建立也在进行。通过回复邮件和电话获得的资料是一个非常有价值的营销信息源，银行据此可建立客户数据库，对客户的职业、收入、消费水平、贷款兴趣等进行调查分析。数据库还为银行开展长期业务提供了准确的动态信息。比如，当客户的子女到了上大学年龄时，银行便可向客户推荐大学教育费贷款。这种一对一的服务使营销活动更具人情味，更有利于银行与客户保持长期良好的关系。因此，有人认为数据库营销是直复营销更重要的部分。

花旗银行在马里兰(Maryland)本来并无知名度，由于此次运用直复营销成功，不仅在当地建立了新客户关系，成为中大西洋房地产生意的领导业主，而且为金融产品开辟了新的营销渠道，成为全美银行界营销成功的典范。

1.2.2　网络软营销理论

网络软营销，实际上是针对工业经济时代的大规模生产为主要特征的"强势营销"而提出的新理论，它强调企业在进行市场营销活动时，必须尊重消费者的感受和体验，让消费者主动接受企业的营销活动。网络社区和网络礼仪是网络营销理论中所特有的两个重要的基本概念，是实施网络软营销的基本出发点。网络社区是指那些具有相同兴趣、目的，经常相互交流，互利互惠，能给每个成员以安全感和身份意识等特征的互联网上的单位或个人组成的团体，如贴吧、论坛等。有些敏锐的营销人员意在利用这种普遍存在的网络社区的紧密关系，使之成为企业利益来源的一部分。例如，专营运动和健美体育用品的 Reebok 公司，创建了 Reebok 的 Web 站点(www.reebok.com)。企业在互联网上开展网络营销活动还必须要遵循网络礼仪(Netiquette)。网络礼仪是互联网自诞生以来所逐步形成与不断完善的一套良好、不成文的网络行为规范，如不使用电子公告牌(BBS)张贴私人的电子邮件，不进行喧哗的销售活动，不在网上随意传递带有欺骗性质的邮件，等等。网络礼仪是网上一切行为都必须遵守的准则，网络营销也如此，网络营销的经营者需要牢固树立起网络礼仪的意识。

【案例】　**乐事逗乐薯天猫电商营销**

✍ 案例背景

乐事逗乐薯是百事食品公司从美国引入的膨化食品。进入中国后，百事食品公司一直想把品牌所代表的快乐带给年轻的消费群体，选择吴磊、关晓彤两位年轻明星代言人，就是希望能在年轻情侣之间形成互动和共鸣。对于零售业而言，电商平台的销售作用举足轻重，且流量越来越偏重内容，而非纯粹的促销。然而百事食品公司在电商的内容营销起步较晚，急需一次营销破冰。

2017年天猫情人节是电商平台与情侣互动的契机，借此机会，乐事逗乐薯希望通过自身的营销，能与年轻人群进一步达成理解并获取认可。这同时也是百事食品公司在电商平台进行内容整合营销的首度尝试，宣告品牌的电商营销进入新的阶段。此次电商营销的最大挑战是如何在弱关联营销环境下吸引到年轻消费者的关注并参与到活动中来。

营销目标：

(1) 借助天猫情人节营销的机会，通过站内、站外的整合营销，形成乐事逗乐薯品牌的高曝光。

(2) 紧抓年轻人的眼光，形成新奇酷玩的天猫站内活动机制，吸引他们与品牌互动，引流百事食品天猫官方旗舰店。

(3) 以乐事逗乐薯为主，带动乐事其他产品共同参与，以产品促销矩阵创造更多的销售机会。

★ 策略与创意

借助情人节的热点档期，以"订单告白"的方式赢取为TA(他/她)命名"星星"的权益为终极目标，用"撩逗情人节，命属于TA的星"为创意，在天猫平台创造以"逗乐薯年轻TA"为主要引流目标，扩散到百事食品全产品线的促销活动。产出主活动海报、星星认证证书、天猫门店装修页面、天猫门店活动详情页和深度的内容开发。

案例执行

1. 品牌旗舰店。

(1) 摘颗星星送给你：联合美国相关机构，为消费者提供命名天上星星的机会，实现曾经的"天方夜谭"，为TA送上最特别的情人节礼物。2017年2月4日—2月12日，购物抽奖送星星活动上线，2月14日抽取两位最终获奖者。

(2) 表白抽奖大礼：这个情人节大大方方地向明星表白，通过与男女生的亲密互动，抽出最打动明星的中奖者，靠表白取胜。消费者需在百事食品官方旗舰店购买含乐事逗乐薯在内的产品，总价格满50元；在订单备注中写出对吴磊、关晓彤的告白，也可以是对自己另一半的告白，即有机会获得为TA命名星星的机会。

(3) 全产品买赠、优惠券等多重促销机制联合铺设会场，深度挖掘消费者的购买机会。产品详情页展示"逗乐薯满天心"及"多力多滋浓情玫瑰"制作教程。

(4) 丰富产品与消费者沟通的内容，增加与情人节主题的关联度。

2. 淘宝网。

(1) 进行内容营销。在2月6日—2月14日期间，在淘宝APP的微淘频道中，百事食品官方渠道连续投放5篇文章，从活动宣告、晒单集锦、获奖者公布等各角度切入，扩散话题，为促销造势。

(2) 增加淘宝流量线。运用核心话题内容延展物料，抢占天猫首页、钻石展位等高质量广告位；同时，多渠道矩阵拓宽引流入口，将顾客引流至百事食品天猫旗舰店。

3. 社交媒体引起站外话题线。

乐事官方微博发布活动公告，形成话题核心阵地；同时，吴磊、关晓彤粉丝团微博多方互动，转发官微，发布明星视频助阵大促，引流百事食品天猫官方旗舰店。

营销效果与市场反馈

活动期间，营销创意贯穿品牌/产品、消费者、电商渠道，使创意能够真正落地销售，引流效果超过预期。

同年环比：钻石展位引流提升 57%；海景房引流提升 19%；手机淘宝 APP 引流提升 330%；站外微博引流提升 2300%；产品曝光超过 1000 万次。

百事食品公司在与天猫沟通中，通过活动创意获得了大量站内免费优质资源；并且活动主题"撩逗情人节"成为天猫食品类情人节大主题。

📝 案例评析

(1) 创意的促销方式吸引关注。新奇有趣的告白方式以及特别的星星大礼，成功为活动吸引了大量消费者在微信朋友圈晒单，拉动 UGC(User Generated Content，用户原创内容)内容发酵，达成消费者由点及面扩散的互动效果。

(2) 明星效应将传播效果最大化。表白抽奖大礼活动，抽出最打动明星的中奖者，靠表白取胜。这样可以利用明星效应在天猫站内、站外同时发声，将传播效果最大化。

(3) 促销机制融入传播。创造新奇的告白促销机制，并将机制完美整合进品牌传播，使买家留言既是抽奖机制，又能拉动消费者的 UGC 内容发酵。

(4) 短视频全新应用。零食化身情人节鲜花，短视频首次融入产品详情页，推出"逗乐薯满天心"及"多力多滋浓情玫瑰"两款产品新玩法，既符合年轻人群 DIY 的需求，又应景情人节。

此次营销活动，天猫协力百事食品公司在"促销 + 话题"的整合传播形式上成功破冰，使百事食品公司在与天猫沟通中添加了重量级砝码，获取大量免费优质资源。

─ ─ ─ ─ ─ ─ ─ ─ ─ ─ ─ ─●

1.2.3 关系营销和 CRM 理论

关系营销是以系统论为基本思想，将企业置身于社会经济大环境中考察企业的市场营销活动。企业营销是一个与消费者、竞争者、供应商、分销商及政府管理机构发生互相作用的过程，正确处理与他们的关系是企业营销的核心。关系营销的基本立足点是建立、维持和促进与顾客和其他商业伙伴之间的关系，以实现参与各方的目标，从而形成一种兼顾各方利益的长期关系。关系营销的核心是争取与维持客户，为客户提供满意的产品和服务，通过加强与客户的联系与沟通，维持与客户的长期关系，在此基础上开始营销活动，实现企业的营销目标。互联网作为一种有效的双向沟通渠道，使得企业与客户之间可以实现低费用的沟通和交流，它为企业与客户建立长期关系提供了有效地保障。客户可以通过互联网向企业提出建议与个性化的需求，企业根据客户的个性化需求利用柔性化的生产技术尽可能地满足客户的要求，在为客户提供服务的同时创造超额利润；另一方面企业也可以从客户的需求中了解市场，细分市场和锁定市场，提高对市场变化的反应速度。

【案例】 VIPKID 如何做到续费率 95%，70% 新用户来自转介绍

案例背景

2018 年 9 月，VIPKID 宣布获得 5 亿美元的 D+ 轮融资，成为迄今为止全球在线教育领域最大一笔融资。完成此轮融资后，VIPKID 的企业估值将突破 200 亿元。

VIPKID 无疑是近几年在线教育领域的一匹黑马，不仅表现在资本的不断入驻，还有一些数据值得特别关注：

虽然 VIPKID 只拥有 30 万用户，年收入却达到了 50 亿元，每个用户的客单价、付费意愿、付费能力都很高，90% 以上学员家长年收入在 300 000 元以上，续费率达到了 95%。用户也都非常愿意做口碑传播，VIPKID 70% 的新增用户，来自于老用户的推荐。

案例执行

1. 免费体验课，降低体验门槛，提升体验质量。

利用低价引流课招生是目前大多数机构采取的招生方法，包括新东方和学而思也在用。而引流课一般都会面临到课率低和转化率低的问题，主要原因有 3 个：没有品牌背书、传播力度不够、用户体验差。那么，VIPKID 是如何解决这些问题的呢？

首先，VIPKID 的体验课程是完全免费的，同时采取的是与正课相同的"外教一对一"课程。降低体验门槛的同时，外教在线教学满足了用户的好奇心并给用户带来了良好的体验。

可以看到，在搜索 VIPKID 的网页中，"免费领取价值 288 元试听课"占据了非常明显的位置(见图 1.1)，用户只需要输入电话号码即可报名。

图 1.1

在微信端 VIPKID 公众号的菜单栏内，也有非常明显的"免费测"的标志，打开后也是"免费领取价值 288 元试听课"的页面。

另外，值得注意的是，页面的设计也很有意思：

"为什么要让孩子来 VIPKID 学习？"——引发好奇，提出核心卖点；

"北美优质外教让孩子爱学敢说"——触发用户的痛点：不会说，不敢说，

"我们的承诺"——增加对机构的信任感；

"免费测试"——需注册才能免费测试，引导用户注册。

以上，VIPKID 通过免费获取体验课，降低体验门槛，获取用户的信任；并且通过各种宣传渠道加大传播力度(百度推广、信息流广告、微信等)。

注册之后，VIPKID 在体验课之前和体验课过程中也有一些方法可以学习。

体验课之前会有老师与家长进行沟通，沟通内容包括简单测评及网络的调试，给家长发送一些资料等；

体验课上课的形式和正课的形式相同，最吸引人的就是外教老师标准的口语、独特的上课方式，容易抓住小孩子的吸引力。

在咨询的用户中，在这个环节之后就会有相当一部分用户选择先购买 3 个课时。

体验课之所以能够成功转化，一方面是体验课的质量有保证，并没有因为是体验课而降低课程质量；另一方面是学习效果外化，家长可以看到小朋友很喜欢这个课程，有明显的学习效果。

2．找准用户需求，打造产品差异化。

调研显示，家长们选择 VIPKID 主要原因是：北美外教的发音很标准，上课很生动。而这也正是 VIPKID 在招生期间最大的亮点和招牌，是和其他同时期的英语教学机构非常不同的一点。

VIPKID 通过前期的调查，发现在一些经济压力相对小的用户中间，他们有国际化教育的需求，但是孩子不想学或学不好英语。针对这部分用户，VIPKID 提出了解决方案，采用北美外教。北美外教相较中国的外教来说，一是口语更标准，二是上课形式上更多样。

之后在创新工场高管的孩子身上进行小范围的测试，结果是效果很好，被证明是可行的模式。于是，在后面的经营中，VIPKID 通过一系列方式，不断地扩大北美外教这一优势，使这个优势成为 VIPKID 最大的核心卖点。

在老师的选择上，VIPKID 非常谨慎和严格，只招聘有教学经验的纯正的北美外教，教师录取率低于 5%；在老师的培养方面，VIPKID 不仅让老师能够有超过市场平均水平的收入，同时将老师当做用户，为老师赋能，让老师获得更高的价值感和职业归属感。据官方数据统计，VIPKID 平台上 70%以上的教师来自外教间的推荐。

3．打磨产品质量，提升用户体验，促进用户分享。

体验课只是吸引用户和促进用户购买的一种手段，要让用户真正分享介绍，产生口碑，最根本的还是要靠产品内容和服务质量。VIPKID 创始人米雯娟在一次会议上讲道：VIPKID 第一次爆发的原因是有一位超过 20 万粉丝的微博红人在微博上帮 VIPKID 进行了口碑传播，引起了轰动。这就是超级用户和种子用户的思维了。

很多家长不断地在社交媒体上为 VIPKID 代言、推荐，分享自己的使用感受。这些用户自发地成为了 VIPKID 品牌口碑的放大者和连接新用户的渠道。

还有一点需要注意的是，在创业初期，VIPKID 并没有急于扩张，而是先围绕用户体验进行优化，反复通过用户反馈、用户测试、技术提升，对用户每一环节的体验都做到极致，后期才能使用户口碑大幅度提升。

产品内容和服务这个话题之前也一直在提及，不管是宝宝玩英语，还是凯叔讲故事，这些快速崛起的机构，无一不是在内容和体验方面做到了极致。

举个简单的例子，前段时间 VIPKID 内部运营数据被曝光，晚高峰 19:30 同时在线课堂数超过 2.3 万节，如果没有强大的供应链技术，则用户无法在上课过程中与外教深度互动并随意拖拽课件，有可能发生网络延迟的现象，影响用户体验。

✒ 案例评析

从 VIPKID 的案例中，我们可以得到以下几个在提升用户体验方面可行的方法：

1．用户定期反馈，小范围测试。

最好是有用户反馈群，有条件的话可以有专门负责这一块的人员，定期收集用户的反馈，总结用户的问题；建议重点关注两类人群，即特别认同的用户和特别不认同的用户。

2．学习效果可视化。

VIPKID 可以让学员在家里上课，家长可以很清楚地看到和感觉到孩子的成长；如果是工作忙碌，VIPKID 会利用人工智能技术将孩子学习的精彩瞬间剪辑发给家长，让家长看见孩子的学习和成长。

其实，从很多细节方面，我们都可以做到让学习效果可视化。除了学科培训中定期测验、素质培训中定期汇报外，针对高中以下的学员也可以定期做一些小视频、小成果发送至家长群里，定期让学生将展示的成果带给家长，并做好朋友圈运营。

3．从线下到线上，不是简单照搬课堂模式，而是重新构建整个学习流程，重塑用户体验。

4．用户主动推荐和分享；除了提升用户体验，通过口碑让用户自发地去社交平台传播和分享外，VIPKID 也会采取一些促进分享的方法。据了解，VIPKID 在运营中会通过"推荐获取免费课程"的方式来激励家长，提升分享介绍率。用户成功拉动一个新人就可以获得免费课程奖励，拉动人数越多则奖励越多。这其实也和 VIPKID 的定价有一定关系：VIPKID 的课程是按照单元来收费的，3 单元、6 单元、12 单元、24 单元的课程费用分别是 5400 元、9600 元、18 200 元和 33 800 元，平均一节课的价格在 130 元左右(实时价格可咨询 VIPKID)。其收费标准并不低，免费课程对于大部分用户还是很有吸引力的。

VIPKID 的爆发不乏资本的因素，但是除了资本因素之外，过硬的产品质量、良好的用户体验、强 KOL(Key Opinion Leader)及品牌合作同样在爆发过程中起到了不可磨灭的作用，其中的细节问题仍然值得我们去推敲。

----------------●

CRM(Customer Relationship Management)即客户关系管理，它是以"客户价值"为中心的企业管理理论、商业策略和企业运作实践，也是一种管理软件。CRM 主要是指通过对有价值客户详细资料的深入分析，来提高客户满意程度，从而提高企业竞争力的一种手段。

CRM 理念正是基于对客户的尊重，要求企业完整地认识整个客户生命周期，提供与客户沟通的统一平台，提高员工与客户接触的效率和客户反馈率。一个成功的客户关系管理系统至少应包括以下功能：通过电话、传真、网络、移动通讯工具、电子邮件等多种渠道与客户保持沟通；使企业员工全面了解客户关系，根据客户需求进行交易，记录获得的客户信息，在企业内部做到客户信息共享；对市场计划进行整体规划和评估，对各种销售活动进行跟踪，通过大量累积的动态资料，对市场和销售进行全面分析。

【案例】 联邦快递的客户关系管理体系

📖 案例背景

联邦快递隶属于美国联邦快递集团(FedExCorp.)，成立于 1973 年。经过 30 年的发展，联邦快递已覆盖全球 214 个国家，雇员逾 144 000 人，服务机构 365 个，是全球最具规模的快递运输公司。联邦快递为全球超过 220 个国家及地区提供快捷、可靠的快递服务，为遍及全球的顾客和企业提供涵盖运输、电子商务和商业运作等一系列的全面服务。

作为一个久负盛名的企业品牌，联邦快递通过相互竞争和协调管理的运营模式，提供了一套综合的商务应用解决方案，使其年收入高达 320 亿美元。同时，联邦快递集团激励旗下超过 26 万名员工和承包商高度关注安全问题，恪守品行道德和职业操守的最高标准，并尽可能地满足客户和社会的需求，使其屡次被评为全球最受尊敬和最可信赖的雇主。

联邦快递的创始人弗莱德·史密斯(Fred Smith)有一句名言，"要想称霸市场，首先要让客户的心跟着你走，然后让客户的腰包跟着你走。"由于竞争者很容易采用降价策略参与竞争，联邦快递认为时刻关注顾客才是长久维持客户关系的关键。

👤 案例执行

1. 发现客户需求并制订规划。

联邦快递关注客户需求并及时行动，其对亚洲中小企业需求的发现和满足就是一例。在 2010 年 1 月，四大国际快递巨头之一的联邦快递发布一份关于亚洲中小企业的报告，当时联邦快递亚太区总裁简力行(David L.Cunningham)做出相应的建议：很多中小企业去年向西方的出口猛跌，他们已经在考虑如何开拓国内市场，或者至少降低对欧美国家的依赖程度。我们预计，金融危机爆发后，亚洲市场尤其是中国市场的增长会比欧美市场要快，所以中小企业应该意识到国内需求的变化，对此做一些短期规划。联邦快递及时看到了中小企业的需求，开始为小型企业提供数款专用软件解决方案工具集，比如通过 Fedex Global Trade Manager 网上工具，就可通过识别寄运至多个国家所需的文件，简化国际寄运的工序，甚至可计算寄运过程中所需的各类关税。此前，联邦快递等国际快递巨头的客户主要集中在跨国公司等国际大客户。此报告表明：联邦快递已经开始为开拓更多中小企业客户而努力。

2. 客户关系管理体系的建设实施。

(1) 强大的硬件。联邦快递的安全准时送达离不开硬件发挥的作用。联邦快递公司全球拥有约 14 万名员工，654 架飞机，约 43 000 辆专用货车，如此强大的硬件保证了客户货件的安全和及时配送。良好互动与信息沟通模式要成为企业运送货物的管家，联邦快递需要与客户建立良好的互动与信息沟通模式，使得企业能掌握自己的货物配送流程与状态。

所有客户可借助其网址同步追踪货物状况，还可以免费下载实用软件，进入联邦快递协助建立的亚太经济合作组织关税资料库。它的线上交易软件 Business Link 可协助客户整合线上交易的所有环节，从订货到收款，开发票，管理库存直到将货物交到收货人手中。

另外，联邦快递特别强调：要与客户相配合，针对顾客的特定需求，如公司大小、生产线地点、业务办公室地点、客户群科技化程度、公司未来目标等，综合制订配送方案。

(2) 客户服务信息系统。联邦快递的客户服务信息系统主要有两个：一是一系列的自动运送软件，如 PowerShip、Fedex Ship 和 Fedex Internetship；二是客户服务线上作业系统(Customer Operations Service Masteron-line System，COSMOS)。

为了协助客户上网，联邦快递向客户提供了自动运送软件。该软件有 3 个版本：DOS 版的 PowerShip、视窗版的 Fedex Ship 和网络版的 Fedex Internet Ship。利用这套系统，客户可以方便地安排取货日程、追踪和确认运线、打印条码、建立并维护寄送清单、追踪寄送记录。而联邦快递则通过这套系统了解客户打算寄送的货物，预先得到的信息有助于运送流程的整合，货舱机位、航班的调派等。

另一方面，联邦快递公司从 IBM、Alvis 租车公司、美国航空等处组织了专家，组成了自动化研发小组，建立了 COSMOS。在 1980 年，系统增加了主动跟踪、状态信息显示等重要功能。1997 年又推出了网络业务系统 VirtualOrder。

(3) 员工管理。良好的客户关系不是单靠技术就能实现的，员工的主观能动性也十分重要。联邦快递建立了呼叫中心，旨在倾听顾客的声音。在对员工进行管理以提高顾客满意度上，提出了以下两个方面的方案：

① 培训与考核。员工的主要任务除了接听成千上万的电话以外，还要主动打电话与客户联系，收集客户信息。呼叫中心的员工需要先经过一个月的课堂培训，然后接受两个月的操作训练，学习与客户打交道的技巧，考核合格后，才能正式接听客户来电。另外，为了了解客户需求，有效控制呼叫中心服务质量，联邦快递公司每月都会从每个接听电话员工负责的客户中抽取 5 人，打电话询问他们对服务品质的评价，了解其潜在需求和建议。

② 提高第一线员工的素质。为了使与客户密切接触的运务员符合企业形象和服务要求，在招收新员工时，联邦快递是少数做心理和性格测验的公司。对新进员工的入门培训强调企业文化的灌输，新员工需先接受两周的课堂训练，接下来是服务站的训练，然后让正式的运务员带半个月，最后才独立作业。

1.2.4 整合营销理论

整合营销是网络营销理论中的一个新理念，是传统市场营销理论为适应网络营销的发展而逐步转化形成的。整合营销是一种对各种营销工具和手段的系统化结合，根据环境进行即时性的动态修正，以使交换双方在交互中实现价值增值的营销理念与方法。整合营销是为了建立、维护和传播品牌以及加强客户关系，而对品牌进行计划、实施和监督的一系列营销工作。整合就是把各个独立的营销工作综合成一个整体，以产生协同效应。这些独立的营销工作包括广告、直接营销、销售促进、人员推销、包装、事件、赞助和客户服务等。

网络的互动性是请顾客真正参与到营销管理的全过程中来，而且网络的高效性使顾客的选择余地变得更大，个性消费使得顾客的主动性大大增强。因此，企业必须将满足顾客的需求和追求利润最大化放在同等重要位置，将顾客整合到网络营销中来。以舒尔茨(Theodore W.Schultz)教授为首的一批营销学者从顾客需求的角度出发研究市场营销理论，提出 4C 组合，即 Customer、Cost、Convenience、Communication。菲利普·科特勒(Philip Kotler)归纳说："4P 反映的是销售者关于影响购买者的营销工具的观点；从购买者的观点看，每一种营销工具都是为了传递顾客利益。"菲利普·科特勒的观点，即 4P 应向顾客传递的价值就是相应的 4C。

据此论述，网络营销与传统营销的整合就是整合营销。也就是企业通过与消费者之间信息的双向沟通，迅速、准确、个性化地了解每一个消费者的 4C 需求后，以此为出发点，做出相应地使企业利润最大化的 4P 策略，最终满足消费者的需求并实现企业利润最大化。而且消费者由于个性化需求的良好满足，及对企业的产品、服务形成良好的印象，那么在第二次需求该类产品时，会对公司的产品产生偏好，优先选择原来的产品；这样交互进行，产品和服务就能更好地满足消费者的需求。由此，一方面顾客的个性化需求不断得到越来越好的满足，建立起对公司产品品牌的忠诚意识；另一方面，由于这种满足是针对差异性很强的个性化需求，这就使得其他企业的进入壁垒变得很高，即其他生产者即使生产类似的产品也不能同样程度地满足消费者的个性化需求。这样，企业和顾客之间的关系就变得非常紧密，从而形成了所谓的"一对一"的营销关系。

【案例】 迪士尼携手小米手环：互动打卡整合营销

案例背景

迪士尼作为全球文化娱乐业的"航母"，旗下拥有无与伦比的强大 IP：米老鼠、唐老鸭、白雪公主与七个小矮人等，这些动人的卡通形象，影响了全球一代又一代人。

2017 年 9 月，迪士尼商店于上海太古汇开启第二家门店，商品涵盖迪士尼旗下广受欢迎的各类人物角色周边商品。开业曝光及到店人流量已经成为迪士尼太古汇店面临的首要问题。

营销目标：

迪士尼太古汇店开业，面向江浙沪地区广大女性消费者，迪士尼希望通过传播达成如下目标：

(1) 突破传统新店开业营销模式。

(2) 提升迪士尼新店开业市场关注度。

(3) 吸引更多消费者至门店消费，提升新店人气，实现导流和销售。

★ 策略与创意

(1) 市场洞察。迪士尼乐园不仅仅是小孩子的童话世界，也是成年人的童年"时光机"。当年轻用户走进迪士尼乐园时，儿时熟悉的角色和音乐、满园的欢笑，可以让他们瞬间释放成人世界的所有烦恼，回归纯真的童年时光。而作为承载其衍生产品的迪士尼商店，在这里消费者可以将童年的记忆和感觉带回家，延续童年的欢乐时光。

(2) 消费者洞察。根据 simplyBrand 2016 上海迪士尼开园的消费者洞察报告显示(见图 1.2)，16～35 岁年轻用户关注迪士尼乐园的比例高达 84%。在这些潜在的消费者群中，成年用户所占比最高，他们有如下特点：

① 处于社会中坚阶层，工作压力大，注重自我疏解。

② 有一定消费能力，会为了兴趣与喜好购买产品。

③ 属于重度移动、社交用户，喜欢体验新鲜活动，乐于分享。

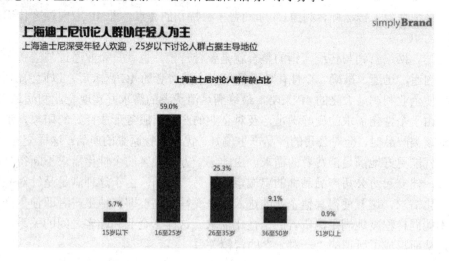

图 1.2

(3) 传播策略。"童话穿梭机，打卡回到童年时光"，迪士尼联合具有互动及社交属性的小米运动 APP，发起了一场 O2O(Online To Offline，线上到线下)互动创意活动(见图 1.3)。通过整合小米平台"软件 + 硬件"的优势，借助小米手环的打卡功能，吸引年轻用户从线上走到线下，为迪士尼商店实现开业曝光进行精准导流。

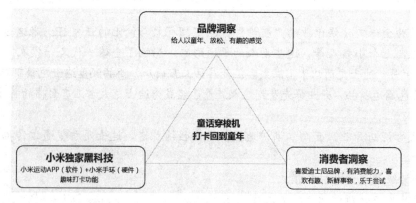

见图 1.3

　　小米运动 APP：汇集 4000 万都市年轻人的泛运动健康应用，30 岁以下用户占比超过 50%。

　　小米运动 APP 在一二线城市的用户占比超过 63%，北上广居前三位。

　　小米手环：小米手环全球市场累计出货量已超过 3000 万台，是世界第一大可穿戴运动设备。

案例评析

　　小米为迪士尼量身订制了 3 台创新的科技"时光机"，有效地将目标受众引流至迪士尼新店：

　　【时光机 1】　小米 DMP 大数据，精准锁定"童话梦"年轻人群

　　2017 年 8 月 25 日—2017 年 8 月 31 日期间，通过小米 DMP 大数据筛选，迪士尼商店(太古汇店)目标人群为江浙沪地区的 18～35 岁女性。迪士尼通过小米视频、音乐、主题、生活等 APP 进行传播，让更多目标用户了解新店的开业信息，并实现导流。

　　【时光机 2】　小米手环创意"打卡"互动，线上到线下 1 秒传送

　　打通小米软件与硬件技术，借助小米手环和小米运动 APP 为迪士尼商店定制创意 O2O 打卡互动活动——"17 打卡，送'尼'好礼"。

　　① 线上(online)：用户从小米运动 APP 入口参与活动，像回到小时候一样获取"米奇"、"米妮"勋章，参与充满童趣的互动活动。

　　② 线下(offline)：活动期内，用户佩戴小米手环至迪士尼商店(太古汇店)进行打卡，即可点亮线上的勋章，获得迪士尼商品店购物满减的优惠券。连续两次到店打卡点亮全部勋章的"大朋友"，还有惊喜奖励——迪士尼商店开业定制的限量礼包。

　　创新的科技＋创意，增加了互动的趣味性，低门槛、易参与的打卡互动形式，助力线下商店导流。

　　【时光机 3】　17(一起)穿越——童话世界召集令

　　如此有趣的童话世界，怎能不叫上其他小伙伴？借助小米社区黄金资源，在米粉群体内招募迪士尼商店目标用户来到线下新店，参与小米&迪士尼商店品牌活动。米粉到店打卡之后，有 15 分钟的时间可在店内自由活动，通过手环积累步数，赢取迪士尼商店定制礼品。充满童趣的活动，再次引爆新店人气，助力目标用户口碑传播。

　　★ **营销效果与市场反馈**

　　小米为迪士尼商店定制的 3 台时光机，成功将现实世界中的"大朋友们"送回梦想的童话世界：

　　(1) 传播声量。一周的活动期内，线上资源总曝光 21 866 817 次，总点击 555 714 次，使迪士尼商品店品牌信息最大化地传播。

　　(2) 用户互动。① 线上参与活动的"大朋友"累计达 14 571 人，参与到店打卡人数达 1823 人，转化率超 10%。② 近 200 人沉浸在童话世界里无法自拔，至少连续 2 天到店打卡，突显出极大的参与热情和超高的用户黏性。

案例思考题

　　1. 手环打卡营销是一种创新营销方式，请分析从哪些方面体现其创新性。

　　2. 请分析此案例是如何进行整合营销的。

第2章 网络营销环境分析与案例

2.1 网络营销环境的特征

网络营销环境是建立在网络环境中的企业实施网络营销所面临的虚拟市场环境，它以网络技术为基础，为企业传播营销信息、把握营销动态提供了崭新的媒体与沟通环境。企业的网络营销环境是指影响企业的网络营销活动及其目标实现的各种因素和动向。

网络营销环境具有以下几个方面的特征：

1. 提供资源

信息是市场营销过程的关键资源，是互联网的血液，通过互联网可以为企业提供各种信息，指导企业的网络营销活动。

2. 全面影响力

环境要与体系内的所有参与者发生作用，而非个体之间的互相作用。每一个上网者都是互联网的一分了，它可以无限制地接触互联网的全部，同时在这一过程中要受到互联网的影响。

3. 动态变化

整体环境在不断变化中发挥其作用和影响。不断更新和变化正是互联网的优势所在。

4. 多因素互相作用

整体环境是由互相联系的多种因素有机组合而成的，涉及企业活动的各因素在互联网上通过网址来实现。

5. 反应机制

环境可以对其主体产生影响；同时，主体的行为也会改造环境。企业可以将自己的信息通过公司网站存储在互联网上；也可以通过互联网上的信息，自己作出决策。

因此，互联网已经不只是传统意义上的电子商务工具，而是独立成为了新的市场营销环境。互联网为企业市场营销创造了新的发展机遇与挑战。

2.2 网络营销宏观环境分析

1. 法律道德环境

网络营销法律环境是指能对企业的网络营销活动起到规范或保障作用的有关法律、法令、条例及规章制度等法律性文件的制定、修改、废除及其立法与司法等因素的总称。此外，由于互联网自身所拥有的一些特性(如虚拟性和隐蔽性等)，企业和消费者的网上行为出现了一些突破传统道德规范的问题，产生了诸如侵犯消费者隐私权、网络欺诈、网络色情等违背道德甚至违犯法律的行为。网络营销面临着种种道德问题的严峻挑战。

政治法律环境因素对企业开展网络营销活动有保障和规范作用。了解并遵守本国和相关国家的法律和法规，是企业做好国内和国际网络营销管理工作的基础。开展网络营销不仅要了解传统市场营销的相关法律，还要了解有关互联网和网络营销的相关法律。

【案例】　淘宝遭遇"十月围城"

案例背景

"这是一个最好的时代，也是一个最坏的时代；这是一个智慧的年代，也是一个愚蠢的年代；这是一个光明的季节，也是一个黑暗的季节。"这是马云在 2011 年 10 月 17 日就淘宝商城事件召开的媒体沟通会上，用英国著名作家狄更斯(Charles John Huffam Dickens)的名言对当前淘宝所面临的尴尬处境所做的总结。马云在 2010 年底的淘宝大会上，曾预言淘宝在 2011 年必有一场灾难，没想到竟然成为谶语。

整个事件的导火索是淘宝商城 2011 年 10 月 10 日发布的《2012 年招商续签及规则调整公告》。公告将淘宝商城的技术服务年费从以往的 6000 元提高到 3 万元和 6 万元两个档次，涨幅分别为 5 倍和 10 倍。同时，商铺的违约保证金也由以往的 1 万元涨至 5 万元、10 万元、15 万元不等。这就意味着所有淘宝商城的商家每年需要交纳的费用不少于十万元。这对一些小商户或微小商户来说，在资金上无疑面临着一个极大的挑战。

出于对淘宝商城新规的不满，在新规颁布的第二天，即 10 月 11 日，近五万多名小卖家通过一款新型的网络语音聊天工具 YY 聚集在一起，策划了对淘宝商城上大卖家们的轮番攻击。他们利用淘宝商城的规则来完成这些攻击，通过实施"拍商品、给差评、拒付款"等恶意操作行为，迫使这些大卖家们停止出售商品，以此来表示对淘宝商城新规的不满。这些受害的大卖家有韩都衣舍、欧莎、七格格、优衣库等，在反淘联盟的恶意操作下，他们店铺几乎陷于瘫痪。

这些小卖家称，之所以采取这样的"抵抗"行为，是因为淘宝商城近日发布的淘宝商城新规，让他们这样的小卖家很难再经营下去。一个小卖家称，"今年为做淘宝商城，我借了五六万元，到 9 月左右才开业，可谁知现在突然一下我得交出 20 万，即使能勉强交上去，又哪里有钱来经营呢？"

案例评析

淘宝商城是从淘宝网站分出来的一个 B2C(商家对个人的电子商务模式)网站。2007 年，随着 B2C 网站凡客、京东商城的高速成长，马云就超前地看到了 B2C 的发展趋势，因而，在淘宝内部开始成立 B2C 事业部，并同时筹备淘宝商城。2008 年 4 月，淘宝商城以独立频道形式亮相，并共享淘宝的流量资源。

淘宝商城设立之初，为了杜绝淘宝网的假货、水货问题，当时就决定要树立一个较高的门槛——只有品牌的拥有者或者获得了品牌商的授权者才能进入。然而，早在 2008 年传统品牌商在电子商务方面的意识还没有觉醒，热情并不高。那一年，淘宝商城试探性地招了 2000 个商家。众所周知，当年淘宝商城的交易额并不理想。虽然淘宝商城坚持正品行货，坚持品质，但用户的"选票"依然投给了 C2C(个人对个人的电子商务模式)平台——淘宝网。淘宝网当年实现了 1000 亿元的交易额。淘宝商城事业部于 2008 年 10 月被迫解散，与淘宝网 C2C 合并。

随着网购环境的改善，用户需求和消费习惯渐渐发生改变。很多网络用户的消费心理渐渐从买便宜过渡到买方便，甚至是买品质。从凡客、京东商城等 B2C 网站的业绩就能看到这种网购消费的升级：凡客 2009 年的交易额达到 7 个亿，京东商城 2008 年交易额是 13 亿元，到了 2009 年暴增到 40 亿元。这就意味着服务有品牌和品质需求的用户的淘宝商城重新获得了独立出来的可能。

2009 年 7 月，淘宝重新启动淘宝商城事业部。但此时，淘宝商城还不敢在"品牌商家入驻"上设置"高门槛"，而是对品牌商家和非品牌商家都持欢迎态度，即对所谓"大 B"和"小 B"持同样欢迎的态度，只要他们注册公司、承诺正品、交纳保证金即可。于是淘宝商城重启之后聚集了 5 万商户。

马云是从 2011 年春节就开始酝酿淘宝网上模式转型的。经过半年的推演，到 2011 年 6 月 16 日，马云决定将淘宝一分为三，即将原 C2C 业务的淘宝网分为 C2C 淘宝网、B2C 淘宝商城和一站式购物搜索引擎一淘网。对淘宝商城，马云是想将其打造成一家线上的 ShoppingMall(超级购物中心)。

但是，事情并非想象的那样简单，升级后的淘宝商城同样面临假货的存在。经过一段时间的运作，马云发现淘宝商城一些卖家的信用评价还不如淘宝集市，这对于淘宝商城来讲是致命的。而淘宝商城本身不控货，要想为买家提供更好的服务，只有提高淘宝商城的门槛，让优质的商家聚集在淘宝商城，让那些难以满足淘宝商城"品质之城"要求的商家离开淘宝商城。淘宝商城的新运营标准在 10 月 10 日出台前，曾针对商城内部的一些品牌商家进行了将近 3 个月的意见征集，淘宝方面获得的反馈是："高门槛"将有助于净化网络交易市场，使商品品质和消费者体验得到进一步提升。

然而，没有想到的是，当新规发布的第二天就遭到了别有用心的人士的恶意解读，并纠集了不明真相的中小店家和网民，对淘宝商城进行了持续的有组织的恶意攻击。

对反淘联盟的恶性攻击，马云表示坚决反对与他们谈判，并表示淘宝商城将坚持诚信原则，对假货、水货采取"零容忍"的态度。"什么是我们的原则——维护电子商务的诚信，我们半步不退。"马云解释称，淘宝"新政"的出发点是几部委联合打假，推"网上诚信"，"电子商务越来越大，如果我们不对假货水货采取措施，中国电子商务走不远。"

淘宝商城的出发点是好的，但方式、方法上有些操之过急。对淘宝网民们的"暴动"行为，联想集团名誉董事长柳传志点评道：对入驻商家设门槛剔除个别不好的商家，提高淘宝商城的品质是对的。但是马云在方法上有欠妥当，应该在保护小商家积极性的前提下，在让大家都支持的情况下再将个别不好的人踢出去。马云也承认其方式、方法上有做得不对的地方。

在商务部的协调下，在 10 月 17 日的媒体沟通会上，马云宣布对小卖家做出妥协，对于已经在淘宝商城开店的商家，新规执行时间延后至 2012 年 9 月 30 日，新商家 2012 年 1 月 1 日起执行，所有商家 2012 年保证金可减半。同时，阿里集团将斥资 18 亿元扶持卖家：追加 10 亿元进入消费者保障基金；拿出 5 亿元作为现金担保，为符合条件的小商家向银行和第三方金融机构的贷款提供担保支持；增加 3 亿元用于市场推广和技术服务平台的改善，加大对商场商户的支持力度。对于不考虑跟淘宝商城继续签约的或不符合要求的，在遵守规则的前提下，阿里集团将提供技术服务，将 B 店转为 C 店，信用及交易记录均在 C 店中予以保留。

案例思考题

淘宝的"十月围城"事件暴露了哪些深刻的法律问题？

2. 经济环境

在网络营销活动中，企业需要考虑的经济环境因素主要有两个方面，既现实的经济环境和网络经济。现实的经济环境主要包括社会经济结构、经济发展水平、经济体制和宏观经济政策等。网络经济是指建立在计算机网络基础上的生产、分配、交换和消费的经济关系。它并不是独立于传统经济之外、与传统经济完全对立的纯粹的"虚拟"经济，而是一种在传统经济基础上产生的、经过以计算机为核心的现代通信技术提升的高级经济发展形式。网络经济与传统经济相比有许多不同的特点，这些特点对网络营销从经营理念到营销战略与策略都会产生极大的影响。

3. 科学技术环境

网络营销的产生和发展是以计算机和通信技术为基础的。科学技术的发展在促进网络发展的同时，也为企业改善经营管理提供了有力的技术保障。企业开展网络营销必须密切注意信息技术的发展变化，掌握信息技术的发展变化对网络营销的影响，及时调整营销方式和策略。

技术进步改变了网络用户的结构，扩展了网络营销的范畴。宽带技术的发展使视频点播、多媒体网络教学成为可能；无线上网技术的发展实现了移动办公、移动购物，进一步促进了电子商务和网络营销的发展。

【案例】Nike+ 数字化运动战略

案例背景

在互联网已经越来越深入地渗透到我们的生活中时，越来越多的行业受互联网的影响也由浅入深。在运动品牌领域，以往的运动品牌主要利用网络渠道进行销售，随着运动品牌严峻的销售形势，如何与互联网更深入接触来推动市场的复苏，成为关注的焦点。30 年以来耐克一直以不断技术创新为荣，在互联网技术发展背景下，找到了一条数字化战略渠道，不断尝试O2O，打通线上与线下的连接渠道，并取得了巨大的成功。

耐克的数字化运动历程有以下几个阶段：

(1) Nike+iPod。2006年5月，耐克与苹果公司在纽约联合发布Nike+iPod运动系列组件，将运动与音乐结合起来：首先，跑步者必须先拥有一双Nike+的跑鞋；然后，再将iPod的芯片放置在鞋垫底下的芯片槽里。在跑步时，芯片通过无线感应，可以将各种跑步的信息，如距离、速度、消耗的热量等数据传输至跑步者手中的iPod nano里。跑步者借助语音回馈就可以得知各项信息。在运动过程中，跑步者可欣赏事先设置的激励歌曲。运动结束后，跑步者可将iPod nano与电脑连接，登陆Nike+网上社区，上传此次跑步数据，或者设定各项分析的功能。另外，跑步者还可以关注朋友的跑步进度，也可以查看世界各地拥有这款产品的人的运动信息及排行榜。深受青少年喜爱的Nike跑鞋加上风靡全美的iPod，这次合作大获成功。

(2) 数字化运动战略。随着智能手机的崛起，RunKeeper和Endomondo等一批功能类似的运动类应用开始崭露头角，Nike+iPod开始陷入市场危机。与此同时，Facebook和Twitter等社交媒体从2004年开始兴起，移动互联网的发展趋势也愈演愈烈。青少年开始逐渐习惯数字化的生活方式，而耐克的主要消费群体正是这些走在时代前端的青少年们。因此，耐克开始调整Nike+定位和思路，于2010年率先成立了与研发、营销等部门同属一个级别的数字运动部门(Digital Sport)。至此，数字化运动正式成为耐克的战略发展方向。

(3) 发力运动电子产品。2012年耐克开始发力运动电子产品，率先推出重量级产品FuelBand的运动手环，并将产品面向非运动人群，该手环能够测量佩戴者所有日常生活中消耗的能量。在此基础上，耐克进一步推出了拥有自主知识产权的全新能量计量单位NikeFuel，以作为制约对手的竞争壁垒。NikeFuel是一种标准化的评分方法，无论性别或体型，同一运动的参与者得分都相同。

(4) 布局数字运动王国。2012年2月，耐克将Nike+从跑步延伸到了篮球和训练产品上，推出了Nike+Basketball和Nike+Training应用，构建起两套全新的运动生态子系统。就功能而言，与之配套的运动鞋可以测量如弹跳高度等更多的运动数据。另外，耐克与知名导航产品供应商TomTom合作推出的具有GPS功能的运动腕表、FuelBand第二代产品FuelBand SE等，都是对其数据补给线的进一步完善。

作为传统运动服饰品牌的耐克缺乏互联网基因，因此Nike需要借助外部力量来提升实力。首先，耐克将合作范围从苹果公司扩大到其他平台，进一步扩大用户基础。2012年6月下旬，耐克将自己在iOS平台上最受欢迎的Nike+Running软件移植到了Android平台上，同时展开与微软的合作，推出Nike+KinectTraining健身娱乐软件。其次，耐克瞄准微信的广大用户群体。2013年11月，耐克在中国推出了公众服务账号Nike+Run Club，提供跑团组建功能，并在大大小小的线下活动中，开始大力推广自己的数字平台Nike。经过近一年的努力，耐克的数字平台经历了爆炸性增长。据数据显示，2014年10月，在大中华区市场，Nike线上社区的注册人数与去年相比增长了130%；在移动端的应用下载量从去年的57万增长到258万，增长了350%。

与此同时，耐克为未来布局，与美国第二大孵化器TechStars合作推出了Nike+Accelerator项目，鼓励创业团队利用Nike+平台开发出更加创新的应用，以期在数字化运动浪潮中一举确立领导地位。

总体而言，Nike+ 的诞生并非基于大数据浪潮的时代背景，而且耐克的数字化运动历程也比我们想象的更为久远。Nike+ 是耐克顺应大数据时代趋势，发展数字化运动战略而推出的系列产品线，包括各类可穿戴设备、Nike+ 应用软件、Nike+ 运动社交平台等。用户对 Nike+ 的使用，使耐克公司能够对数据形成从产生、收集、处理、分析到应用的 O2O 闭环。

案例执行

1. Nike+ 社区：让消费者与品牌关联。

"Nike+ 的核心价值在于所构建起来的庞大的线上社区，它的最大功能在于社交。"耐克大中华区传播总监黄湘燕如此认为。如果 Nike+ 不与消费品建立品牌关联，不能与消费者建立起紧密的情感联系，无论其电子产品的设计有多精良、性能有多优越，品牌消费者永远不会愿意使用这些产品，则 Nike+ 也就永远得不到推广。

我们以 Nike+Running 为例，阐释 Nike+ 社区是如何与消费者产生联系的。

(1) APP 的界面非常人性化，操作简单。用户打开主页，软件即可通过 GPS 记录个人跑步的次数、公里数、平均速度及消耗的能量数，以便用户安排私人运动计划。内置的徽章激励制度还给跑步运动平添几分趣味，也使用户产生了自我突破的动力。

(2) 软件加强社区间的互动关系、增加使用热度和频率。

首先，用户除了能够自行查看运动数据与虚拟成就，也可将运动记录图像实时分享至 Twitter、新浪微博等社交网站，附上心情符号与文字解说，吸引好友关注，满足交际需求与展示欲望。排行榜更是激发好友们不断挑战运动记录、互相鼓励较劲的有趣设置。

其次，Nike+ 社区本身也携带社交功能。一旦用户发布开始使用 Nike+Running 的动态，好友就可进行留言，同步为跑步者加油，这是对社交功能的进一步放大。跑步这项私人性很强的运动被公开到其他爱好者眼前，好友们的激励则更让跑步者投入到运动过程中。

最后，用户还可设定需要完成的公里数、邀请特定好友参加挑战、共同完成挑战目标。现实中处于不同地域的好友能够同时参与到运动中来，增添了陪伴感和督促力度。

进一步地，Nike+ 还可作为世界各地跑步爱好者的虚拟组织中心，利用强大的号召力吸引素昧平生的运动发烧友们参与各种线下活动。2008 年，近 100 万用户登录并加入了由耐克公司同时在全球 25 个城市发起的 10 公里长跑比赛。

在中国，微信的强大力量再次为 Nike+ 注入社交血液。2013 年"双十一"期间，微信公众服务账号 Nike+ Run Club 上线，短短 10 天就吸引了数以万计的跑步爱好者。通过账号内置的跑团组建功能，这些用户迅速创建了超过 1000 个跑步主题的微信群组。2014 年 10 月底推出的"约跑"使 Nike+ 新版跑者集结。在这里，跑步者既可以根据 LBS 来创建新的跑团、集结周围的跑者，也可以自愿加入其他跑团。跑者们互相认识、互相交流，不只是在微信里，也可以在线下一起跑步、一起参加休闲活动。在上海地区，更多的跑友是为了上海马拉松而集结在一起跑步的。Nike 为用户提供的这个平台，使微信更加社会化并多元化。

著名的品牌营销学者 Kapferer 曾经指出：在互联网革命的推动下，品牌成为社区建设者。对于身处 Web2.0 时代的消费者而言，聚在一起并分享经验是另一种形式的奖励。因此，品牌需要通过共同的目标或理想将人们联结起来。

Nike+ 社区粉丝们的互动给耐克公司带来两点好处：第一，客户主动上传的大量运动数据，为耐克深刻理解消费者行为奠定了坚实的基础；第二，让人与人之间建立起非常牢固的关系，强化了品牌忠诚度，并在一定程度上转化为购买力。据耐克公司负责全球品牌管理的副总裁 TrevorEdwards 介绍：通过 Nike+iPod 计划，40%的 Nike+ 用户选择了耐克运动鞋。当然，这与 Nike+ 在其应用软件中设置"记录每次跑步所穿的鞋"的选项及新推出的"购买 Nike"电商功能也有关系。

2．将 Nike+ 营销融入用户中。

在营销实践上，Nike+ 使耐克真正触及到自己的用户人群，了解他们的运动行为、进入他们的社交生活、追踪他们的消费需求、明确产品和服务的改进方向、实施精准有效的营销计划、和用户建立起长期的紧密联系，从而让聚焦顾客关注、提升产品销量成为可能。

用户主动上传大量运动数据，为耐克深刻理解消费者行为奠定了坚实的基础。Nike+构建的品牌社区，不断地吸引忠实粉丝向耐克公司提供身高体重、运动信息、社交账户数据等海量用户数据，还主动传达自己的经验与建议。耐克由此能够对消费者个体进行深刻洞察，并不断创造价值。

例如，通过对 Nike+ 的用户构成及其社交行为进行分析，耐克公司发现自己的目标群体在 Facebook 和 Twitter 等社交网站上有较高的活跃度，也进一步了解了他们集中关注的体育明星、经常出现的跑步路线和场合等信息。正是基于这些深度洞见，2011 年底，耐克公司为推出可穿戴设备 Nike+FuelBand，成功发起了社交营销战役"Make It Count"。圣诞节前，耐克公司在 Twitter 上注册了公共账号@Nike，同时通过公司旗下的所有 Twitter 账号发出号召："How will you MAKE IT COUNT in 2012?"（你会如何将 2012 过得有意义？）预告公司将发布革命性产品。12 月 29 日，根据用户喜好而筛选出的耐克代言明星在各自的 Twitter 账号上发出"Make It Count 2012"宣言。这些宣言内容还被制作成户外广告或海报，张贴在运动爱好者经常出现的路线或场合。12 月 31 日，在 Twitter 上产生了 24 347 条关于"Make It Count"话题的会话，耐克官方账号的粉丝数达到 22.7 万，当天在 Youtube 上发布的预热视频也被播放了 6.2 万次。FuelBand 在正式发布前便汇聚了众多关注。

3．将 Nike+ 平台融入价值链。

在互联网时代，平台概念迅速席卷全球。平台商业模式使来自不同行业的许多企业能够连接多个特定群体，为其提供互动机制，满足所有群体的需求，巧妙地从中赢利，甚至取得多方位利润。亚马逊、阿里巴巴、Netflix 等新兴的互联网公司，正是借力于这种商业模式的优秀代表。通常情况下，采用平台战略的企业就是架构中心。例如，亚马逊网站通过整合读者和出版社资源而获得赢利。虽然只是初具平台模式雏形，但仍有其独特之处。

与之不同的是，Nike+ 平台发源于传统行业，其创造者耐克公司只是平台连接的一方。Nike+ 在短时间内能吸引大量用户关注及使用的重要原因是：通过网上社区，原本就与消费者建立了密切关系的耐克能够轻易汇聚与自身品牌精神本就一致的忠诚用户，实现同边网络效应，最终累积大量与品牌和运动体验有关的高质数据，这些数据正是 Nike+ 宝贵的战略资源。

一方面，通过对用户数据的分析，耐克能够获得关于消费者的更深邃洞察，将这些发现应用于营销活动的各个环节，全面实现数字营销化，从而享受到顾客忠诚度增强、销售收入上涨等喜人成果。

另一方面，数据也为耐克开辟了可能的新利润来源。耐克完全能够发挥原有品牌资产的杠杆力作用，将对顾客行为的全面理解融入到运动计划的制订、健身软件的开发、运动型可穿戴设备的设计等与消费者运动生活有关的各项业务中，从传统的服装行业进军到更加新兴的"蓝海"领域。同时，同处于运动产业的其他公司也可受益于 Nike+ 平台累积的用户数据。耐克甚至可以开辟行业咨询服务，发展更多的赢利可能。

案例评析

在互联网技术发展背景下，耐克公司找到了一条数字化战略渠道，不断尝试 O2O，打通线上与线下的连接渠道，并取得了巨大的成功。据数据显示，2009—2011 年间，耐克公司在美国的电视和印刷广告上的支出下降了 40%，而其总营销预算则稳步攀升，2011 年甚至达到 24 亿美元。2012—2014 三年间，公司盈利一直呈增长趋势，而增长动力则正包括 Nike+ 旗下的各类产品及由此带来的日益紧密的消费者-品牌联系。正如耐克首席执行官 Mark Parker 所说"对耐克而言，运动数字部门是至关重要的。它将成为消费者体验耐克产品时的关键因素。"

未来，Nike 的愿景是打通 Nike 所属的数字化平台，将 Nike+、Nike 官网、Nike 网上商城及 Nike 社交媒体账号等平台的数据相连，使每一个数据节点链接起来产生良性闭环，通过 One click 实现大链接，并将影响作用于服务和营销中。

案例思考题

用户对 Nike+ 的使用，使耐克公司能够收集到大量的数据，这些数据可以为耐克带来哪些价值，耐克是怎样利用这些数据的？

4．社会文化环境

社会文化环境是指由价值观念、生活方式、宗教信仰、职业与教育程度、风俗习惯等构成的环境。社会文化环境的内容很丰富，在不同的国家、地区、民族之间存在明显差异。在营销竞争手段向非价值、使用价值转变的今天，营销企业应善于把握不断变化的社会文化环境，制订相应的营销决策。

5．人口环境

人是企业营销活动的直接和最终对象，是产品的购买者和消费者。人口规模决定着市场规模和潜力；人口结构影响着消费结构和产品构成；人口组成的家庭、家庭类型及其变化，影响着消费品的消费结构及其变化。网络营销的人口环境包括网民数量、结构及其变化趋势等。

【案例】 海尔 MV《都是我哒》的品牌营销

案例背景

从 2009 年至 2018 年，在这短短九年时间里，"双十一"已经从单纯的光棍节演变成了一年一度的购物狂欢盛典，更是成为了品牌推广中不可或缺的主题日。2017 年 5 月，天猫将品牌口号换成"理想生活上天猫"之后，品牌商家怎样在"双十一"鼓励大家"买买买"的同时传达出自己的生活态度，成为需要思考和解决的问题。

海尔作为全球大型家电品牌，其影响力正随着全球市场的扩张而快速上升。但同时，这一家电巨头在属于年轻人的"双十一"狂欢营销节点依然面临着困境和挑战。品牌年轻化是很多老牌企业转型的方向，海尔也不例外，可是以往试探性的尝试无法在年轻消费者心中留下深刻的印象。而且海尔作为家电产品本身的属性，要找到与年轻群体沟通的切入点并不轻松，要想在"双十一"节点突出重围，打开海尔与年轻人的对话通道，表达品牌态度，在获取声量的同时真正俘获年轻人的心，任务艰巨。

海尔此次的营销目标：为天猫海尔官方旗舰店"双十一"狂欢节活动进行公关传播，配合天猫"双十一"节奏输出年轻化创意方案，并结合实际情况来执行；同时，提升海尔产品在"双十一"预热阶段的品牌口碑和产品曝光，并为活动进行有效的宣传及引流，促进"双十一"销量提升。

★ 营销策略与创意

对于在社交网络媒体上花费大量碎片化时间获取信息的用户，尤其是年轻用户来说，以短视频为主的富媒体已经成为他们的第一选择，越来越多的品牌也随之选择用短视频进行营销活动。从 2016 年开始，社交网络基本完成了从图文到富媒体形式的转变。而 2017 年，可以说是短视频营销集中爆发的一年。同时，2017 年也是吸猫文化井喷的一年。广大年轻人对猫趋之若鹜，有条件要养猫，没有条件就上网云养猫。

年轻化一直是海尔品牌转型的一个方向，而在"双十一"这个年轻人的狂欢节，海尔更需要找到与年轻消费群体对话的方式和渠道，消解家电的冰冷，传递智慧、温暖、年轻的品牌态度。将短视频和猫结合在一起去吸引年轻消费者，成为此次营销的创意方向。

猫是非常宅的生物，与家、家电有着天然的联系。作为坐拥百万猫奴的超级 IP，"吾皇万睡"拥有大量年轻粉丝。因此，将天猫海尔官方旗舰店与"吾皇万睡"IP 达成跨界合作，推出吾皇首支单曲 MV，为天猫海尔官方旗舰店"双十一"狂欢"打 call"。

2017 年夏天，《中国有嘻哈》横空出世，让这一年成为嘻哈元年。随之而来的是大量嘻哈风格的歌曲短视频营销，一直到"双十一"还层出不穷，令不少人吐槽审美疲劳。为了给大家耳目一新的感觉，海尔决定用更符合 IP 形象设定同时不落窠臼的风格来呈现这支 MV。

在视频中，"吾皇"与"少年"、"老爹"、"巴扎黑"延续漫画中的 IP 形象，以家为场景，与冰箱、洗衣机、空调、热水器、油烟机、电视机等整套海尔智慧家电进行有趣互动，手绘画风软萌可爱。歌词"少年是我哒，老爹是我哒，冰箱是我哒，还有里面的吃的；洗衣机是我哒，热水器是我哒，巴扎黑，它它它，我就不要啦……"将猫的占有欲展现得淋漓尽致，"吾皇"对"巴扎黑"的嫌弃也令人忍俊不禁，大家在沉迷吸猫的同时，不知不觉就吃下了海尔的这波"安利"。

案例执行

围绕核心创意，在媒介上，充分发挥"吾皇万睡"官方微博、微信的巨大影响力，同时针对年轻受众和电商行业，选择匹配的媒介进行传播，并最大限度曝光品牌，引流至电商平台。

1. 微博首发："吾皇"粉丝内部引爆

2017 年 11 月 6 日，视频在"吾皇万睡"官方微博及官方微信首发，在"吾皇"粉丝中引发强烈反响。上线十分钟就收获上千转发和点赞。

2. 年轻群体扩散传播

2017 年 11 月 6 日—11 月 8 日，通过微博搞笑排行榜等拥有大批年轻粉丝的微博 KOL 对视频进行进一步传播扩散，在吸引粉丝点赞、评论、转发的过程中使声量达到新的峰值。

★ 营销效果与市场反馈

此次海尔携手"吾皇万睡"突破次元壁的合作，是一次非常大胆而新颖的尝试。用短视频的形式呈现猫对家电的占有欲，同时击中年轻人的两大兴趣点，正式确立了天猫海尔官方旗舰店年轻、敢玩、会玩的品牌形象。

(1) 助力海尔赢得天猫"双十一"大家电第一品牌六连冠，商家成交总榜单第四，实现行业引领占位。客户对此次视频营销给予了高度认可和赞扬，在内部实现同步引爆。

(2) MV 在 SNS 平台覆盖人数达 5000 万以上，共收获 1550 万阅读量，视频播放 666.5 万次。

(3) 在广大年轻用户、粉丝中引发强烈反响，纷纷留言表示"这个广告给满分"、"反复看了无数遍"、"被海尔圈粉"……大家用转、评、赞表达了对海尔这波视频的肯定和喜爱。

(4) 数英网、好奇心日报等各大行业媒体对此次视频营销进行自发传播并给予一致好评。

案例思考题

海尔案例是如何针对年轻群体进行营销的？你是否喜爱？谈谈你的感受。

6. 自然环境

自然环境是指一个国家或地区的客观环境因素，主要包括自然资源、气候、地形地质、地理位置等。网络营销自然环境是指影响网络营销目标市场顾客群需求特征与购买行为的气候、地貌、资源、生态等因素。从网络营销活动本身来看，互联网跨越时空，网络营销不受自然环境的影响，但从网络营销目标市场需求特征与消费行为来看，自然环境因素对网络营销策略的选择有较大的影响。

2.3 网络营销微观环境分析

网络营销的微观环境主要由网络营销外部行业环境和网络营销内部环境组成。外部行业环境是由网络营销渠道企业(包括供应商,中介商)、顾客、竞争者、潜在进入者、替代进入者以及现有竞争企业等组成。

1. 企业内部环境

企业内部环境是指企业内部各部门的关系及协调合作。企业内部环境包括市场营销部门之外的某些部门,如企业最高管理层、财务、研究与开发、采购、生产、销售等部门。这些部门与市场营销部门密切配合、协调,构成了企业市场营销的完整过程。市场营销部门根据企业的最高决策层规定的企业的任务、目标、战略和政策,作出各项营销决策,并在得到上级领导的批准后执行。研究与开发、采购、生产、销售、财物等部门相互联系,为生产提供充足的原材料和能源供应,并对企业建立考核和激励机制,协调营销部门与其他各部门的关系,以保证企业营销活动的顺利开展。

2. 企业外部行业环境

企业外部行业环境包括网络供应商、网上公众、网络营销中介、网络顾客、网络竞争者等因素。

1) 网络供应商

供应商是指向企业及其竞争者提供生产经营所需原材料、部件、能源、资金等资源的公司或个人。企业和供应商之间的关系是交易关系、竞争关系和合作关系:首先是交易关系,企业与供应商双方因各自需要而相互交换产品、服务和信息;其次是竞争关系,企业与供应商为各自独立的经济利益而讨价还价,力图获得定价权;第三是合作关系,交易的结果是双方互相依赖和交流,通过有效合作实现共赢。在营销活动中,企业必须处理与供应商之间的这三种关系,最终成为合作伙伴。

2) 网上公众

网上公众是指对网络营销企业实现其营销目标构成实际或潜在影响的任何团体、单位和个人,包括网民、网络金融服务机构、网络媒体、内联网公众、政府等。

【案例】 **杜蕾斯时尚定制游戏**

案例背景

杜蕾斯作为世界第一大情趣用品制造和销售跨国企业,其产品有良好的口碑。虽然杜蕾斯在中国数年来广告和营销推广投入极大,但竞争品牌(如杰士邦、冈本等)也加紧了广告营销,杜蕾斯面临着市场份额逐年下降的现状。

由于国家对计生用品实行"双轨制"，国内大部分安全套的生产都集中在国家计生委定点的 9 个生产厂家，而杜蕾斯并不在其列，这就阻隔了杜蕾斯在中国的市场整合。此外，中国人使用安全套的习惯尚有待改善。

由于杜蕾斯情趣用品在中国市场还处于一个未被广泛接受的状态，进行此次营销活动的目的就是改变大多数中国消费者对情趣用品的偏见，强调杜蕾斯的品牌调性——阳光、性感、幽默，加强年轻受众对杜蕾斯的品牌形象认知，提高品牌的好感度。

同时，杜蕾斯的目标消费者年龄在 18 至 35 岁之间，他们最主要的媒体接触点是移动互联网，而其中手机游戏最受用户欢迎。结合时下最流行的手机游戏模式，定制专属于杜蕾斯的手机游戏，使消费者在游戏之中熟知和记忆品牌。

★ 营销策略与创意

充分结合杜蕾斯目标消费者受众的媒体接触点及其品牌调性，制作受众喜爱的移动媒体游戏，并在这些游戏中恰当地植入杜蕾斯相关商标、产品，甚至是独特的品牌性格。

游戏结束之后，鼓励玩家在微博、QQ 空间等社交网络分享以该手机游戏为主题的话题，通过社交媒体引起讨论，进一步扩大营销活动的声势。

案例执行

1. 杜蕾斯官方微博发布游戏推广信息。

通过微信和移动媒体发布移动端网页游戏《精子快跑》，移动端 APP 也在应用市场同步上市。

精心设计的 12 款爱侣互动双人游戏包"Durex Game"APP 在应用市场上市，传递品牌正能量并融入在线购买功能。

通过微信和移动媒体发布移动端网页游戏"脱光攻略"，移动端 APP 也在应用市场同步上市，同时融入购买功能。

4 款轻应用游戏共带来 500 万以上网页浏览量、1500 万以上的互动次数，每款游戏每位下载用户平均参与 3 次以上，形成了较高的用户黏性。

2. 微博互动引发话题。新浪微博官方账号发起有奖转发活动。

结合电影《北京爱情故事》在情人节期间的上映，杜蕾斯联手该电影推出"谈谈情说说爱"活动，在微博上招募网友来到线下，走进杜蕾斯的"移动小酒馆"，一边喝酒，一边聊自己的爱情故事。

在微博平台上，相关时尚定制游戏和新浪微博获得 12 372 条评论。在百度上的相关搜索量达到了 287 000 万。

3. 微信公关号与用户频繁互动，鼓励用户参与游戏。

活动期间，杜蕾斯微信公众号的粉丝也达到了惊人的 120 万，与电影相结合的线下宣传活动同样引起了电影粉丝极强的关注和热情参与。

手机游戏已经成为移动互联网最受欢迎的内容。如何能够利用经典游戏的基础，研发并推广品牌定制游戏，引发病毒式传播从而提升品牌影响力，是快消行业的一个新的发展方向。

案例评析

(1) 定位明确的品牌调性。杜蕾斯对目标消费者的定位十分明确，即年龄在 18 岁至 35 岁的人群，并清楚了解目标受众的需求和特性，专注于对特定群体进行调性定位营销。

(2) 对潮流的精确把握。杜蕾斯进行社会化媒体经营的经验十分丰富，并能准确抓取当下最流行的事物，与品牌产生连接。例如，杜蕾斯官方微博账号目前已有 306 万粉丝，并保持高活跃度和高关注度，这些粉丝是杜蕾斯后续各种社会化整合营销的重要基础。

(3) 与品牌的高度结合。游戏内容与产品的高度结合是整个广告的重要部分，杜蕾斯准确把握了如何吸引用户关注并软性植入广告而不让人感到厌恶的尺度，对品牌产生良好的宣传效果。

(4) 多平台的综合运用。运用各种社交媒体和传播渠道以及不同的广告形式，并在营销活动中借势，结合线上、线下两个平台，最终取得了营销活动的巨大成功。

3) 网络营销中介

网络营销中介包括网络服务提供商(Internet Service Provider，ISP)、第三方物流提供商、认证中心、网上金融服务商、网上营销服务机构及网络中间商(如网络批发商、网络零售商、经纪人和代理商)等。

4) 网络顾客

顾客是产品的购买者或消费者，是企业最终的营销对象。计算机和网络技术的发展极大地消除了企业和顾客之间的空间距离，为双方提供一个快速、高效的信息交流平台，使经济全球化、市场一体化得以实现。互联网的发展不仅为企业提供了广阔的市场营销空间，同时也为消费者在更大范围内选择商品、比较商品创造了条件。通过网络，顾客可以获得更多的产品或服务信息，做出更为合理的购买决策；借助互联网双向沟通平台，企业可以充分展示其产品服务形象，丰富产品服务信息，了解顾客需求和市场竞争状况，有针对性地开展营销活动，从而更好地满足顾客需求。

【案例】 三只松鼠的"CEO 用户体验中心"

案例背景

对企业而言，想要打造一款引爆市场的产品，不能单纯地从自身需求出发，而是要从消费者的实际需求出发，从用户视角研究消费者的心理，找出消费者的痛点，这样企业才能有针对性地进行产品开发和设计，从而让自己的产品满足消费者最迫切的需求。

所谓痛点，就是消费者心中的不满、愤慨和伤心处等。在营销学中有一种叫"痛点营销"的方法。"痛点营销"是指消费者在体验产品或服务过程中没有达到期望值，从而造成了心理落差，这种心理落差最终在消费者心智模式中形成负面情绪爆发，让消费者感到痛。

在营销中只要戳中用户的痛点，就会使用户心中泛起涟漪，让用户感同身受，很好地吸引用户的注意力。简单来说，就像一个肥胖的女生，看到任何减肥的信息都会两眼发光，不由自主地点击进去查看。

案例执行

1. 设立"CEO 用户体验中心"。

三只松鼠的火爆，就在于其善于把握用户思维。三只松鼠团队将"用户是上帝"的经营理念作为自身发展的核心动力，他们深深地了解用户对优质服务的渴望，并在此基础上建立起了一套可追溯系统。假如发生了用户投诉，那么依靠这套系统，三只松鼠的管理层最终可以追溯到具体的员工，会在第一时间给用户一份满意的处理结果。为了配合这套可追溯系统，三只松鼠成立了"CEO 用户体验中心"，这个"CEO"指的不是三只松鼠的创始人，而是用户。这个部门的职责就是收集用户体验、发布用户体验报告、跟进落实并协调各个部门的执行和改善情况。

"CEO 用户体验中心"和三只松鼠其他部门是平行的，并不受其他部门的制约，只对公司领导负责。这个部门设置了数据采集师、体验分析师和跟踪协调员 3 个具体职务：数据采集师会有针对性地采集用户的体验数据，采集量一般不会少于当天成交量的 1%；体验分析师则负责将采集回来的数据进行分类，分析其中隐藏的信息，比如发现有评论频繁地提到包装漏包的现象，体验分析师就会对这些用户进行回访，将漏包频发的原因调查清楚，最后将调查结果整理成报告，汇报给 CEO，然后启动相关问责机制，对具体流程进行改进，避免类似问题再次发生；跟踪协调员的职责是根据用户体验报告中反映出来的问题，协调并督促相关部门进行改进。

三只松鼠将用户思维做到了极致，给予用户更快、更好、更舒心的服务，由此获得了用户的认可和信任，自然也就火爆起来了。

2. 借助"双十一"，打造"头条"潜力。

除了用户思维之外，三只松鼠还非常注重品牌思维。在成立之初用碧根果这个单品顺利地引爆了市场后，他们便开始有意识地做大、做强"三只松鼠"这个品牌，力图让其在消费者心目中留下深刻印象。比如三只松鼠的客服人员在与消费者互动时可以模仿松鼠的声音，甚至还推出了特色鲜明的三只松鼠卖萌手册。另外，三只松鼠还成功地借助"双十一"这个电商节日，通过一系列特色鲜明的方法措施，成功地打响了品牌知名度，最终火爆起来了。

自淘宝推出"双十一"活动以来，11 月 11 日这一天就渐渐演变成了购物者的狂欢节，发展到现在，已经成为众多商家捞金的"摇钱树"。正因为"双十一"的影响力巨大，所以每年都会成为大众关注的焦点，登上各大媒体网站的头条。假如企业能够在"双十一"期间创造出色的业绩，借助"双十一"的光环，自然就具备了上头条的潜力，成为大众热议的焦点。

三只松鼠在"双十一"结束之后，立即在其微信公众平台上贴出了战报，吸引了各大媒体的关注。三只松鼠在 2015 年曾经预测，他们在下一年的"双十一"要做到 5 个亿。2016 年的"双十一"，这个承诺真的实现了——3 分钟，突破 1000 万元；28 分钟，击破 1 亿元；

最终，三只松鼠全渠道销售额达到了 5.08 亿元，荣登天猫"双十一"Top10 商家榜第 7 名！当天超过 1400 万人次进入三只松鼠店铺，制造了 460 万单包裹，假如将这些包裹堆积起来，相当于一百多个珠穆朗玛峰的高度！这样的成绩配合上"双十一"的超级热度，使得三只松鼠成功抢占各大自媒体头条，使三只松鼠的名声更加响亮。

━━ ━ ━ ━ ━ ━ ━ ━ ━ ━ ━ ━●

5) 网络竞争者

竞争是市场经济活动的必然，没有竞争就没有发展。企业开展网络营销，也面临来自以相同的方式向相同的市场提供相同或相近产品和服务的企业竞争的压力。研究竞争对手、取长补短，是取得竞争优势的重要途径。一般来说，竞争对手会将自己的服务、业务等方面的信息展示在网站上。因此，研究网上的竞争对手主要从其网站入手。

【案例】 美团—大众点评的 O2O 模式分析

案例背景

1. O2O 市场发展情况

截至 2017 年 12 月，中国网民规模达 7.72 亿，互联网普及率为 55.8%，手机网民规模为 7.53 亿，占比提升 97.5%。个人用户的上网习惯进一步向手机端集中。随之带来的用户消费习惯也开始向移动化转型，导致移动终端的流量剧增。O2O 线上、线下结合的消费业态，正需要移动互联网的支持。数据显示，2016 年第一季度，中国移动网购市场交易金额达 7476.8 亿元，同比增长 109.6%。

作为 O2O 生活服务平台，2016 年第一季度，美团点评移动终端交易额占比 95% 以上，美团深耕于吃喝玩乐领域，为用户提供餐饮、外卖、酒店、旅游、家装、KTV 等生活领域方方面面的服务，其无疑是这股移动浪潮的受益者。

2. 美团—大众点评公司发展情况

美团—大众点评是 2015 年年底才成立的一家新公司，而其前身则是两家 O2O 生活服务类公司——美团网和大众点评网。

美团网的雏形是 2010 年 3 月 4 日成立的团购网站，以"美团一次，美一次"的宣传口号为消费者发现最值得信赖的商家，让消费者享受超低折扣的优质服务。美团以"为商家找到最合适的消费者，给商家提供最大收益"的互联网推广为经营宗旨。从 2010 年的"中国团购元年"上线至今，美团是无可争议的团购赢家。团购模式引进中国后，大大小小数千家团购网站立即加入团购领域，峰值时团购网站多达 5800 多家，引发了一场耗日持久的团购大战。历经多轮洗牌，美团最终从血淋淋的"团购战场"中杀出重围，截至 2013 年底，确立了行业老大地位，以绝对市场优势，将大众点评、拉手、窝窝团、糯米网等竞争对手甩在了身后。2014 年，美团全年交易额突破 460 亿元，用户超过 2 亿，覆盖全国 1006 个城市，合作商户超过 80 万家，移动端交易额占比 90% 以上。美团不只在团购领域独领风骚，同时也在国内电商领域排名第三，仅次于阿里巴巴和京东，一个本地化生活服务 O2O 平台格局初现。2015 年，美团将定位调整为"吃喝玩乐的大平台"，以团购作为横线，纵向进入包括电影、酒店、旅游、外卖等细分领域，引发了激烈的市场竞争。2015 年 1 月，美团完成 7 亿美元融资，整体估值达到 70 亿美元。

成立于 2003 年 4 月的大众点评网是从商户点评平台起家，是中国领先的城市生活消费平台和独立的第三方消费点评网站。借助移动互联网、信息技术和线下服务能力，大众点评网为消费者提供值得信赖的本地商家、消费评价和优惠信息及团购、预约预订、外送、电子会员卡等 O2O 闭环交易服务，覆盖了餐饮、电影、酒店、休闲娱乐、丽人、结婚、亲子、家装等几乎所有本地生活服务。截至 2015 年第三季度，大众点评网月活跃用户数超过 2 亿，点评数量超过 1 亿条，收录商户数量超过 2000 万家，覆盖全国 2500 多个城市及美国、日本、法国、澳大利亚、韩国、新加坡、泰国、越南、马来西亚、印度尼西亚、柬埔寨、马尔代夫、毛里求斯等全球 200 多个国家或地区的 860 座城市。截至 2015 年第三季度，大众点评网月综合浏览量(网站及移动设备)超过 200 亿，其中移动客户端的浏览量超过 85%，移动客户端累计独立用户数超过 2.5 亿。2015 年 4 月，大众点评网获得 F 轮 8.5 亿美元融资。

2015 年 10 月 8 日，美团和大众点评联合发布声明，以 5∶5 的换股比例达成战略合作，双方共同成立一家新公司，在生活服务类市场份额占第一和第二地位的两家巨头企业合并成立的美团—大众点评公司(简称"新美大")。"新美大"占据了市场的绝对份额，大大消减了营销成本和竞争消耗，在应对其他生活服务类 O2O 企业的追击时占据了主动地位。2016 年 3 月，"新美大"正式对外宣布完成 E 轮融资超 33 亿美元，估值超过 180 亿美元。此次融资不但创下中国互联网行业私募融资单笔金额的最高纪录，也成了全球最大范围内最大一笔 O2O 领域的融资。

目前，美团—大众点评覆盖中国超过 2800 个市、县、区，服务 300 万商户，日订单量突破 1000 万单，移动端月度活跃用户超过 1.5 亿，年度活跃买家达 2 亿，2015 年总交易额超 1700 亿元。以年度活跃买家、订单交易量数纬度，美团—大众点评实际上已成为中国第二大电子商务平台。

👨‍🎓 案例执行

作为由两家 O2O 生活服务类公司合并成立的新公司，美团—大众点评公司的 O2O 服务由原美团和原大众点评的 O2O 服务互补综合而形成。因此，我们通过两家公司各自的特点来评析美团—大众点评公司的模式。

1. 美团的 O2O 本地化生活服务。

美团从创立伊始即制订了以团购为切入点，横向发展，深入渗透进外卖、电影、酒店等垂直领域，打造连接人与服务的本地生活服务平台的"T 型战略"。美团自 2011 年成为国内最大的本地服务电子商务网站后，以最为契合 O2O 特征"线上交易、线下消费"的团购业务为基础，建立了 3 个事业群和一个子公司，深入与消费生活息息相关的各个垂直细分领域，并力图成为各个领域的王者。

(1) 美团外卖的崛起。O2O 热潮爆发，首先波及的就是本地生活服务——外卖。自 2000 年起，外卖行业已经逐渐开始发展，其中既有长期经营的创业团队，也有大举进攻的企业巨头。随着移动互联网的普及，外卖市场前途愈加广阔，但是随之而来的竞争也极为激烈。美团外卖作为美团O2O中的一大主要版图，于2013年12月才正式上线，虽然相比其他外卖电商进入行业的时间较晚，但恰恰把握住了O2O迅猛发展的时机。相比于团购，外卖业务比团购更具有本地化服务属性，一个外卖需求基本不会超出消费者所在位置方圆5千米范围。因此，在建立了用户流量入口，积累了本地化服务经验后，利用团购训练用户与商户把原先的餐饮消费行为习惯转移到互联网上来，等待外卖O2O的难度急剧下降，美团外卖便一举出击。

美团外卖服务具有典型的O2O特征。用户在线上美团外卖客户端进行外卖产品的筛选和购买：首先由GPS定位自动形成以用户所在地理位置为中心向四周扩散的外卖商户列表，随后用户可以通过商圈、学校、街道等地理位置类别，快餐、西餐、川菜等餐饮类别，以及评论数量和人气值等口碑情况进一步对产品和服务进行选择。通过在线下单并支付后，外卖平台将用户购买信息和具体要求即时通知商户，商户进行菜品制作，并利用线下物流配送至用户所在地理位置。

对于外卖，用户最关心的要素为：送餐速度快慢、起送价高低和外卖商户是否足够全。美团外卖基于以地理位置为核心的本地化生活服务，自建物流提高配送效率，覆盖区域核心圈增加业务合作商户，以用户量的增长收入冲减运营成本。经过一年多的高速发展，TrustData信诺数据发布的《2015年1—4月中国移动互联网行业发展分析报告》显示：在外卖领域，美团外卖后来居上，在月度覆盖率、用户活跃度、运行次数、增长速度等关键指标上均领先于对手，稳居行业第一。

(2) 猫眼电影领先本地化电影服务。猫眼电影是美团旗下的一家集媒体内容、在线购票、用户互动社交、电影衍生品销售等服务的一站式电影互联网平台。猫眼电影的前身是2013年2月依托美团网的"美团电影"团购业务。2015年7月猫眼电影独立为美团网旗下全资子公司猫眼文化传媒有限公司。截至2015年12月的数据显示：猫眼电影覆盖购票用户超过1亿，日活跃用户数超过1000万，业务覆盖全国超过700个城市，与全国超过5000家影院密切合作，占网络购票70%的市场份额，即约每三张电影票中就有一张出自猫眼电影。

目前，猫眼电影已经成为国内最大的电影O2O平台。从承接制片、对接发行方到电影院，猫眼在中间可以起到引导、分流用户的作用，把控从交易、选座到电影的制片、发行的全过程，还可以外接其他附属延伸业务。同时，猫眼电影为合作影院和电影制片发行方提供覆盖海量电影消费者的精准营销方案，助力影片票房成绩的提高。其中，在线选座购票既是猫眼电影业务的亮点，也是其O2O模式最显著的特征。

自成立伊始，猫眼电影主打在线选座购票。猫眼电影O2O模式极大地便利了消费者在线筛选产品及服务的需求：如消费者已经明确了电影购买目标，猫眼电影APP中电影的剧照图片和预告片视频都加速了潜在消费者的决策过程；如消费者未确定观影目标，猫眼电影APP中的电影评分、评论分析、内容简介等可帮助潜在消费者了解电影详情，进而筛选合适的电影产品。选定购买产品后，猫眼电影客户端以消费者所在地理位置为中心，实时且清晰地展示了位于不同地理位置的各家影院中该电影的放映时间、放映厅类别、剩余座位、票价情况等详细信息，便于消费者根据自己所在位置、时间、票价等因素作出消费决策。当进行购买时，消费者可以通过实时影厅座次情况对座位进行选择，随后通过在线支付获得电影票兑换码。在线下进行实际的观影消费时，只需到影院中的取票机进行电影票兑换即可享受观影服务。

依托上述电影 O2O 模式，消费者对电影的价格判断、消费决策等消费行为不再依附于到店场景，而是在线就可以完成。线上选座购票、线下取票观影的电影 O2O 模式以其便利消费者、提升行业效率、扩大营销渠道的优势取代了影院柜台排队购票的传统销售模式，对整个行业的经营和发展产生了深刻影响。

（3）美团酒店切入旅游 O2O。带有强烈地域位置属性的旅游作为人们日常生活中重要的休闲娱乐活动也成为 O2O 的主攻战场。美团酒店提供团购和快订两大服务：团购方面，有钟点房、客栈、经济连锁酒店等，品种丰富，价格便宜；快订方面，消费者通过网站可查看酒店房间状态并在线直接预订，入住当天 18 点之前可以随时退款，保留房间至次日 12 点。

与外卖、电影的 O2O 模式类似，美团将本地化的住宿需求移至线上，基于消费者地理位置等因素，在美团客户端提供按地理区域、星级价格、房型类别等分类的酒店列表，并利用文字、图片、评分、评论等信息帮助消费者进行酒店服务的筛选和购买，随后消费者在线下单并支付，由平台通知酒店进行相应的服务准备，消费者持验证码等凭证至线下酒店处办理入住。相比于从前在 PC 端预订酒店，首先要进入百度地图搜索确认自己的地理位置，再根据地理位置找寻合适酒店，PC 端预订成功后还需要通过电话进行沟通，整个过程需要跨终端且链条过长，移动端主导的 O2O 酒店预订更为便捷和高效，受到了市场的广泛欢迎。数据显示，2015 年上半年美团酒店交易额达到 53 亿元，在线商户近 23 万家，消费量超过 3300 万；同时，美团酒店对外宣布其移动端占比已达 96.6%。

2．大众点评的 O2O 社交导向服务。

从 2003 年创立开始，大众点评的定位与身份几经转变：从商户点评到团购交易平台，再到 O2O 生活服务平台，大众点评始终都带有显著的社交媒体标签，以消费者对商家发表点评 UGC 为亮点导流本地生活 O2O 业务。

大众点评对消费者消费需求与消费决策的连接有两种方式：第一种方式与美团类似，即消费者可以在线上根据商户的历史点评记录、打分分值、人气状况等对商户进行筛选并随后作出购买决策；第二种方式则充分体现了 O2O 的社交导向——大众点评推出点评积分制并评选星级用户（即优质点评用户），形成以地理位置、口味偏好、兴趣体验等不同因素组成的社区中的领袖群体。消费者可以参考点评达人的吃喝玩乐足迹地图进行商户的搜寻和选择，而这一意见领袖的力荐方式能够更快速准确地将消费需求演变为实际交易。此外，大众点评还开辟了社区板块，以消费者所在地理位置为核心，汇聚了本地热点推荐、同城召集活动、同城热门话题等板块，形成了以地理位置社区带动消费的社交导向 O2O 服务。

3．移动化服务助力 O2O 模式发展。

无论是外卖、电影还是酒店 O2O，都离不开移动智能终端强大的地理位置定位功能、稳定的移动互联网链接和移动客户端强劲的运算能力。移动化服务是 O2O 模式成功顺利运转的基本保障。

从操作流程上看，移动化服务促使 O2O 服务中的地理定位、商户筛选、下单预订、交易支付、接受凭证等一系列曾经需要跨越不同终端，采取多项繁琐步骤，进行线上、线下多方面沟通才能完成的服务一站式完成，其高效、便捷、安全、省心的特点广受移动互联网时代都市快节奏生活群体的欢迎。

从交易数据上看，2015 年上半年，美团团购业务中移动端交易量占比 95%；美团外卖移动端交易占比达 98%；美团酒店交易额中有 80%左右来自移动端；猫眼电影也以 0.86%的月度覆盖率成为国内最受欢迎的在线购票 APP。

移动化服务是美团—大众点评 O2O 模式中重要且基本的特征和要素。

案例评析

目前，美团—大众点评已经成了中国最大的 O2O 本地生活服务平台。2016 年 7 月，中国互联网协会、工业和信息化部信息中心在京联合发布 2016 年"中国互联网企业 100 强"排行榜。其中美团—大众点评凭借优异的业绩上榜(排名第 11 位)，是 O2O 领域最具品牌价值的公司。公开数据显示：美团—大众点评目前拥有近 6 亿用户，合作各类商户达 432 万，几乎覆盖了中国所有级别的城市。截至 2016 年上半年，美团—大众点评全平台积累的各类 POI(兴趣点)信息已达 2000 万，6 月日订单峰值已突破 1150 万单。在 O2O 的各典型应用场景中，美团—大众点评在餐饮、外卖、电影票、酒店、旅游等领域占据绝对领先的地位，成功打造了生活服务领域的生态闭环。

总体而言，美团—大众点评在 O2O 领域的迅猛发展与以下几个方面密不可分：

① 本地化服务(Location)。美团—大众点评的 O2O 业务中都以本地化的应用服务为切入点充分挖掘 LBS 的内涵与潜力，根据消费者所在或目的地地理位置为中心，在一定地域范围内的衣食住行等方方面面覆盖本地生活娱乐需求，并进一步按照地域划分、服务类别、偏好要求、口碑评价等细化分类，创造基于 LBS 的本地生活服务目录，以最直观的形式进行产品和服务的线上展示，方便消费者按图索骥各取所需，最大化将线上流量导入线下实际消费。

② 社交导向的服务(Social)。美团—大众点评自带第三方用户创作内容平台的传媒性质，口碑评论表达偏好，形成兴趣社区群并产生意见领袖；评价评分作为价值传递信号，引导线上流量产生线下消费。

③ 移动化服务(Mobile)为本地化服务提供了基本的技术保障和支持。移动互联网通信与 GPS 定位结合产生的精准地理位置信息是 O2O 进行一切产品或服务智能推荐的出发点；移动互联网通信与移动支付工具结合形成的便捷支付网络是 O2O 快捷线上支付转结、线下商家对账入库的核心工具；而移动互联网通信技术带来的时代变革是促使人们转变传统观念、增强消费信任，从现场柜台交易转向无实物线上交易的根本原因。从单一的团购模式走向全领域本地生活服务 O2O 模式，美团—大众点评成功地证明了 O2O 模式的高度可行性与潜力无限性。

案例思考题

依据你对生活的观察，还有哪些 O2O 业务可以成为美团—大众点评的新盈利点？

第3章　网络消费者行为与案例

3.1　影响网络消费者购买的主要因素

由于科学技术的创新，我们已经看到人类行为正在发生着巨大的变化，而市场行为的变化将自然随之而来。显然，未来的消费者将与过去的甚至现在的消费者有巨大的不同，他们更看重时间，掌握的信息也更多，行为更加以个人为中心。在未来，无所不在的宽带数据通信网和高清晰度的显示终端相结合将进一步加速消费者行为的改变。影响网络消费者购买的主要因素如下：

1．产品的特性

首先，由于网上市场不同于传统市场，网络消费者有着区别于传统市场的消费需求特征，因此，并不是所有的产品都适合在网上销售和开展网上营销活动。根据网络消费者的特征，企业对网上销售的产品一般要考虑产品的新颖性，即新产品或者是时尚类产品比较能吸引人的注意。追求商品的时尚和新颖是许多消费者特别是青年消费者重要的购买动机。

其次，考虑产品的购买参与程度，一些产品要求消费者参与程度比较高，消费者一般需要现场购物体验，而且需要很多人提供参考意见，这些产品不太适合网上销售。对于消费者需要购买体验的产品，可以采用网络营销推广功能辅助传统营销活动进行，或者将网络营销与传统营销进行整合，可以通过网络宣传和展示产品，消费者在充分了解产品的性能后，可以到相关商场再进行选购。

2．产品的价格

从消费者的角度说，价格不是决定消费者购买的唯一因素，但却是消费者购买商品时肯定要考虑的因素，而且是一个非常重要的因素。对一般商品来讲，价格与需求量之间经常表现为反比关系：同样的商品，价格越低，销售量越大。网上购物之所以具有生命力，重要的原因之一是网上销售的商品价格普遍低廉。

此外，消费者对于互联网有一个免费的价格心理预期，那就是即使网上商品是要花钱的，但是价格也应该比传统渠道的价格要低。一方面是因为互联网的起步和发展都依托了免费策略，因此互联网的免费策略深入人心，而且免费策略也得到了成功的商业运作。另一方面，互联网作为新兴市场可以减少传统营销中的中间费用和一些额外的信息费用，大大削减了产品的成本和销售费用，这也是互联网商业应用的巨大增长潜力所在。

3．购物的便捷性

购物便捷性是消费者选择网上购物的首要考虑因素之一。一般而言，消费者选择网上购物时考虑的便捷性，一方面是时间上的便捷性，可以不受时间的限制并节省时间；另一方面是可以足不出户，在很大范围内选择商品。

4. 安全可靠性

网络购物另外一个必须考虑的是网上购物的安全性和可靠性问题。由于在网上消费，消费者一般需要先付款后收货，这时过去购物的一手交钱一手交货的现场购买方式发生了变化，网上购物中的时空发生了分离，消费者有失去控制的离心感。因此，为降低消费者网上购物的这种失落感，在网上购物各个环节必须加强安全措施和控制措施，保护消费者购物过程的信息传输安全和个人隐私保护，以及树立消费者对网站的信心。

根据艾瑞咨询的调查报告，2013年中国网络购物用户在购物网站或旗舰店购物常考虑的问题见图 3.1。其中，网络购物用户最常考虑的问题是"商品价格"，占比为 70.3%；另外，"商家信誉"、"商品质量"的占比都接近四成。因此，"商品价格"、"商家信誉"、"商品质量"成为网络购物用户比较购物网站或旗舰店时的重要参考因素。

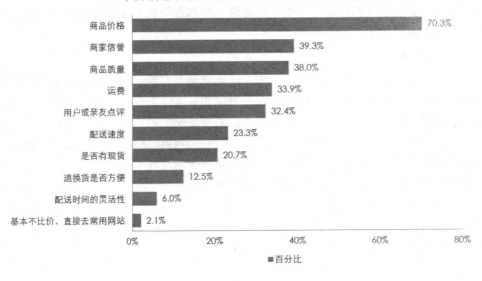

图 3.1

【案例】 **杜蕾斯的"遥控内衣"**

案例背景

杜蕾斯是全球知名的两性健康品牌，其产品线覆盖了安全套、润滑剂、性用品等诸多领域。除了一如既往地为消费者提供品质卓越的产品外，该公司还致力于让人们拥有更完美的性爱生活。杜蕾斯通过全球范围内的两性健康调查，了解消费者在性健康、性教育、对于性的态度、初次性行为等诸多方面的现状，从而改善人们的总体"性福"水平。

调查结果显示：很多 18～24 岁的年轻人将杜蕾斯定义为一个无聊且安全的品牌，而非具有创意和情趣的品牌，70%的人在性冒险方面并不会将杜蕾斯纳入考虑。因此，杜蕾斯此次的营销目标是：为品牌增添情趣性标签，改变受众认知；创造全新的产品，吸引受众使用。

★ 营销策略与创意

由于目标受众所接触的是新闻和娱乐在线的信息，为了增添品牌情趣性标签，公关活动和事件营销将成为这次为品牌增添情趣性标签的关键，通过在受众心中植入"杜蕾斯创意情趣产品"的观念改变其原有认知。

创造全新的产品——智能手机应用和内触执行器链接的内衣，首先在异地情侣之间使用，以体验形成口碑，吸引受众试用。

搭建跨越距离的 APP 触摸感应平台。杜蕾斯的新产品名为 Fundawear，用户可以通过智能手机应用程序和装在内衣中的触摸感应器，在联网的情况下将触控轨迹指令远程传送。互相关联的用户能够在世界的任意角落通过应用程序来触摸对方，满足情趣方面的需求。

转换必要性为欲望度。年轻人使用安全套是因为安全的必要性，这直接造成了他们对于削弱快感的安全套品牌杜蕾斯的情趣满意程度不高。因此，杜蕾斯希望通过本次活动，寻求新的情趣方法，增加受众对品牌全新情趣的认可，进而产生对产品的体验欲望。

🎓 案例执行

1. 覆盖澳大利亚媒体，投放体验产品。

杜蕾斯向覆盖整个澳大利亚的大众媒体发布消息，并通过 Facebook 开展推广活动，参与者将有机会赢取一组体验产品，并将体验过程记录下来进行传播。

2. 投放测试视频，促使全球媒介主动报道。

将参与者体验新产品的视频放在 YouTube 上，通过 60 秒的性感微电影对 Fundawear 进行解说。《伦敦每日电讯》在 12 小时内对事件进行了报道，同时给予费尔法克斯媒体 Fundawear 独家消息。

★ 营销效果与评价

吸引了全球主流新闻媒体的 244 次报道，并吸引了 1333 个博客发布话题，赢得了 190 万美元的媒体价值。YouTube 视频的月最高浏览量达到 642.2 万次。

Facebook 上的粉丝增长 3978.6%(相对于活动前 2 周)。在 Facebook 上，"杜蕾斯"的主题热度提升了 489.9%。2.3 万 Twitter 用户将信息传达给 82.5 万人。

✒ 案例评析

大胆出新，玩转体验，近几年体验式品牌营销大热，如何真正读懂目标消费者的体验需求或者创造出让消费者满意的体验都是营销成功与否的关键。安全套在大众的共同认知中是安全性的代表，即使有了不同类型、不同快感的情趣用品，也大都是围绕着安全做辅助，杜蕾斯更是其中的典型代表。为了吸引 18～25 岁的年轻人，温情与安全的性价比显然不是他们关注的重心。通过无线遥控技术与内衣的结合，再通过互联网传递输出指令的手机应用程序，在对方的敏感部位传递激情。不得不说，Fundawear 戳中了这一群体在现代化城市中距离远导致的性诉求不满，能说、能看还要能做。大胆出新，真正实现性伴侣之间的和谐，也是杜蕾斯品牌的宗旨。

[注] 远程遥控震动技术(无线电遥控技术)：Fundawear 内衣内置小型震动和脉冲制动器，可以通过手机程序远程控制，传达触摸的感觉。无线电遥控就是按照人们的意志利用电磁波在远距离实现对物体的无限操纵和控制，按发射和接收波谱的频率分，有音频声控、可见光控、红外线控、射频电磁波控和载频电磁波控等；按发射和接收的传输方式分，有再生式、超再式、外差式、超外差式、等幅式、调幅式等；按发射和接收的载体性质分，有单音频式遥控、双单音频式遥控、脉冲数字式遥控等。

3.2 网络消费需求与购买动机

3.2.1 网络消费需求特征

网络消费是一种新型的消费形式，它与传统的消费形式相比，有类似的地方，也有其独有的特点。

1．网络消费具有层次性

网络消费本身是一种高级的消费形式，但就其消费内容来说，仍然可以分为由低级到高级的不同层次。需要注意的是，在传统的商业模式下，人们的需求一般是由低层次向高层次逐步延伸发展的，只有当低层次的需求满足之后，才会产生高一层次的需求。而在网络消费中，人们的需求是由高层次向低层次扩展的。在网络消费的初期，消费者侧重于精神产品的消费，如通过网络书店购书，通过网络光盘商店购买光盘。到了网络消费的成熟阶段，消费者在完全掌握了网络消费的规律和操作，并且对网上购物有了一定的信任感后，才会从侧重于精神消费品的购买转向日用消费品的购买。

2．网上消费者的需求具有明显的差异性

不同的网上消费者因所处的时间、环境不同而产生不同的需求，不同的网上消费者在同一需求层次上的需求也会有所不同。

网上消费者来自世界各地，由于国别、民族、信仰以及生活习惯的不同，所以有明显的需求差异性，这种差异性远远大于实体商务活动的差异。所以，从事网络营销的厂商要想取得成功，在整个生产过程中，从产品的构思、设计、制造到产品的包装、运输、销售，必须认真思考这种差异性，并针对不同消费者的特点采取有针对性的方法和措施。

3．网络消费者的需求具有交叉性

在网络消费中，各个层次的消费不是相互排斥的，而是具有紧密的联系，需求之间广泛存在交叉的现象。例如，在同一张订购单上，消费者可以同时购买最普通的生活用品和昂贵的饰品，以满足生理的需求和尊重的需求。这种情况的出现是因为网上商店可以囊括几乎所有商品，人们可以在较短的时间里浏览多种商品，因此产生交叉性的购买需求。

4. 网络消费者需求的超前性和可诱导性

网络冲浪者大都是具有超前意识的年轻人，他们对新事物反应灵敏，没有旧框框，接受速度很快。从事网络营销的厂商应充分发挥自身的优势，采用多种促销方法，启发、刺激网络消费者新的需求，唤起他们的购买兴趣，诱导网络消费者将潜在的需求转变为现实的需求。

【案例】 欧莱雅：如何追逐"Y 一代"消费者

案例背景

中国的"Y 一代"消费者生活越来越多地伴随在微博、微信等社交媒体之中，他们的行为正在趋向于数字化。因此，当消费者已经习惯于网络或移动端的时候，欧莱雅的营销策略也随消费者的迁移而改变，逐渐从线下走到线上。

如果需要与客户开视频会议，或者要赴男朋友的约会，每一个重要场合，女士们都需要让自己的妆容与衣服、场合相匹配。进入巴黎欧莱雅彩妆大师"Switch the look"平台，点击某款产品，就能直观地看到局部和整体妆容，也能直接通过链接完成购买。

这个应用在欧莱雅集团(L'ORÉAL Paris)(下称"欧莱雅")旗下品牌所在商场的柜台都有安装，同样也可以直接将这款 APP 下载到自己的手机上，在移动端完成试妆与购买。"巴黎欧莱雅彩妆大师"只是欧莱雅在移动互联网的应用之一。欧莱雅(中国)从 2010 年在中国开通电子商务渠道开始，在集团层面同兰蔻(Lancome)、科颜氏(Kiehl's)、美宝莲(Maybelline)等旗下许多品牌都在不断进行数字化尝试。

在 2013 年纽约时尚品牌数字研究机构 L2 发布的最新《数字化美容品调查报告》中，兰蔻成为全中国 80 个美妆品牌中数字化表现最佳的品牌，而在 L2 数字营销智能化方面所评出的前 10 名品牌中，兰蔻、科颜氏、巴黎欧莱雅等集团旗下的 5 个品牌都列于其中。

在此之前，基于线下传统媒体的营销策略一直是欧莱雅的优势所在，"你值得拥有"的品牌形象也早已深入人心。但近几年来，拥有如此认知的消费者却也越来越趋向成熟、趋向中年，以"80 后"、"90 后"为主的年轻一代成为化妆品的主力消费群，他们有完全不同的消费习惯。

"欧莱雅发现年轻消费群从出生就伴随着网络和手机的出现和使用，他们的生活被社交媒体和手机屏幕包围，年轻消费群也成为数字时代的主力消费者和核心力量"，欧莱雅(中国)首席市场官 Asmita Dubey 表示。因此，欧莱雅在营销渠道和方式上的所有变革其实都源于品牌主流消费群的消费行为改变。

"了解消费者是谁，思考新消费者的购买决策过程，之后根据消费行为将营销投入在最合适的渠道上"，在这一营销逻辑之下，欧莱雅也开始了年轻化和数字化的营销变革。

案例执行

1. 与"Y 一代"同步数字化。

2012 年，欧莱雅发布了未来 10～15 年的销售预期：在全球范围内新增 10 亿消费者，其中中国市场占 3 亿。在这个群体中，"80 后"、"90 后"消费者成为欧莱雅集团重点突破的细分市场，欧莱雅也将满足"Y 一代"的需求，并开始探索这一新增消费群的美妆渴望。

对于欧莱雅来说，进行消费调研是倾听消费者声音非常重要的方式。2010 年，欧莱雅扩容了位于中国上海浦东的研发和创新中心，并且在中国设立了消费者调研部门，将调研数据贯穿于从产品开发到市场营销策略的全过程中。

欧莱雅在消费者研究中发现中国人普遍喜欢粉嫩、白皙，于是 2012 年在中国市场上推出"美宝莲粉嫩光采蜜乳"。而针对中国年轻消费者最关心的护肤需求——美白、保湿和抗老，欧莱雅推出肌底系列，专为年龄从 20 岁～30 岁之间的年轻消费者设计，这也是第一款根据中国市场需求研发出来的产品。其实从 2010 年开始，欧莱雅就陆续与天猫、聚美优品、乐蜂网等美妆产品电子商务网站合作。而在消费者数据调研之外，电子商务的销售数据变化也成为欧莱雅了解"Y 一代"消费群的重要渠道。2013 年欧莱雅电子商务渠道的销售额与上一年相比翻了一倍，欧莱雅旗下品牌"美宝莲"在大众彩妆品类的电子商务销量中同样居于首位。

当然，销量产生在哪里，则意味着消费者在哪里。Asmita Dubey 介绍道："中国的'Y 一代'消费者生活本身就伴随在微博、微信等社交媒体之中，他们从知晓品牌、考虑购买品牌、完成购买行为，到与朋友分享所购买产品的使用体验，所有的行为都在趋向于数字化。"因此，当消费者已经习惯于网络或移动端的时候，欧莱雅的营销策略也随消费者的迁移而改变，逐渐从线下走到线上。

在 2012 年之前，欧莱雅在新产品首发时，通常只将部分营销成本用于线上营销，但在 2012 年巴黎欧莱雅品牌"肌底系列"的上市过程中，却将全部的营销成本用于网络营销，前期微博营销的 48 小时中，共计覆盖了 4 亿人次的浏览量，而参与评论、转发等网络互动的人次则达 4000 多万。

根据 Asmita Dubey 的介绍："欧莱雅一直在增加新兴数字媒体平台、手机端、网站建设、社交媒体等数字化营销渠道上的投入比重，欧莱雅数字化营销的预算经费自 2010 年起就以每年两位数的速度增长。"

2. 多渠道整合。

在数字化时代，消费者和品牌之间的关系正在发生改变，在过去的品牌营销和传播中，品牌与消费者之间是传播者和受众的关系；而现在，消费者会通过主动搜索评估完成对产品的了解。

在对年轻消费群购买行为和习惯的调研中，Asmita Dubey 发现：中国的年轻消费者的消费并不仅仅局限于网络，他们的购买链条更加多元并进一步延长；他们会通过电子商务网站购买，但又不排斥线下柜台；他们与品牌的互动并不会在完成购买那一刻停止，在使用之后他们习惯通过网络和社交媒体分享使用产品的体验。

消费者与品牌互动的过程涵盖了地面柜台、微博平台、搜索平台、智能移动终端、电商平台等多元化平台。欧莱雅与消费者的沟通方式不仅限于互联网这单一渠道，它开设了多元平台让消费者参与并分享自己对于品牌的感受，由此而来的整合营销方案则遵循线上与线下相结合的多渠道布局。

　　在电脑 PC 端，欧莱雅选择与年轻人最习惯使用的问答平台——百度知道合作，颠覆了传统的营销思维。2013 年，欧莱雅通过新浪微博邀请吴忧、小布、航悦、李云涛 4 位知名的美容达人作为传播节点，发起"别迷信我，@巴黎欧莱雅，申领小样亲自试用，相信你自己"的微博活动，吸引四位美妆达人的粉丝成为试用"清润葡萄籽精华膜力水"这款新产品的用户。

　　在线下渠道中，商场专柜配合提供相应的小样申领服务，用户在领取试用妆之后，巴黎欧莱雅会鼓励用户在巴黎欧莱雅官方网站和官方微博上提交试用报告，为目标受众解决更多皮肤问题。同样，欧莱雅也会在商场的柜台上收集众多消费者的购买数据，并通过网上的客户关系维系平台和欧莱雅 CRM 系统，了解消费者的反馈和需求。

　　在微信兴起之后，欧莱雅旗下品牌都注册了自己的微信公众账号，欧莱雅也为旗下许多药妆品牌开设了"E-Skin"微信公众平台。在微信公众平台上，消费者可以为自己的肌肤状况做测试，进行肌肤诊断，然后系统会根据消费者不同的肌肤状况，向他们推荐各自适合的产品，消费者也能够直接在移动端完成购买。

　　欧莱雅的整合营销并不仅限于集团层面，用户如果进入欧莱雅旗下兰蔻"玫瑰社区"(Rosebeauty by Lancome)，则可以随时参与兰蔻开展的免费体验活动，例如可以免费领取和体验新产品试用妆，并在试用之后发表体验和评论，也可以在社区里找到兰蔻产品的使用方法及某款产品适合的肤质等等，时常有女孩儿们讲述自己与兰蔻产品的故事和使用感受。

　　在垂直零售业务上，用户如果打开科颜氏的手机客户端，就会收到系统基于消费者位置而推送的附近专卖店等信息。此外，欧莱雅还开发出"产品购物墙"，用户只需要直接扫描产品墙上每个产品图片中的二维码，就可以通过移动终端直接完成购买。

　　当然，欧莱雅在数字领域的积极探索并不意味着会降低传统渠道的推广力度，代言人、电视广告等传统方式也是欧莱雅一直以来的优势。

　　为了与"Y 一代"所代表的巴黎欧莱雅品牌价值相匹配，巴黎欧莱雅品牌选择了更能代表年轻群体的形象代言人。2010 年，李宇春签约巴黎欧莱雅，成为继巩俐、杨紫琼、李冰冰、范冰冰之后，又一位加盟巴黎欧莱雅明星"梦之队"的华人女星。这个消息也由李宇春在自己的广州演唱会上与到场的粉丝进行分享。

　　2012 年 12 月 17 日，巴黎欧莱雅在指定的 44 家屈臣氏门店发起抢购促销活动，关注微信账号、拍下李宇春代言的"肌底系列"广告图片并分享到微博、在门店货铺扫描二维码、在屈臣氏签到并分享到微博即可获得免费产品体验，此次活动以李宇春的限量版签名及 2012 年疯狂演唱会预售卡(1000 套)作为赠品，当天下午预售卡就已经赠完。这个方案也更直接地触动了 18～25 岁的年轻消费者。

　　3．创意视频的力量。

　　欧莱雅的整合营销在表面上看来是一种营销手段，但同时也是欧莱雅与消费者互动从而得知消费者需求的方式。通过搜索引擎、微博、微信、APP，欧莱雅了解年轻消费者对现在护肤品的需求是什么、使用某款产品的顾虑是什么，而这些同时又会被欧莱雅融入自己的产品和营销过程中。

　　欧莱雅在整合营销的战略内也一直在尝试具体营销方式的创意。例如视频就是欧莱雅近几年来一直主打的传播方式，Asmita Dubey 认为："作为年轻消费群，他们已经越来越多地从电视屏幕转移到 PC、智能手机和 iPad 上。更多的时候，年轻人都是在通过移动端观看广告"。因此，对于欧莱雅来说，视频成为能够触及年轻受众的更直观和生动的方式，而欧莱雅所做的就是用创意将客户的反馈信息总结起来，汇集成为一个有趣的故事，制作成为更加生动有趣的视频广告。

其实早在 2010 年，在 YouTube 全美排名前 10 名的美妆视频中，前 5 名都来自兰蔻品牌与美妆博主 Michelle Phan 的合作，这个越南裔美国女孩儿在视频中讲述了她如何使用兰蔻品牌的产品，视频在当年吸引了几百万人次的点击量。

而在中国，为配合 2013 年 3 月 25 日巴黎欧莱雅"清润葡萄籽精华膜力水"上市，欧莱雅推出动画版微视频《再见吧，试水年华》和《葡萄，不能不说的秘密》，不再用明星化的传统化妆品广告，表现手法更贴近年轻消费者的日常生活，用娓娓道来的方式告诉受众好的护肤品是什么样子的，其中讲述的内容实际上都来自消费者对试用妆产品的使用体验反馈。

根据第三方检测机构 CIC 的统计报告："清润葡萄籽精华膜力水"在所有保湿品牌的网络排名中位列第一。而在 2014 年春节期间，欧莱雅也与优酷合作，将欧莱雅在优酷首页上传统的展示广告换成了视频广告。

欧莱雅旗下美宝莲"无妆不潮"网站的整个平台上都在用视频全方面展示最新妆容潮流。访客可以在线观看化妆的每一步分解步骤，也可以根据自己的情况定制初级、中级、高级、选修课程，当然也可以定制自己想要的风格，职场裸妆、夜店妆、小清新妆容都有对应的课程选择，而这些都可以关联到电子商务平台完成购买。

当然，视频营销同样也是欧莱雅整合营销的一部分。对于欧莱雅来说，年轻消费群从对品牌有认知度，进而产生兴趣了解品牌，最终形成购买行为，他们对于美的理解和接触更加多样化，也更倾向于用自己的方式表达美。但不管消费者迁移至哪个平台，欧莱雅的营销方案也自然会随之迁移，就像 Asmita Dubey 所说的："欧莱雅所坚持的营销理念只有一点，就是用户在哪里，品牌就在哪里"。

案例思考题

1. "Y 一代"消费者具有哪些特点？
2. 欧莱雅针对"Y 一代"消费者的特点采取了哪些网络营销措施？
3. 分析欧莱雅网络营销的优缺点。

3.2.2　网络消费者的购买动机

动机是一种内在的心理状态，不容易被直接观察到或被直接测量出来，但它可以根据人们长期的行为表现或心理陈述加以了解和归纳。所谓动机，是指推动人进行活动的内部原动力，即激励人行动的原因；是刺激和激发行为反映并为这种反映指明具体方向的内在力量。网络消费者的购买动机是指在网络购买活动中，促使网络消费者产生购买行为的某些内在的驱动力。购买动机对购买行为起着支配作用，弄清了消费者动机就能有效预测消费者行为，从而指导企业管理者适时调整营销战略，满足网络消费者的需要和需求。

人类的动机是复杂的、多层面的，消费者的购买动机也可能是由一种或多种动机协同作用的结果，因此有必要确定哪些动机最重要。在这里且将网络消费者的购买动机分为需求动机和心理动机两大类。

1. 需求动机

人类在生存过程中必然产生各种各样的需求。需求是人类从事一切活动的基本动力，是客户产生购买想法、从事购买行为的直接原因。一个人的购买行为总是直接或间接地、自觉或不自觉地为了实现某种需求的满足。由需求产生购买动机，再由购买动机导致购买行为。因此，研究人们的网络购买行为，首先要研究人们的网络购买需求。

(1) 传统需求层次理论在网络需求分析中的应用。在传统的营销过程中，需求层次理论被广泛应用。需求层次理论是研究人的需求结构的理论，它是由美国心理学家马斯洛(Abraham H.Maslow)在 1943 年出版的《人类动机的理论》一书中提出来的。马斯洛把人的需求划分为 5 个层次：生理的需求、安全的需求、社交的需求、尊重的需求和自我实现的需求。马斯洛的需求层次理论对网络消费的需求层次分析也有重要的指导作用。在上述 5 个层次的需求中，第一、第二、第三层次属于低级需求；而第四、第五层次属于高级需求。需求理论对网络需求层次的分析，具有重要的指导作用。

(2) 现代虚拟社会中消费者的新需求。马斯洛的需求层次理论可以解释虚拟社会中消费者的许多购买行为，但虚拟社会毕竟和实体社会有很大差别，马斯洛的需求层次理论也需进行补充。在虚拟社会中人们联系的基础实质上是人们希望满足虚拟环境下三种基本的需求：兴趣、聚集、交流。否则的话很难解释网民们种种耐人寻味的行为：连续上网十几个小时、没有任何收入仍愿意参加网络洽谈会、早上起来首先打开电子信箱等等。而网络技术的发展，使现在的市场变成了网络虚拟市场，但虚拟市场与现实社会毕竟有很大的差别，在虚拟社会中消费者希望满足以下三方面的基本需要：

首先是兴趣需求。即人们出于好奇和能获得成功的满足感而对网络活动产生兴趣。人类的行为都是由一定的动机引起的。动机的实质是需求，是在需求基础上产生的。但需求不等于动机，只有当需求指向具有某种特点的目标时，也就是当人的欲望与具体的对象建立了心里联系时，才具有实际的动力意义。网络用户之所以热衷于网络漫游，是因为对网络活动抱有极大的兴趣。这种兴趣的产生主要出于两种内在的驱动力。一是探索的内在驱动力。网络世界给人们展示了一个前所未有的广阔世界，从每日的新闻报道、各种各样的科学文化知识，到千奇百怪的娱乐活动，可以说几乎囊括了人类有史以来的所有知识的精华。人们出于好奇的心理探索网络的秘密，驱使自己沿着网络提供的线索不断地向下查询，希望能够找出符合自己预想的结果有时甚至到了不能自拔的境地。二是成功的内在驱动力。当人们在网络上找到自己需求的资料、软件、游戏，或者进入了某个重要的信息库后，自然产生一种成功的满足感。随着这种成功的欲望的不断加强，对网络的依赖程度也在不断增加，新知识的吸引力和创造性思维的愉快感，使网民无需外力推动，不必加强刺激，完全出于内在的追求而久久停留在网络上。

其次是聚集需求。通过网络给相似经历的人提供了一个聚集的机会。虚拟社会提供了类似于人们聚集的机会，这种聚集不受时间和空间的限制，并形成了富有意义的个人关系。另外，通过网络聚集起来的群体是一个极为民主的群体。在这样的群体里，所有的成员都是平等的。每个成员都有独立发表自己言论的权力，也有与人争论的权力。这种宽松的社会氛围使得在现实社会中经常处于紧张状态的人们渴望在虚拟社会中寻求解脱的理想得以实现。

最后是交流需求。网络消费者可聚集在一起互相交流买卖的信息和经验。随着大家在一起信息交流频率的增加、范围的扩大，进而能产生示范效应，带动对某种类的产品和服务有相同兴趣的成员聚集在一起，形成商品信息交易的网络，即网络商品交易市场，这也是一个虚拟社会，而且是高一级的虚拟社会。在这个虚拟社会中，参与者大都是有目的的，所谈论的问题集中在商品质量的好坏、价格的高低、库存量的多少、新产品的种类等。他们所交流的买卖的信息和经验，以便最大限度地占领市场，降低生产成本，提高劳动生产率。这就是电子商务自出现之后迅速发展的根本原因。

【案例】 广誉远定坤丹：精准对焦女性用户需求

案例背景

广誉远始创于明嘉靖二十年(公元 1541 年)，距今已有 470 余年的历史，是历史悠久的"中华老字号"企业传统制药企业。广誉远定坤丹过去通过常年做户外及央视硬广告曝光，合作量级过亿，整体品牌知名度得到迅速提升。

然而，定坤丹品牌虽然被海量曝光，但用户只记住定坤丹，对于产品功效(调经、助孕、养颜等)却一知半解，因此，企业亟须在海量品牌曝光的基础上进行产品功能教育。作为 OTC 药品，定坤丹的品牌和产品传播受到严格约束，产品在文案、创意、素材上受到制约，难以发挥，在千篇一律的药品广告中很难脱颖而出。

此次的营销目标：希望能借助优秀的平台和创意，与广大关爱健康的女性对话，建立广誉远定坤丹品牌和产品忠诚度；同时，希望借由有影响力的组织和媒体共同倾注社会公益事业，实现高度品牌共赢。

★ 营销策略与创意

2018 年广誉远定坤丹携手美柚平台 1.5 亿女性用户，精准定位最"痛"人群，为广誉远定坤丹打造女性媒体特色互动营销。定位美柚平台对于缓解痛经有最迫切需求的人群(变态姨妈痛)，利用美柚特色产品优势和创意沟通实现差异化营销。

案例执行

1. 场景营销：经期记录页面场景曝光。

小柚子开着广誉远国医馆的救护车来救你！这样将品牌及产品软性深度植入，传递给目标用户；结合不同的姨妈期症状，使用户产生共鸣后植入产品购买链接！

2．精准营销：站内短信精准投送给变态姨妈痛人群。

根据用户身份标志大数据，筛选记录经期各种问题的目标人群，将活动页面通过站内消息推送，精准触达 450 万目标用户。

3．互动营销：引导话题，提高用户参与度。

"专家在线"以权威身份给女性用户进行知识教育。同时，通过专业 PGC(专业生产内容)内容，曝光活动页面产品，引导话题，引发用户共鸣，使用户参与度提高。据美柚统计，此活动为定坤丹带来了 4 亿多的曝光；共吸引 5054 位女性用户在"专家在线"提出问题，产生用户共鸣。

4．社区营销：冠名高流量圈子，聚焦痛经人群，提升品牌曝光度。

"广誉远定坤丹"冠名四大高流量圈子，影响站内大量用户，有利于被站外搜索引擎捕捉，在用户产生需求时，即时呵护。冠名和软文资源，大大提升了品牌曝光度，"广誉远定坤丹"品牌及产品关键词在美柚她圈中的检索率和提及率大幅上升；同时，硬广资源与软性内容的配合投放明显引起消费者对其产品卖点的关注。

★ **营销效果与市场反馈**

广誉远定坤丹与美柚的独家合作，经期记录页的创意广告已经触动了目标人群的神经，引发了她们的关注和强烈反响。救护车创意上线 2 个月，曝光已将近 300 万次，达到了精准传播的目的。

与此同时，更多具有话题性的编辑泛娱乐内容，有爆点的 H5 创意内容，在美柚平台，站外平台同步进行传播扩散，来自品牌方、平台用户以及媒体方的积极反馈不绝于耳。

广誉远定坤丹在女性消费者营销中打赢了漂亮的一仗。

- - - - - - - - - - - - - - - - ●

2．心理动机

心理性购买动机是指消费者由认识、情感、意志等心理过程而引起的购买商品的动机。它比需求动机要复杂得多，强调满足精神上的需要。消费者的心理动机主要包括以下 3 个方面：

(1) 情感动机。情感动机是由于人的情绪和感情所引起的购买动机。这种购买动机可以分为两种形态：一种是低级形态的情感购买动机，它是由快乐、感激、喜欢、好奇等情绪引起的，这种购买动机一般具有冲动性、不稳定性的特点。例如，在网络上突然发现一本好书、一种好的游戏软件、一种新产品，很容易产生冲动性的情感购买动机。还有一种是高级形态的情感购买动机，它是由人们的道德感、美感、荣誉感、群体感等所引起的，具有较大的稳定性、深刻性的特点，比如说人们为了友谊的需要而购买礼品，用于馈赠亲朋好友等。

【案例】 999 感冒灵暖心广告 "总有人偷偷爱着你"

🈂 案例背景

重塑品牌形象，打造全新"走心"形象，通过传播"有人在偷偷爱着你"治愈片，传递 999 全新品牌态度及社会形象。

营销目标：通过线上资源整合，增加曝光度，扩大影响力，引发话题讨论。发起"有人偷偷爱着你"话题；进行一场 999 感冒灵品牌全新"走心"品牌形象的 social 传播。

★ **营销策略与创意**

内容策略：通过城市"丧文化"引发共鸣，由 5 个真人故事改编，运用反转剧情，把生活中的"丧"转化为"天使在身边的温暖"，直击社会情绪的敏感点，拥抱"丧文化"，告诉大家这个世界没你想的那么糟，这世界总有人在偷偷爱着你，对社会进行一场心灵治愈，重塑 999 品牌"走心"形象。

传播策略：三段式立体化推广计划，官方微博首发，暖心视频全网发布，通过情感类 KOL 转发视频造势，并上线"有人偷偷爱着你"话题。后续通过品牌跨界、暖心礼包促进话题发酵，由行业总结文引发全面刷屏关注。

案例执行

第一步，11 月 20 日—11 月 21 日，"有人偷偷爱着你"暖心视频全网发布，与明星应援互动平台联合发起活动，借助粉丝群体的力量为话题造势，同步在线下开展落地活动。官方微博首发，情感类 KOL 转发视频造势，"有人偷偷爱着你"话题上线。

第二步，11 月 22 日—11 月 24 日，启动"有人偷偷爱着你"表白活动，并联合泸州老窖、百雀羚等品牌进行跨界合作，定制 999 份暖心礼包回馈参与粉丝，引爆社交端传播。抽奖活动共计 3 万人次参与，"999"抽奖活动的微博阅读量达 61.6 万。

品牌跨界联合制造话题声量，"感恩节"暖心礼包活动开启，KOL 转发引流活动。当晚首发登微博情感榜 Top4，次日登微博情感榜 Top1，24 小时榜 Top1。

第三步，11 月 25 日—11 月 27 日，999 感冒灵暖心向营销活动引发行业关注，为"谢谢你陌生人"栏目进行预热。行业总结性软文引发行业关注，其他盘点性质总结带动三、四线城市的二次传播。广告文案精选等行业号推送全网书刷屏。

★ **营销效果与市场反馈**

活动期间 999 感冒灵百度指数翻倍增长，30 天移动端百度指数同比增长 130%；宣发第 2 日 999 感冒灵微信指数增幅 1177%、短片关键词"有人偷偷爱着你"微信指数增幅 9891%；999 感冒灵微博指数 10 倍增长。

微博："总有人在偷偷爱着你"话题阅读量超过 7400 万，讨论量超过 19 万。当晚首发登微博情感榜 Top4，次日登微博情感榜 Top1，24 小时榜 Top1，话题总榜 Top9，进入微博热搜预备榜，转发点赞评论总互动量超过 75 万。

@人类实验室首发，视频单条阅读量 1310 万，总计互动量(转发量＋评论量＋点赞量)共计 99 415 次。

@苍南派、@贴吧君、@微博搞笑排行榜、@思想聚焦、@暴走漫画、@环球时报、@这里是美国、@共青团中央、@南方日报、@中国青年报等自来水官媒百余家微博大 V 自主转发，形成矩阵分布，互动量共计 65 万，粉丝覆盖量累计 48 亿。

微信：广告、4A 广告文案精选实现单篇阅读量 1000 万次，成就了 30 篇超 10 万阅读量，且 95% 以上为非投放用户的自发转载，感恩节语境＋对抗社会"丧文化"能量氛围带来两度刷屏高潮。"末那大叔"、"清南师兄"、"庞门正道"、"思想聚焦"、"悦读文摘"、"4A 广告圈"、"广告文案圈"、"4A 广告文案精选"、"人民日报"、"共青团中央"、"吐槽星君"、"SocialMarketing"等大号矩阵中有大量自发转载大号。据不完全统计，视频被上千微信号自来水转载。

视频平台：全网 20 多家视频平台@人类实验室账号发布，视频播放量单周破 1.55 亿、腾讯单链接点击破1亿、全网累积播放破2亿，新片场、红视子、梅花网、芒果TV、今日头条、V电影、梨视频等多个平台在首页推荐。

(2) 理智动机。理智动机是建立在人们对商品客观认识的基础上，通过学习，运用知识及经验，经过分析、比较、思考之后产生的购买动机。网络消费者的购买动机是建立在人们对在线商场推销的商品的客观认识基础上的。网络购物者大多是中青年(且以男性居多)，具有较高的分析判断能力。他们的购买动机是在反复比较各个在线商场的商品之后才产生的，对所要购买商品的特点、性能和使用方法早已心中有数。理智购买动机具有客观性、周密性和控制性的特点。在理智购买动机驱使下的网络消费购买动机，首先需注意的是商品的先进性、科学性和质量的好坏，其次才注意商品的经济性。这种购买动机的形成，基本上受控于理智，而较少受到外界气氛的影响。

(3) 惠顾动机。惠顾动机也称习惯动机，是消费者基于情感和理智动机之上的，对特定的网站、图标广告、商品产生特殊的信任与偏好而重复地、习惯性地前往访问并购买的一种动机。惠顾动机的形成经历了人的意志过程。从它的产生来说，或者是由于搜索引擎的便利、图标广告的醒目、站点内容的吸引；或者是由于某一驰名商标具有相当的地位和权威性；或者是因为产品质量在网络消费者心中树立了可靠的信誉。网络消费者在为自己确立购买目标时，心中首先确立了购买目标，并在各次购买活动中克服和排除其他的同类水平产品的吸引和干扰，按照事先确定的目标完成购买行动。具有惠顾动机的网络消费者，往往是某一站点的忠实浏览者。他们不仅自己经常光顾这一站点，而且对众多网民也具有较大的宣传和影响作用，惠顾动机有助于企业获得忠实消费群体。

【案例】 麦当劳如何步步为营玩转互联网

案例背景

1990年10月8日，中国内地第一家麦当劳餐厅——光华餐厅在深圳市光华路商业步行街盛大开幕。在麦当劳已经进入中国市场的第25个年头，2015年10月，麦当劳公布了截至9月30日的第三季度财报，全球营业一年以上门店的同店营收额增长了4%，麦当劳三季度营收总额为66亿美元(约合419.52亿元人民币)，其中，麦当劳中国的同店销售额同比增长26.8%。

如今，麦当劳已经进入中国市场28个年头。28年，无论是全球还是中国市场都发生着很大变化，中国消费者的改变更是天翻地覆的。曾经凭借着标准化成为商业经典案例的麦当劳，眼下正在面临去中心化、垂直细分的"互联网＋餐饮"的挑战，在家庭烹饪、中式快餐、第三方送餐平台等餐饮O2O新秀的瓜分下，麦当劳的中国市场还能否维持高成长性？在互联网基因面前，麦当劳如何持续创新？

在此背景下，麦当劳笃定，中国市场仍然是麦当劳全球的重中之重，中国仍然是麦当劳全球开店量最多的市场，三、四、五线市场仍然会持续开店。

2015 年，麦当劳不仅向外卖 O2O 平台开放自己的产品信息，而且通过数字化营销、运营社交平台等方式向"90后"、"00后"示好，甚至试图打通从选餐、预订、支付到配送的整个互联网闭环。

"麦当劳要创新，就要冒险。也许会犯错，但不断学习成长，因为要让它永远年轻。"麦当劳中国 CMO 须聪说。在中国市场，麦当劳见证了二十几年的发展变迁，麦当劳希望成为一个联结人与人的纽带，并为了迎合中国消费者的心理，提出了全新品牌主张"让我们好在一起"。数字化、个性化和定制化服务是麦当劳的主要关注点，这 3 个趋势不仅体现在市场营销中，同时还渗透到全公司的战略上。

案例执行

1. 转变营销意识，占领互联网。

麦当劳的调研显示，与美国消费者相比，中国消费者群体承载着更多的社会化属性——他们会将麦当劳作为"社交"而不是"快餐"的场所，这给麦当劳营销创造更多机会。麦当劳的微信公众号有 860 万粉丝，参与互动的频率也非常大。而随着电子商务和数字化营销的兴起，麦当劳的营销重拳也开始向数字化营销转变。从 2008 年奥运会以后，麦当劳就开始和本地市场相结合，进行本地化的营销举措。

2. 品牌风向跟随消费者改变。

麦当劳全球的营销口号是统一的，而中国市场会根据自身属性调整营销策略。"快消产品属性不同于耐用消费品，消费者会快速作出购买决定，所以宣传策略一直强调每天的生活都有麦当劳相伴。麦当劳的标语随着时代而演变，2010 年是'为快乐腾一点空间'，那时的社会大环境是为了工作而拼搏，麦当劳希望让消费者感受到在激烈竞争中麦当劳仍然陪在大家身边。到 2014 年，品牌标语改为'让我们好在一起'的时候，曾经的消费者——中国的第一批独生子女已经步入社会并有了自己的家庭，于是大家可以看到当时的宣传片里，更多突出人与人之间的情感联结。"须聪认为，品牌的调性一定要结合社会场景，再加上准确的品牌定位。而麦当劳作为快餐来说，最大的优势就是其便捷性，"麦当劳在中国和美国最大的不同是：除了快餐店，还被看做是一个更有社交功能的地方，这也成为了和消费者连接的情感纽带。"

麦当劳的目标消费群主要分为三大类：一是年轻白领，二是儿童家长，三是学生。如今，这些目标群体大多为"80后"、"90后"，他们的生活被互联网深入渗透着，麦当劳为了更好地宣传品牌形象，必须把营销重点转移到数字化上面。"过去两年中国的消费市场出现了巨大的变化。我们在深入探索中国消费者的认知与行为后，发现现代消费者喜欢新鲜事物，颇具创造与冒险精神；他们也热衷于数字化、追求个性化。"麦当劳的营销重点转移到互联网和移动端势在必行。

3. 借助社交网站，进行中国本土化营销。

2015 年是麦当劳社会化营销举措频出的一年：面向理工科用户的圆周率日(π Day) 3.14 元特惠价买派、面向游戏玩家的《魔兽世界》的角色扮演、"我创我味来"(Create YourTaste)项目、为中国消费者量身订造"摩登中国风"新品、"我就喜欢 24"(imlovinit24)

全球创意联动等活动，几乎每个月麦当劳中国都会面向年轻人开展互联网营销。这背后是麦当劳非常重视中国社交媒体的营销策略，通过社交媒体上消费者与品牌的互动不断塑造着未来的品牌。

麦当劳认为内容是驱动社交媒体对话的首要因素，因此找到受欢迎的漫画家和插画师，与他们一起围绕"让我们好在一起"的品牌主题共同创造内容，用消费者最喜欢的方式来讲品牌的信息，而合作的很多插画和漫画家本来也是麦当劳的粉丝，这种"共同创造"有别于传统的广告创意，麦当劳也给予这些漫画家和插画师足够的空间，让他们用自己的方式、元素、喜好来进行创作。

4．通过线上优惠券打造传播性事件。

研究分析数据显示，在网络上，家常烹饪正在风行，越来越多的移动应用和社交媒体纷纷推出各式帮助消费者在家做饭的服务和分享专业餐厅菜谱的平台。在线下，从快餐消费频率上看，34%的快餐消费者常一周吃几次中式快餐，而仅有 28%的消费者喜欢一个月吃几次洋快餐。

麦当劳的业态是一个高频率低数额的消费行为——每个消费者每次的平均用餐花费大概在 30 元左右，所以优惠券是一种刚性需求，也可以快速提高数字营销效果。优惠券对于麦当劳来说并不仅仅是纯销售意义上的存在，还可以吸引到消费者的注意力。尤其是麦当劳经常会推出新品，但是大多新品的周期很短，所以需要用最快的方式让更多消费者了解到这些新的产品，借助优惠券，成为一个传播性事件，制造出更好的营销效果。

5．转变营销手法，落地移动端支付。

2015 年麦当劳宣布：自 12 月 3 日起，北京地区 230 余家麦当劳餐厅将全面接入微信支付，这已经是第三个全面覆盖的城市。预计 2016 年一季度将覆盖全国 2200 多家麦当劳餐厅。同时，麦当劳将以"公众号＋微信支付"为核心，并借助 O2O 背后的大数据了解消费者的行为，为顾客提供超越支付的更多便捷服务和个性化体验。

原来消费者到店里消费，麦当劳只能知道每一个消费者的消费金额，却不能为用户画像。但是现在通过支付宝和微信支付平台背后的大数据，统计用户购买习惯之后，可以帮助麦当劳为用户带来更多的精准描画，这是原来所不能做到的，这也是促成精准营销的一个途径。让消费者行之有效地接受新品推广，最重要的是自然而然地推荐给他们想要的东西，而不是强加给消费者。比如"当数据分析发现这个用户是偏好薯条产品的消费者时，有了该品类新品或者促销活动的时候就能向其推荐。这所带来的营销感受是完全不一样的，这样的数据分析在未来的平台上都可以实现。"

移动端支付以便捷、高效的特点满足了消费者在快节奏生活下对便利性的需求，还省去了找现金、没有零钱的烦扰。同时，微信、支付宝等平台在大用户量的基础上提供支付及卡券功能，可以很快地将相关优惠信息传递给消费者。移动支付和麦当劳的合作，有助于提升就餐高峰期的点餐率，也有望加速实现 O2O 闭环。

公开资料显示：2015 年 9 月，麦当劳中国与微信支付宣布双方在数字化用餐体验方面进行全面合作，麦当劳上海的 172 家餐厅率先接入微信支付；11 月 17 日，全球首个麦当劳微信支付旗舰店落地广州。

6．转变营销格局，打通外卖 O2O 的闭环。

根据麦当劳的观察，对于线下的零售商来说，中国消费者更积极主动，愿意通过线上的方式获取资讯。在线下实体店时中国消费者与线上品牌进行互动的意愿非常强烈。须聪认为，不仅是营销举措，对于从线上营销到线下实现购买的O2O闭环，麦当劳也要迈开步伐。

2015年起，主打懒人经济、海量补贴的"送餐上门"开始大规模走进中国家庭。在互联网营销时代，"低价—流量"的互相强化成为外卖O2O平台的新玩法。网络订餐行业正在冲击线下传统餐饮市场。7月1日，外卖O2O平台"饿了么"迎来了一个大块头店家——麦当劳。这家"年过六十"的跨国餐饮巨头放下身段，史无前例地向一家成立不到七年的互联网公司开放自己的产品信息。麦当劳现在与最大的四个外卖平台——饿了么、美团，口碑外卖和百度外卖都有对接。

麦当劳的商业模式里最大的核心竞争力是：一直随着消费者环境变化，陪伴在消费者身边，满足消费者需求。"以前很多人疑惑麦当劳为什么要开24小时，所有店铺都关门了麦当劳却一直在营业。现在消费者在夜间急需解决一顿饭时，首先就会想起麦当劳，这是培育市场的成果。在2015年越来越多的消费者开始享受第三方外卖平台带来的便利，如果不及时跟上这个脚步，就没有满足消费者的需求。"

麦当劳除了与第三方平台进行合作，还在微博、微信上进行社会化营销，2016年麦当劳推自己的手机APP，并将成为"智能餐厅"的接入口。快餐作为高频次的消费，非常容易打通线上和线下对接，一举完成很多营销理论所说的闭环。而通过麦当劳自身APP的抓取用户信息，会对消费者进行更具体的描象，达成精准营销。

2015年，麦当劳已经打通了数字营销的线上线下环节，相信在未来的中国市场会看到一个更得心应手、创新并敢于冒险的麦当劳。

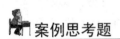 案例思考题

麦当劳是如何应对消费者环境的变化来满足消费者需求的？

- ●

3.3 网络消费者的购买决策过程

消费者的购买决策过程，是消费者需要、购买动机、购买活动和买后使用感受的综合与统一。网络消费的购买过程可分为5个阶段：确认需要、信息收集、比较选择、购买决策以及购后评价。

1. 确认需要

网络购买过程的起点是诱发需求，当消费者认为已有的商品不能满足需求时，才会产生购买新产品的欲望。在传统的购物过程中，消费者的需求是在内、外因素的刺激下产生的，而对于网络营销来说，诱发需求的动因只能局限于视觉和听觉。因而，网络营销对消费者的吸引是有一定难度的。作为企业或中间商，一定要注意了解与自己产品有关的实际需要和潜在需要，掌握这些需求在不同的时间内的不同程度以及刺激诱发的因素，以便设

计相应的促销手段去吸引更多的消费者浏览网页，诱导他们的需求欲望。

2. 收集信息

当需求被唤起后，每一个消费者都希望自己的需求能得到满足，所以收集信息、了解行情成为消费者购买的第二个环节。收集信息的渠道主要有两个方面：内部渠道和外部渠道。消费者首先在自己的记忆中搜寻可能与所需商品相关的知识经验，如果没有足够的信息用于决策，消费者则要到外部环境中去寻找与此相关的信息。当然，不是所有的购买决策活动都要求同样程度的信息和信息搜寻。根据消费者对信息需求的范围和对需求信息的努力程度不同，可分为以下 3 种模式：

1) 广泛问题的解决模式

广泛问题的解决模式是指消费者尚未建立评判特定商品或特定品牌的标准，也不存在对特定商品或品牌的购买倾向，而是很广泛地收集某种商品的信息。处于这个层次的消费者，可能是因为好奇、消遣或其他原因而关注自己感兴趣的商品。这个过程收集的信息会为以后的购买决策提供经验。

2) 有限问题的解决模式

处于有限问题解决模式的消费者，已建立了对特定商品的评判标准，但尚未建立对特定品牌的倾向，这时，消费者有针对性地收集信息。这个层次的信息收集，才能真正而直接地影响消费者的购买决策。

3) 常规问题的解决模式

在常规问题的解决模式中，消费者对将来购买的商品或品牌已有足够的经验和特定的购买倾向，它的购买决策需要的信息较少。

【案例】 别克的搜索广告营销

案例背景

在如今的信息化时代，消费者的购买决策过程如漏斗一般进行着层层筛选。怎样才能让消费者在购车的过程中对这个品牌从不了解，到将这个品牌保留在他们的备选名单中，直到最终成为消费者的不二之选？占领消费者的第一时间入口，即移动搜索，可以大大缩短消费者购车决策过程的重要环节。据相关行业数据显示：移动搜索带动汽车行业整体搜索，2015 年占比已高达 64%，移动搜索占比逐年递增。

从艾瑞的相关研究中发现购车目标人群中，从使用浏览器的习惯来看，他们偏好使用国内开发的浏览器搜索占比高达 91.4%，其中猎豹浏览器一直是国内浏览器中的佼佼者，主打安全与极速特性。在猎豹浏览器基础之上进行移动搜索原生广告的投放，具有不干扰用户体验、提供更有价值的品牌广告内容、化被动推送为主动关注等特点，能够使品牌的推广更为精准，是一种十分有效的营销策略。

对于别克新车上市来说，有几个最重要的关键点：在第一时间拦截目标人群，抓住他们的消费动机，实现品牌信息的精准推送；再通过销售导向的精准广告追击，在大曝光的人群中，提升目标受众浓度，从而达到精准营销的目标。

因此，此次营销的目标是：别克在新车上市之际与猎豹浏览器携手，运用猎豹浏览器移动搜索原生广告，激活消费者购车决策时刻，加速别克新车品牌的精准触达和销售转换。

★ 营销策略与创意

猎豹移动用户人群代表着年轻一代新中产的品质生活，消费态度感性而冲动，是具有强大的购车动因的群体，这与别克新车的目标人群完美契合。在人群目标一致的基础上，猎豹通过富有创意的广告形式，让别克品牌广告能完美精致触达，完成别克新车精准有效的品牌营销过程。

(1) 浏览器开屏：强势曝光。在猎豹浏览器进行开屏曝光，实现品牌信息最大化曝光。

(2) 搜索框原生广告：提升兴趣。如同搜索词条般的原生广告形式，自动跳入用户眼帘。第一时间拦截消费人群，让用户更易接受，更有冲动点击了解，提升广告内容体验。

(3) 点击搜索：用户行为转换。用户直接点击词条，即进入别克 H5 预约试驾页面，将被动接受的推送广告转变为用户主动关注、搜索的行为。

案例执行

猎豹移动紧抓别克用户人群的使用习惯，为品牌提供创意基础，通过猎豹浏览器开屏强势覆盖海量人群，运用搜索框原生广告吸引用户的注意力，再运用点击搜索，实现用户行为转换，同时也实现了别克新车品牌多立体化曝光及海量触达，完成别克新车精准有效的品牌营销过程。

1. 猎豹浏览器开屏强曝光。

作为国内移动浏览器 Top10 的猎豹浏览器，其覆盖用户有 1.2 亿。强势的曝光媒体，在别克君威新品上市的第一次，精准锁定有购车能力的目标人群，向其推送新车车型，并输出产品优势，最大化将品牌曝光。

2. 移动搜索原生广告。

原生广告与移动搜索相结合，视觉上与搜索历史记录无二，不干扰用户体验；内容上，为用户提供更有价值的品牌信息。

第一时间拦截有搜索需求的潜在购车消费人群，在消费者最关键的购车信息筛选环节上，予以最先推荐，使消费者从被动推送轻松转为主动关注，对品牌产生青睐和好感，进入转化页面参与互动，实现销售转换。

★ 营销效果

猎豹移动凭借自身丰富的营销经验，运用猎豹浏览器移动搜索原生广告配合别克新车上市计划，通过猎豹浏览器开屏强势覆盖海量人群，运用搜索框原生广告、点击搜索等多种广告创意形式，激活消费者购车决策时刻，加速别克新车品牌的精准触达和销售转换，最终实现了品牌营销的品牌效果转化，短期内完成总 PV(Page View，页面浏览量) 95 031 430 的好成绩。

3. 比较选择

消费者需求的满足是有条件的，这个条件就是实际支付能力。消费者为了使消费需求与自己的购买能力相匹配，就要对各种渠道汇集而来的信息进行比较、分析、研究，根据产品的功能、可靠性、性能、模式、价格和售后服务，从中选择一种自认为"足够好"或"满意"的产品。

由于网络购物不能直接接触实物，所以，网络营销商要对自己的产品进行充分的文字描述和图片描述，以吸引更多的顾客，但也不能对产品进行虚假的宣传，否则可能会永久的失去顾客。

4. 购买决策

网络消费者在完成对商品的比较选择之后，便进入到购买决策阶段。与传统的购买方式相比，网络购买者在购买决策时主要有以下 3 个方面的特点：首先，网络购买者理智动机所占比重较大，而情感动机的比重较小；其次，网络购物受外界影响小；最后，网上购物的决策行为与传统购买决策相比速度要快。

网络消费者在决定购买某种商品时，一般要具备 3 个条件：第一，对厂商有信任感；第二，对支付有安全感；第三，对产品有好感。所以，网络营销的厂商要重点抓好以上工作，促使消费者购买行为的实现。

5. 购后评价

消费者购买商品后，往往通过使用对自己的购买选择进行检查和反省，以判断这种购买决策的准确性。购后评价往往能够决定消费者以后的购买动向，满意的顾客就是最好的广告。

为了提高企业的竞争能力，最大限度地占领市场，企业必须虚心听取顾客的反馈意见和建议。方便、快捷、便宜的电子邮件，为网络营销者收集消费者购后评价提供了得天独厚的优势。厂商在网络上收集到这些评价之后，通过计算机的分析、归纳，可以迅速找出工作中的缺陷和不足，及时了解消费者的意见和建议，制订相应对策，改进自己产品的性能和售后服务。

第4章 网络营销战略规划与案例

　　网络营销战略规划是指在激烈的市场竞争中，企业为了充分利用市场机会，避免环境威胁，求得持续、稳定、健康、高效的发展，在对企业外部营销环境和内部环境条件充分分析的基础上，对企业网络营销的任务、目标及实现目标的方案和措施做出总体的、长远的谋划，并付诸实施与控制的过程。简言之，网络营销战略规划是指企业以互联网为媒体，以新的方式、方法和理念实施网络营销活动的计划。

　　在网络营销活动过程中，企业希望实现的目标往往不止一个，但企业必须依据内部条件和外部环境，确定一个一定时期内最为合理的目标，这是网络营销的战略规划的第一层含义。同时，实现一个既定的目标，往往不止一种途径，谋划、选择和确定一个最为合理、最为可行、最能快速高效实现其预定目标的方案，这是网络营销的战略规划的第二层含义。

4.1　网络营销战略规划的内容

1．分析网络营销环境

　　战略性分析是制订网络营销战略规划的准备阶段。通过对企业外部环境的分析，掌握企业所面临的各种机会与威胁；通过对企业内部因素的分析和预测，掌握市场营销过程中企业的内部条件的变化情况，确定企业的优势和劣势等，从而为企业制订网络营销战略规划提供有效的依据。

2．明确网络营销任务

　　网络营销活动的开展应该有助于企业总任务的实现。企业开展网络营销、制订战略规划的首要问题就是在网络营销环境的基础上，界定企业网络营销活动的任务。企业网络营销的任务可能是增加顾客、展示企业历史、促进公共关系、塑造企业形象等方面中的一项或几项。例如海尔集团网络营销的任务定义为：通过建立网站，一方面宣传海尔企业的形象，另一方面利用现代化的信息网络，加大自己产品市场推销的力度。

3．确定网络营销目标

　　企业的网络营销任务确定以后，还要将这些任务具体化为网络营销各部门、各环节的目标，最终形成一套完整的目标体系，使网络营销各作业环节都有自己明确的目标，并负起实现这些目标的责任。网络营销战略目标，就是确定开展网络营销后达到的预期目的，以及制订相应的步骤，组织有关部门和人员参与。一般网络营销战略目标有以下类型：

1) 销售型网络营销目标

销售型网络营销目标是指通过建造网站为企业拓宽销售网络，借助网络的交互性、直接性、实时性和全球性为顾客提供方便快捷的网上售点。目前，许多传统的销售店都在网上设立销售点，如北京图书大厦的网上销售站点。

2) 服务型网络营销目标

服务型网络营销目标主要为顾客提供网上联机服务，顾客可以与网上服务人员进行远距离咨询和售后服务。目前，大部分信息技术性公司都建立了此类站点。

3) 品牌型网络营销目标

品牌型网络营销目标主要在网站上建立自己的品牌形象，加强与顾客之间的直接联系和沟通，建立顾客的品牌忠诚度，为企业以后的发展打下基础。目前大部分站点属于此类型。

4) 提升型网络营销目标

提升型网络营销目标主要通过网络营销替代传统营销手段，全面降低营销费用，改进营销效率，促进营销管理和提高企业竞争力，目前的 Dell、Amazon、Haier 等站点属于此类型。

5) 混合型网络营销目标

混合型网络营销目标能够同时达到以上几种目标，如 Amazon 通过设立网上书店作为其主要销售网络，同时创立了网站品牌，并利用新型的营销方式提升企业竞争力，既是销售型，又是品牌型，同时还属于提升型。

4. 制订网络营销战略规划方案

营销人员按照 STP 战略和 4P 的内容以及关系管理制订营销战略方案，以实现既定的目标，即关于产品、定价、分销及促销的计划目标。此外，营销人员还要设计客户关系管理及合作伙伴关系管理战略。STP 战略理论中的 S、T、P 分别是 Segmenting、Targeting、Positioning 3 个英文单词的缩写，即市场细分、目标市场和市场定位的意思。其主要内容：

第一步，市场细分(Segmenting)。根据购买者对产品或营销组合的不同需要，将市场分为若干不同的顾客群体，并勾勒出细分市场的轮廓。

第二步，确定目标市场(Targeting)。选择要进入的一个或多个细分市场。

第三步，定位(Positioning)。在目标市场顾客群中形成一个印象，这个印象即为定位。

【案例】 唯品会的战略模式分析

案例背景

唯品会由沈亚和洪晓波在 2008 年创立于广州，隶属于广州唯品会信息科技有限公司。唯品会是中国最大的名牌折扣网站之一，率先在国内开创了"名牌折扣＋限时抢购＋正品保险"的商业模式，以较低的折扣价向消费者提供正品名牌，目前汇集上千家一、二线品牌商品，主要包括名牌服装、鞋子、箱包、配饰、香水、化妆品、奢侈品、旅游等品类。

截至 2011 年 12 月 31 日，唯品会注册用户数达 1210 万，累计客户超过 170 万，在中国奢侈品网购行业中占据很大份额。

唯品会坚持以安全诚信的交易环境和服务平台，可对比的低价位、高品质的商品，专业的唯美设计，完善的售后服务，全方位地服务于每一位会员，以提升客户满意度为己任，让消费者享受畅快、安全、放心、便捷的消费流程体验和服务，致力打造为中国最大名牌折扣网和中国一流的 B2C 网络购物平台。

案例执行

1. 战略目标。

唯品会作为中国最大的名牌折扣网站之一，以高品质的商品、专业的设计和运营、完善的售后服务，与会员、合作伙伴精诚合作，致力于打造 B2C 电子平台的名牌折扣网上第一店。

2. 目标用户。

唯品会以低价、高质的产品及优质的服务吸引着大量用户。作为品牌折扣网其主要目标用户有以下 3 类：

(1) 有一定收入的年轻人。这类人群追求时尚与新颖，追求个性独立，愿意表现自我，同时有一定的收入，有一定的购买能力，唯品会的商品新颖、时尚、潮流且价格较低，很符合这类人群的消费心理与消费习惯。

(2) 白领群体。这类人群经济实力很强，社会地位相对很高，使所购买的商品要求很高，唯品会为他们提供了高品质的品牌商品。

(3) 品牌爱好者。唯品会推广和销售的国内购和国际流行的产品品牌已经达到 1900 个以上，各主流品牌商品均有销售且价格较低。唯品会成为品牌爱好者的心仪购物网站。

3. 产品与服务。

(1) 在线销售商品服务。唯品会采购各品牌商品(主要包括名牌服装、鞋子、箱包、配饰、香水、化妆品、奢侈品、旅游等品类)，然后再通过其网站销售。唯品会网站主要有唯品会特卖频道、奢侈品频道、团购频道和旅行频道。通过唯品会，消费者可以以较低的折扣价购买到一两千个品牌的商品。

(2) 页面广告服务。唯品会网站可以为企业提供广告推广服务，让其广告展示在网站的明显位置。

(3) 团购服务。2012 年 4 月 10 日唯品会独立的唯品团购频道正式上线。唯品团在原有闪购频道基础上推出更多热销单品，品类更全，数量更多，折扣更低，满足更多用户抢购需求。同时，唯品会团购频道每天 9 点准时上新，与唯品会其他频道 10 点错位销售，解决用户一心不能二用、顾此失彼的烦恼。

(4) 时尚资讯分享。唯品会网站中的时尚会频道，汇集了大量时尚资讯，同时为消费者提供潮流时尚服饰、饰品和鞋包搭配的最新资讯，向消费者推荐潮流时尚商品。

4. 核心能力。

(1) 品牌供应商资源。唯品会目前已经有 1900 多个合作品牌，有一半直接从品牌商进货，供应商资源保证了其稀缺资源的供给，同时唯品会对同样品类也可拿到比竞争对手更高的毛利。众多品牌商品可以满足不同的消费者的需求。

(2) 营销能力。唯品会营销模式为限时、限量抢购，其吸引顾客最主要的手段就是名品加折扣，让顾客以地摊货的价钱就能买到品质一流的商品。唯品会依靠口碑传播，结合互联网 SNS(Social Networking Service，社交网络服务)模式，将 SNS 与网络平台的集合发挥到极致，同时也降低了唯品会的传播成本。

(3) 优质的服务。"消费者满意"是唯品会最大的追求目标！唯品会坚持以安全诚信的交易环境和服务平台为会员提供优质、高效、愉悦的售卖服务，以提升客户满意度为己任，为消费者提供畅快、安全、放心、便捷的消费流程体验和服务。唯品会为消费者提供品牌提前定制功能，深受消费者喜爱。唯品会全年无休的客服，使得消费者有任何疑问都可以随时咨询客服。唯品会的 7 天无条件退货承诺及正品保障，让广大消费者可以放心购买，没有后顾之忧。

(4) 优秀的采购能力。唯品会和品牌供应商维持较好的关系，积极了解和研究消费者，不断维护商务智能系统使得其采购能力较强，主要包括品牌选择、促销管理、洞察消费者行为、定制营销、优化促销活动等等，截至目前已经有 1900 多个合作品牌，举办过 11 500 次促销互动，有不少品牌进行反复合作。

(5) 闪购独特的仓储物流体系。与传统电商相比，唯品会的销售周期更短，销售过程更快，SKU(Stock Keeping Unit，库存量单位)不固定，商品吞吐量大，由于闪购的这种特殊商业模式导致其仓储物流体系更加复杂，需要做"定制"管理。唯品会目前在广东南海、江苏昆山、四川成都、北京等城市建有物流中心。相对一般的网上购物平台，唯品会的"零库存"模式更具竞争力。一周开售四期，每期推出 8～12 个品牌，限售时间一到，库存商品马上就要从仓库撤掉，立刻腾出空位上架新的单品。

案例评析

唯品会率先在国内开创了"名牌折扣 + 限时抢购 + 正品保险"的商业模式，加上其"零库存"的物流管理以及与电子商务的无缝对接模式，希望将自己打造成为线上的奥特莱斯。

1. 网络营销策略。

(1) 产品策略。唯品会目前汇集上千家一、二线品牌商品，主要包括名牌服装、鞋子、箱包、配饰、香水、化妆品、奢侈品、旅游等品类。众多的产品品牌品类是其吸引消费者的另一优势，唯品会其销售的所有商品都有正品保险，消费者可以放心购买。

(2) 价格策略。唯品会通过与知名国际、国内品牌代理商或厂家合作，代售其商品，省去中间商费用，在长期的合作中建立了信任的关系，使得价格可以更低，在质量和价格方面都有所保证，而且选用错开季节采购的模式，让商品价格更为优惠。唯品会限时限量的模式，不用担心商品的积压，并且可以根据订单制定货量，降低了经营成本，有更大的让利空间。消费者可以通过唯品会以比零售价格更低的折扣价买到正品名牌。价格优势吸引了大批忠实顾客。

(3) 渠道策略。唯品会目前采用传统渠道策略与线上渠道两种渠道进行拓展，总部设在广州，目前在上海、成都、北京 3 个城市建立分公司，在深圳设立办事处，进行其业务扩展、市场拓展以及客户服务。在移动端扩张，开发安卓客户端、iphone 客户端，与社交平台如微博、微信进一步合作。

(4) 促销策略。唯品会采用口碑营销，利用社交网络，以资讯、博客、留言板作为用户互动平台，同时以积分换取礼品或者抵金券的奖励方式鼓励会员邀请好友注册，为消费者赠送节日性的小礼品与贺卡，这样不仅收到良好的营销效果，也带动了产品销售。此外，唯品会 365 爱心基金频道的开通，通过公益活动宣传其品牌，提高了其知名度。

2. 市场竞争优势。

唯品会处在中国奢侈品网购快速发展时期，虽然其在中国奢侈品网购中占据一定市场，但其面临的竞争对手及潜在竞争对手还很多，主要有淘宝、聚美优品、上品折扣、走秀网、佳品网、网易尚品等。唯品会的竞争优势主要有以下几点：

(1) 商品保证。质量保证，唯品会是国内独家为品牌购买保险的电子商务网站，由中华保险公司为货品提供名牌正品保险，只要发现购买的产品非名牌正品，即可通过正规的保险理赔手续，得到全额的赔偿，同时还有 7 天无条件退货的保证。

(2) 完善的服务。唯品会的 4F 理念：Fas——有限的折扣上架时间；Fashion——享受时尚的生活方式；Fun——无穷无尽的购物乐趣；Fine——卓越的品质与体验。

唯品会在经营管理过程中非常注重客户体验，购物体验的好坏被看做是衡量电商顾客黏性的重要指标，而在奢侈品在线零售行业中，购物体验更是多数运营商的一大软肋。针对于此，唯品会重点把握各个关键顾客接触点(如网站页面及功能、呼叫中心、商品质量与价格、物流速度及服务等)，不计成本，最大限度满足顾客需求，强调购物体验，提升顾客满意度及忠诚度。

(3) 发展移动商务。唯品会开发了唯品泡泡电脑桌面客户端，开发了 iphone 客户端、安卓客户端和 ipad 客户端以满足不同人群的需要，使得消费者可以随时随地浏览唯品会，在其网站购物消费。唯品会积极发展移动商务，希望在移动商务方面抢占商机。

(4) 扩张战略。

① 区域扩张：随仓储扩张开设区域性网站；提高新增城市的渗透率。

② 产品扩张：增加合作品牌、提高品牌商销量；扩展新的产品种类；和品牌供应商建立排他性合作关系。

③ 渠道扩张：在移动端扩张；与社交平台如微博、微信进一步合作。

(5) 技术优势。唯品会组建了一支 40 人的商业数据分析团队，团队成员由两部分组成：一部分是 IT 人才；一部分是来自沃尔玛等知名零售百货业的百货人才。唯品会自己研发 IT 基础设施来支持网站在日常"快闪销售"高峰时段访问用户流量剧增的局面。它的物流系统同样依靠 IT 系统来运行。

(6) 人力资源管理。唯品会从刚创立时的不足 30 人，到现在接近 4000 人，始终坚持平等友善的企业文化、公平实效的人才机制、开放协作的工作环境。

① 善待员工及合作伙伴。把员工当朋友当家人，既是唯品会企业文化的精髓，也是重要的管理理念之一。通过善待员工，宽严适度，充分尊重员工的思想与个性，公司始终保持高效、激情、进取而不失温情的氛围。每月公司都会组织当月生日的同事一起开生日Party，唱生日歌，吃生日蛋糕，在这里员工亲如一家人。

② 珍惜人才。"唯才是举"是唯品会的重要特征。在唯品会，公司公平对待每一个人

才，用工作实绩来衡量人才，为每一位有志者搭起干一番实事的阶梯。用唯品会员工的话来说：不怕你没位置，就怕你没本事。只要你足够优秀，公司就会给你足够的发展空间。在用好人才的同时，唯品会还高度重视培养人才，所有新进公司的员工都要接受统一的培训。日常，公司还组织开展学习分享会，由内部员工就个人擅长的领域与大家分享，让所有员工共同进步与提高。对于管理层，公司还定期组织针对性培训，提升企业的整体管理水平。

③ 营造开放协作的工作环境。在唯品会，所有的管理层成员都有着积极主动与员工沟通的作风。公司管理层成员，特别是高层成员经常通过午餐会、意见征询会等方式和员工交流。同时，公司每季度都会组织"金点子创意大赛"，邀请全体员工为公司的发展与提升献言献策。

④ 以人为本的理念和科学的管理方法。这种方法让唯品会的团队激情常在，"没有最好，只有更好！"、"凭本事干工作，靠实力求发展"成为每一位员工的共同信念，并成为公司发展的最大内生性动力。在短短几年的时间里，唯品会从零开始，一举成为中国电子商务领域的最大黑马。

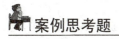 **案例思考题**

你在唯品会上购物吗？吸引你在唯品会上购物最主要的原因是什么？

- ●

4.2　目标市场战略

在选择目标市场的基础上，企业可以对不同目标市场制订相应的营销战略，主要有 4 种：无差异化营销战略、差异化营销战略、集中性营销战略、一对一营销战略。

1. 无差异化营销战略

无差异化营销策略是把整个市场作为一个大目标来开展营销活动，只考虑消费者或用户在需求上的共同点，而不关心或忽视他们在需求上的差异性。在此情况下，营销人员可以设计单一营销组合直接面对整个市场，去迎合整个市场最大范围内客户的需求，凭借大规模的广告宣传和促销，吸引尽可能多的客户。

无差异化营销的理论基础是成本的经济性。这种策略可以减少生产与储运成本；无差异的广告宣传和其他促销活动可以节省促销费用；不搞市场细分，可以减少企业在市场调研、产品开发、制订各种营销组合方案等方面的营销投入。

2. 差异化营销战略

差异化营销战略通常是把整体市场划分为若干细分市场，针对不同目标市场的个性化需求，分别制订出独立的营销方案，按方案生产目标市场所需要的商品，满足不同消费者的需要；通过品牌定位与传播，赋予品牌独特的价值，树立鲜明的形象，建立品牌的差异化和个性化核心竞争优势。

差异化营销的依据是市场消费需求的多样化特性。不同的消费者具有不同的爱好、不同的个性、不同的价值取向、不同的收入水平和不同的消费理念等，从而决定了他们对产品品牌有不同的需求侧重，这就是为什么需要进行差异化营销的原因。

例如，福特汽车公司旗下相继推出著名品牌：福特、沃尔沃、林肯、捷豹、路虎等，以满足消费者对汽车的不同需求。可口可乐公司不只是向市场提供统一 6.5 盎司的瓶装可乐，除了继续保留原有可乐碳酸饮料外，相继推出了汽水、果汁等；在古典可乐的基础上推出的低糖饮料——健怡可乐风靡全球，汽水饮料芬达和儿童果汁饮料酷儿都非常成功。这两大企业巨头由原来的无差异营销战略转向差异营销战略，取得了巨大的成功，市场竞争地位得以保全。

企业可以从 5 个方面实现差异化：产品、服务、人力成本、渠道和形象。

1) 产品差异

企业可以使自己的产品区别于其他竞争对手的产品。产品独具特色的功能、利益与顾客需求相适应的优势，即企业能向市场提供的在质量、功能、品种、规格、外观等方面比竞争者能够更好地满足顾客需求的能力。

实现产品差异化是最重要的一个网络营销战略，也就说，企业可以提供各式各样的产品，将种类繁多的产品作为一个平台，给客户提供量身定制的产品。亚马逊公司以及其他众多的网络企业就是依靠众多的产品、小量的交易这样的"长尾"经营方式获得了可观的收入。

2) 服务差异

除了靠实际产品区别外，企业还可以使其与产品有关的服务不同于其他企业。赢得和保持顾客的关键是比竞争者更好地理解顾客的需要和购买过程，提供更多的附加价值。在网络上，可以从多个方面实行服务差异化。一天 24 小时接收顾客的反馈，并迅速、及时地做出回应，能够有效地提高顾客服务质量。

3) 人力成本差异

企业可通过雇用和训练比竞争者更专业的人员取得很强的竞争优势。传统营销也强调个性化服务，但需要成本高昂的人力资源。网络营销中，企业可以利用互联网，整个交易过程自动化，使人力成本大大降低。

4) 渠道差异

网络经营中渠道的差异化体现在多个层面：① 利用互联网作为一个沟通渠道，在网络上提供产品或服务信息的企业比没有利用网络的企业具有较大的优势；② 进行网上商品交易的企业可以利用互联网的优势将网络打造成交易和配送的渠道；③ 在较高层面上，企业与竞争对手的网络服务形成差异化。

5) 形象差异

即使竞争的产品看起来很相似，购买者也会根据企业或品牌形象观察出不同来。因此，企业通过树立形象使自己不同于竞争对手。企业可以创造独特的客户体验以使自己与众不同，如一流的客户服务。反过来又能为这种体验打造品牌，通过体验的品牌化，企业可以极大地维系客户，锁定高端客户，提高在线经营的盈利能力。

【 **案例** 】　**小红书的社区＋跨境电商模式**

案例背景

伴随国内消费升级和生活方式的改变，中国消费者的消费结构随之发生了变化，海外购物逐步成为扩大中的新中产人群青睐的生活方式，同时中国的中产阶层数量已位列全球首位。作为最富裕购买力的阶层，用户购买商品更频繁、也更愿意追求高品质的商品，由此产生了新的消费形态和电商形态；国内跨境消费由代购、海淘向跨境电商规范发展，政策红利及资本的投入使进口跨境电商迅猛发展。

诞生于 2013 年的小红书，最初的身份是"购物攻略"，它是一个主要针对入门级用户的基础购物指南，覆盖了美国、日本、韩国等多个热门旅游地。小红书主要瞄准的是爱好出境游和喜爱购物的女性用户，尤其是一、二线城市的白领。但单纯的攻略、指南型的产品对购物这种时效性更高(季节打折、店铺更新)的场景来说依然不够，相对静态的信息流使得攻略型产品很难与用户之间产生即时、双向、有黏性的互动机制。因此在 2013 年 12 月初上线了"小红书购物笔记"APP，它是一个垂直类社区，用户以具有境外购物习惯的女性为主。对于这些偏重度的消费者来说，社区可以带给她们更新鲜的购物信息和更多元的购物体验，比如"刷"、"逛"和分享。"小红书购物笔记"移动购物社区一上线，小红书就很快地被冠上了"海淘版知乎"的昵称。由于鼓励用户分享和交流自己用真金白银败来的境外购物心得，并且借鉴了游记分享应用的信息结构化方式——每个商品都有相应的名字、照片、用户心得、价格和购买地点等说明，使得小红书某种程度上和知乎很像，都是通过 UGC 生产了高质量的内容，从而使信息更中性、客观地输送给用户。在一个购物社区逛久了，女性用户自然容易产生购物需求，小红书于 2014 年 12 月正式上线的跨境购物板块"福利社"解决的就是用户"买不到"的困扰，让用户可以直接点击购买。小红书福利社采用 B2C 自营模式，直接与海外品牌商或大型贸易商合作，通过保税仓发货给用户。福利社上线半年，小红书零广告下销售额突破 2 亿元。在 2015 年 6 月 6 日的周年大促中，小红书在 APP Store 的排名攀升到总榜第四名，生活类榜第二名。周年庆活动首日 24 小时销售额超过前一个月的总销售量。

从购物攻略转型社区，再转型跨境电商，小红书一路走一路红。用户从开始就是爆炸式增长，小红书完全没有花一分钱做广告，且每一次升级都是由用户驱动，短短 5 个多月成交额飙升到 2 个亿，转化率高达 8%。小红书 50%的用户是一线城市的"85 后"和"90后"，以学生和白领居多，其中女性占比高达 70%～80%。目前小红书每个月会新增 100 万条口碑，2000 万个赞，用户平均每月打开 APP 超过 50 次，使用时间 130 分钟以上，平均1 个用户在 APP 下 3 个单。

案例执行

1. 聚焦用户，打造最大海外购物口碑数据库。

小红书选择社区分享的 UGC 内容生产模式，与其他社区相比最特别的一点是挖到了真实用户，社区内容来自于种子用户的真实分享。UGC社区，即社区内容全部来自于用户的分享。用户通过一张图片加一组标签就能清晰地告诉其他人，某件海外商品是什么品牌，多少钱，在哪儿买的，同时还会附上详细的购物或使用心得。在社区里，用户被亲切地称为"小红薯"，社区和客服工作人员被称作"薯管家"，关注某种商品被称为"种草"，而最终买到称心如意的商品则被叫做"拔草"，购买的行为叫做"剁手"……大量拟人化、接地气又具有网络特色的新词在用户中广为流传。在使用中，"小红薯"们在社区里"晒"出自己在海外买到的质优价平的商品，互相点赞、评论，营造出健康理性的社交氛围。在社区管理上，通过精选、会员等制度设计，激发大家分享和互动的热情。与此同时，小红书结合网友关注，积极组织线下品鉴等交流活动，引导网友关注品质消费，满足网友的社交需求。

小红书对用户没有激励和扶持措施，走"轻达人、重内容"的路线，力求打造一个去中心化的社区。再高价钱也坚持不卖软文，坚信评价和口碑才能产生"爆款"。小红书的转化率源于平台上积累的大量用户的真实数据，这些是其他电商平台无法获得的高价值底层数据。小红书基于海量用户分享内容及行为数据，分析出最受推崇的商品，并保质保量的把它们送到用户手里，一并解决海外购物过程中"不知道"和"买不到"两大难题。小红书福利社板块实际上是将口碑和购物相结合，形成海外购物的完整闭环。即将出国的人可以借助这个平台制订自己的购物清单，而暂时没有出国打算的人，可以通过逛社区来增长经验，或者去福利社完成一次"海淘"。

2. 模式创新，独创"社区＋电商"新模式。

2015年初，顺应国家鼓励发展跨境电商的大环境，基于丰富的社区内容数据，以及旺盛的用户购买需求，小红书推出跨境电商服务，主要包括两种业务模式：保税备货和跨境直购。保税备货：海外商家通过集中采购，将商品运送至保税区仓库，客户通过手机下单后，小红书代为报关、报检、缴税，并通过境内物流配送给客户。这种模式适用于常规、用户广泛需求的商品。跨境直购：在海外根据用户订单生成包裹，通过国际快递方式，直接寄到用户手中。这种模式适用于个性化、价格高的商品需求。通过"保税备货"和"跨境直购"等模式的有机结合，小红书整合海外供应链，将优质的海外商品提供给境内的广大消费者，并结合口碑营销，促进信息消费和升级。

小红书这种跨境电商模式，巧妙地打通了社交与电商之间的关联，通过大数据技术，使社区关注的热点口碑商品自然地转化为采购环节的重点，并且最终成为销售环节的"爆款"商品，这就是小红书独创的"社区电商"模式。与传统电商类似"网上超市"的做法不同，社区电商以"UGC＋大数据"为核心，销售的商品"of the user, by the user, for the user"，即商品信息来源于用户分享，采购需求基于对分享内容的大数据挖掘，提供优质商品最终服务于用户，引领用户品质消费。

小红书跨境自营模式流程如下：

(1) 进：在货源方面，小红书商品来自品牌商和大型贸易商。在商品类型上，小红书并没有走奢侈品路线，而是围绕核心用户的消费习惯，提供了很多类似几十元的化妆品、几百元的女包在内的优质进口商品。大量质优价廉的海外商品，很好地满足了用户的需求，引导年轻消费者品质消费、理性消费、按需消费，而不是高档消费、跟风消费、攀比消费。目前与小红书有战略合作的是澳洲保健品品牌 Blackmores、日本最大的药妆集团麒麟堂等。除了品牌商以外，小红书还和大型贸易商合作，这样可以快速扩展商品的品类。

(2) 销：海外货品全程在海关和国家出入境检验检疫局的严格把控下，通过跨境电商保税仓发货给国内用户。目前，小红书在郑州和深圳保税区拥有自营仓库，仓库面积在全国跨境电商中排名第二。使用保税仓发货，既可以保证商品品质，又能够免去用户等待商品从国外飞到国内的时间。

(3) 存：自营 B2C 模式，需先头断商品，无疑存在库存风险。小红书福利社的优势在于：一方面，选品上基于小红书社区大数据(如发布笔记、点赞、评论等)挑选，预测销售；另一方面，小红书福利社采取闪购模式，有 95% 的商品在上架 2 小时内卖完，商品周转期最长为两周，库存压力较小。因此，在对的时间提供了一个对的产品给一个对的人群，正是小红书打动用户的原因。所谓的"爆红"，只是因为一个特定的时间做了一系列的市场活动，让更多的人认识和了解了小红书。

3. 大数据 + CRM，实现可持续的盈利模式。

小红书通过社区分享吸引用户，通过用户数量和活跃程度创造价值，建立 CRM(客户关系管理)，通过社区客户关系维系客户信任和忠诚，追求可持续的盈利能力。小红书更注重社区，其原因有以下几方面：① UGC 的挖掘及利用。用户生成内容的创建、交流和使用，使他们之间进行交互以获取产品和服务的信息、商家声誉和其他与交易相关的经验，从而提供用户支持产生信任。② 用户的多重角色扮演。用户可以通过在线协作、交换产品和服务的信息，从可信的用户获取建议，作出更加明智和准确的购买决策，并且购物者并不是挑选商品，而是带动了消费者圈的社交网络。③ 多渠道信息获取。消费者多渠道多层次获取信息，不仅可以从商家或企业直接获取信息，还可以从其他用户获取信息，而其他用户可以是自己的好友或朋友的朋友，也可以是有相同兴趣爱好但是在实际中并不认识的用户。

小红书通过大数据技术，对在社区获取的数据信息进行分析，进一步实现其可持续盈利发展，体现在以下两个方面：① 前端产品要要加个性化、智能化，通过后台数据和算法，让用户更容易"发现"自己喜欢的笔记和商品；在后端的供应链层面，会在货源和物流仓储上有更多布局，与更多品牌商和贸易商合作，扩建保税仓，搭建更多海外仓。② 平台大数据选货模式直接让销售变得更精准。其实，选货无论对于用户还是平台来说都是一种成本。用户找不到所需要的商品，平台卖不出自己的优质产品，这都将影响用户的整个购物体验。平台知道自己应该卖什么，用户能很快找到自己需要的好商品，在大数据选货模式下解决了用户信息不对称问题。

✒️ 案例评析

这种标榜"找到国外的好东西"的 APP 融合了社区和电商功能，用户不仅可以通过社区拥有一群能帮着做决定的"海淘顾问"，还能通过福利社板块直接买到不少好东西。同时，小红书又成功地抓住了时下"爆点"，那就是女性用户和"85 后""90 后"为代表的下一代消费者。总体而言，小红书这种社区 + 跨境电商模式的成功得益于以下重要的决策。

(1) 及时转型升级。随着用户的积累，小红书发现 PDF 版的购物攻略只是基于事实的信息，无法做到碎片化，很难实时更新，相对静态的信息流使得攻略型产品很难和用户之间产生即时、双向、有黏性的互动机制，因此小红书转换思路成为服务社区，上线了"小红书购物笔记"APP。

(2) 口碑传播。小红书的口碑传播主要基于两点：第一点是专题里的内容都是用户自己的亲身体会总结，也就是口碑；第二点就是这些专题内容是某些之前不知道的，所以觉得实用。这样实用的内容，大家转发起来完全没有顾虑，也愿意分享出去让更多人知道，形成更广泛的口碑效应，不用刻意去鼓励。

(3) 对的产品给对的人群。中国的年轻一代消费能力提升，希望找到一些更能匹配自己生活方式和自己对生活认知的商品，但在国内的购物中心或商场专柜商品品类有限，淘宝类平台上更多的是鱼龙混杂的卖家，消费者希望买到全球的优质商品。小红书就为他们提供了这样一个平台。

(4) 社区转型电商。社区转型电商的条件在于：一要看所处垂直品类的价值，否则很难保证充沛的利润率；二要看供应现状有无痛点，否则容易换来叫好不叫座的尴尬；三要看用户与社区的亲密程度，否则就不会玩成粉丝经济。而小红书的模式恰恰符合了上述条件。

案例思考题

1. 跨境电商如何找到自己的赢利模式？
2. 你认为社区模式转型电商成功的关键是什么？

- ●

3. 集中性营销战略

集中性营销战略是选择一个或几个细分化的专门市场作为营销目标，集中企业的优势力量，对某细分市场采取攻势营销战略，以取得市场上的优势地位。一般说来，实力有限的中小企业多采用集中性市场策略。

实行差异化目标市场战略和无差异化营销战略，企业均是以整体市场作为营销目标，试图满足所有消费者在某一方面的需要。集中性目标市场策略则是集中力量进入一个或少数几个细分市场，实行专业化生产和销售。实行这一策略，企业不是追求在一个大市场角逐，而是力求在一个或几个子市场占有较大份额。

4. 一对一营销战略(定制化营销战略)

一对一营销战略是指企业把对消费者的关注、消费者的个性释放及个性需求的满足推到空前中心的地位，企业与市场逐步建立一种新型关系。建立消费者个人数据库和信息档案，与消费者建立一对一的联系，及时地了解市场动向和顾客需求，向顾客提供一种个性化、一对一的销售和服务。顾客根据自己需求提出商品性能要求，企业尽可能按顾客要求进行生产，迎合消费者个别需求和品味，并应用信息，采用灵活战略适时地加以调整。以生产者与消费者之间的协调合作来提高竞争力，以多品种、中小批量混合生产取代过去的大批量生产。

与传统的营销方式相比，一对一营销主要具有以下优点：① 一对一地为顾客提供产品或服务，能极大地满足消费者的个性化需求，体现"顾客至上"，提高企业的竞争力。② 能提高企业的经济效益。一方面以需定产，避免产品的滞销和积压；另一方面，个性化产品为产品需求价格增加了弹性，可以溢价销售，从而提高了单位产品利润，提升企业经济效益。③ 有利于促进企业的不断发展，创新是企业永保活力的重要因素。

【案例】　**戴尔的一对一营销**

案例背景

论及一对一营销，不能不提戴尔，因为戴尔几乎成了全世界一对一营销的一个标签。自 1990 年以来，戴尔股票增长了 870 倍！其实，把该公司引向巅峰的理念就是一对一营销，即按照客户的要求生产计算机，并向客户直接发货。如戴尔公司为福特公司不同部门的员工设计了各种不同的配置。当通过福特公司内联网接到订货时，戴尔公司马上就知道订货的是哪个工种的员工，他需要哪种计算机，戴尔公司便组装合适的硬件和软件，很快送到客户手中。

案例评析

剖析戴尔的个性化营销模式，我们可以简洁地得出这样两个结论：一是直销，为用户提供最廉价的电脑；二是为客户提供"量体裁衣"的服务。这也同时表明，即使是抛开 PC 的行业色彩，我们一样能获得一个财富巨子创新经营的有益启示。

表面上看，这种直销方式是传统营销方式的轮回(比如 20 世纪 70 年代大型计算机公司的产品直销)，但深入分析后就会发现，戴尔公司的长处在于保持了面向用户提供优质的专业服务，同时它的产品又具有极好的开放性，从根本上避免了原来那些大供应商们的垄断倾向和高额利润。能够得到优质服务又不为供应商左右，这正是现代社会对于供应商的共同诉求。

其次再看"量体裁衣"的服务。在戴尔公司看来，这是一种不需太费思量的服务方式。销售人员持续通过免费电话与顾客交谈，解答顾客的疑问，而后接收订单，这个过程也就发现了顾客的好恶。这些信息将全部纳入公司的顾客资料库。在戴尔公司，这样的资料总数已超过 200 万份。公司凭借这些信息，持续改进产品形态和服务。以客户福特公司为例，戴尔公司接到订单时就已经全面了解到，哪个工种的员工需要什么样的计算机。公司据此组装合适的硬件和软件，并很快送到顾客的手中。

显然，戴尔公司所提供的个人电脑系统都是迎合顾客需求的(见图 4.1)。比如，顾客可以选择不同尺寸的显示器、不同品牌的微处理器或者其他的配件设备。顾客所收到的笔记本或台式电脑，都已经装上 DOS(磁盘操作系统)、视窗等操作系统以及文字处理、报表处理等套装软件。"量体裁衣"的服务还不仅仅如此，戴尔公司还承诺：保证 48 小时内到达服务现场；保证 48 小时内送到并更换机器；保证不到两个营业日交出订货等等。

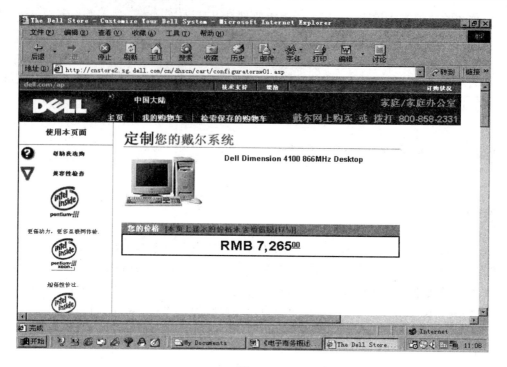

图 4.1

戴尔公司的创始人迈克尔·戴尔(Michael Dell)曾经说："也许我不知道如何设计或制造世界上最棒的电脑，但我却懂得如何销售。"在这个"客户经济"时代，以一种创新的方式接近顾客，然后竭尽全力取悦顾客，这个理念可以成就一个戴尔，当然也可以成就一个又一个其他领域的戴尔。这也该是戴尔模式给予我们的启迪。

4.3　市场定位战略

所谓市场定位，就是根据竞争者现有产品在市场上所处的位置，针对消费者对该产品某种特征或属性的重要程度，强有力地塑造出本企业产品与众不同的、给人印象鲜明的个性或形象，并把这种形象生动地传递给消费者，从而使该产品在市场上确定适当的位置。也可以说，市场定位是塑造一种产品在市场上的位置，这种位置取决于消费者或用户怎样认识这种产品。企业一旦选择了目标市场，就要在目标市场上进行产品的市场定位。市场定位是企业全面战略计划中的一个重要组成部分。它关系到企业及其产品如何与众不同，与竞争者相比是多么突出。网络市场定位主要有以下几种形式。

1．产品或服务特性定位

特性是指产品或服务的性质，如尺寸、颜色、成分构成、速度专利等。例如，iVillage公司的网站能让用户以配料、热量等标准在其网站上自己制订菜单。

【案例】　永辉超市：新零售的超级物种

案例背景

　　张轩松是永辉超市的创始人，早在 1995 年就进入超市行业。2001 年 3 月，在"农改超"政策支持下，福州首家"农改超"超市——福州永辉屏西生鲜超市开业。张轩松率先开创了"生鲜食品超市"这种全新的经营业态，凭借其独有的生鲜食品经营特色，永辉超市巧妙地避开了与其他超市巨头的正面交锋，迅速发展壮大。目前，永辉已经发展成为以零售业为龙头，以现代物流为支撑，以现代农业和食品工业为两翼，以实业开发为基础的大型集团企业。伴随消费升级，不断改善购物环境和提高商品档次，永辉超市形成了红标店、绿标店、精标店、会员店、超级物种多业态结构。

　　随着阿里巴巴、腾讯、京东、美团点评等巨头的进入，新零售成为风口。在当前行业环境下，盒马鲜生与超级物种两个品牌可以说是线上线下融合大势下的创新代表。超级物种是永辉超市 2017 年年初推出的"超市 + 餐饮 + O2O"新零售业态，以生鲜售卖和烹饪为主，80% 的生鲜和商品靠进口，食材新鲜，周转率高，店面的装修也更符合年轻一代的审美。超级物种是高端超市、高端餐饮和永辉生活 APP 的综合体，对标提倡慢生活的意大利超市餐厅 Eataly，但面积和 SKU 不到 Eataly 的十分之一。

案例执行

　　1. 永辉自我颠覆升级，全新业态超级物种进阶完成。

　　永辉深耕零售十余载，从早先"平民化"民生超市，逐步发展成为如今引领精致生活的行业风向标，超级物种是永辉自身求变并顺应商业新趋势的自然产物。

　　2. "超市 + 餐饮"跨界混搭，玩转极致服务体验。

　　"超市 + 餐饮"深度融合，超级物种闪亮登场。黄金地理位置加上绝佳环境氛围，锁定中高端消费人群。超级物种组合工坊系列，实现多重餐厅的结合模式：提供多样优质商品，打造现代舒适购物空间，满足消费者多样化的餐饮服务和互动性需求。

　　3. 工坊系列组合出击，多重餐饮服务满足多元体验需求。

　　此番超级物种融合了永辉目前孵化的 8 个创新项目：鲑鱼工坊、波龙工坊、盒牛工坊、麦子工坊、咏悦汇、生活厨坊、健康生活有机馆、静候花开花艺馆。

　　鲑鱼工坊：主打三文鱼的日式体验店。

　　① 大店形式：经营面积 300～400 平方米，提供堂食和外卖。

　　② 小店形式：经营面积 50～100 平方米，主要布局在经营面积有限的永辉门店内，依靠冷链配送，提供外卖服务。

　　麦子工坊：主打软欧包的高性价比烘培店。麦子工坊采用全开放式布局，是当前最为流行的一种面包房布局。

盒牛工坊：主打现切现煎、原汁原味的牛排体验店；精标店是永辉开放式生态系统的第二集群，而盒牛工坊是第二集群的创新项目，目前其扩张路径跟随精标店。

波龙工坊：主打波龙的海鲜梦工厂；波龙工坊引进了来自加拿大和美国的鲜活波龙，力求让消费者足不出超级物种，也可享受到来自西海岸的传奇波龙。

以下四大体验馆，红酒、鲜花、饮食、有机产品一网打尽：

咏悦汇、生活厨房、健康生活有机馆和静候花开花艺馆 4 个项目馆整合了永辉第三集群的资源，利用全球供应链资源，把红酒、饮食辅料、有机产品和鲜花分类整合，带给消费者极佳的消费体验。

4．供应链 + 消费体验 + 管理模式助力超级物种。

生鲜零售的竞争在于供应链，利用完善的全球垂直供应链构建永辉行业壁垒，为超级物种提供优质产品。

(1) 产地直采："超市 + 农业企业"。强大的买手团队保证了"农超对接"的实现，成为永辉高毛利的"幕后功臣"。

(2) 加工与物流配送：生鲜产品标准化，进一步优化供应链，和中百、京东等合作，建立联合采购机制、共享优势渠道。

(3) 细分消费者，强化全球供应链建设。

5．服务流 + 技术流，打造超级物种特色模式。

(1) 注重消费体验优化，搭建线下场景式消费。

① 商品精选、环境舒适、服务至上、优化体验，全方位留住消费者。

② 8 个物种密切关联，追求情景消费。

(2) 独立团队的特色运营模式。

超级物种各工坊均由独立团队负责，自负盈亏，与永辉超市共享供应链，借助其门店网络进行扩张。这种工坊式自营餐饮品牌依托永辉强大的供应链整合能力和完善的物流体系，能够更好地实现商品品质的把控，同时成本也更加可控，使得商品价格稳定可控。

(3) 自动化系统科技感十足，勇做"科技派"。

① 电子标签，节约人力又环保。

② 电子叫号器，想走就走，减轻等待负担。

③ 自动收银系统，支持多种支付方式，方便快捷。

6．超级物种 VS 盒马鲜生。

超级物种与盒马鲜生都想从线下门店向线上引流，最终实现以线上销售为主的新零售模式，两者发展路径几乎一致，从以下几方面对两者作比较：

(1) 灵活组合 VS 标准化复制。

盒马鲜生同时具备纯电商企业与实体店属性，对商圈要求极高，盒马特有的经营模式意味着它如果要开，就必须全部复制，才有可能维持同等业绩水平。

超级物种实际上是永辉第二条价值曲线中的一个环节，目前来看更多是发挥食材体验店的功能，而会员店、精品超市等业态永辉此前已经开始布局。

永辉生活 APP、社区合伙人等功能也在超级物种第一代店开出之后陆续上线。这些业态如同永辉的乐高玩具，可以随意组合，并且因为入局顺序不同，意味着永辉在同一时间内付出的成本要低于盒马鲜生，却可以达到趋于一致的效果。

同时，超级物种既可以与上述两个业态在不同城市中自由搭配，也可以在内部通过各个物种(独立小店)间的不断迭代、自由组合，从而更具灵活性。

(2) 单店销售，超级物种坪效更高。

盒马鲜生的门店面积较大，且后仓占据了将近三分之一左右的面积，使得它的整体坪效低于超级物种。盒马鲜生更像是增加了餐饮业态的精品超市，布局松散，虽然在视觉效果上与超级物种相比更为通透，但从实体店运营的角度来说，超级物种的单店盈利能力更强。

(3) 线上销售，盒马鲜生以场景体验取胜。

目前来看，盒马鲜生日均线上订单在 4000 单左右，占比 66%，远远高于超级物种 10% 的线上占比，这首先是由于它所营造的场景体验能聚焦到消费者的一顿饭。盒马鲜生不过分追求客单价，不设最低购物金额，全部免费配送，并且能够将送达时间精确在半小时以内。盒马鲜生的门店不支持现金消费，想通过支付宝付款也必须先下载盒马 APP，由此累积了大量初始会员。

永辉最新上线的永辉生活 APP 的线上销售并不理想。按照永辉的设想，超级物种与 Bravo 精标店、永辉会员店将成为线下的主要组成部分，将用户联结至永辉生活，但超级物种只开出了一家门店，为永辉生活 APP 搭建的社区合伙人配送体系也还在筹备之中。为此，在线上销售的环节中，盒马鲜生的优势更为明显。

(4) 10 分钟分拣，盒马鲜生的半小时配送圈。

能够精确配送，是因为盒马鲜生将配送范围限制在门店周边三公里范围内，门店同时具备仓储、配送功能，加上盒马鲜生特有的智慧物流分拣系统，使得门店从接单到配送只需要 10 分钟左右。终端配送方面，超级物种目前是由店员配送至周边三公里范围内，每单补贴店员 30 元。在永辉社区合伙人成型之前，支持线上销售的物流配送或许将成为其一大掣肘。

(5) 提高人效及超级物种的合伙人体系。

超级物种能够做到高坪效、高人效，与永辉特有的合伙人体系有极大关系。

盒马鲜生的组织架构则是根据业务种类划分，例如分为餐饮副店长、物流副店长以及线上运营副店长等。相比于超级物种的"合伙人 + 赛马制"，盒马鲜生似乎更看重合作。

如此看来，盒马鲜生与超级物种的最终目的趋于一致。但是，即使是背后都有着阿里、京东的资本支持，但超级物种与京东之间还夹着永辉。作为永辉开发第二条价值曲线的重要环节，获得支持的超级物种或许要比单枪匹马的盒马鲜生走得更容易。

案例思考题

从此案例中，你认为永辉超市超级物种模式的竞争优势来自于哪些方面？

- ●

2. 技术定位

技术定位表示企业在技术上走在同行的前列。这种特性对于网络经营者尤为重要。例如，在 Land'sEnd 公司的网站上，女士能够根据自己身体的特点(如头发的颜色、发型和脸型等)生成一个逼真的模特，给模特配上衣服，用户就可以看到这些衣服穿在她们身上的效果。这个模特可以旋转，用户能看到前面、后面和侧面的形象。

3. 利益定位

利益是商品特性的反映，也就是这种特性对顾客有什么用。利益定位是一个较为重要的定位要点。例如，Polo 公司的网站关注的是自己的产品如何去塑造客户的生活方式。公司不仅提供领带和夹克这样的产品，还会让顾客对一个冒险的、时尚的梦想世界充满遐想。金佰利公司(Kimberly-Clark)的"好奇"(Huggies)纸尿裤网站在网络社区中向父母们提出育儿方面的建议和帮助，使得网站与儿童父母之间建立起联系。在"快乐宝贝"板块，父母们可以自己编故事，故事里还有他们孩子的名字。

【案例】 强生公司的网络营销策略

案例背景

19 世纪 80 年代，一种无菌的、可包扎的、密封于单独包装、不会被感染且立即可用的外科敷料成品的开发标志着强生公司的诞生。它的使用大大减少了手术后病人感染和再次得病的机会，从而使企业迅速发展起来。

今天，强生已发展成为拥有 180 多个公司、近 10 万雇员的世界大家庭，生产婴儿护理、医疗用品、家庭保健产品、皮肤护理用品、隐形眼镜和妇女卫生等系列产品。著名的"邦迪"牌创可贴更是人人居家外出的必备品。

显然，策划这类企业网站比策划通用汽车、德尔和高露洁之类企业网站要难得多。因为设计单一产品企业网站时，当以纵横捭阖为旨；而建立多种产品企业网站时，则以聚敛收缩为要。这有点类似于书法要诀中"小字贵开阔，大字贵密集"之辩证关系。

面对旗下众多的企业、产品和品牌，强生网站如果不厌其烦地一味穷举，就可能做成"医疗保健品大全"之类。当然，"大全"本身并无不好，问题是互联网生来就是"万类霜天竞自由"的寥廓天地，人们稀罕的不是遍地"山花烂漫"，而是寻觅哪边"风景独好"？今日网上谁主一方沉浮，谁就为一方豪杰，可谓英雄割据正当时。

所以，强生以"有所为，有所不为"为建站原则，以企业"受欢迎的文化"为设计宗旨，明确主线，找准切入点后便"咬住青山不放松"，将主题做深做透，从而取得极大成功。

案例执行

1. 站点主题及创意。

管理学者素来对强生公司的"受欢迎的文化"推崇备至，该企业文化的内涵体现在公司信条中。这是自其成立之初就奉行的一种将商业活动与社会责任相结合的经营理念：第一，公司需对使用其产品和服务的用户负责；第二，对公司员工负责；第三，对所在社区和环境负责；第四，对公司股东负责。这些信条自开创者做起，已为历届继任者坚持至今，而且他们坚信，只要做到信条的前三条，第四条就会自然做到，企业也会受到公众的欢迎。强生的百年成功历史，就是因其执著地实践了这些信条。所以经验告诉强生，企业网站的成功必须与其奉为桌圭的"受欢迎"和"文化"联系起来。但网上的"受欢迎"是什么？

它是指企业对千百万网民实际需求的关注与满足，而且这种满足必须是与互联网媒体特性、企业现有产品相结合，同时在网上还要具有特色的、别人难以模仿的新颖服务项目。最后，这种服务对于网民和企业都必须是可持续性的、能不断交流的、可增进双方亲和力与品牌感召力的项目。

明确这些边界条件后，强生就选择其婴儿护理品为其网站的形象产品，选择"您的宝宝"为站点主题，整个站点就成了年轻网民的一部"宝宝成长日记"，所有的营销流程自然就沿着这本日记悄然展开。

将一家拥有百年历史，位居《财富》500 强企业的站点建成"您的宝宝"网站？！变成一部"个人化的、记录孩子出生与成长历程的电子手册"？！这一创意太离谱了？请慢下结论，任何人只要客观地顺其网站走上一遭，就会发现这的确是个"受欢迎"和充满"育儿文化"气息的地方。

在这里，强生就像位呵前护后、絮絮叨叨的"老保姆"，不时提醒着年轻父母该关注宝宝的睡眠、饮食、哭闹、体温及如何为他洗澡……年轻父母会突然发现，在这奔波劳顿、纷乱繁杂的世道中，身边倒确实需要一个这类角色的不断指点。尽管随着孩子的日日成长，这位"老保姆"会时时递来"强生沐浴露"、"强生安全棉"、"强生尿片"、"强生围嘴"、"强生 2 合 1 爽身粉"、"强生 Ve 保湿蜜"以及其他几十种"强…、强…、强……"。

强生这份育儿宝典会告诉您这些用品正是孩子现在所必需的。而且这时的网站又成了科学与权威的代言人，每种产品都是研究成果的结晶，还有各项最新研究报告为证，您只需按吩咐去做准没错！所以人们不会觉得她比街头推销员更讨厌。一个站点做到这样，能说它不成功吗？

2．内容与功能。

进入强生网站，左上角著名的公司名标下是显眼的"您的宝宝"站名。每页可见的是各种肤色婴儿们的盈盈笑脸和其乐融融的年轻父母，这种亲情是化解人们对商业站点敌意的利器。首页上"如您的宝宝××时，应怎样处理？""如何使您的宝宝××？"两项下拉菜单告诉来访者，这是帮人们育儿答疑解难的地方。

整个网站色调清新淡雅、明亮简洁。设有"宝宝的书"、"宝宝与您及小儿科研究院"、"强生婴儿用品"、"咨询与帮助中心"、"母亲交流圈"、"本站导航"、"意见反馈"等栏目。

"宝宝的书"由电子版的"婴儿成长日记"和育儿文献交织组成。前者是强生在网上开设的日记式育儿宝典，任何用户登录后，站点就生成一套记录册，并可得到强生"为您的宝宝专门提供的个性化信息服务"。具体为：

① 育儿日记(网上电子版)。

② 记事及提醒服务(重要数据与预约项目)。

③ 可打印的格式化婴儿保健记录。

④ 成长热线(提供与年龄相关的成长信息)。

⑤ 研究文献(输入婴儿的周数、月数，站点就提供相应内容的育儿文章；也可按主题查询)。

事实上，育儿宝典的服务是从孕期开始的，其中有孕期保健、孕期胎儿发育、娱乐与情绪控制、旅行与工作、产前准备、婴儿出生、母婴保健……然后是初生婴儿的 1 周、2 周、3 周、……、4 月、5 月、……。使用者按此时序记录婴儿发育进展时，站点就不断提供各类参考文章，涉及婴儿的知觉、视觉、触觉、听力系统、对光线的反应，如何晒太阳及疾病的症状等。

各项操作指导可谓细致周全，如教大人如何为婴儿量体温，甚至分解出 6 个步骤进行。至于如何为孩子洗澡，更是先论证一番海绵浴和盆浴不同的道理，然后再按要求调节室内温湿度，再分解出浴前准备 6 步骤和浴后处理 6 步骤……一个网站认真到了这份地步，不由你不叹服其"对服务负责"信条的威力，说明其进入《财富》500 强绝非偶然。

网站还为年轻父母提供了心理指导，这对于有些父母来说具有特别重要的意义，如"我的宝宝学得有多快？"栏目就开导人们不要将自己的孩子与别人的孩子作比较。"将一个婴儿与其兄弟姐妹或其他婴儿比较是很困难的，只有将他的现在和他的过去作比较；而且你们的爱对婴儿来说是至关重要的。因此，无条件地接受他，爱他，就会培养出一个幸福、自信的孩子来。"

促进人们的交流是互联网的主导功能，强生参与运作了一个"全美国母亲中心协会"的虚拟社区。"全美国母亲中心协会"是分布于各州的妇女自由组织，目的是"使参加者不再感到孤立无助，能展示其为人之母的价值，切磋夫妇在育儿方面的经验，共同营造出一个适合孩子生长的友善环境"。如今，强生助其上网并归入自己站中，除保留原来交流的作用外，还从相关科研动态与信息方面来帮助她们解决问题。

在强生网站为客户提供服务时，客户输入的数据也进入其网站服务器，这是一笔巨大的资产，将对企业经营起着不可估量的作用，这也是对其认真服务的回报。当然，网站对任何登录的客户数据均有保密的承诺，但这些信息对该公司却是公开的，它需要登录者提供自己与婴儿的基本信息，并说明其与婴儿的关系(母亲、父亲、祖父、祖母……)。对于愿意提供"婴儿皮肤类型"、"是否患尿布疹"、"如何喂养(母乳、牛乳、混合、固体食品)"者，就可获得皮肤保健、治疗尿布疹和喂养方面的专项信息服务。当然，对于顾客主动从"反馈"栏发来的求助与问询，网站的在线服务会给予相应解答。

同样，凡参加"全美国母亲中心协会"论坛的妇女在被正式接纳前，也需按"极感兴趣"、"有兴趣"、"不太感兴趣"、"不感兴趣"的选项对各种讨论题作出回答，如"母亲工作"、"残疾儿童"、"抚养婴儿"、"取名字"、"孩子出生前后家庭关系变化"、"孕朗保健"、"婴儿用品"、"我的宝宝做得如何"、"趣闻轶事"等。

上述这些客户登记及回答信息到了公司营销专家、心理学家、市场分析家等手中，自然不久就会形成一份份产品促销专案来，至少对企业与顾客保持联系起相当重要的作用。并由于这些方案具有极强的家庭服务需求针对性，故促销成功率应当不低。

案例评析

面对庞大的企业群和无数产品，强生网站若按一般设计，可能就会陷入"前屏页面查询＋后台数据库"的检索型网站之流俗格局。从网络营销角度上看，这类企业站点已呈"鸡肋"之预势。这就如同各种典籍类工具历来都有，但任何时候都不会形成阅读热潮和建立起忠实的顾客群体。且对强生来说，那样做还无助于将其底蕴深厚的企业文化传统发挥出来。

如今，企业站点在设计上作了大胆的取舍，毅然放弃了所有品牌百花齐放的方案(当然，强生为旗下每家公司都注册了独立域名，并能从站点"Websites"目录中方便地查到)，只以婴儿护理用品为营销主轴线。选择"您的宝宝"为站点主题，精心构思出"宝宝的书"为其与客户交流及开展个性服务的场所。力求从护理层、知识层、操作层、交流层、情感层、产品层上全面关心顾客痛痒，深入挖掘每户家庭的需求，实时跟踪服务。

于是，借助于互联网络，强生开辟了丰富多彩的婴儿服务项目；借助于婴儿服务项目，强生建立了与网民家庭的长期联系；借助于这种联系，强生巩固了与这一代消费者间的关系，同时又带来出新一代的消费者。

强生这个名字，必然成为最先占据新生幼儿脑海的第一品牌，该品牌可能将从其记事起伴随其度过一生。网络营销做到这一境界，已是天下无敌。

4．用户类别定位

用户类别定位的定位方式取决于客户群。如果一个群体的某些特质和产品的联系比其他群体更加紧密，那么这个定位就成功了。例如，Eons 是一个老年人社区网站，其用户群体是 1946—1964 年出生的"婴儿潮"一代。该网站开设了"兴趣小组"、"照片分享"、"生活轨迹(按时间顺序罗列重要经历)"等板块。

5．综合定位

企业将自己定位在能够向顾客提供某一产品线上(或某一行业)的所有产品，甚至将自己定位于综合供应商(例如沃尔玛公司)。这种战略对网络企业尤为重要，因为网络消费者喜欢便利和一站式购物方式。TheKnot.com 是提供众多婚庆服务的网站，例如礼品订购、婚礼策划、婚庆咨询等。

4.4　二次定位战略

单靠定位战略是不能保证一个产品会成功的。根据市场的反馈，企业必须灵活地强化定位，或者调整定位来应对消费者的需求。二次定位就是对品牌、产品或者企业本身进行新的定位，或者调整定位的一个过程。在传统环境下，企业进行二次定位来改变顾客对其品牌的感知，是面临一个相当长时期的挑战。但在网络环境下，在此过程中企业可以通过互联网来追踪顾客的偏好和习惯，成功实现二次定位。

雅虎公司是证明网络企业在生命周期中进行定位必要性的一个很好的例子。该公司一开始将自己定位为"网络向导"，成立不久后，公司致力于吸引新顾客，并希望把他们发展为常客。公司的目标是：只要网络用户需要在网上进行搜索，雅虎网站就是他们的首选。为了实现这个目标，雅虎将自己从原来的"网络向导"重新定位为"门户网站"。如今，公司的品牌信息、配送管理、合作制作内容等使得雅虎网站成为最值得信赖的门户网站，它还是一个可信任的信息提供者和网上购物场所。2004 年，雅虎网站把主页原来标注的"搜索引擎"(Search Engine)改变为"生活引擎"(Life Engine)，这表示网站的二次定位完成。

同样，亚马逊公司也进行了二次定位。原来，亚马逊网站被定位为世界上最大的书店，现在，它被定位为世界上购物选择最多的地方，从音乐到电子产品，应有尽有。

【案例】 腾讯公司的商业模式演变过程

案例背景

1998 年 11 月，马化腾与张志东在广东省深圳市正式注册成立"深圳市腾讯计算机系统有限公司"，之后许晨晔、陈一丹、曾李青相继加入。当时公司的业务是拓展无线网络寻呼系统，为寻呼台建立网上寻呼系统，这种针对企业或单位的软件开发工程是所有中小型网络服务公司的最佳选择。目前，腾讯公司是中国最大的互联网综合服务提供商之一，也是中国服务用户最多的互联网企业之一。腾讯多元化的服务包括社交和通信服务 QQ 及微信/WeChat、社交网络平台 QQ 空间、腾讯游戏旗下 QQ 游戏平台、门户网站腾讯网、腾讯新闻客户端和网络视频服务腾讯视频等。

案例执行

1. 创业期：商业模式演变及特征。

腾讯在创业期商业模式发生演变的诱因是：

(1) 新竞争者的进入催生即时通信业务，同类产品的缺陷推动自身产品的优化。1998 年 1 月，马化腾与张志东合作创立腾讯，当时公司主要为其他公司制作网页，承接一些系统集成项目，既没有核心业务更无价值主张。后来 ICQ(即时通讯软件)风靡美国并传入中国，马化腾和张志东才模仿 ICQ 开发出 OICQ，并优化改善 ICQ 的一些缺陷，后来由于一场诉讼，OICQ 改名为现在的 QQ。

(2) 客户需求使创业者转换经营思维，寻求新的商业模式。刚开发的 QQ 由于缺乏推广资金，马化腾欲以 100 万元卖掉 QQ，竟无人问津。无奈才将其放到网上，却发现下载量达几十万，这坚定了他们对 QQ 的信心，萌发了在 QQ 里嵌入广告获取收益的商业模式，结果获得初步成功。

(3) 行业融合发展，合作伙伴拓展新的产品应用助推公司突破发展"瓶颈"。2000 年 6 月移动推出"移动梦网"，于是腾讯开发出手机 QQ，与移动合作开展移动增值业务，由此获得了丰厚的收入，使腾讯成为中国首家盈利的互联网公司。

图 4.2 为腾讯在创业期的商业模式，该模式以 QQ 业务为核心，延伸出三种收费业务：提供 QQ 广告服务——收取广告佣金；QQ 会员服务——收取会员费；移动 QQ 业务——收取无线增值费，无线增值收入通过与通信运营商的利润分成实现，每月从通信运营商领取收入。

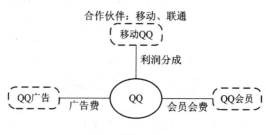

图 4.2

腾讯在创业期商业模式的主要特征是：

(1) 具有一定的前瞻性。公司敏锐地抓住消费需求的"空穴"，由承接系统集成等软件外包服务转变为自主开发即时通信业务这一未来有巨大增值潜力、能够黏住客户的"明星"业务，使商业模式的经营逻辑发生了彻底变革，这是创业期商业模式的价值所在。

(2) 独特性差，较容易被模仿，抗风险能力较弱。80%的收入来自与通信运营商的利润分成，没有稳固的网络关系和多元收入模式，自我防御的隔绝机制薄弱，竞争能力不强。

2．成长期：商业模式演变及特征。

腾讯在成长期商业模式发生演变的诱因是：

(1) 互联网行业的快速发展推动腾讯进入新的业务领域，竞争的白热化使其寻求差异化经营。腾讯是伴随着互联网行业的爆发式增长而成长的，门户网站、网络游戏、C2C 搜索等新兴业务的崛起很快吸引众多公司进入这些领域。由于各个领域都有强劲的竞争对手，腾讯的新业务必须差异化定位才能拔得头筹。如腾讯网门户定位为青年门户网站，C2C 拍拍网提倡"沟通达成交易"的理念，避免同质化竞争。

(2) 挖掘提升现有资源价值，满足用户多元化多层次的需求，整合协同业务体系。腾讯的业务架构策略以 QQ 庞大的用户基础为核心，搭建"一站式"在线生活平台的业务布局。

(3) 通过重塑灵活的组织架构和高效的运营体系，支撑商业模式稳健运作。腾讯从 2005 年第四季度开始，根据新业务拓展的需要，对公司组织结构及薪酬绩效体系进行了变革，将公司结构重新归类细分为八大单元：根据业务体系划出 4 个业务系统——无线增值业务、互联网业务、互动娱乐业务、网络媒体业务；根据公司日常运转划分出 4 个支持系统——运营支持、平台研发、职能系统、企业发展系统。薪酬绩效更注重业绩和创新，是组织结构、绩效体系与战略、商业模式相匹配。

马化腾将公司成长期的商业模式划分为五大业务体系(见图 4.3)：即时通信、无线增值、互动娱乐、互联网和网络媒体业务。商业模式由创业期的 IM 与门户在两个维度上叠加的"一横一竖"的业务模式，拓展为以 IM 为核心、以"一横一竖"为骨架，以无线增值、网络媒体、互联网、互动娱乐为结点的菱形结构。该商业模式以 QQ 为核心，借助 QQ 庞大的用户基础，采取在 QQ 界面上捆绑推送(弹出页面、设置链接入口)的新业务的方法，迅速增加各业务的流量和。互联网增值业务如 QQ 会员、QQ 秀、QQ 宠物等均是建立在 QQ 的基础上，以发行虚拟货币 Q 币的方法获取收入。无线增值业务同样是以 QQ 为基础平台，通过与中国移动、联通的合作，在手机卡中内置手机 QQ 等软件，以月费或年费为收入源，从运营商处获得利润分成。网络媒体业务(门户、论坛等)和互联网业务(拍拍、SOSO 等)从 QQ 面板的接入按钮获得主要的用户流量，媒体业务主要与各大影视广播、报纸杂志机构达成战略合作，共享新闻咨讯，以广告获取收益；拍拍和 SOSO 在推出后几年内都是培育期，无法盈利。其中，拍拍推出的"财付通"是腾讯对构建自主金融体系的一种有益尝试。互动娱乐业务则是一个"明星"业务，通过发售游戏点卡、出售道具盈利。大型网络游戏需另外注册账号，也已经与 QQ 有效衔接。

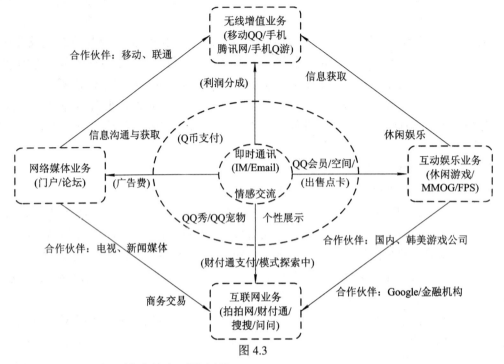

图 4.3

腾讯在成长期商业模式的主要特征是:

(1) 具有一定的独特性。"菱形"商业模式已基本实现了各业务体系的相互协同,"一站式在线生活平台"基本搭建成型。

(2) 具有前瞻性。业务的迅速发展和顾客量的爆发式增长证明了商业模式顺应了互联网业的发展趋势,具有前瞻性,但仍有进一步挖掘盈利的潜力。

(3) 资源整合度不高,竞争力待提高。各业务体系虽然实现了相互衔接、初步协同,但仍不能充分抵御外部诸多竞争者的进攻,为实现信息流、收益流等的高速传递。

3. 成熟期:商业模式演变及特征。

腾讯在成熟期商业模式发生演变的诱因是:

(1) 适应需求多元化、个性化的趋势,

以用户价值为依归,持续改善用户体验。2010 年腾讯 QQ 同时在线用户数突破 1 亿人。

(2) 在实力逐渐雄厚、资金充足的条件下,通过资本运作迅速整合行业资源,升级公司的商业模式。持续整合业务,以实现业务有信息流价值流共融和对接,增强商业模式的综合实力。2010 年腾讯先后向俄罗斯巨头 DST、韩国 7 家网游公司进行战略投资;2011年又制订"开放式平台"战略,设立超 100 亿元的产业投资基金,加大对行业资源整合的力度,扩大企业边界,完善价值网络,加快提升商业模式的竞争力。

腾讯面向移动互联网的战略步骤是:第一步,抢占市场。通过短时间内推出众多业务,抢占移动端市场,积累用户资源;第二步,嫁接业务。伴随着移动终端的迅速发展,手机平台越来越多(iOS、安卓等),腾讯研发的手机软件都能支持这些操作系统,便于产品的自由嫁接和迅速推广;第三步,自立门户。未来拟开发自由手机操作系统,推出自主品牌手机,逐步巩固移动互联网版图。Web 端面向的是在线服务,客户端则是以桌面软件为载体提供网络服务。

腾讯在成熟期商业模式(见图 4.4)的主要特征是:

(1) 独特性高,业务布局较完善。无线端、网络端和客户端完成了业务的搭建,构建了独特的商业模式结构。

(2) 支撑体系完善,盈利水平较高。构建了四大支撑体系:会员体系、账号体系、金融体系、基础服务。四大体系依然是以 QQ 平台为基础,以会员体系、账号体系增强用户黏性、整合业务资源,以金融体系完善收入模式、稳固利益链,以免费基础服务培育资产型用户,四大体系成为由七大业务模式构成的“一站式在线生活平台”的稳固支撑和强大保障。

(3) 业务资源整合度高,综合竞争力较强。目前,腾讯的产品线已经渗入互联网的多个应用领域,众多的产品线基本实现了相互协同,构建起“一站式在线生活平台”的商业模式,为其建立“互联网帝国”的远景构筑了较高壁垒。

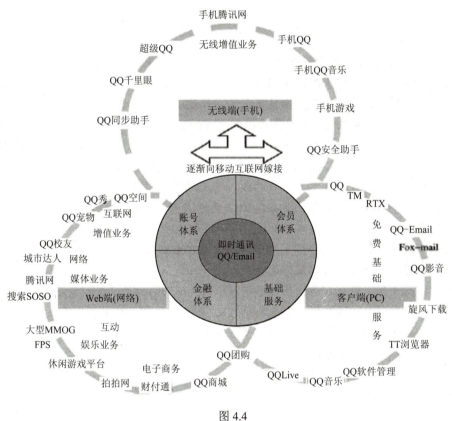

图 4.4

案例思考题

1. 从以上的案例中,可以得出商业模式对腾讯的不同发展阶段有何种影响?

2. 腾讯在不同时期采取的不同商业模式对其他互联网企业有多大的借鉴价值?

第5章 网络营销产品策略与案例

【案例】 索尼品牌的艰难曲折复兴路

案例背景

2014 年 5 月，在东京总部召开的 2014 财年企业战略说明会上，索尼集团总裁、CEO 平井一夫(Kazuo Hirai)表示：要在 2014 财年完成对电子业务架构的改革，使索尼过渡到有赢利能力和持续增长的发展阶段。索尼实行复兴计划以来，2012 财年实现了五年来的首次盈利，然而 2013 财年索尼的复亏，再次将复兴前的索尼拉回亏损的泥沼。2013 财年，索尼净亏损 1284 日元(约合 12.5 亿美元)，这是索尼六年来第五次亏损。平井一夫在就任索尼 CEO 之后，就曾提出 One Sony 战略，并明确了移动、数码影像、游戏三大核心业务，这些业务都涉及技术差异化较大的高端产品线，有足够的利润产生；同时也是索尼核心竞争力的象征，能够实现整合和高效的业务。2014 年 2 月索尼宣布正式退出 PC 业务，索尼将不再计划研发电脑产品。受到整体行业的影响以及智能手机和平板电脑的冲击，PC 业务整体市场处于下滑状态，价格竞争愈发激烈，而索尼在电脑业务领域并无核心部件或核心技术的差异化优势，于是综合考虑最终选择退出。

而在过去两年里，电视业务亏损在不断缩小。Sony Visual Products(索尼视觉产品)公司成立，曾经饱受盈利质疑的电视业务正式分拆成 100%独资的子公司。电视业务独立，索尼将具有更大的自主性，对自己的绩效承担更多的责任，同时将提升业务运营的整体效率。索尼(中国)总裁栗田伸树(Nobuki Kurita)表示："我们不会考虑像 VAIO 那样的方式来处理电视业务。电视与其他核心业务配套整合的空间更大，会考虑进一步扩大网络服务功能，与游戏业务深度整合。"

除此之外，配合电子业务改革，2014 财年，索尼总部和全球各个销售公司费用成本将分别缩减 30%和 20%。

案例执行

1. 以创新技术摆脱电子品制造商的旧形象。

日本早稻田大学商学院副教授长内厚(Atsushi Osanai)表示："我们应该让索尼摆脱只是一家消费电子品制造商的旧有形象。"长内厚曾经在索尼担任产品策略师。

在年轻人中的品牌形象索尼确实有弱势的地方，但现在正试图通过 Xperia 手机和即将进入中国的游戏机类产品，加强与年轻人的沟通。索尼一直直视技术，一直通过创新技术打造品牌，几次比较大的成功都来源于技术革新和创新性产品的推出，尤其是平井一夫就任索尼 CEO 以来，一直特别强调回归产品原点、回归技术力，通过各种公司内部的活动和项目，让全公司都意识到索尼要回归到产品和技术，打动用户的原点。

"移动互联网技术和应用给中国市场带来很大变化：社交媒体的迅速膨胀，从电脑到移动设备平台的转化，年轻人购物力的快速增长以及年轻人对社会趋势的引导作用，都很快发生了，我们需要敏锐地把握这一点。"栗田伸树表示，2014 财年索尼中国提出了SOMOYO 策略，即社交、移动和年轻化(Social，Mobile and Younger)几个关键词，企业将围绕这 3 个关键词制订计划，从产品推出到市场营销各方面采取相应措施去应对这些新变化。

2. 中国市场的发展计划。

中国已经与日本、美国并列为索尼的三大市场之一，但另一方面，索尼仍将中国定义为新兴市场，总部对中国市场的重要性认识非常深刻，包括中国市场规模之大、对总部利润贡献之重要。除市场外，中国是索尼最重要的生产基地，索尼在中国有七个工厂，在中国生产的产品供应全球市场。在技术研发和软件开发等方面，索尼集团正把更多的资源配置和任务放在中国。

2014 财年对电子业务复兴非常关键，中国市场表现是最关键因素之一。在中国，索尼通过战略性产品导入取得市场份额，同时通过高端产品巩固品牌形象。索尼关注市场走向采取相应策略，在中国电视市场和数码影像市场增长趋缓甚至不增长的趋势下，期待比较高的是索尼移动负责的智能手机业务。

栗田伸树说："中国的业务重点是通过独有魅力产品引领，给用户带来感动，满足顾客的好奇心，这与总部的方向是一致的，我们计划通过有竞争力的拳头产品打动消费者，同时针对年轻人群提供产品和市场营销。随着笔记本业务的退出，我们要培育新的产品品类进行补充，新业务的拓展包括游戏业务、高解析度音频设备、可穿戴设备、4K 影院系统等。"

"One Sony"在中国的落地，除消费电子、专业电子业务之外，索尼移动负责智能手机业务，还有索尼音乐以及索尼影视。随着游戏机业务进入中国，索尼的布局会更加完整，其产品群的协同效应也会更加明显。游戏业务进入中国会让年轻人更加关注索尼品牌，这是游戏业务入华带来的正面效应。其次，PS 与索尼电视机之间将进行优化的配置和整合，BRAVIA 加 PS 的差异化组合也将会对索尼的电视业务以及其他电子产品的业务产生积极影响。

3. 借助图像传感器优势，优先发展视频游戏。

2015 年 2 月，索尼根据增长前景、投资优先性对业务进行了重组，一分为三。索尼最优先发展的业务是图像传感器、视频游戏、电影以及音乐；相机、视频和音频设备业务次之；智能手机和电视业务则最不被看重。这一重组让图像传感器业务与索尼备受欢迎的 PS4 游戏主机处于同一个发展等级中。据 2015 年 3 月份发布的数据显示，PS4 全球销量突破了 2000 万部，领先于微软的 Xbox One。

图像传感器业务是索尼重组后的重要组成部分，索尼在日本有四座工厂生产图像传感器。索尼最新型号的图像传感器名为 Exmor RS IMX230，拍摄的图片分辨率最高达到 2100 万像素。索尼称，Exmor RS IMX230 是首个在智能传感器中加入了自对焦技术的传感器。

索尼生产图像传感器多年，2012 年，索尼在图像传感器上实现了一次技术飞跃，索尼开发的系统能够将两个芯片堆叠在一起，其中一个是只有一小片指甲大的图像像素捕捉芯片，另一个则包含传感器的相关电路(注：即堆栈式传感器，为区别于背照式传感器 Exmor R CMOS 的区别，索尼将之命名为 Exmor RS CMOS)。两颗芯片的叠加有助于智能机制造商生产出比之前设备更薄的机型。

分析师认为：至少到目前为止，索尼是在图像传感器方面唯一一家能够满足高端智能机制造商需求的公司。Techno 的数据显示：在 2014 年售出的所有图像传感器中，索尼的份额为 40%，高于 2013 年的 35%。豪威科技的市场份额为 16%，三星为 15%。分析师称，满足未来市场的需求可能是索尼当前面临的最大挑战。但是从长期来看，由于索尼图像传感器业务主要依赖于苹果，这使得索尼面临较大风险。为了避免过度依赖于苹果，索尼已开始向小米等中国低价智能机制造商推销他们的图像传感器。这些传感器还能够被用于自动驾驶技术中，或成为索尼的另一个潜在增长来源。

4．向 Netflix 看齐。

索尼电脑娱乐公司 CEO 安德鲁·豪斯(Andrew House)称，视频游戏业务的增长多数来自索尼娱乐网络。该网络提供越来越多的服务类型，但用户需按月支付订阅费。索尼近期还向其视频娱乐业务中增加了流媒体音乐公司 Spotify 的音乐和流媒体视频服务 Netflix 的电影。特定地区的美国用户可以使用索尼新发布的云电视服务 Playstation Vue 观看电视节目。2015 年 3 月，索尼发布了首部为 Playstation 制作的电视剧《Powers》。索尼称，免费版的 Playstation 网络已拥有逾 400 万活跃用户，这些用户每月至少访问 Playstation 网络一次。付费版 PlayStation Plus 年费为 50 美元，拥有逾 1000 万订户。

5.1 网络营销产品的内涵

在传统市场营销中，产品满足的主要是消费者的一般性需求，因此产品相应地分为 3 个层次。虽然传统产品中的 3 个层次在网络营销产品中仍然起着重要作用，但产品的设计和开发的主体地位已经从企业转向顾客，网络营销在扩大产品定义的同时，还进一步细化了整体产品的构成。与传统营销产品相比，网络产品是一种具有跨时空、多媒体、交互式、拟人化、成长性、整合性、超前性、高效性、经济性和技术性等多种特点的产品。它用 5 个层次来描述整体产品的构成，产品整体概念包含核心产品、有形产品、附加产品、期望产品和潜在产品 5 个层次(见图 5.1)。

1．核心产品

核心产品是产品最基本的层次，是指消费者购买某种产品时所追求的利益，是顾客真正要买的东西，因而在产品整体概念中也是最基本、最主要的部分。例如消费者购买食品的核心是为了满足充饥和营养的需要，购买计算机是为了利用它作为上网的工具。消费者购买某种产品，并不是为了占有或获得产品本身，而是为了获得能满足某种需要的效用或利益。

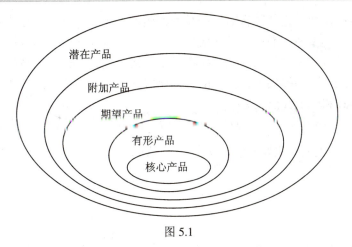

图 5.1

2．有形产品

有形产品是产品在市场上出现时具体的物质形态，是核心产品借以实现的形式，即向市场提供的实体和服务的形象。如果有形产品是实体品，则它在市场上通常表现为产品质量水平、外观特色、式样、品牌名称和包装等。产品的基本效用必须通过某些具体的形式才得以实现。市场营销者应首先着眼于顾客购买产品时所追求的利益，以求更完美地满足顾客需要，从这一点出发再去寻求利益得以实现的形式，进行产品设计。

3．期望产品

网络营销中，消费者呈个性化的特征，不同的消费者可以根据自己的爱好对产品提出不同的要求，因此产品的设计和开发必须满足顾客的个性化消费需求。一般情况下，顾客在购买某种产品时，往往会根据以往的消费经验和企业的营销宣传，对所欲购买的产品形成一种期望，如对于旅店的客人，期望的是干净的床、香皂、毛巾、热水、电话和相对安静的环境等。例如，中国海尔集团提出"您来设计我实现"的口号，消费者可以向海尔集团提出自己的需求个性，如性能、款式、色彩等，海尔集团可以根据消费者的特殊要求进行产品设计和生产。现代社会已由传统的企业设计开发，顾客被动接受转变为以顾客为中心、顾客提出要求企业辅助顾客设计开发，满足顾客个性需求的新时代。

4．附加产品

附加产品是指顾客购买有形产品时所获得的全部附加服务和利益，包括提供信贷、免费送货、质量保证、安装、售后服务等。附加产品的概念来源于对市场需要的深入认识。因为购买者的目的是为了满足某种需要，因而他们希望得到与满足该项需要有关的一切。美国学者西奥多·莱维特(Theodore Levitt)曾经指出："新的竞争不是发生在各个公司的工厂生产什么产品，而是发生在其产品能提供何种附加利益(如包装、服务、广告、顾客咨询、融资、送货、仓储及具有其他价值的形式)"。

5．潜在产品

潜在产品是在附加产品之外，由企业提供能满足顾客潜在需求的产品层次，它主要是产品的一种增值服务。许多企业通过对现有产品的附加与扩展，不断提供潜在产品，所给予顾客的就不仅仅是满意，还能使顾客在获得这些新功能的时候感到喜悦。所以潜在产品指出了产品可能的演变，也使顾客对于产品的期望越来越高。潜在产品要求企业不断寻求满足顾客的新方法，不断将潜在产品变成现实的产品，这样才能使顾客得到更多的意外惊喜，更好地满足顾客的需要。如联想公司在推出网络时代计算机天禧系列时，不但提供计算机原有的一切服务，还提供了直接上网的便捷服务，用户便捷上网后还可以通过联想公司的网站获取信息和网上其他服务。

【案例】 百雀羚"弹性美学"新品营销

案例背景

知名国货品牌百雀羚一直以保湿功效的系列产品作为主打，本次为扩充产品线，百雀羚推出了全新高端保湿系列——水光弹润。该系列主打"弹润"功能，主要针对因缺水和胶原蛋白流失，皮肤变得松弛、粗糙、干燥、暗黄无光泽等的年轻护理人群。百雀羚需要为此次新品上市造势，增加消费者对该系列及其功效的认知度与好感度。因此，百雀羚本次营销传播的整体目标是：在国内外众多品牌竞争中获得独特声量，增加消费者对新品的认知与好感，促进销售转化。

当前护肤领域的产品功能沟通形式以强硬的功能属性宣讲为主，单向的功能信息灌输对于日益了解护肤行业及产品功效的消费者来说越来越缺乏说服力。百雀羚想在国内外众多品牌以及同类产品竞争中突围，占领消费者的内心，需要寻找一种新的沟通方式。百雀羚本次传播提出了"弹性美学"概念，创新性地将女性肌肤弹性和心理弹性相链接，实现了产品功能沟通的情感升级，打破了护肤品行业常年约定俗成的新品纯功能属性宣讲的方法，形成了与同行业品牌的差异化格局。

该主题将护肤上升为美学维度，提出女性不仅需要保持肌肤的弹嫩活力状态，更要学会用弹性视角去看待生活中常有的细微压力，从而发现生活的可爱之处，由内而外活出最美状态。整场传播没有沉重的社会话题，也没有强有力的口号，整体上更加轻盈温馨，从百雀羚品牌层面来看，符合其一直以来所倡导的"东方美学"，同时又注入了一丝都市味道和东方哲学，是国货品牌又一次年轻化与时尚化的尝试。

案例执行

此次的核心营销创意由四则"弹性美学"视频进行演绎。通过挖掘四个与女性息息相关的话题，以细腻的场景故事与文案诠释弹性美学，展开了一场与消费者的感性沟通。

恋爱关系篇：恋爱能拯救孤单？其实不然，当生活围着另一半转而对方不能及时回应时，孤单就出现了。其实，恋爱中，我们同样需要保持一份独立，懂得自我调节，让感情更完美。

闺蜜关系篇：闺蜜间的友谊往往不止爱和鼓励，还伴随着互相的暗自较量，对于这种竞争，有些人无法化解。弹性美学则将它转换成良性竞争，并在这种亦敌亦友的弹性关系中，让自己变得越来越好。

社交问题篇：很多人可能害怕独处，故而盲目交际。以弹性心态看待，独处并非坏事，通过独处，我们可以感知更真实的自己，进而感受一种特别的快乐。

剩女标签篇：都市大龄未婚女性面临着许多外界的压力，比如父母的催促。弹性心态，让她们在这个标签的世界里也游刃有余，不紧不慢地寻找最适合自己的伴侣。

本次营销传播通过选取多个社会化媒体渠道，以话题炒作、UGC 讨论、深度内容沟通等形式，打造一场社会舆论话题的讨论，引起了众多女性群体的关注。百雀羚同时结合线下渠道的传播配合，引流线下促进销售转化，实现了营销最终目的。具体执行过程有以下几个方面。

(1) 社区营销：在知乎上展开话题讨论，提前预热营销。

水光弹润系列定位高端，契合知乎平台人群，因此，百雀羚首先在这里提出"为什么聪明的女人都有弹性的活法？"的问题，引发大家对这个话题的关注与讨论，并邀请细分标签领域 KOL 加入讨论，多角度诠释弹性美学内容，软性传播百雀羚水光弹润新品信息。

(2) 微博营销：在微博上引发话题集中炒作。

为了更加集中地引爆话题，百雀羚选择在一天内进行微博话题炒作，以"做个有弹性的女人"为话题，选取不同类型的微博 KOL，根据调性与内容领域分别传播百雀羚弹性美学系列视频，为女性弹性的生活智慧发声助力。

(3) 微信营销：与微信 KOL 进行深度内容合作。

此次微信营销，主要采取和 KOL"灵魂有香气的女子"进行了高品质原创内容的深度合作。作为女性主义第一品牌，灵魂有香气的女子与此次百雀羚倡导弹性美学概念，无论从调性还是人群上都是高度契合。本次合作主要从微信内容深度解读弹性美学主题，通过喜马拉雅广播冠名植入到全国 40 个社群互动，全方位多维度地与受众展开了一次弹性主题交流，传播百雀羚水光弹润新品功效及上市信息，提升了受众对百雀羚的好感度。

除此之外，百雀羚还联合了其他原创 KOL 以及百雀羚内部微信渠道同步发声，组织用户参与讨论，将本次传播逐渐推向了高潮。

(4) 线下渠道配合传播。

为了配合线下的销售，将线下传播物料和此次主题相结合，将线上传播力量引流至线下，促进销售转化。

❖ 营销效果与市场反馈

本次传播通过情感营销，借助社会化媒体力量，实现了与女性群体的深层次沟通，为百雀羚水光弹润新品上市打了一场成功的营销战役，在有限预算下取得了理想的传播效果。

本次传播总曝光量在 2000 万以上，引起了大众广泛的关注与讨论，其中，微博端获得了 372 万的话题曝光，在炒作当天登上了微博平台生活记录分榜第四名；微信端共收获超过 20 万的阅读与互动；秒拍视频曝光高达 400 万以上，腾讯视频曝光达 25 万。同时也获得了中国广告杂志、营销案例精选、广告小报以及众多化妆品行业平台的自主转发与评论，同行业品牌也跟进表达了相同观点，成为化妆品行业产品营销的又一次新尝试与突破。

案例思考题

从此案例的学习中，分析一下百雀羚这个新品的产品层次有哪些。

5.2　网络新产品开发策略

1. 产品定制策略

定制营销，是网络时代企业营销的典型模式，一方面是网络时代消费者自己独立的个性，要求企业能够生产定制化的产品，他们会把自己对产品外形、颜色等方面的要求直接传递给生产者而不愿再接受商店内有限范围的选择；另一方面，以顾客为导向的营销理念，也要求企业满足不同顾客的个性化需求，这也是企业为什么要运用定制策略的原因。

网络在为用户提供针对性的信息资讯方面有得天独厚的优势。网络资讯产品的提供者应了解顾客的要求和愿望，将大规模营销改进为分众营销，甚至是一对一的营销，为消费者提供极大个性化的信息产品，使企业营销具有更多的人性化关怀。例如蓝色尼罗河珠宝公司是一家在网上盈利的珠宝零售商，该网站的客户可以挑选不同品质的钻石(例如钻石的类型、透明度、尺寸等)然后再挑选与之相配的钻石底座。

【**案例**】　**可口可乐的个性化包装营销**

案例背景

在竞争激烈的饮料市场环境中，可口可乐公司在个性化包装营销策略方面不断创新：2013 年"昵称瓶"、2014 年"歌词瓶"、2015 年"台词瓶"、2016 年"自拍瓶"、2017 年"密语瓶"，使得可口可乐的外包装成了一种与消费者沟通的"自媒体"，并为企业创造巨大的营销价值。本案例介绍可口可乐公司不断推出的个性化定制包装活动，并对其成功进行分析。

当代社会生产力高度发达，商品同质化严重，销售竞争也日趋激化，差异化成了企业提高竞争力的主要战略。差异化包括产品或服务的质量、商品的款式等方面。可口可乐公司除了产品本身独特的口感以外，其外观包装的独特性及个性化一直吸引着消费者，如品牌商标的设计、瓶身设计以及包装图案设计等，都使其在激烈竞争的饮料市场中屹立不倒。

为了吸引年轻人的关注，2011 年可口可乐公司在澳大利亚发起"Share a Coke"的夏季营销活动，并大获成功。活动是将 150 个澳大利亚非常流行的名字印在可乐瓶上，还为这 150 个名字量身定制了 150 首可乐歌曲。用户在社交网站上可以制作定制化的瓶子，还能在超市购买到 150 种印有常见名字的可乐，如果你的名字碰巧不在这 150 个之列，你还可以在当地的购物中心来免费定制。"Share a Coke"项目是可口可乐创新性思考的经典，可口可乐内容和广告负责人 Jonathan Mildenhall 如此评价。在这个活动进行期间，澳大利亚可口可乐的销量提升了 4%。

2013 年，可口可乐公司将这项活动延伸到了中国地区，在中国首次推出"昵称瓶"。

活动推出一个月后，"昵称瓶"定制活动达到了高潮。在 5 分钟内，售价 20 元的定制瓶订购数攀升到 900 个，人气使得可口可乐在新浪微博上的订购系统一度崩溃。继"昵称瓶"后，可口可乐公司又不断推出"歌词瓶"；2015 年与优酷合作推出"台词瓶"；2016 年在可乐瓶盖上做了小凹槽设计推出"自拍瓶"；2017 年可口可乐携手 QQ 浏览器推出可口可乐"密语瓶"系列，将个性化、线上线下无缝链接，使产品成了与消费者不断加深沟通的种"自媒体"，全面营造一种新式的双向沟通。可口可乐公司通过一系列的策略、互动、创意和执行，使消费者内心产生情感共鸣，加深品牌好感度。可口可乐公司通过独具洞察力的创意互动策略，引发粉丝自动转发、评论和回复，取得出色的营销传播效果，最终将互动成果转变为商业价值，增加销量。

案例执行

1. 个性化的创意内容，互动营销实现双向沟通。

(1) 昵称的选择。2013 年的夏天，可口可乐公司在中国推出"昵称瓶"，在可乐的包装上都写着"分享这瓶可口可乐，与你的_____"。最让人印象深刻的要数这些昵称，"屌丝""高富帅""天然呆""纯爷们"等字眼均被包括在内。这些词的选择是可口可乐的一种极为巧妙的营销方式。首先，可口可乐提供固定"昵称瓶"和可自由定义的"昵称瓶"：对于固定"昵称瓶"，这些词汇产生于网络，经过层层筛选，最终选择最具有代表性的词汇作为新包装；对于可自由定义的"昵称瓶"，消费者把自己或他人的真实名字印在可口可乐瓶外包装上，并加上一个流行称呼，这些对于年轻人来说，既有熟悉感又有归属感和个性化。其次，可口可乐的"昵称瓶"深谙中国人含蓄的特点，利用"昵称"让人们将不好意思表达的情感表达出来。可口可乐利用兼顾文化和创意的方式，让人更多地去表达自己的情感，鼓励人与人之间相互分享。可口可乐很好地将互动营销应用了起来，让人们在微友圈邀请自己的好友参与测试自己的昵称，趣味性的营销方式使得人们的参与度大大增加。

(2) 歌词的选择。"歌词瓶"活动把瓶身社交化做得更加深入，如果说"昵称瓶"是人与人之间身份认同或风趣打招呼的一种方式，那"歌词瓶"就是一种深入的情感表达与双向对话，两者使包装本身成为一种自媒体。从产品本身出发，让产品在货架上跟消费者产生独特的沟通，这样没有比可口可乐瓶身更大的户外媒介了。"歌词瓶"上市后，可口可乐还通过大量的数据采集了消费者的反馈、市场覆盖度等多重信息，进而提供给品牌和运营部门。而后期超市货架的部署也参考大数据分析得出的结果，如在上市期间，何种包装的哪些歌词瓶在哪些渠道卖得最火。可口可乐表示，大数据的运用赋予推广活动更多的意义。

(3) 台词的选择。中国最大的视频平台和全球最大的饮料厂商，优酷和可口可乐基于庞大的用户数据，结合用户调查反馈，筛选出 49 句最耳熟能详的台词。这些台词大多数来自优酷平台上的热门内容，总播放量已经过百亿，赢得了广泛认知和喜爱，而且更覆盖了多种生活情境，包括表白(一见你，我就很钟情的)、热恋(如果爱，请深爱)、求婚(咱们结婚吧)、分享友情的(下辈子，还做兄弟)等。

(4) 自拍瓶盖的创意。"自拍瓶"的设计原理是在可乐瓶盖上多设计出了一个小凹槽，方便用户将手机放进去，从而进行自拍行为。这种创意首先很亲民，人们喝完饮料后又能进行二次利用，还解决了出门忘记带自拍杆的困扰；其次，当消费者在分享时能让可口可乐的 Logo(商标)留在用户照片中，使更多的人关注到可口可乐，实现其品牌的宣传！

此外，可口可乐公司还在以色列推出一款瓶底装有内置照相机的定制自拍瓶。当你在喝可乐时，瓶身倾斜度超过 70°，内置照相机就会抓拍你！活动中自拍瓶抓拍到的每一张照片，都会上传到可口可乐的 Snapchat、Instagram 和 Facebook 主页上，记录每一位用户畅饮可乐时的快乐瞬间，在社交媒体上也引起了广泛传播。

(5) "密语"的选择。2017 年夏天，可口可乐携手鹿晗推出可口可乐 "密语瓶"系列。此次可口可乐最新包装主张 "让夏天更有聊"，除了带给大家味觉享受之外，瓶身设计紧随当下时尚潮流，将网络聊天常用到的表情和词汇融入到包装上，趣味十足。可口可乐共推出 37 款密语瓶。密语有一起嗨、小情绪、承包、汗、哼、+1、讲道理、乖巧、碰杯、躺倒、握拳、套路、原地复活、种草、今天星期五等，这些密语代表了年轻人的心声，适合他们不同的生活场景。例如：疲乏怠倦时，请跟随 "密语瓶"唤起你内心的激情和创意；和心爱的 Ta 约会时，让可口可乐化身为 "撩人密语"；三两朋友聚会时，让可口可乐秒变 "青春密语"，让可口可乐为你添一份青春活力。

2. 线上、线下整合营销，实现立体式传播。

可口可乐的 "昵称瓶"很好地将线上、线下整合起来，通过社交网络将线下销售和线上分享链接起来，实现了立体式传播。可口可乐利用新浪微博展开相关的营销活动，可口可乐将个性化的 "昵称瓶"送给微博大 V(在微博上十分活跃，又有着大群粉丝的 "公众人物")，之后微博大 V 发微博展开相应的回应，拉开了微博宣传的大幕。之所以选择微博作为宣传的主要平台，首先是因为微博拥有广大的使用群体，可以扩大传播面；其次，微博使用者之间的沟通相对方便，微博不同于微信，需要通过好友验证之后才可以进行互动，微博上只要不是特别设置，不同的人之间都可以展开相应的社交活动，这一特点使得可口可乐的宣传效果有了很大提升；最后，微博很好地利用了人们碎片化的时间，几十个字便突出了发文者想要表达的东西，受众也不会觉得烦，这样的特点使得微博的传播效率大大提高。

可口可乐携手优酷共同推出 "台词瓶"，借助社会化媒体如微博、微信、优酷等，线上、线下联动，跨界整合营销，进一步放大自身品牌的形象。线下活动丰富，例如：购物中心、其他行业厂商等为用户定制可乐，提升品牌及活动影响力。线上可口可乐借势热点营销，抓取热点事件速度延展，创意发挥，从情感入手，吸引粉丝自主讨论和传播。例如，范冰冰李晨公开恋情，官方微博实时推出 "我们"文案以及其配图；黄晓明和 Angelababy 领证，官方微博第一时间借势而上引发好评；高考期间，官方微信推出图文消息并配以原创手绘图为高考考生加油助威等。可口可乐巨大的销量让瓶身成为一种强大的自媒体，通过丰富多彩的台词，让优酷、可口可乐与用户的联系延伸、拓展到生活中的方方面面，借助 "台词瓶"瓶身的媒体广告位展示品牌 Logo，引流用户到可口可乐与优酷联手打造的跨界互动平台，从线下无缝连接到线上；线上，优酷土豆通过强大的平台运营资源(UGC 资源、影业资源及自制资源等)，打造 "让分享更有戏"互动平台，可口可乐则借助第一大视频网站的传播力，进一步扩大影响。

可口可乐 "密语瓶"选择拥有近 3500 万粉丝的鹿晗作为广告代言人，从线下推广到线上联合发动。线下在各大生活超市举办促销活动，结合城市路演进行推广。例如，2017 年 5 月 27 日在上海 7-Eleven 常熟路门"鹿晗主题快闪店"现场揭秘了密语瓶新品，这家 7-Eleven 快闪店很快被一大波粉丝攻陷了。线上，鹿饭们按捺不住激动情绪，发微博及相关评论，使得可口可乐为此次微博推广设置的#密语一鹿有聊#话题在首日就达到过亿的阅读量。接着，可口可乐携手 ofo 推出"骑行寻找鹿 BOSS"活动。在可口可乐&ofo 公众号后台输入密码，即可获得夏日 ofo 骑行优惠码，然后去与鹿晗有关的"老地方"，晒出骑着 ofo 手拿可口可乐与"老地方"的合影。该活动让在炎热夏日骑行后喝可口可乐成为一种必然选择，进一步促进了宣传。

同时，可口可乐与 QQ 浏览器合作推出"猜密语"活动，让个性化营销深入到消费者的内心。消费者通过手机 QQ 浏览器首页下拉"扫一扫"带有"让夏天更有聊"Slogan 的可口可乐瓶，便可参与"我的密语"活动，在活动页面的地图中不仅可通过回答密语的方式收集"鹿角瓶"，赢取鹿晗签名的精美礼物，还可以设置自己的专属密语分享给地图上参与活动的陌生小伙伴，互相评论"盖楼"，并赢取精美的定制密语瓶。

3．沟通方式的个性化。

可口可乐不断创新的外包装，使其产品本身成为了一种与消费者沟通的自媒体，并为企业创造巨大的营销价值。"昵称瓶"通过网络昵称促进人与人之间的认同与沟通。"歌词瓶"、"台词瓶"则把瓶身社交化做得更加深入，实现深入的情感表达与双向对话。"密语瓶"的定制密语更让个性化沟通深入消费者的心中。企业从产品本身出发，使可口可乐的外包装跟消费者产生独特的沟通，了解消费者的习惯、喜好、反馈及市场覆盖度等多重市场信息，进而提供给品牌运营部门。

4．营销效果评估。

2013 年夏季可口可乐推出的"昵称瓶"，帮助当季可口可乐独享装(300 mL、500 mL、600 mL PET 包装)的销量较上年同期增长 20%，超出 10%的预期销量增长目标，并且在广告界的盛大节日中国艾菲奖(EFFIE AWARDS，大中华区)中摘得全场大奖。

2014 年，可口可乐推出的"歌词瓶"，每句歌词都积极向上，很符合可乐的品牌特性，歌词包括"你是我最重要的决定"、"让我们乘着阳光看着远方"、"蝉鸣的夏季我想遇见你"、"伤心的人别听慢歌"等。可口可乐的财报显示，在"歌词瓶"的助推下，其中国业务增长达到了 9%，并且仅在 6 月当月，"歌词瓶"即在 2013 年同期双位数增长的基础上，为可口可乐带来 10%的增幅。

2015 年，可口可乐推出"台词瓶"活动。据统计：截至 2015 年 7 月 27 日活动页面浏览量超过 2000 万，独立访问数量超过 1300 万；数百万人通过网站专题直接参与投票及点赞，互动量已近 700 万；近 600 个开拍作品分享至优酷参与活动；而微博上，#可口可乐台词瓶#更是荣登热门话题排行榜第二名。版权、UGC、影业、自制等多方位资源的加入，让可口可乐联手优酷打造的"台词瓶"运动成为当年夏天最闪亮案例，展示了优酷土豆希望打造的"文化娱乐生态系统"的营销实力。

2017 年可口可乐与 QQ 浏览器推出"猜密语"活动。据官方公布数据显示，活动前十天就吸引了 467 万网友参与，"猜密语，让夏天更有聊"的微博主话题曝光量高达 2824.5 万，QQ 浏览器官方微博从活动发起至活动结束，阅读量总计达 170.3 万，粉丝互动达 41825 次。可口可乐公司成功地借助 QQ 浏览器团队的资源优势实现了其商业价值。

案例评析

从针对不同消费者群体到针对不同场合，可口可乐的个性化包装团队可以说是费尽心思，同时也取得了较好的营销效果。消费者甚至可以通过微博等社会化媒体反映，做到"私人定制"。从 2013 年开始至今，每年推出一款个性化包装主题似乎已经成为可口可乐公司习惯化的营销手段，而每年推出的包装主题都切合当年的时事热点，在消费者心中留下深刻印象，在同类产品中能够脱颖而出。可口可乐公司的这种个性化定制包装营销活动，使得可口可乐的外包装成了一种与消费者沟通的"自媒体"，为企业创造巨大的营销价值。

案例思考题

1. 请对比可口可乐这几年不断推出的"昵称瓶"、"歌词瓶"、"台词瓶"、"密语瓶"的相同与不同之处，试着体会其营销思想。

2. 请分析可口可乐个性定制取得成功与网络文化的关系。

3. 有评论说"可口可乐每年的个性化定制包装营销活动，在营销内容上无亮点，但结果仍然可能对可口可乐的生意有正向的影响。"试查询更多的相关资料，对此评论做出分析及解释。

2．产品组合策略

产品组合是指一个企业生产或经营的全部产品线、产品项目的组合方式，它包括 4 个因素：宽度、长度、深度和一致性。企业在进行产品组合时，涉及 3 个层次的问题需要做出抉择：第一是否增加、修改或剔除产品项目；第二是否扩展、填充和删除产品线；第三哪些产品线需要增设、加强、简化或淘汰，以此来确定最佳的产品组合。3 个层次问题的抉择应该遵循既有利于促进销售、又有利于增加企业的总利润这个基本原则。产品组合的四个因素和促进销售、增加利润都有密切的关系。一般来说，拓宽、增加产品线有利于发挥企业的潜力、开拓新的市场；延长或加深产品线可以适合更多的特殊需要；加强产品线之间的一致性，可以增强企业的市场地位，发挥和提高企业在有关专业上的能力。利用网络营销在建立和维护客户关系方面的优势，企业可以利用核心产品打造一个高度忠诚的客户群体，并围绕这个群体增加产品系列或项目，扩大经营范围。这将有利于综合利用企业资源，扩大经营规模，降低经营成本；有利于满足客户的多种需求，进入和占领多个细分市场。但扩大产品组合策略要求企业具有多条分销渠道，采用多种促销方式，对企业资源条件要求较高。

【案例】 亚马逊的网络营销策略

案例背景

亚马逊(Amazon.com)是一家财富 500 强公司，总部位于美国华盛顿。亚马逊创立于

1995 年 7 月，目前已经成为顾客涵盖 160 多个国家和地区，全球商品品种最多的网上零售商。亚马逊致力于成为全球最能以顾客为中心的公司，以使人们能在网上找到与发掘任何他们想购买的商品，并力图提供最低价格。

亚马逊发展初期致力于成为世界上销售量最大的书店，它可以提供 310 万册图书目录，比全球任何一家书店的存书要多 15 倍以上。而实现这一切既不需要庞大的建筑，又不需要众多的工作人员。亚马逊书店的 1600 名员工人均销售额为 37.5 万美元，比全球最大的拥有 2.7 万名员工的 Bames & Noble 图书公司要高 3 倍以上。这一切的实现，源于电子商务所起的作用。

案例执行

亚马逊的商业活动主要表现为营销活动和服务活动。它工作的中心就是吸引顾客购买它的商品，同时树立良好的企业形象。其网络营销策略有以下几方面。

1．经营销售。

亚马逊的营销活动在其网页中体现得最为充分。亚马逊书店在营销方面的投资也令人注目：亚马逊书店每收入 1 美元就要分出 24 美分做营销，而传统的零售商店的营销费用只需 4 美分。亚马逊书店的营销策略主要有：

(1) 产品策略。亚马逊书店根据所售商品的种类不同，分为三大类：书籍(BOOK)、音乐(MUSIC)和影视产品(VIDEO)，每一类都设置了专门的页面。同时，顾客在各个页面中也很容易看到其他几个页面的内容和消息。亚马逊将书店中不同的商品进行分类，并对不同的电子商品实行不同的营销对策和促销手段。

(2) 定价策略。亚马逊书店采用了折扣价格策略。所谓折扣策略，是指企业为了刺激消费者购买，在商品原价格上给予一定的回扣。企业通过扩大销量来弥补折扣费用和增加利润。亚马逊书店对大多数商品都给予了相当数量的回扣。例如，在音乐类商品中，书店承诺："You'll enjoy everyday savings of up to 40% on CDs, including up to 30% off Amazon.com's 100 best-selling CDs(对 CD 类商品给予 40%的折扣，其中包括对畅销 CD 的 30%的回扣)。"

(3) 促销策略。常见的促销方式(企业和顾客以及公众沟通的工具)主要有 4 种，分别为广告、人员推销、公共关系和营业推广。在亚马逊书店的网页中，除了人员推销外，其他方式都有体现。

逛书店的享受，并不一定在于是否有足够的钱来买想要的书，而在于挑选书的过程。手里捧着书，看着精美的封面，读着简介往往是购书者的一大乐趣。在亚马逊书店的主页上，除了不能直接捧到书外，读者的乐趣并不会减少。精美的多媒体图片，明了的内容简介和权威人士的书评都可以使人有身临其境的感觉。

亚马逊网站主页上广告的位置也很合理，首先是当天的最佳书，而后是最近的畅销书介绍，还有读书俱乐部的推荐书，以及著名作家的近期书籍等等。不仅在亚马逊书店的网页上有大量的多媒体广告，而且在其他相关网络站点上也经常可以看到亚马逊的广告。例如，在 Yahoo! 上搜索书籍网站时就可以看到亚马逊书店的广告。亚马逊书店广告的一大特点是其动态实时性。每天都更换的广告版面，使得顾客能够了解到最新的出版物和最权威的评论。不但广告每天更换，从"Check out the Amazon.com Hot 100. Updated hourly!"中读到的消息每小时都在更换。

亚马逊书店千方百计地推销自己的网点，不断寻求合作伙伴。由于亚马逊有许多合作伙伴和中间商，所以顾客进入其网点的方便程度和购物机会都大大增加，亚马逊甚至慷慨地做出了如下的承诺：

只要你成为亚马逊书店的合作伙伴，那么由贵网点售出的书，不管是否达到一定的配额，亚马逊书店都将支付给你15%的介绍费。这是其他合作型伙伴关系中很少见的。目前，亚马逊书店的合作伙伴有很多，包括 Yahoo! 和 Excie 在内的 5 个最经常被访问的站点都是亚马逊书店的合作伙伴。

亚马逊书店专门设置了一个 gift(礼品)页面，为大人和小孩准备了各式各样的礼物。这实际上是价值活动中促销策略的营业推广活动。它通过向各个年龄层的顾客提供购物券或者精美小礼品的方法，吸引顾客长期购买本商店的商品。另外，亚马逊书店还为长期购买其商品的顾客给予优惠，这也是营业推广的一种措施。

亚马逊书店专门的礼品页面的设置，既是一种营业推广活动，也是一种公共关系活动；另外，这是做好企业和公众之间的信息沟通的渠道，企业通过虚心听取、搜集各类公众以及有关中间商对本企业和其商品、服务的反映，并向他们和企业的内部职工提供企业的情况，达到经常沟通信息的目的；公司还专门为首次登录该网站的顾客设置一个页面，为顾客提供各种网站使用办法的说明，帮助顾客尽快熟悉网站，这也是一种提升公共关系的方法。

2. 售前售后服务。

(1) 搜索引擎。一家书店，如果将其所有书籍和音像产品都一一列出，是没有必要的，而且对用户来说也是很不方便的。因此，设置搜索引擎和导航器以方便用户的购买，就成为书店的一项必不可少的技术措施。在这一点上，亚马逊书店的主页就做得很不错，它提供了各种各样的全方位的搜索方式，有对书名的搜索、对主题的搜索、对关键词的搜索和对作者的搜索，同时还提供了一系列的如畅销书目、得奖音乐、最卖座影片等等的导航器。而且亚马逊在书店的任何一个页面中都提供了这样的搜索装置，方便用户搜索，引导用户选购。这实际上也是一种技术服务，归结为售前服务中的一种。

(2) 顾客的技术问题解答。除了搜索服务之外，亚马逊书店还提供了对顾客的常见技术问题的解答这项服务。亚马逊专门提供了一个 FAQ(Frequently Asked Questions)页面，回答用户经常提出的一些问题。例如，如何进行网上的电子支付？对于运输费用顾客需要支付多少？如何订购脱销书？等等。而且，如果你个人有特殊问题，亚马逊还会专门为你解答。

(3) 用户反馈。亚马逊书店的网点提供了电子邮件、调查表等获取用户对其商务站点的反馈。用户反馈既是售后服务，也是经营销售中的市场分析和预测的依据。电子邮件中往往有顾客对商品的意见和建议。书店一方面解决用户的意见，这实际上是一种售后服务活动；另一方面，也可以从电子邮件中获取大量有用的市场信息，常常可以作为指导今后公司各项经营策略的基础，这实际上是一种市场分析和预测活动。另外，亚马逊也经常邀请用户在网上填写一些调查表，并用一些免费软件、礼品或是某项服务，来鼓励用户发送反馈的电子邮件。

(4) 读者论坛。亚马逊书店的网点还提供了一个类似于 BBS 的读者论坛，这个服务项目的作用是很大的。企业商务站点中开设读者论坛的主要目的，是吸引客户了解市场动态和引导消费市场。读者在论坛中可以开展热门话题讨论。亚马逊以一些热门话题，甚至是极端话题引起公众兴趣，引导和刺激消费市场。同时，亚马逊开办网上俱乐部，通过俱乐部稳定原有的客户群，吸引新的客户群。亚马逊通过对公众话题和兴趣的分析把握市场需求动向，从而经销用户感兴趣的书籍和音像产品。

当稳稳占领了图书这市场后，亚马逊开始增加新的经营品种，其业务范围已经从图书和音像制品成功地拓展到其他利润丰厚的商品中，商品从游戏盘、索尼随身听到手表和芭比娃娃等，无所不有。

3．产品延伸策略

网络在帮助企业进行产品延伸方面也有重要意义。每一个企业所经营的产品都有其特定的市场定位。产品延伸策略指全部或部分地改变企业原有产品的市场定位，具体做法有向上延伸(由原来经营低档产品，改为增加经营高档产品)、向下延伸(由原经营高档产品，改为增加经营低档产品)和双向延伸(由原经营中档产品，改为增加经营高档和低档产品) 3 种。

例如，总资产和年销售额都曾创造过世界第一的美国通用汽车公司的网站上不仅销售新车，同时还提供旧车交易服务。对购二手车者，可进入标有"经 GM(通用汽车公司)认可确保质量的二手车"字样的网页进行选择。此举如今已被其他厂商以及日本、新西兰、新加坡等国的汽车经销商或网络公司仿效，纷纷利用网站进行旧车交易。

5.3　品牌管理策略

网络被认为是进行品牌管理最优秀的工具之一。网络在域名管理、网站管理和品牌形象管理等方面成为品牌管理的重要领域。

1．域名管理

企业的网上域名是企业在网上的商标，具有巨大的商业价值。面对网上众多的企业网站，企业要采取多方位的手段推广自己的域名品牌。域名管理主要体现在域名的选取、域名商标管理和域名品牌发展几个方面。

2．网站管理

对网络营销来说，网站管理是既基础又重要的一个环节。现时大多数中小企业开始重视网络营销，慢慢参与一些培训课程，改建企业网站，实施 SEO(Search Engine Optimization，搜索引擎优化)、邮件营销、病毒营销、软文营销、博客营销、微博营销、论坛营销等网络推广，甚少注意自身的网站管理问题，人员的配备、要求、制度、实施、监管、反馈等。要做好网络营销就必须解决网络营销的基础问题。就树立网站品牌形象而言，网页设计应遵循的原则有：

(1) 顾客导向。首先确定本企业的网上目标市场，了解并掌握其需求特征，有针对性地设计和制作网页。

(2) 定位准确。网站定位就是企业网站在网上扮演什么角色，要向目标群传达什么理念，透过网站发挥什么作用。因此网站定位相当关键。

(3) 形象一致。企业网站的网页制作应纳入企业 CIS(企业识别系统)规划，体现 CIS 战略在网上的实施，树立与网下企业形象一致的网上企业形象。

(4) 便于推广。事实上，企业在网站的设计和制作过程中就应该把推广的理念充分考虑进去。如针对搜索引擎的网站优化以及围绕客户关系进行的栏目设置等。

【案例】 一风堂的品牌推广活动

案例背景

一风堂(一風堂)于 1985 年创立于日本博多(Hakata)，目前在日本、纽约、悉尼、印度尼西亚、泰国、菲律宾、伦敦、巴黎及中国等 12 个国家拥有超 200 家分店。一风堂在 2012 年由香港美心集团引入中国内地市场，目前在中国有 14 家门店，为消费者提供物有所值的正宗日本拉面及优质餐饮体验。日式拉面并非中国消费者的主流餐饮选择，并且日式拉面店之间的产品接近，差异化不高；同时日式拉面店的品牌形象过于传统，阻碍品牌与用户的黏合，造成了品牌与用户黏度低。而且一风堂的门店数量少，也没有积极地投入资金进行市场推广，使得消费者对一风堂认知度不高，市场基础过于薄弱。在竞争激烈的餐饮业市场环境下，一风堂面临着严峻的品牌挑战。因此，一风堂此次的营销推广目标是：提高品牌知名度和强化品牌与用户的黏合度。

营销的目标人群：以北京、上海、广州为主的一线城市，及以成都、重庆为主的二线城市的 20～35 岁的大众消费者；他们的特征是具有较强消费能力的都市白领，且追求轻奢的生活品质。

通过对市场的分析发现：都市白领对餐饮呈现五大需求趋势，分别是快时尚化、特色化、健康化、极致化及潮流化。他们一方面对食品的品质要求做到极致，同时期待口味能做到推陈出新。一风堂不同于其他日式拉面店，除了秉承传统日本拉面的精粹以外，在产品和服务上一直坚持创新，一风堂将本着"坚持传统，不断创新"的精神在营销中贯彻到底。

★ 营销策略与创意

(1) 创新态度营销。每一个新品推广都是对创意的追求。

(2) 创新跨界合作。多渠道高转化打造品牌影响力。

(3) 创新互动模式。新互动模式以线上、线下相结合全线带动门店到店率，形成更多优质 UGC(见图 5.2)。

国内拉面品牌首次建立在手机上盖印章的**霸礼卡集印花系统**，借助新奇的体验占据用户心智，以新年好运锦囊增加社交属性，同时辅助福利形式获取大批用户。**线上带动线下**，提升门店销售，形成更多优质UGC，进一步强化消费者与品牌黏合度。

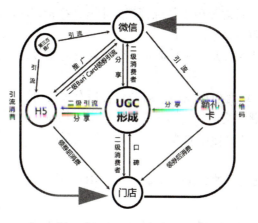

图 5.2

案例执行

(1) 通过创意推广活动，有效地提高品牌曝光度。

(2) 跨界合作传递个性潮酷态度，塑造品牌新形象。

(3) 携手有影响力的第三方探店，扩大品牌传播面。

(4) 利用名人到店消费后的垂直影响力，打造精准营销。

(5) 赋予微信霸礼卡社交属性，搭配 H5 扩大人群覆盖率。

其他：个性视频制作落地年轻人聚集平台，多视角呈现品牌形象；制作具有社交味的周边，打造品牌 O2O 传播闭环。

★ 营销效果

(1) 实现品牌大量曝光，极大提升品牌知名度。

先后执行"新品上市""一风堂×白茶""勋鹿社群深入""美食 KOL 探店"四大社会化品牌活动，品牌曝光总数达 18 179 013；品牌社交平台粉丝数环比增长了 174%，总增长数达 71 336。

(2) 品牌极致化："坚守传统，不断创新"引发 UGC 口碑二次传播。

(3) 坚持为消费者提供优质日本拉面饮食服务的同时，传递品牌宗旨："坚守传统，不断创新"。满足消费者对"单品类极致化"、"多样而多变"的需求趋势，实现消费者自发为品牌发声并树立品牌形象，强化品牌与用户的黏合度。品牌全网社交平台互动总量达 51 929 次，年度环比增长了 445%，总互动数达 420 413 次。

案例思考题

从此次一风堂的品牌推广活动中，你能体会一风堂的品牌内涵吗？

- ●

3. 品牌形象(声誉)管理

在数字时代，企业品牌形象(声誉)管理必须强调对公众评论、舆论的反应速度和与公众最大的接触面。声誉的核心是信任，声誉管理的目标是在公众和企业之间建立起相互信

任的关系。声誉管理突破了传统管理的定义,把管理的内涵延伸到了企业之外。通过网络创造声誉的有效方法有:

(1) 通过网络倾听公众对企业声誉的议论,尤其是欠佳的口碑,使声誉问题能够防患于未然。

(2) 通过网络有效地表述,向公众传播有关公司的信息,阐述公司对公众所关心问题的看法,增进感情交流。

(3) 慎重、从容地面对媒体,尤其在涉及暴露与公众面前的问题时,要与记者积极配合,开诚布公。

(4) 充分利用多种交流手段如广告、BBS、电子邮件等加强对外宣传和沟通。

【案例】 小米手机的品牌传播创新案例

案例背景

北京小米科技有限责任公司(以下简称"小米公司")于 2010 年 4 月在北京正式成立,是一家专注于高端智能手机自主研发的移动互联网公司。小米公司的三大核心业务是小米手机、MIUI、米聊,目前小米公司涉及的领域还包括智能家居和智能可穿戴设备。"为发烧而生"是小米的产品理念。小米公司首创了用互联网开发手机操作系统的营销模式。

从成立之初到现在,小米公司作为一家互联网公司,推出了一系列产品。小米公司从手机操作系统(MIUI)起家,先后推出小米手机、小米盒子、小米电视、小米路由器、移动电源、活塞耳机、米兔、小米手环等一系列硬件设备。

小米手机是在小米软件的基础上推出的。小米公司于 2010 年 8 月 16 日发布基于安卓(Android)的手机操作系统 MIUI,并承诺 1 周更新 1 次。2010 年年底,小米推出手机聊天软件——米聊,此时国内 Android 市场刚刚起步,模仿 Talkbox 式即时通信软件的米聊一开始就获得了 Android 用户的关注。MIUI 借助互联网社区力量进行快速迭代的方式,更容易让手机用户有认同感,也符合了移动互联网的发展趋势。推出半年后,米聊就积攒了 300 万注册用户。事实上,小米从一开始就瞄准了手机制造,其高管团队都有研发背景。2011 年 8 月 16 日,小米手机正式发布。小米手机设计全部由小米团队完成,该团队包括众多专业设计师。手机生产由英华达和富士康代工,手机操作系统采用小米自助研发的 MIUI 操作系统。首款小米手机于 2011 年 12 月 18 日通过小米网销售,3 小时就宣布售完,小米手机成了智能手机市场新星。2014 年,小米手机在中国的市场占有率名列第一。

案例执行

1. 新品发布会——乔布斯式的宣传。

小米手机前期营销的成功离不开小米团队周密的策划。小米手机揭秘式的饥饿营销和乔布斯的营销有几分相似。例如,从 2011 年 6 月底内部从和供应商爆料开始,到 8 月 6 日其关键信息正式公开,小米手机的神秘面纱有计划地一点一点掀开,由此引发的大量猜测,引爆成为网络热门话题。此外，小米 CEO 雷军将业界全球标杆苹果列为超越对象，有助于提升小米的品牌形象。雷军强调其偶像是乔布斯(Steve Jobs)，有意无意间小米手机将苹果 iPhone 树为标杆，建立起了国内难得的豪华团队、与苹果雷同的供应商以及仿苹果的简洁演讲 PPT。雷军在小米手机发布会上也身着黑 T 恤牛仔裤……小米团队形成了强烈的视苹果为标杆的心理暗示。

小米公司每一次推出新产品，CEO 雷军都会高调举行新闻发布会。例如，2012 年 8 月 16 日，小米手机 2 在北京 798 艺术区盛大发布，发布会上人山人海，喝彩声、尖叫声一浪接一浪。现场照片、消息及小米手机 2 的参数指标也快速取代了进行中的电商大战，第一时间成为各大网络媒体的头条。对于小米手机而言，8 月 16 日正在成为一年一度嘉年华的节日。小米手机的高调发布会使小米手机取得了众多媒体和粉丝的关注，使小米的品牌得到了很大的传播，而小米公司也是中国第一个这样高调发布产品的手机企业。正是利用这种独特、高调的产品发布会，让更多的人了解小米，甚至购买小米手机。雷军通过一系列的新闻发布会把小米手机的品牌特点、品牌内涵、品牌文化及品牌承诺告诉消费者。

2. 微博传播。

为了吸引公众的注意力，小米手机团队充分发挥了微博的作用，在产品正式发布前进行了大量预热。例如，小米手机发布前，通过手机话题的小应用和微博用户互动，挖掘出小米手机包装盒"踩不坏"的卖点，产品发布后又在微博上举办了送小米手机的活动，分享图文并茂的小米手机评测等。同时，小米公司 CEO 雷军过去每天发微博数量在两三条，但小米手机发布前后，他不仅利用自己的微博高密度宣传小米手机，还频繁参与新浪访谈、出席腾讯微论坛、极客公园等活动。雷军的朋友们(如凡客 CEO 陈年、多玩网 CEO 李学凌、优视科技 CEO 俞永福、拉卡拉 CEO 孙陶然、乐淘网 CEO 毕胜等)也纷纷出面说好话，对小米手机释放正面信息。为了给小米手机足够震撼的亮相，小米团队在细节上力争做到尽善尽美。2011 年 8 月 16 日小米手机发布当天正好是 MIUI 一周年，小米公司在论坛上征集粉丝参加小米手机发布会，最后报名人数多达 800 人。他们还把一段"来自雷军 CEO 朋友们的祝福"的视频拿到小米手机发布会现场播放，包括多玩网 CEO 李学凌在内的几位知名人士纷纷将 iPhone4 扔到垃圾桶，以示力挺小米手机。

小米手机还长期利用微博传递关于小米手机发售、优化的各种信息。这些微博包括小米公司的新浪官方微博"小米公司"、小米 CEO 雷军的新浪微博"雷军"、小米合伙人和员工的微博等。小米的新浪微博自 2011 年 8 月上线至今，"小米手机"拥有 1760 万粉丝，"小米公司"拥有 1272 万粉丝。论坛容易沉淀信息，小米做论坛的方向是用户俱乐部，用它来沉淀老用户。雷军的新浪微博粉丝高达 1580 多万，加上"小米手机"、"小米公司"等产品的微博粉丝 1000 多万，小米合伙人加员工的微博粉丝有接近 1000 万，微信也有 100 万粉丝。这些"粉丝"与 MIUI 论坛发烧友的完美结合，成为小米手机传播、购买的核心力量，支撑了小米的营销神话。

3. 微信传播。

微信作为目前最有发展潜力的即时通讯手机客户端，汇聚了大量用户。小米的经验是策划大活动能够集中带来微信公众号的粉丝，但是形式重复的活动就会使粉丝增长的效率迅速下降。因此，在微信公众号的运营中，仅靠抽奖激励是不够的，需要运营人员持续不断的创新，设计好玩的活动形式，再配合适当的资源投入，才能够快速增加粉丝。小米公司在 2013 年 1 月注册小米手机微信公众号，3 月策划了"小米非常 6 + 1 你敢挑战吗？"的互动活动。此次活动使小米手机微信的粉丝数量从 41 万增加到 47.2 万，参与人数达 21 万。接着在 4 月 9 日米粉节举行微信抢答活动。但由于信息量瞬间爆发，导致微信后台崩溃，用户未能成功参与抢答活动，不过粉丝数量变化巨大，从 51 万增加至 65 万。截至 2013 年 5 月底，小米微信账号的粉丝数量超过 105 万，是企业类新账号中的超级大号。

小米微信公众平台的导航栏有 3 个板块，分别是最新活动、自助服务、产品。小米利用手机微信向用户推送一些重大活动消息，一般活动消息会在小米微信的"最新活动"中看到。如 2017 年 12 月 7 日，红米 5/5Plus 即将开始抢购，小米手机微信就推送了两条新品发布会及宣传活动，分别是"红米 5/5Plus 新品发布会，明天见！"和"799 元起！千元全面屏红米 5/5Plus，首发送 10 台！"，给用户提供红米 5/5Plus 最值得抢购产品的信息。不过，小米认为微信更适合作为服务平台，小米手机微信的定位是客服，主要是由于微信关键词自动回复机制很适合打造客服平台，而且考虑到微信零收费的计价方式，发送文字、图片、语音的功能减少了企业与用户之间信息传播的成本。小米公司拥有 800 人的传统客服团队，和专门负责微信平台的 20 人团队。微信客服每天收到 3 万条左右的消息，微信客服后台自动回复 28 000 条，人工处理 2000 条。微信账号能够针对一些简单的、规范化问题自动回复，减少了传统客服人员的工作量，提高了传统客服人员的工作效率。

4. 小米论坛传播。

小米手机的核心用户是发烧友，手机发烧友喜欢在论坛上讨论问题，因此小米手机建立了自己的论坛，这一论坛成了小米手机用户交流的平台。用户可以在论坛里发表评论、抱怨和提出要求。在这里，100 多人的小米"新媒体团队"不断制造各种话题，病毒式传播，使"小米"名声远扬。网络上，"米粉"与"魅族"支持者的口水战是一个典型的社交了论坛范例。据说小米的微博客服团队有一条硬性规定：在用户@小米后，客服必须在 15 分钟内作出回应。

5. 广告传播。

小米在积累了数千万活跃用户后，便借力大众化的传播平台去触及更大范围的用户群体。2013 年、2014 年连续两年集中资源投放春晚广告，集中爆破。但有别于传统的传播思维，小米选择用互联网做电视广告。通过全网互动，把电视广告本身当产品做二次传播。在电视投放前进行全网预热，官网提前一周做网络首映，并围绕它做一系列的互联网活动。通过小米网、小米社区、新浪微博、微信、QQ 空间等所有社会化媒体，全平台进行视频首发。例如，2014 年大年三十春晚投放之前，广告网络播放量超过 400 万次。又如小米 2015 年央视春晚广告，一部《小米 Note 时尚篇》、一部《小米 Note 咩咩篇》，两段视频时长均为 15 秒，用歌曲和舞姿表达出一种欢快乃至狂欢的氛围。

通过以上多种品牌传播活动小米已经成为一个知名品牌，小米手机的销售量和销售额不断增长。2012 年，小米手机销量为 719 万台，含税销售额 126 亿元。2013 年，小米手机销量达 1870 万台，相比 2012 年增长 160%，含税销售额达 316 亿元，相比 2012 年增长 150%。2014 年 10 月 30 日，小米公司已经超过联想公司和 LG 公司，一跃成为全球第三大智能手机制造商，仅次于苹果公司和三星公司。2015 年 1 月，小米科技创始人雷军公布了小米销售情况，小米手机在 2014 年销售量总计 6112 万台，较 2013 年增长 227%，在中国市场占有率第一。

案例评析

1. 品牌传播以自媒体为主，以非媒体和大众媒体为辅。

在新媒体环境下，公司可以选择的传播媒介与方式更加多样化。小米公司在进行品牌传播时将自媒体、非媒体和大众媒体进行了很好的整合。在自媒体方面，作为移动互联网企业的小米公司把社会化媒体作为品牌传播的重要途径，将微博、论坛、QQ 空间、微信等社会化媒体运用得炉火纯青。在非媒体方面，将企业领导人雷军作为品牌传播媒体，通过新闻发布会、社会化媒体等方式来塑造小米独特的品牌形象。在大众媒体方面，采用互联网思维做电视广告，将广告的作用发挥到极致。小米公司的信息传播以社会化媒体为主，再加上企业领导人的推广以及广告宣传，在严格控制信息来源和信息内容的基础上，使各种媒体都在向顾客传递"同一个声音"，从而快速地为小米手机塑造了"为发烧而生"的品牌形象。

2. 充分发挥意见领袖的作用。

购买手机属于复杂的购买行为，消费者感知到的购买风险较大，通常会经历确认问题、信息收集、产品评估、购买决策和购后行为等过程。为最大限度降低感知风险，顾客通常会通过各种信息来源收集手机的相关信息，而意见领袖以及其他人使用的经验是最可靠的信息来源，小米公司正是聚焦于信息收集阶段，充分利用意见领袖来影响消费者。小米手机的意见领袖包括小米公司的高管、科技界的行业大佬和媒体巨头、小米公司的忠实粉丝等。小米公司在推出新产品时都会高调地举行新闻发布会，小米总裁雷军"乔布斯式"地宣传，吸引了众多媒体和粉丝的关注，使小米品牌得到快速传播。科技界的一些行业大佬与媒体巨头纷纷出面为小米说好话以及在产品发布会现场播放这些人的祝福视频等，对品牌信息的传播起到了积极作用。小米公司的忠实粉丝大多具有专业知识，他们通过社会化媒体主动与其他人分享小米手机的相关知识进一步促进了品牌信息在消费者之间的传播。

3. 在品牌传播中注重与用户互动。

在互联网时代，每个人都能成为传播者，消费者不仅仅是信息的接收者，更是信息的创造者和传播者，消费者的口碑是最好的广告。小米公司利用其互联网企业的优势，不断增强与顾客的互动，策划病毒营销、口碑营销，让顾客主动传播小米品牌的各种信息。在小米论坛，小米的"新媒体团队"不断制造新闻，进行病毒式传播，提高小米的知名度，其典型的社交论坛范例就是"米粉"与"魅族"的口水战。在小米的微博上，小米首款手机发布前通过手机话题的小应用与微博用户互动，后又在微博上举办了送小米手机的活动，以及公司规定微博客服团队对顾客问题在 15 分钟之内作出回应等。在小米的官方微信上，开展了"小米非常 6＋1 你敢挑战吗？"的互动活动。小米公司借助论坛、微博、微信等社会化媒体与顾客互动，不仅可以及时了解顾客反馈的信息，还可以促使顾客参与到品牌的传播活动中，从而实现了小米品牌与顾客的双向信息沟通，提高了品牌信息传播的有效性。

4. 在品牌传播中注重与用户互动。

在移动互联网时代，制造业应该具有互联网思维，要充分利用社会化媒体来提高品牌与顾客接触的效率和效果。作为移动互联网企业的小米公司在进行品牌传播时将自媒体、非媒体和大众媒体进行了很好地整合，使各种媒体都在向顾客传递一致的品牌信息，从而快速的为小米手机塑造了鲜明的品牌形象。在品牌传播过程中，小米公司不仅充分利用意见领袖来影响消费者，还注重与用户的互动，取得了较好的品牌传播效果。短短几年时间，小米品牌已经成为手机行业中的一个知名品牌。小米公司在品牌传播上的创新不仅为国内手机制造商提供了不少值得学习的经验，也为传统制造商在移动互联网时代进行品牌传播提供了参考。

案例思考题

1. 结合案例分析小米手机的传播活动对其品牌资产有什么作用？

2. 在小米手机推出成功后，该公司将小米品牌延伸到电视、盒子和路由器等一系列产品上，你对其品牌延伸有何看法？

3. 收集利用社会化媒体进行品牌传播的最佳实践案例，总结其品牌传播的经验。

第6章　网络营销价格策略与案例

6.1　网络营销定价特点

网络营销的定价一般分为顾客主导定价和低价位定价。

1．顾客主导定价

顾客主导定价，是指顾客通过充分市场信息来选择购买或者定制生产自己满意的产品或服务，同时以最小代价(产品价格、购买费用等)获得这些产品或服务。顾客主导定价的策略主要有：顾客定制生产定价和拍卖市场定价。根据国外拍卖网站 eBay.com 的分类统计：在网上拍卖定价产品，只有 20%的产品拍卖价格低于卖者的预期价格，50%的产品拍卖价格略高于卖者的预期价格，剩下 30%的产品拍卖价格与卖者预期价格相吻合，在所有拍卖成交产品中有 95%的产品成交价格卖主比较满意。

因此，顾客主导定价是一种双赢的发展策略，既能更好地满足顾客的需求，同时企业的收益又不受到影响，而且可以对目标市场了解得更充分，企业的生产经营和产品研制开发可以更加符合市场竞争的需要。

【案例】　复制 Dell 模式的网上"裁缝"——Beyondtailors

案例背景

Beyondtailors 是一家把品牌传播、下订单和数据搜集都放在互联网上的衬衫定制公司。和 Dell 公司一样，Beyondtailors 公司的宗旨也是按需定制，但它自己并不负责衬衫的生产加工。2006 年公司创立之初就精选了纺织厂和成衣生产厂为其生产服装，地处北京的公司只设有量体、客户服务中心和运营 3 个部门，除品牌推广和在网站上提供标准衬衫定制选择外，针对目前国内消费者大多不习惯网上下订单的现实，Beyondtailors 公司推出了上门量体定制衬衫服务，将测量的数据按固定格式传给生产厂即可。此外，Beyondtailors 公司还采购布料和纽扣，根据需要送到生产厂，实现了各种资源的有效整合。

案例执行

Beyondtailors 公司把目前流行的各种衬衫的衣领、袖口、口袋的款式分别在网站上陈列出来，供消费者选择，消费者可以将这些不同的元素随意组合。除款式外，网站上还有各色布料的图片及相应的衬衫报价。如果消费者选择网上下单，既可以选择标准衬衫的尺码，也可以输入自己的尺寸，网站上还详细介绍了量体的方法。

在同等布料、同等做工的前提下，Beyondtailors 公司的产品比商场销售的成品便宜1/3。目前，Beyondtailors 公司的定制衬衫价格从 399 元到 1080 元不等，这虽然不符合普通大众的消费观念，但还是得到了一些中高端商务人士的认可。不久前，山西太原一家百货商场通过互联网找到了 Beyondtailors 公司，表示愿做其代理商，消费者可到这家商场量体，商场通过互联网将数据传到北京，衬衣做好后再从北京发货。

2. 低价位定价

互联网使用者的主导观念是网上的信息产品是免费的、开放的、自由的。成功的 Yahoo! 公司是通过为网上用户提供免费的检索站点起步的，逐步拓展为门户站点，到现在拓展到电子商务领域获得成功。Yahoo! 的成功主要得益于遵循了互联网的免费原则和间接收益原则。网上产品定价较传统定价要低是基于成本费用低的基础，网络营销可以从诸多方面来帮助企业降低成本费用，从而使企业有更大的降价空间来满足顾客的需求。

6.2　网络环境中企业定价存在的问题

无论是传统营销还是网络营销，定价都是最富灵活性和艺术性的策略。尽管很多企业已经认识到这一点，也意识到价格策略在网络营销中的重要性，但由于受传统营销观念的影响，经营思维还不适应网络环境，在定价过程和价格策略运用方面出现了一些问题，突出表现在以下几个方面：

1. 盲目使用低价策略

许多企业受薄利多销观念和"流量与利润正相关"观念的影响，认为只有低价和降价才能增加网站的访问量，从而增加销售量以实现利润的增长。这种做法忽视了商品的需求价格弹性的影响，忽视了消费心理对市场供求关系的反作用，甚至造成适得其反的结果，不仅强化了"便宜无好货"的低价格等于低质量的市场偏见，而且使企业和品牌形象也受到影响。

【案例】　**波音与空客的价格竞争**

案例背景

2014 年 4 月 3 日，全球交付略微落后的空客公司宣布，日本全日空航空公司的母公司全日空控股公司向空客确认订购 7 架 A321 飞机，此举进一步打破了波音公司在日本市场近乎垄断的地位。近年来，空客公司不仅加紧抢食波音的中国客户，在日本市场也一直穷追猛打。

日本市场将成为继中国之后，波音、空客两大航空制造巨头鏖战亚洲的又一重要战场。

在此之前，从 1985 年开始，飞机制造业的局面是实力雄厚的波音和后起之秀空客两分天下。波音公司是世界领先的航空航天公司和最大的商业客机和军用飞机制造商，总部设在芝加哥，公司横跨 70 个国家，员工人数超过 170 000 人，它向 150 个国家的客户提供产品和服务，是美国最大的出口商之一。空中客车公司(Airbus S.A.S.)是欧洲一家民航飞机制造公司，1970 年于法国成立，由德国、法国、西班牙与英国共同创立。

🎓 案例执行

1. 争夺市场之战。

两大飞机制造商从 1985 年开始针对单通道飞机市场进行了非常激烈的竞争，主要围绕空客的 A320 和波音的 737 客机家族展开。而在 1998 年，波音公司的状况开始走向衰败，因为它的忠实老客户英国航空公司(British Airways)购买了 59 架空客的 A320 和 A319，而没有光顾 737 的生意。同一年，捷蓝航空公司也拒绝购买 737，选择了空客的 A320。捷蓝航空所有员工包括首席执行官尼尔曼均打算购买 737，而当采购团队去波音的西雅图总部下订单时波音觉得捷蓝航空提出的价格太低，对其不屑一顾，最后捷蓝航空采购团队找空客洽谈，最终将订单给了空客。

在业界人士看来，空客的产品之所以能被选中是因为波音傲慢自大，不把客户放在眼里。而波音认为赢得这场战争的空客是由于政府资助，开出很低的报价来争夺订单，很多情况下也的确属实。易捷航空的财务主管克里斯多佛·沃尔顿(Christopher Walton)表示："波音以前从来没把空客看成真正的对手，他们的斗争点就是价格、价格还是价格。两家飞机制造商不能完全在价格上做文章，它们的眼界应放得更宽一些"。

一名已经退休的空客管理者也表示"这场与易捷航空的交易对我们来说很关键，我们必须尽一切努力证明自己的价格比波音的还低才能拿到这批订单。"事到如今，空客和波音将单通道客机的报价减少 40% 或更多，并且还根据客户的不同来分别进行更进一步的让步。在飞机交易中，基本上没有哪家航空公司会按照制造上报的价格付款。运送乘客时要在机票上打多大的折扣才是判断成交价格的关键，至少会对此产生影响。这种情况比其他行业更难应对，很大程度上是因为它的决策更多的是由管理者的直觉和心理承受能力来决定的，而不是靠一堆数字得出的结论。

波音的灾难接二连三地到来，先后有柏林航空公司、马来西亚低成本运营商亚洲航空公司均转向空客，虽然波音的销售量不小，但利润空间非常有限。针对这一系列的灾难，波音放弃了以前的销售方式，主动以折扣价格出售自己的飞机，借此获得航空公司的青睐。

2. 波音和空客的价格策略调整。

2010 年鉴于对未来航空市场预期良好，飞机制造商上调了飞机售价。波音公司将飞机的目录价格平均提高约 5.2%，这是波音两年来首次上调价格。2009 年，受经济衰退的冲击，飞机的需求量一度出现下滑。但 2010 年以来，随着航空业的超预期复苏，飞机制造商的制造能力又开始赶不上航空公司的需求，这也给飞机制造商提价提供了动力。

从波音公司官网报价可知：最小的波音机型 737 单通道客机的均价由原来的 6930 万美元提高至 7140 万美元；波音 777 飞机则由 2.46 亿美元提高至约 2.582 亿美元；两款波音

787 机型的均价由 1.833 亿美元提高至 2.017 亿美元。波音方面表示：薪酬、商品及服务的成本上涨促使波音上调售价。波音将 2008 年的飞机售价平均提高 2.6%，而 2007 年则将售价平均提高 5.6%。

根据第一财经报道，航材采购成本是航空公司继油料之后的第二大成本，而 2009 年波音占据中国航空市场一半的市场份额。航空公司与波音等飞机制造商洽谈购买飞机时，往往会在目录价格的基础上获得一定的折扣。据波音公司的预测，未来 20 年中国市场将需要 4330 架新飞机，价值 4800 亿美元。在上述新飞机中，有 71% 是以波音 737 为主的单通道飞机，总交付量将达到 3090 架。

据英国《飞行国际》网站 2011 年 8 月 11 日报道，在波音公司携带其更换发动机型号的 737 飞机进入市场后，空中客车公司依然根据预期确认提高 A320neo 飞机的价格，A320neo 飞机可以节省 15% 的燃油。

空中客车公司母公司 EADS 首席财务官 Hans-peter Ring 表示："我公司持有的订单很多是在同一个合同中同时包涵标准型和 neo 型 A320，我可以确认的是每一个合同中的每一架 neo 型飞机的价格都会有所提高。"

自 2010 年后期，空中客车启动 A320 窄体客机升级 CFM 国际公司 Leap-X 或普·惠公司 PW1100G 发动机项目后，该公司收到的 A320neo 飞机订单或购买承诺已超过 1000 架。空中客车公司曾试图将 A320neo 飞机的售价提高七八百万美元，大约相当于该飞机全寿命期内节省燃油成本的一半。Hans-Peter Ring 表示："相对于竞争者，我认为根据我们调查得出的结论，我们同 A320neo 处在很有利的位置。"

Hans-Peter Ring 补充道："我们同波音公司一起处在垄断的地位，我认为说到价格，这是个好多于坏的消息。"暗示价格战并不能压低这两家飞机制造商提供给客户的关于各自升级后窄体客机的报价。波音公司希望在这个月晚些时候公司董事会授权提供升级发动机型 737 后，启动使用安装 Leap-X 的 737 升级发动机项目。波音公司表示：进一步支撑空客价格形势的是与发动机生产商共同投资，这对于动力系统的发展非常有利。

2012 年 1 月 18 日，欧洲飞机制造商空中客车表示：从 2012 年 1 月起，已将旗下商用飞机的目录价格平均上调了 3.9%。同时，由于市场对新燃油经济性能飞机的需求猛增，因此将有效利用此机会将新的空客 A320neo 飞机的价格大幅上调，将 A320neo 系列飞机目录价格平均提高 6.1%。作为空客最新款的燃油经济性飞机，A320neo 去年为空客一举夺得 1226 架订单，令空客在与波音的订单大战中轻松胜出。由于大量单通道飞机和其他飞机项目需求强劲，空客表示，新的一年将继续招募新员工，使其员工总人数增至 55 000 人以上。这对于并不景气的欧洲经济而言绝对是个重大利好。空客表示：与去年 4.4% 的涨幅相比，今年飞机平均目录价格 3.9% 的涨幅有所回落。

3．波音与空客近年业绩。

空中客车公司(Airbus)2011 年的产销量蝉联世界第一。空中客车首席执行官 Tom Enders 向记者表示：得益于生产率的稳步提高，空中客车 2011 年交付的 100 座以上的飞机达到创纪录的 534 架，较 2010 年的 510 架增加了 4.7%，较波音公司生产的 477 架多出 12%。

空中客车 2011 年获得的飞机订单总计为 1608 架，亦创下飞机制造行业的年度历史新高。相比之下，波音公司只获得了 921 架飞机订单。这些数据意味着，空中客车在全球的市场份额达到 64%，波音为 36%。空中客车 2010 年的净订单为 1419 架，也超过波音公司的 805 架。空中客车的收入也居行业之首，其订单总价值达到 1688 亿美元，净订单价值达到 1405 亿美元。

2014 年，波音向中国市场交付了 155 架飞机，2013 年这一数字是 143 架。据记者了解，在 2014 年交付中国客户的 155 架飞机中，新一代单通道飞机波音 737 占比最大，达 19 架，波音 777 占到了 26 架。值得一提的是，五家新兴航空公司(或低成本航空公司)东海航空、瑞丽航空、乌鲁木齐航空、福州航空和九元航空，都在 2014 年投入运营了新的波音 737。

因为波音公司比空客早 13 年进入中国航空市场，面对空客的激烈争夺，波音一直严防死守、紧咬不放。据波音方面提供给《每日经济新闻》记者的最新数据称：目前中国民航机队中超过 50%仍是波音飞机。为进一步巩固在中国市场的地位，波音不断加强和中国的工业合作，中国几乎参与了所有波音机型的制造，超过 8000 架飞行在世界各地的波音飞机上安装了中国制造的零部件和组件。

为进一步抢食中国市场，空客也已经于 2008 年在中国天津投产了单通道飞机 A320 系列总装线，这对之后 A320 在中国的销售起到了极大的促进作用。目前，双方二期合作计划已经得到确认，同时将在二期合作计划中新增空客 A320 的总装。此外，空客公司在 2014 年还宣布将推广天津成为空客在亚洲的中心。

近几年，中国乃至亚太地区无疑在空客夺冠中起了决定性作用，也意味着世界飞机增量的地域转移。继欧美之后，中国、印度、中东等亚太区成了飞机销售的新大陆。谁占领亚洲乃至中国市场，也决定着未来谁在商业利益上的胜出。

对于航空公司来说，飞机的购买价格向来是秘而不宣的。但大多数购买空客飞机的航空公司都表示"空客有更具竞争力的价格"，这似乎也成为波音指责空客的口实。波音认为空客在新机型的开发上接收了欧盟国家更多的补贴，从而降低了空客的制造成本。

同时，相对于波音，空客有更灵活的销售策略和主管的放权，所以波音手中抢走了不少订单。先不论"补贴争端"的结果如何，政府补贴给予航空制造商的成本支持有多大，就波音和空客的制造策略来说，波音向来都是以销定产，并坚持不降价原则。在波音公司主导世界飞机市场的几十年中，波音的策略是告诫航空公司，价格只是事情的一方面，还要考虑质量和其他因素。波音坚持高定价的理论依据是：波音的飞机会给航空公司节约数百万美元的长期成本。

空客则会事先生产大批"白尾飞机"(尚无订单的飞机)。空客面临的销售压力似乎更大，打折的余地也更大。而波音的销售程序是由委员会决定的，销售人员几乎没有现场决策的余地。几乎在每一笔订单的谈判中，波音都不愿采用空中客车的低价格。

此外，在购买飞机的谈判中空客销售人员往往可以当场拍板，给予客户较低的折扣；而波音的决策流程则非常漫长，其一线的谈判人员是没有价格决策权的，特别折扣需要层层请示。这和波音内部一直秉承的严谨沉稳的工程师文化不无关系。

波音中国前任总裁王建民曾如此解释波音"谨慎"的原因，他说："卖飞机不是卖衣服，更不是卖白菜，不能一个人拍板。所有条件都要成熟，包括服务保障、培训时间、飞机的配件、飞行的能力都要同时做好。"

空客全球的销售主管都有更大的拍板权，无需像波音一样凡事都要恪守流程，层层上报。出身 GE(通用电气)的王建民曾说过，"我在 GE 能够拍板，在波音要拍板就不那么容易了。"

2. 过高估计了目标市场的接受能力

一些经营者受"互联网是全球化的大市场"和"网民大多是新潮消费的追逐者"思潮的影响，过高地估计了目标顾客的消费能力和接受能力，误以为在互联网上总可以找到目标市场，因此采取了偏高的定价策略；另有一些网上经营者则陷入了盲目攀比的误区，认为网上销售的产品可以自由定价，甚至以为可以漫天要价，造成产品销售困难。

3. 定价方法不完善，缺乏科学性

一些企业忽视市场调研工作，凭经验甚至主观臆断进行产品定价决策。如简单套用成本加成的定价方法，将传统市场上的价格简单打个折扣作为网上的销售价格，还有一些企业在定价上忽高忽低，产品价格与定位不相符，这些缺乏科学依据的定价，不仅影响了销售，而且也影响了企业的信誉。

因此，在网络营销中必须突破传统定价思维的束缚，同时排除对互联网特性的片面认识和不正确认识的干扰，根据企业营销的总目标，确定具体的定价目标，在选择科学有效的定价方法的基础上，根据复杂的网络市场状况，制订和采取灵活的价格策略。

【案例】 亚马逊：差别定价策略试验

案例背景

1994 年，在华尔街管理着一家对冲基金的杰夫·贝佐斯(Jeff Bezos)在西雅图创建了亚马逊公司。亚马逊公司从 1995 年 7 月开始正式营业，1997 年 5 月股票公开发行上市。从 1996 年夏天开始，亚马逊极其成功地实施了联属网络营销战略，在数十万家联属网站的支持下，亚马逊迅速崛起成为网上销售的第一品牌。到 1999 年 10 月，亚马逊的市值达到了 280 亿美元，超过了西尔斯(Sears Roebuck&Co.)和卡玛特(Kmart)两大零售巨人的市值之和。亚马逊的成功可以用以下数字来说明：

根据 Media Metrix 的统计资料，2000 年 2 月亚马逊在访问量最大的网站中排名第 8，共吸引了 1450 万名独立的访问者，亚马逊还是排名进入前 10 名的唯一一个纯粹的电子商务网站。

根据 PC Data Online 的数据，亚马逊是 2000 年 3 月最热门的网上零售目的地，共有 1480 万独立访问者，独立的消费者也达到了 120 万人。亚马逊当月完成的销售额相当于排名第二位的 CDNow 和排名第三位的 Ticketmaster 完成的销售额的总和。2000 年，亚马逊已经成为互联网上最大的图书、唱片和影视碟片的零售商，亚马逊经营的其他商品类别还包括玩具、电器、家居用品、软件、游戏等，品种达 1800 万之多。此外，亚马逊还提供在线拍卖业务和免费的电子贺卡服务。

但是，亚马逊的经营也暴露出不小的问题。虽然亚马逊的业务在快速扩张，亏损额却也在不断增加，在 2000 年头一个季度中，亚马逊完成的销售额为 5.74 亿美元，较前一年同期增长 95%；第二季度的销售额为 5.78 亿，较前一年同期增长了 84%。但是，亚马逊第一季度的总亏损达到了 1.22 亿美元，相当于每股亏损 0.35 美元，而前一年同期的总亏损仅为 3600 万美元，相当于每股亏损为 0.12 美元，亚马逊 2000 年第二季度的主营业务亏损仍达 8900 万美元。

亚马逊公司的经营危机也反映在它股票的市场表现上。亚马逊的股票价格自 1999 年 12 月 10 日创下历史高点 106.6875 美元后开始持续下跌，到 2000 年 8 月 10 日，亚马逊的股票价格已经跌至 30.438 美元。在业务扩张方面，亚马逊也开始遭遇到了一些老牌门户网站(如美国在线、雅虎等)的有力竞争。在这一背景下，亚马逊迫切需要实现赢利，而最可靠的赢利项目是它经营最久的图书、音乐唱片和影视碟片。实际上，在 2000 年第二季度亚马逊就已经从这三种商品上获得了 1000 万美元的营业利润。

🎓 案例执行

作为一个缺少行业背景的新兴网络零售商，亚马逊不具有巴诺(Barnes & Noble)公司那样卓越的物流能力，也不具备像雅虎等门户网站那样大的访问流量，亚马逊最有价值的资产就是它拥有的 2300 万注册用户，亚马逊必须设法从这些注册用户身上实现尽可能多的利润。因为网上销售并不能增加市场对产品的总需求量，为提高在主营产品上的赢利，亚马逊在 2000 年 9 月中旬开始了著名的差别定价试验。

亚马逊选择了 68 种 DVD 碟片进行动态定价试验。试验当中，亚马逊根据潜在客户的人口统计资料、在亚马逊的购物历史、上网行为以及上网使用的软件系统确定对这 68 种碟片的报价水平。例如，名为《泰特斯》(Titus)的碟片对新顾客的报价为 22.74 美元，而对那些对该碟片表现出兴趣的老顾客的报价则为 26.24 美元。通过这一定价策略，部分顾客付出了比其他顾客更高的价格，亚马逊因此提高了销售的毛利率。但是好景不长，这一差别定价策略实施不到一个月，就有细心的消费者发现了这一秘密，通过在名为 DVDTalk 的音乐爱好者社区的交流，成百上千的 DVD 消费者知道了此事，那些付出高价的顾客当然怨声载道，纷纷在网上以激烈的言辞对亚马逊的做法进行口诛笔伐，有人甚至公开表示以后绝不会在亚马逊购买任何东西。更不巧的是，由于亚马逊前不久才公布了它对消费者在网站上的购物习惯和行为进行了跟踪和记录，因此，这次事件曝光后，消费者和媒体开始怀疑亚马逊是否利用其收集的消费者资料作为其价格调整的依据，这样的猜测让亚马逊的价格事件与敏感的网络隐私问题联系在了一起。

为挽回日益凸显的不利影响，亚马逊的首席执行官贝佐斯(Jeff Bezos)只好亲自出马做危机公关，他指出亚马逊的价格调整是随机进行的，与消费者是谁没有关系，价格试验的目的仅仅是为测试消费者对不同折扣的反应，亚马逊"无论是过去、现在或未来，都不会利用消费者的人口资料进行动态定价。"贝佐斯为这次事件给消费者造成的困扰向消费者公开表示了道歉。不仅如此，亚马逊还试图用实际行动挽回人心：亚马逊答应给所有在价格测试期间购买这 68 部 DVD 的消费者以最大的折扣。据不完全统计，至少有 6896 名没有以最低折扣价购得 DVD 的顾客，已经获得了亚马逊退还的差价。

至此，亚马逊价格试验以完全失败而告终，亚马逊不仅在经济上蒙受了损失，而且它的声誉也受到了严重的损害。

📝 **案例评析**

亚马逊差别定价试验失败的原因主要有以下几个方面：

1．战略制订方面。

首先，亚马逊的差别定价策略同其一贯的价值主张相违背。在亚马逊公司的网页上，亚马逊明确表述了它的使命：要成为世界上最能以顾客为中心的公司。在差别定价试验前，亚马逊在顾客中有着很好的口碑，许多顾客想当然地认为亚马逊不仅提供最多的商品选择，还提供最好的价格和最好的服务。亚马逊的定价试验彻底损害了它的形象，即使亚马逊为挽回影响进行了及时的危机公关，但亚马逊在消费者心目中已经永远不会像从前那样值得信赖了，至少，人们会觉得亚马逊是善变的，并且会为了利益而放弃原则。

其次，亚马逊的差别定价策略侵害了顾客隐私，有违基本的网络营销伦理。亚马逊在差别定价的过程中利用了顾客购物历史、人口统计学数据等资料，但是它在收集这些资料时，是以为了向顾客提供更好的个性化服务为幌子，获得顾客同意的。显然，将这些资料用于顾客没有认可的目的是侵犯顾客隐私的行为。即便美国当时尚无严格的保护信息隐私方面的法规，但亚马逊的行为显然违背了基本的商业道德。

此外，亚马逊的行为同其市场地位不相符合。按照刘向晖博士对网络营销不道德行为影响的分析，亚马逊违背商业伦理的行为被曝光后，不仅它自己的声誉会受到影响，整个网络零售行业都会受到牵连。但因为亚马逊本身就是网上零售的市场领导者，占有最大的市场份额，所以它无疑会从行业信任危机中受到最大的打击。由此可见，亚马逊的策略是极不明智的。

综上，亚马逊差别定价策略从战略管理角度看有着诸多的先天不足，这从一开始就注定了它的"试验"将会以失败而告终。

2．具体实施方面。

首先，从微观经济学理论的角度看，差别定价未必会损害社会总体的福利水平，甚至有可能导致帕累托最优的结果。因此，法律对差别定价的规范可以说相当宽松，规定只有当差别定价的对象是存在相互竞争关系的用户时才被认为是违法的。但同时，基本的经济学理论认为一个公司的差别定价策略只有满足以下 3 个条件时才是可行的：

(1) 企业是价格的制定者而不是市场价格的接受者。

(2) 企业可以对市场细分并且阻止套利。

(3) 不同的细分市场对商品的需求弹性不同。

DVD 市场的分散程度很高，而亚马逊不过是众多经销商中的一个，所以从严格的意义上讲，亚马逊不是 DVD 价格的制定者。但是，假如我们考虑到亚马逊是一个知名的网上零售品牌，以及亚马逊的 DVD 售价低于主要的竞争对手，所以，亚马逊在制定价格上有一定的回旋余地。当然，消费者对 DVD 产品的需求弹性存在着巨大的差别，所以亚马逊可以按照一定的标准对消费者进行细分。但问题的关键是：亚马逊的细分方案在防止套利方面存在着严重的缺陷。亚马逊的定价方案试图通过给新顾客提供更优惠价格的方法来吸引新的消费者，但它忽略的一点是：基于亚马逊已经掌握的顾客资料，虽然新顾客很难伪装成老顾客，但老顾客却可以轻而易举地通过重新登录伪装成新顾客实现套利。至于根据顾客使用的浏览器类别来定价的方法同样无法防止套利，因为网景浏览器和微软的 IE 浏览器基本上都可以免费获得，使用网景浏览器的消费者几乎不需要什么额外的成本就可以通过使用 IE 浏览器来获得更低报价。因为无法阻止套利，所以从长远角度，亚马逊的差别定价策略根本无法有效提高赢利水平。

其次，亚马逊歧视老顾客的差别定价方案同关系营销的理论相背离，亚马逊的销售主要来自老顾客的重复购买，重复购买在总订单中的比例在 1999 年第一季度为 66%，一年后这一比例上升到了 76%。亚马逊的策略实际上惩罚了对其利润贡献最大的老顾客，但它又没有有效的方法锁定老顾客，其结果必然是老顾客的流失和销售与盈利的减少。

最后，亚马逊还忽略了虚拟社区在促进消费者信息交流方面的巨大作用，消费者通过信息共享显著提升了其市场力量。的确，大多数消费者可能并不会特别留意亚马逊产品百分之几的价格差距，但从事网络营销研究的学者、主持经济专栏的专家以及竞争对手公司中的市场情报人员会对亚马逊的定价策略明察秋毫，他们可能会把他们的发现通过虚拟社区等渠道广泛传播。这样，亚马逊自以为很隐秘的策略很快就在虚拟社区中露了底，并且迅速引起了传媒的注意。

综上所述，在亚马逊的这次差别定价试验中，战略上的失误是导致试验失败的根本原因，而实施上的诸多问题则是导致其惨败和速败的直接原因。

案例评析

亚马逊的这次差别定价试验是电子商务发展史上的一个经典案例，这不仅是因为亚马逊公司本身是网络零售行业的一面旗帜，还因为这是电子商务史上第一次大规模的差别定价试验，并且在很短的时间内就以惨败告终。我们从中能获得哪些启示呢？

首先，差别定价策略存在着巨大的风险，一旦失败，它不仅会直接影响到产品的销售，而且可能会对公司经营造成全方位的负面影响，公司可能失去的不仅是最终消费者的信任，而且还会有渠道伙伴的信任，可谓"一招不慎，满盘皆输"。所以，实施差别定价必须慎之又慎，尤其是当公司管理层面临短期目标压力时更应如此。具体分析时，要从公司的整体发展战略、与行业中主流营销伦理的符合程度以及公司的市场地位等方面进行全面的分析。

其次，一旦决定实施差别定价，那么选择适当的差别定价方法就非常关键。这不仅意味着要满足微观经济学提出的 3 个基本条件，而且更重要的是要使用各种方法造成产品的差别化，力争避免赤裸裸的差别定价。常见的做法有以下几种：

(1) 通过增加产品附加服务的含量来使产品差别化。营销学意义上的商品通常包含着一定的服务，这些附加服务可以使核心产品更具个性化，同时，服务含量的增加还可以有效地防止套利。

(2) 同批量订制的产品策略相结合。订制弱化了产品间的可比性，并且可以强化企业价格制定者的地位。

(3) 采用捆绑定价的做法。捆绑定价是一种极其有效的二级差别定价方法，捆绑同时还有创造新产品的功能，可以弱化产品间的可比性，在深度销售方面也能发挥积极作用。

(4) 将产品分为不同的版本。该方法对于固定生产成本极高、边际生产成本很低的信息类产品更加有效，而这类产品恰好也是网上零售的主要品种。

当然，为有效控制风险，有时在开始大规模实施差别定价策略前，还要进行真正意义上的试验，具体操作上不仅要像亚马逊一样限制进行试验的商品品种，而且更重要的是要限制参与试验的顾客人数，借助于个性化的网络传播手段，做到这点是不难的。

实际上，正如贝佐斯向公众所保证过的，亚马逊此后再也没有作过类似的差别定价试验。结果，依靠成本领先的平价策略，亚马逊终于在 2001 年第四季度实现了单季度净赢利，在 2002 年实现了主营业务全年赢利。

综上所述，在网络营销中运用差别定价策略存在着很大的风险，在选择使用时必须慎之又慎，否则，很可能适得其反，给公司经营造成许多麻烦。在实施差别定价策略时，通过使产品差别化而避免赤裸裸的差别定价是避免失败的一个关键所在。

6.3 网络营销定价策略

网络环境下的市场竞争，其激烈程度甚至已经超过了传统市场，而价格作为营销组合策略的重要组成部分，不仅是企业参与网上市场竞争的重要手段，也是一门艺术，需要一定的策略和技巧。定价方法侧重于确定产品的基础价格，而定价策略和技巧则侧重于根据市场的具体情况，从定价的目标出发，灵活运用价格手段来实现企业的营销目标。在网络营销中到底应该采用怎样的价格策略，要根据产品和市场本身的特征来决定。对于大多数产品而言，产品的性质、生产工艺和过程、市场结构并未因互联网的出现而发生变化，网络只是改变了交易的环境。因此对这些产品来说，一些传统的定价策略和方法仍然可以在网络环境下继续使用，而且结合网络的特点有可能使其中一些产品得到超长发挥。而对于一些数字化的产品或服务来说，互联网的一些特性将对其生产成本、交易成本和交易方式产生实质性的影响，并产生了诸如免费、定制定价等新的策略或方法。

6.3.1 撇脂定价策略

撇脂定价是指把产品的价格定得很高，以获得最大利润，如同从牛奶中撇取奶油。这种策略一般是利用消费者求新、求异的心理，通过高价来提升新产品的声望，以利于企业获取高利润，尽快收回投资，而且还有利于企业掌握降价的主动权。但如果新产品价格过高，则不利于市场的开拓，而且会很快招来竞争者，因此是一种短期的价格策略。一般来说，当产品具有独特性、差异性较大，顾客的价格敏感性小和竞争对手少时，采用这种定价策略效果较佳。

6.3.2 渗透定价策略

渗透定价是指把新产品价格定得相对较低(即低定价)，以吸引顾客，刺激需求，提高市场占有率，并可以向竞争对手的市场里渗透。采用这一策略的条件是：① 产品的市场规模较大，企业具有较强的竞争潜力；② 产品的需求弹性大，顾客对其价格较敏感。

【案例】　拼多多低价的商业逻辑

案例背景

拼多多是隶属于上海寻梦信息技术有限公司的一家商家入驻模式的第三方移动电商平台，也是以人为先的新电商开创者。在以人为先的理念下，拼多多将娱乐与分享的理念融入电商运营中：用户发起邀请，在与朋友、家人、邻居等拼单成功后，能以更低的价格买到优质商品；同时拼多多也通过拼单了解消费者，通过机器算法进行精准推荐和匹配。

拼多多的核心竞争力在于创新的模式和优质低价的商品：拼单意味着用户和订单大量且迅速地涌入，而丰厚的订单使拼多多可以直接与供货厂商(或国外厂商的国内总代理)合作对话，省掉诸多中间环节，实现 C2B 模式，价格优势由此体现。

截至 2018 年 6 月 30 日，连续 12 个月成交总额达到 2621 亿，年度活跃买家 3.44 亿人，平均每个人在拼多多一年花 762 元。2018 年 7 月 26 日，拼多多在上海和纽约两地同时敲钟，以股票代码"PDD"在纳斯达克上市。

成立三年，拼多多凭借新颖实惠的电商玩法获得 3 亿用户的青睐。享受拼单超值优惠的同时，想必很多用户都想过，这些商品从哪里来？为什么拼单价可以这么优惠？

2018 年 3 月 30 日，拼多多在江西省瑞昌市举办了首个工厂开放日，走进平台两大热销生活用纸品牌——可心柔和植护的加工厂，揭秘百万销量纸品源头，探索拼多多模式的省钱升级之道。

案例执行

1. 给工厂店成为大品牌的机会。

这次对外开放的两家纸品工厂，分别体现了两种国货品牌的成长轨迹。

在入驻拼多多之前，可心柔具有多年纸品代工经验，产品常年供应沃尔玛等大型商超。在打出自己的品牌之前，可心柔已经打造了工艺完善的成熟生产线，产品质量得到市场上的认可。2016 年，可心柔旗舰店入驻拼多多，希望通过这个新平台打响自有品牌。因为品质过硬、价格优惠，在拼多多上广受欢迎，2017 年可心柔全年销售额高达 5000 万，第一次上活动拼单量暴增，整个嘉兴厂区全力开工才能保证供货量。

植护是在电商平台上成长起来的全新国货品牌。2014 年 10 月才创立的植护，打出"植物护养，天生滋润"的理念述求，在 2016 年入驻拼多多后，成为平台上成长最快的商家之一，月销售额达 300 万以上。植护纸巾依托拼多多平台，一款抽纸单品连续五天销售额达百万。

植护电商部主管陈雯雯称：社交电商给了植护高效的品牌传播机会。2017 年 5 月，植护两款婴幼儿柔湿巾报上秒杀活动，限量 1000 件，不到 2 个小时就售罄。随后产品被推荐至平台首页，不到一天就拼成 1 万多单。陈雯雯透露说："商品做出基础销量后，积极参与平台活动，单品销售额就能稳定在四至五万元一天。"

而这些流量巨大的资源位，在拼多多上都是免费的。对于商家而言，省下了大笔流量推广成本，让商家能够最大限度让利消费者，形成价格优势进一步引流，通过社交拼单的裂变传播，实现销售额攀升，提高品牌知名度。

2. 帮用户实现买得起的消费升级。

对于工厂店来讲，拼多多有流量大、不收佣金等特点，使品牌成本大大降低；对消费者而言，拼多多则是丰富购物多样性的好选择。

以扫地机器人为例，智能家居可以大大减轻家务负担，但是动辄上千元的单价让很多消费者打消了"升级"的念头。去年，拼多多上一台拼单价不到300元的扫地机器人冲上首页，总共卖出了7万多台。2017年，主营自有品牌家卫士扫地机的冬港电器专营店，在拼多多上销售出了超10万件扫地机器人，占到公司线上总销量的70%，年营业额达3000万元。

此前，家卫士深耕智能家具产业带数十年，积累了大量供应链资源和研发生产经验。按照以往，这款299元的扫地机器人，工厂按照往年计划囤了足够用到3月份的原料，没想到仅仅一次拼多多首页活动就将原料库存清空了。

"一定程度上，拼多多是最适合工厂型商家的平台。"达达表示，拼多多模式具备"少量SKU＋海量订单＋短爆发周期短"三大特点，与工厂品牌较匹配，能够帮助大量工厂从幕后走向台前，真正触及消费者，实现品牌化，压缩中间成本，掌握主动权。

3. 极度压缩供应链，让广大消费者"便宜买好货"。

在拼多多上起家的这对"邻居"——植护和可心柔各有来头。植护由5个大学生室友创办，仅用4年时间便有跻身行业龙头之势。可心柔是20多年的老牌代工厂，此前常年为欧尚、大润发等零售企业代工纸巾产品。进入拼多多两年多时间，两家工厂都将产品与成本玩出了花样，在拼多多用户中打响了品牌。

在可心柔工厂中，卖出166万单的爆款单品"竹浆本色"正在加紧生产，一包包纸巾乘坐过山车般的流水线后，直接进入隔壁物流车间，以28包29.9元的价格分发向全国各地。

与超市中其他品牌纸巾的价格做个简单对比：

可心柔100抽纸巾，28包29.9元，每包1.068元，平均每抽1.068分钱。

妮飘130抽纸巾，6包29元，每包4.83元，平均每抽3.71分钱。可心柔便宜71%。

清风130抽纸巾，8包27.9元，每包3.49元，平均每抽2.69分钱。可心柔便宜60%。

也就是说，这款爆款产品每包最少比同类产品便宜2.5元。即便是平均到每抽纸巾的价格，至少也要便宜60%以上。

这款爆款纸巾成本结构非常透明：按28包规格来算，平均每包售价仅为1.067元，相当于一张纸巾只有1分钱。

其中，每包纸巾快递物流费用为0.125元，生产成本为0.91元，净利润仅为3.2分钱一包。即29.9元28包的规格，可心柔每单才仅有不到9毛钱的利润。但这包纸巾的质量与一线品牌并无差异。之所以能做到如此低的成本，诀窍在于定制化产品＋压缩供应链。

可心柔的电商负责人吴立营说："他们发现许多拼多多用户在意性价比，觉得大张纸巾浪费"。为此，工厂特地推出180 mm×122 mm的小规格竹浆本色抽纸，并将生产线迁移到原料供应商理文集团的园区内，运输成本从每吨 300 元直线下降到 8 元。

事实上，这种调整并非"偷工减料"，而是市场供需双方的自然选择——在消费者能接受的价格区间内，把产品质量做到极致，满足更广大人群"够用就好"的需求，追求薄利多销。

在两家品牌的负责人看来，他们产品的唯一核心点是"够用就好"，工厂直发削减掉品牌营销费用，并尽可能地压缩供应链成本，把一两款产品做到极致性价比，类似于纸巾界的迪卡侬、宜家。

4. 专员亲自开箱体验，多重关卡把关"爆款"。

拼多多家居类目负责人冬枣在开放日现场表示：即便这类高性价比产品想要获得拼多多的免费"爆款流量"，也要经过几道关：① 商审部门要严格核查工厂资质、产品合格证书、质检报告等资料。② 运营专员亲身体验，与同类产品仔细对比，通过后才予以上架。③ 风控部门会不定期神秘抽检产品，检测张数、重量等指标。

因为频繁开箱验纸，冬枣也被称为"纸博士"，光经他手对比体验的纸巾就有 300 多款。不过，现在拼多多有了更加全面的商品推荐体系，如通过后台大数据体系对"准爆款"的顾客满意度评分，更精准地识别出好货。

同时，拼多多还在不断加强质量管控，联合中国检验集团、天祥集团等第三方机构，在半年多时间中主动抽检 1.13 万件商品，检测产品标志、甲醛含量、外观材质、耐冲击性能等 52 个项目。

能闯过多重关卡的商品，自然有着不俗表现。以可心柔的爆款单品竹浆抽纸为例，一上线就卖出 166 万单，直接带动了行业内的"竹浆纸巾"跟风热潮。而植护推出的小规格定制产品，同样也拼出了 320 万单的成绩。上述两款产品的顾客满意度均超过 4.95 分(满分 5 分)。

5. 解密拼多多模式：少 SKU、短爆发、高单量。

根据拼多多的数据显示，其在两年的发展过程中，已经孵化出近千家类似可心柔与植护的"拼工厂"，并且订单量出现了几倍，甚至几十倍的爆发式增长。

工厂品牌能与拼多多共同崛起，核心原因到底是什么？

拼多多联合创始人达达解释说："根源在于拼多多模式不再是'买流量→灌商品→催交易'的传统搜索式电商，而是'注重商品 + 消费接力'的新电商。"

简单来说，传统商品的交易流程为：被动搜索→点击→成交。商家要花费大量成本购买广告位、关键词，将流量转换为交易额。但在拼多多模式中，早期商品通过消费者的主动分享自发传播，几乎是以零成本转化成交。随着拼多多用户群体越来越大，APP 内形成自生循环，让商家可以直接接触 3 亿用户。

与之而来的三大特点就是少 SKU、高单量、短爆发。这种模式下，植护、可心柔这样的品牌，将大量产能倾斜到 2～3 款核心产品。一方面缩减产品线、压缩中间环节、提升规模以降低成本，另一方面也稳定了供应链，让工厂面对原料、人工成本波动风险时，有了更强的抵抗能力。

"一定程度上，拼多多是最适合工厂型商家的平台。"达达表示，拼多多与工厂品牌非常契合"便宜有好货"的商业逻辑，未来拼多多将加大投入，与新生品牌共同成长。

6.3.3 折扣定价策略

折扣(Discounts)是价目表上价格的变化，是由卖主给予一些放弃营销功能的购买者提供的折扣比例上的优惠价格。目前，网络营销中常用的折扣有 3 种。

1．现金折扣

现金折扣(Cash Discounts)是一种鼓励购买者快速支付账单的价格削减策略，其期限在净期限内变更。例如，3/10，净 30(3/10，net30)，是指货款必须在 30 天内付清，如果在 10 天内付清，则给予发票面值 3%的现金折扣。

2．数量折扣

数量折扣(Quality Discounts)是用来鼓励顾客大量购买商品的折扣。这种折扣有累积数量折扣和非累积数量折扣两种。累积数量折扣适用于在给定期限内的购买，该折扣经常随购买金额的增加而提高。累积折扣意在鼓励顾客重复购买本企业的产品，是一种建立和发展与顾客长期稳定关系的策略。目前，众多商业网站上推出的消费积分活动就是采用的这种策略。非累积数量折扣多用于一次性较大数量的购买，当顾客一次购买的金额或数量达到一定标准时，按其总量的多少给予不同的折扣。非累积数量折扣不仅对顾客有利，而且也可降低企业销售成本，但在实施时应注意折扣起点、折扣率及折扣率分档等问题。经销者可通过网络关注其他同类产品经营者的价格信息，把握非累积数量折扣的尺度，避免发生无法预料的结果。

例如，在美国一家比较购物网站上实行这样一种销售方式，可以选择"Buy it Now(一口价)"按标价立即购买，也可以加入团购俱乐部享受如下优惠：若一周内有 30 个会员参加，就可以按九五折的价格出售；若两周内有 35 个会员参加，则可按照九折的价格出售；若三周内有 40 个会员参加，则可按照八五折的价格出售。等待的时间越长，折扣越高。等多长时间，享受多少折扣，决定权在消费者。该销售方法获得了美国国家专利。

3．季节折扣

季节折扣通常是在业务淡季时提供的一种价格减让。季节折扣主要用于鼓励中间商淡季进货或消费者购买过季商品，其目的是使企业的产销在一年四季保持相对稳定。

6.3.4 心理定价策略

心理定价策略是一种根据不同消费者的心理特征来确定产品价格的定价策略。在长期的消费实践中，由于价格与质量、价格与支付能力等之间存在着十分密切的关系，消费者形成了多种与商品价格密切相关的消费心理特征，如在无法凭感官直觉鉴别商品内在质量时出现"价高质必优"的按价论质心理、中低收入阶层寻求"物美价廉"商品的满意消费心理、快速消费品市场中常见的"习惯价格"心理以及追求时尚新潮的"高价消费"心理等。这些心理特征多种多样且十分复杂，它们直接影响到消费者对商品价格乃至对商品整体的接受程度。企业在定价时，若能有效把握这些心理特点，则可大幅提高定价实践的成功率。心理定价策略尤其适用于网络市场环境，常用定价方式的有声望定价、尾数定价、习惯定价、招徕定价。

1. 声望定价

声望定价是针对消费者仰慕名牌产品或企业声誉的心理而采取的定价策略。通常最适宜于质量不易鉴别的产品，而且多以较高的价格来迎合消费者"按价论质"的心理。目前，名优产品、有声望价值的工艺品等一般均采用声望定价。

2. 尾数定价

尾数定价即利用消费者对数字认知的某种心理尽可能在产品的价格数字上保留零头。此举可使消费者产生价格低廉和认为该价格是经过认真的成本核算的感觉，从而产生便宜感和信任感。

3. 习惯定价

习惯定价即企业尽量将价格维持在消费者习惯接受的水平上的定价策略。由于某些商品在消费者心目中已形成了一个习惯价格，如一些日用消费品，其价格都是家喻户晓的，稍有变动，就会引起顾客的抵触心理。为避免由此给企业造成不利影响，企业宁可通过降低生产或经营的成本或在产品的内容、包装、容量方面进行调整，也不轻易或频繁地变动价格。

4. 招徕定价

一些多种经营的企业利用部分顾客求廉的心理，对某几种商品实行低价以吸引顾客，如"节假日的大减价""周末打折"等；也有反向操作的，利用顾客的猎奇心理，推出一些高价商品来引起顾客的关注，如我国一些酒店推出的天价年夜饭；日本东京一家名为"70MSON"的咖啡屋推出的 5000 日元一杯的高级咖啡等。两种定价的目的都是在招徕顾客购买或关注这些产品的同时，带动其他商品的销售。

6.3.5　动态定价策略

动态定价策略亦称定价变更策略。产品在定价之后，由于情况发生变化，需要经常对价格进行变更。这是企业在不断变化的市场环境中求生存谋发展而不得不做出的举动。网络营销面临的是一个变幻莫测的全球市场，影响价格调整的因素更多、更复杂，因此实施动态定价策略不仅可能而且可行，如在淘宝、拍拍、易趣等网上交易平台中普遍使用的拍卖竞价方式就是一种典型的动态定价策略。根据互联网和网络市场中产品与服务的特点，目前，网络营销中的动态定价主要有 3 种：定制价格、使用定价、拍卖定价法。

1. 定制价格

定制定价是在企业具备定制生产条件的基础上，利用网络技术和辅助设计软件，帮助顾客选择配置或自行设计能满足其需求的个性化产品，同时顾客愿意按企业为其定制产品提出的新价格进行购买。这种以满足顾客个性化需求为前提的定制定价是互联网环境下营销方式的一种创新。例如，Dell 公司允许消费者通过其网站了解各型号产品的基本配置和基本功能，根据实际需要和在所能承受的价格范围内，配置出自己满意的产品。

【案例】 Priceline：客户自己定价策略

案例背景

Priceline 由美国传奇企业家 Jay Walker 创立于 1997 年(网站于 1998 年上线)，总部位于康涅狄格州诺沃克市，1999 年在纳斯达克(NASDAQ: PCLN)上市。Priceline 集团旗下品牌包括：欧洲酒店预订网站 Booking.com、以反向定价 Name Your own Price 出名的 Priceline.com、主要面向亚太地区的 Agoda.com、元搜索网站 Kayak 以及租车服务 Rentalcar.com。Priceline 通过这些品牌向全球用户提供酒店、机票、租车、旅游打包产品等在线预订服务。

"Name Your Own Price，NYOP(客户自己定价)"是美国 Priceline 公司独创的一种商业经营模式，Priceline 公司因此获得了专利(见图 6.1)。这种模式实质上是一种 C2B 模式。Priceline 允许客户在线预订旅游产品时自定义其愿意支付的价格。除此之外，自定义内容包括出发时间、产品类别、到达目的地、日程安排等，Priceline 在接到客户报价后会在系统中搜索与之匹配的供应商在系统内提供的折扣报价，以确定是否满足顾客的要求并决定是否接受客户提出的报价。如果不接受，则系统会通过引导客户调整某种参数而增加匹配的概率。

图 6.1

Priceline 这种由买家掌握定价主动权的定价模式在需求相对稳定或对价格比较敏感的市场中非常实用，如航空机票、酒店预订等。通过该系统订票能比其他网站便宜近 10%，颇具杀伤力，所以在前期便为公司打好了牢固的基础；而后通过一系列成功的海外并购，并保留原有管理团队且充分放权，使得公司业务多年来均保持高速增长，Priceline 由此成为一家成功的国际化互联网公司。

据数据显示，2013 年全年，Priceline 旅游预定销售额高达 392 亿美元，营业收入为 67.9 亿美元；截至 2014 年 2 月 28 日 16 点，Priceline 总市值 703.3 亿美元，是行业第二 TripAdvisor 的近 5 倍(142.6 亿美元)。巨大的优势，显示出 Priceline 当之无愧的在线旅游行业老大的地位。

案例执行

1. 独特的商业模式，获取竞争优势。

Priceline 拥有两种核心商业模式：Merchant 模式和 Agency 模式。

Merchant 模式就是和酒店、机票、租车以及目的地服务商合作，以固定的配额和价格获取相关产品，同时 Priceline 拥有相应的自主定价权，向消费者收费时获得产品差价。这个模式单笔交易营收通常比较高。"Name Your Own Price"模式下的各项产品预订以及酒店和租车预订都属于这个模式。

Agency 模式就是在用户和产品供应商中担当代理商的角色，在交易中通过抽取佣金赚钱，属于典型的网络经纪。它为买卖双方提供一个信息平台以便交易，同时提取一定佣金。这个模式单笔交易营收较低，但比较稳定。

Priceline 公司独特的"Name Your Own Price"模式开拓了一种创新的零售渠道和零售价格系统：通过 Priceline 网站客户可以按自己认为合适的价格去寻找旅馆、机票或租车服务。客户只要向 Priceline 网站提供所期望的产品或价格等相关需求信息，此后的工作便由 Priceline 公司来完成，Priceline 向卖主(航空公司、酒店、金融服务公司)询问是否有商家愿意接受顾客提出的报价。由于减少了一些交易环节，因此降低了客户的交易成本，并缩短了客户寻找商品的时间，通常客户只需付 30%～50%的常规价格就可以得到相同质量的旅馆房间或其他服务。这就是为什么 Priceline 公司能吸引客户的关键原因。

与此同时，生产者(航空公司、酒店等)也可通过 Priceline 网站获得市场需求信息(产品需求和价格)，并根据客户的需求特征有针对性地提供其所需要的产品，实现获利。不仅如此，这种交易模式提高了缺乏消费时间弹性产品(如过期的机票、闲置的旅馆房间都是具有时效性的产品)的交易概率和效率，降低了生产商为实现与消费者交易的经营成本，节省下来的费用也为客户提供打折商品创造了空间，并增加了生产者的收入。

作为电子中介商，Priceline 公司制定了严格的交易规则。以旅馆房间预订为例，客户需先把自己的银行卡信息告诉 Priceline 公司才能开始交易，交易成功后自动划账，如果失败则不收任何费用。旅馆、机票等则售出后一概不予退换。在竞拍旅馆时，客户不能指定想住哪一家旅馆，Priceline 公司会把一个城市划分为若干个区域，客户所能指定竞拍的只有区域、旅馆星级、日期和价格。当客户报价后，Priceline 公司会根据其所提供的价格等条件，与该区域的各个挂钩旅馆进行联系，看谁愿意以客户所报的价格出租房间。假如有旅馆愿意并成交，Priceline 公司会就这笔买卖从客户的银行卡里收取 5.95 美元的交易手续费。此外，在要约价格被吸收之前，卖家的许多信息是隐而不见的。Priceline 公司还禁止客户在同一天内就同一竞买标的提交两次报价。假如由于客户报价太低等原因导致竞拍失败，Priceline 公司提供了两种选择：① 72 小时后重新竞拍；② 更改竞拍的区域、旅馆星级等条件，再多加些钱，重新竞拍。

Priceline 的这种自我定价、反向拍卖的模式遵循了经济学中的"保质期"越近，商品价值越小。比如飞机起飞前一天，卖不出去的位置理论价值是 0。对于供应商来说，多卖一个赚一个。这种独特的商业模式有以下方面的优势：

(1) 建立了巨大客户黏性(海外大部分客户预订酒店机票都只去 Priceline)。而 Priceline

通过这种模式帮助供应商平滑淡季波动，这在旅游行业尤为突出。

(2) 有效整合资源。比如 Priceline 集合越来越多旅游供应商信息后，就越能帮助消费者找到自己满意定价的产品。而在大数据技术推出后，这种资源的价格便越来越值钱。

(3) 将定价权变为买方定价。当消费者给 Priceline 提供了酒店星级、城市区域、日期和价格信息后，消费者必须接受 Priceline 提供的产品交易。这也让 Priceline 的价格比携程、Expedia 等要便宜很多。通常，一家在 Expedia 上标价 100 美元的 4 星级酒店，在 Priceline 可以用 50 美元左右的价格竞拍到。这种价格差距，对于酒店产品的销售来说，几乎是致命的。

2．多元化营销，扩大影响力。

(1) 广告营销。Priceline 的广告营销投入是相当可观的，它是谷歌十大广告主之一。比如在其香港网站上线时曾举办过为期一个月、耗资数百万港元的"免费天天环游大抽奖"的广告宣传攻势，在各大报刊杂志、电子媒体大卖广告，又与和黄旗下商店合作，举办多项活动，为消费者提供各项优惠，线上、线下宣传攻势浩大。

(2) 明星代言。Priceline 最具标志性的广告人物就是其官网上摆出一副打架姿势的"negotiator"，他就是大名鼎鼎的星球大战扮演库克船长的威廉•沙托。看过《生活大爆炸》的人都知道，这部电影在美国人心目中的地位，Priceline 借用库克船长的形象来传递其敢于冒险，探索未知的先锋精神。Priceline 至今非常庆幸找对了代言人，据称 90% 的美国顾客是受了库克这个人物形象的吸引而尝试 Priceline 在线旅游服务的。近期在美国 2014 超级碗广告中，Priceline 又聘请了《生活大爆炸》中扮演 Penny 的 Kaley Cuoco 与库克船长搭档。

(3) 联名信用卡。与 VISA 联合推出信用卡服务。

(4) 广告联盟。吸收其他网站加入 Priceline 的广告联盟，通过其他网站链接到 Priceline 的客户每次成功预订后都可以获得现金奖励，这样的联盟方式达到了为 Priceline 导流和宣传的双重功效。

案例思考题

请对比其他旅游网站，体会 Priceline 网站"Name Your Own Price"定价模式的竞争优势。

· — · — · — · — · — · — · — · — · — · — · — · — · ●

2．使用定价

使用定价策略是顾客通过互联网注册后，获得在线直接使用企业的产品或享用其提供服务的权利，企业按照顾客使用产品或服务的次数进行计费。目前，这种类似租赁的按使用次数定价的方式比较适合通过互联网传输，可以实现远程调用的软件、音乐、电影、电子书刊、数据库、网上娱乐、专业咨询等数字化产品和服务。如用友软件公司推出的网络财务软件，注册用户可在网上直接处理账务，而无须购买软件和担心软件的升级、维护等烦琐的事情。

3．拍卖定价法

拍卖的历史悠久，在传统环境下是指由资源所有者事先设计/选择报价方式以及资源分配规则，资源需求者根据报价方式报出自己愿意支付的价格，然后按照分配规则确定谁以什么样的价格获得此资源。

在网络市场中，动态定价策略的运用可以体现出经营者高度的市场智慧，这其中的关键是要找出顾客需求欲望、实际购买力与企业收益之间的平衡点。即消费欲望与实际购买力的相交点，此点对应的是最合理的价格。为此，企业需要了解产品的目标市场规模、总量、消费结构、消费需求层次、消费者的经济状况以及市场竞争结构、强度、竞争产品的价格等。

6.3.6　免费价格策略

免费价格策略就是将企业的产品或服务以零价格或近乎零价格的形式提供给顾客使用，满足顾客的需求。作为市场营销中常用的营销策略，在传统市场营销中，免费价格策略主要用于促销和推广产品，是一种短期和临时的策略。但在网络营销中，免费不仅仅是一种促销策略，还是一种长期且行之有效的企业定价策略。企业在使用免费策略时只有认真分析自身的状况和具体的实现方式，采取合理有效的经营策略，才能真正发挥免费策略的作用。目前，企业采用完全免费、限制免费和捆绑免费 3 种模式来实施免费价格策略。

1. 完全免费

完全免费即产品从购买、使用以及售后服务等所有环节都实行免费。2007 年，《纽约时报》宣布：过去 28 年来的报道和文章都可以在网上免费查阅。中国的《人民日报》等报刊的电子版在网上也是免费浏览的。此外，在互联网上诸如搜索引擎、免费邮箱等，信息服务网站，Freecycle 等在线交换物品网站也都采用完全免费方式。京东商城、亚马逊中国、1 号店等购物网站也实行免送货费、退货费等。人们往往只注意了免费行为本身，而忽视了免费行为所创造的真正价值。免费行为的动机是多种多样的，但由此赢得了声誉和关注度，所带来访问量的提升及产生的交叉销售利润足以让这些机构继续选择这种经营方式。

2. 限制免费

(1) 限定时间。最常见的是一些软件厂商提供的诸如 30 天免费试用版。这种方式容易实现，市场份额被侵蚀的风险小；其弊端在于许多潜在客户不愿意试用，因为他们知道 30 天试用期后就要收费。

(2) 限定功能。免费产品只具有基本功能，全功能产品收费。如一些影音作品常免费提供一些片段供用户欣赏，要想观看全部内容则需付费。这种方式有利于提升产品知名度；弊端在于需制作两种版本的产品。其实施效果与免费产品中提供的功能多寡有直接关系，多数用户都有可能因能够满足需求或认为产品无法满足需求而不会购买。

【案例】　**起点网的利润来自 VIP 用户的在线阅读**

案例背景

以提供网络原创文学作品为经营业务的"起点中文网"，拥有 700 万注册用户，超过 8

万名原创作者和 9 万余本原创小说，总字数达 60 亿字，成为目前国内用户数最多、收藏最全面、受关注程度最高的原创文学网站之一，并成为国内首家赢利的 Web2.0 网站(2010 年数据)。在各种免费资源比比皆是的互联网上，起点网的利润却来自它的 VIP 付费用户，的确让人匪夷所思。

案例执行

起点网的收费阅读始于 2003 年，而且对象就是 VIP 用户。为吸引更多的用户注册成为 VIP 用户，起点网为 VIP 用户提供了如下权利：所有 VIP 用户可以在第一时间看到自己喜欢的原创作品、可以投票支持自己喜欢的作品、可以在线收藏这些作品。起点网免费提供这些作品的前半部分供 VIP 用户阅读，而后半部分则要付费阅读，以章节为收费单位，价格是每千字两分钱。读者读完一部 50 万字的小说大约需要花费 10 元钱，这是很诱人的一招。试想，当你在看一部作品看得入迷时，下面的章节被屏蔽了，此时大多数人会选择付费。因为，每千字两三分钱的价格确实不算高，多数读者能够接受。而起点网则按照用户付费额的 50%～70%给作者付稿酬，这一招尤为高明。与固定稿酬相比，与阅读量挂钩的浮动稿酬更能激励作者，让作者铆足了劲，想方设法创作出更多能吸引读者的作品，从而实现良性循环。

(3) 限定用户数量。如一定数量的用户可以免费使用该产品，但超过该数量则需要付费。这种方式易于执行、易于理解；弊端在于可能侵蚀低端市场份额。如一些商业网站经常采用这样的促销手段：某月某日前参加活动者或前若干名注册者，其费用打折或提供相关优惠条件等。

(4) 限定用户类别。如向低端用户提供免费使用该产品，而高端用户则需要付费。这种方式的好处是可以根据其付费能力向用户收取相应费用；弊端在于验证程序复杂且难于监管。微软在 Biz Spark 项目中使用的就是这种方式，在该项目中，成立时间少于 3 年且营业收入低于 100 万美元的企业可免费使用微软的商业软件。

3. 捆绑式免费

对产品或服务实行捆绑式免费，即企业向市场提供某产品或服务时赠送其他产品。如一些软件企业实行捆绑式免费策略，通过成熟软件的销售带动新软件进入市场。这种方式并不能为企业带来直接收入，其好处是能让企业的产品迅速占领市场份额。

第7章 网络营销渠道策略与案例

7.1 网络营销渠道的优势

营销渠道是由生产者向最终消费者或用户流动所经过的途径或环节。在这一过程中，有一整套相互依存的机构参与，它涉及信息沟通、资金转移和物品转移等。网络营销渠道就是借助互联网将产品从生产者转移到消费者的中间环节。与传统营销渠道相比，网络营销渠道具有三方面的优势：功能优势、结构优势和成本优势。

1．功能优势

1）网络营销渠道扩展了营销活动的时空

对市场的需求和供给双方而言，网络营销渠道能使全球商务更加便捷，方便客户随时随地进行信息搜索及交易的实现。互联网将潜在客户扩展到世界范围；卖方也能够利用互联网缩小甚至消除地理区域差异或劣势。同时，由于在此过程中减少了人为因素的影响，保证了信息传递的整体性和有效性。

【案例】 外卖打开的即时配送

案例背景

根据必达咨询发布的报告，2017年第一季度同城B2C餐饮外卖配送中，饿了么"蜂鸟"占市场份额的45.8%，位居第一。

"蜂鸟"的运力构成，有物流代理商、众包、自建和兼职等。饿了么首席运营官康嘉接受专访时表示：配送队伍中一半以上是代理商，"蜂鸟"在全国有500家左右的配送加盟商；另外自营配送员6000多人，负责五六个城市重难点配送商圈。康嘉表示未来这部分队伍不会扩展，因为自营成本高，市场需要零散网状的配送结构。"蜂鸟"是饿了么旗下的物流平台。康嘉表示：未来"蜂鸟"将利用多种运力模式，承接更多饿了么以外的社会单量，成为"中国最大的同城物流平台"——这意味着全品类的覆盖。

案例执行

从外卖起家，目前三大外卖平台(饿了么、美团外卖、百度外卖)都开始拓展品类，以增加流量，如下午茶、夜宵、生鲜水果、商超日用品等。记者了解到，目前饿了么正在进行"蜂鸟"的开放，争取更多饿了么平台之外的中小商家。"蜂鸟"未来肯定会开放，但并不会剥离。康嘉表示，外卖行业跟传统电商相比较，交易和履约非常紧。即时配送目前还是很零散的状态，很难说是一个产业，除了外卖还没有大规模爆发，所以目前还未实现全品类覆盖。在他看来，同城配送下一个增长点是新零售、商超品类、生鲜水果、专人直送等。根据上述必达咨询的报告，在同城市订单类型中，在餐饮外卖之后超市位列第二。此外，三大外卖平台相继推出专人跑腿帮买业务，打破了商圈概念转向全城配送，配送产品也多样化。

除了三大外卖平台，即时物流的需求也催生了众多垂直电商。"快健康"APP 是一家位于成都的同城电商，商品以水果、零食、酸奶为主，主打一小时到达。"快健康"运营总监王笛颖表示：以温控管理为例，从热烘的面包(4～12 度)，到 0～4 度牛奶，再到零下 18 度冷冻食品，不同温度对前置仓的设置、仓位的管理要求极高。王笛颖表示，目前以自有物流为主，外卖平台配送、众包物流公司等为辅。众包物流针对商户有另一套计价系统，在一定规模下有优惠。她也表示自营成本太高、众包运力不确定性大，所以要和多个平台进行合作。

众包方式弹性较大，非常适合同城即时物流市场，尤其是有午餐高峰外卖。目前三大外卖平台都已构建自己的众包平台，引入更多的同城运力。人人快递等众包物流平台原以"专人直送"理念起家，随着即时物流需求加大，纷纷参与到外卖等 B 端的市场或被巨头收入囊中，如阿里、饿了么入股必达，京东到家与达达合并。

目前外卖的补贴战还没有结束。记者了解到，外卖平台平均一单物流配送成本为 7～8元，补贴后平台收取 4～5 元。在外卖利润微薄的背景下，众包物流或如达达向 C 端开放或争取更多的中小商家。据 Analysys 易观数据监测，互联网即时配送市场订单已接近传统物流市场的 10%。作为下一个蓝海，可预见的是，无论是平台还是供应商，都在提前布局以争取未来的主动权。

-·-·-·-·-·-·-·-·-·-·-·-·-·-·-·●

2) 网络营销渠道便利了供需之间的沟通

网络提供了双向的信息传播模式，使生产者和消费者的沟通更加方便畅通。对生产者而言，网络渠道是信息发布的渠道，企业的概况、产品的种类、质量和价格以及优惠促销都可以借助网络来传播；同时还能及时统计产品和客户资料，使企业能在较短的时间内根据消费者的个性化需求进行生产、进货并有效地控制库存。对消费者来说，网络渠道使最终用户直接向生产者订货成为可能，加强了生产者和消费者之间的沟通交流。

3) 网络营销渠道提高了产品分销的效率

网络渠道是企业销售产品、提供服务的快捷途径，使传统渠道实现商品所有权转移的作用进一步加强。用户可以从网上直接挑选和购买自己需要的商品，并通过网络方便地支付款项，这样就明显提高了渠道的效率。

4) 网络营销渠道实现产品分销的增值

网络营销渠道是企业间洽谈业务、开展商业活动的场所，也是进行客户技术培训和售后服务的理想园地。基于互联网的在线服务是企业向客户提供咨询、技术培训和进行消费者教育的平台，对树立企业的网络形象起到很大的作用。

5）网络营销渠道改变了客户的购物体验

通过网络，客户已经具有了对交易的活力、时间选择和深度的控制。客户除了可以随时进入购物环节，不受传统的商店地域和营业时间的限制以外，更为重要的是无需承担任何大批礼貌交互的社会规范的压力，客户可以在任何时间点上退出或中断一个交易，而在传统交易过程中，这是很难想象的；网络使查找信息、货比三家和产品订购更为容易，从而强化了客户的购物体验。总之，网络提供了客户购物的便捷性，减少了在购物上花费的时间。

2．结构优势

凭借着网络信息集成的优势，无论是网络直接销售还是间接销售，网络营销渠道最大的特点就在于精简了分销渠道的结构。

网络的直接分销渠道和传统的直接分销渠道一样，都是零级分销渠道，但是网络的直接分销渠道能通过互联网提供更多的增值信息和服务。不同于传统的分销渠道(见图 7.1)，网络间接分销渠道只有一级分销渠道，即只有一个商务中介平台来提供给买卖双方进行信息的沟通，而不存在多个中间商的情况。因此，这种营销渠道大大减少了渠道之间的内耗和渠道成员的管理难度。如图 7.2 所示是网络营销渠道模式。

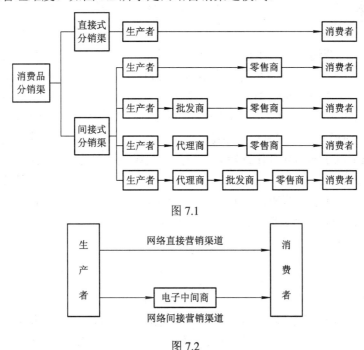

图 7.1

图 7.2

3．成本优势

在网络环境下，无论是直接分销渠道还是间接分销渠道，都较传统的营销渠道在结构上大大减少了中间的流通环节，因而有效地降低了交易费用，缩短了销售周期，提高了营销活动的效率，具有很强的成本优势。

通过网络的直接分销渠道销售产品，企业的网络营销人员可以从互联网上直接受理来自世界各地的订单，然后根据订单信息直接将货物寄送给订购者。这种方法所需的费用仅仅是操作人员的工资和上网费用，大大节省了人员的推销费、差旅费和外地仓库的租赁费。同时，生产商也可以通过网络为消费者直接提供售后服务和技术支持，从而降低了服务成本。

网络间接分销渠道与传统的间接分销渠道相比，由于只包含了一级分销商，完全克服了传统间接渠道过长的缺点。企业可以大大降低了交易流通成本，使产品能在价格上具有竞争优势，从而提高企业产品的竞争能力。

【案例】 eBay 的整合渠道

案例背景

成立于 1995 年 9 月的 eBay 公司是目前世界上最大的网上拍卖网站，拥有注册用户 9490 万人，让竞争对手望尘莫及。而且，eBay 的访问者转换率也是最高的，将近四分之一的网站访问者成为其购买者。

案例执行

eBay 的会员制营销开始于 2000 年 4 月，当时是与 Click Trade 合作开展的，eBay 在与 Click Trade 合作的一年中有 2 万个会员网站加盟。2001 年 4 月 18 日，eBay 转而与 Commission Junction 合作，不过的 Click Trade 会员制程序还可以继续使用，以后将逐步转移到 Commission Junction 的系统中。Commission Junction 是第三方会员制营销方案提供商，提供第三方的用户访问跟踪、实时报告系统、佣金结算，并解决会员账号管理中的一切问题。eBay 与 Commission Junction 合作开始第二个会员制营销计划的同时，也将佣金水平从原来支付给每个注册用户 3 美元上升到 4 美元，这样又大大地激发了会员的积极性，新计划实施 1 周后，就有 3000 个网站加盟成为会员，6 个星期后会员数量达到 12 000 个。有数字表明：在 2001 年 5 月的一个星期之内，通过 Commission Junction 会员制程序获得的点击次数超过 50 万，简直不可思议。

案例评析

与一般网站花费大量金钱而想吸引用户的做法不同，eBay 并没有为用户提供什么特别的激励手段，没有优惠券，也没有免费送货政策，用户加入 eBay 完全是出于自愿。根据 eBay 2001 年第一季度的财务报告，获得每个注册用户的平均成本为 14 美元，而通过会员制营销计划支付给会员的佣金为 4 美元，显然，这个佣金支出是很合算的。

eBay 的成功也得益于同期属下 Half.com 的协作，Half.com 在书籍、CD、电影、DVD 及游戏方面的经营十分成功，Half.com 的会员制营销与 eBay 相互配合，互为推广，由此也获得了为数不少的会员。eBay 公司通过与 Click Trade、Commission Junction、Half.com 等公司合作，实现渠道整合，获取更大利益。

7.2　网络营销渠道的功能

网络营销渠道借助于互联网，一方面要为消费者提供产品信息，方便消费者进行选择，另一方面，在消费者选择后要能完成相关的交易手续。因此，一个完善的网络营销渠道应具备三大功能：交易功能、物流功能和促进功能。

1. 交易功能

交易功能指的是与购物者接触，利用各种营销沟通的手段让购买者了解产品，寻找符合购买者需要的产品，商议价格，完成订货、结算等交易环节的工作。

1) 与购买者接触

互联网能为交易流程带来的增值主要表现在以下方面：第一，利用网络进行接触可以更多地满足购买者的个性化需求。例如，本田汽车公司网站方便了客户寻找最近的汽车销售代理，上门客户购买本田汽车。第二，消费者可以在网络上寻找到许多相关的参考信息，例如搜索引擎、购物代理、聊天室、电子邮件等。第三，互联网提供了一个全年无休式的经营场所。

2) 营销沟通

营销沟通活动包括广告和其他多种产品促销活动。营销沟通工作一般是由渠道成员共同完成的。例如，制造商启动一个产品广告的活动，由零售商来提供折扣券。还有合作广告形式，是由制造商和零售商共同承担广告费用。因为是由渠道成员共同开展营销沟通的工作，所以这样的方式最有效。互联网有助于渠道中介互相之间的协调，更好地开展促销活动。企业可以通过电子邮件相互传递广告和其他的营销资料，还可以实时浏览其他企业在网站上的促销信息。

3) 使产品满足客户的需求

网络的优势之一是使产品与客户的需求相匹配。一般情况下，客户只要提出自己的要求，网络购物代理就能够罗列出一张相关产品的清单；网络零售商能帮助消费者获得与自己需求相吻合的产品。例如，Gap 服装网站会帮助消费者进行服装选配；路虎汽车公司网站上，消费者可以自己对汽车进行配置。网络上有款协同过滤购物代理(collaborative filtering agents)的软件，企业可利用它根据消费者以往的购物行为预测消费者的偏好。亚马逊网站就是利用这样的代理软件来向客户推荐图书和音乐制品的。这样的系统一旦建立，企业就能够同时面对几百万个用户，边际成本几乎可以忽略不计。数据库中的消费者信息越多，协同过滤购买代理系统的效率就越高。这类服务可以迅速扩张，因为所有的操作都是自动的。

4) 价格协商

在网络上，购物代理在价格协商中是代表消费者的利益的，它将企业出价按照从低到高的顺序进行排列。另一种是竞价形式，是由买方提出价格，供应商在公平的条件下竞争。许多企业现在都开展网络采购竞价。例如，eBay 公司和亚马逊公司开展竞价销售，通用电气公司也在让供应商开展网络竞价。网络采购竞价增加了供应商的数量，这样竞争激烈价格就降下来了。有些网络拍卖公司允许购买者利用购物代理来参与竞价，以便更好地与其他购买者或者购物代理进行竞争。

5）订货系统

订货系统为消费者提供产品信息，同时方便厂家获取消费者的需求信息，以求达到供求平衡。设计的订货系统要简单明了，无需消费者填写太多信息，同时还应该提供商品搜索和分类查找功能，以便消费者在最短的时间内找到需要的商品。一个完善的订货系统，可以最大限度地降低库存，减少销售费用，因此许多企业特别是与计算机相关的行业发展最快。例如，Dell 公司提供网上订货系统销售额达到每天 3000 万美元，占公司总收入的60%以上。我国的联想电脑公司在其开通网上订货系统当天，订货额高达 8500 万元人民币。可见，网上订货系统的发展潜力巨大。

6）结算系统

消费者在购买产品后，可以有多种付款方式，因此企业应有多种结算方式。目前常用的付款结算方式有信用卡、微信支付、电子货币、电子支票、网上划款、邮局汇款、货到付款等。结算系统有又有安全可靠性。

2. 物流功能

物流功能指的是产品的运输、储存和收集等工作。一般来说，产品分为无形产品和有形产品，对于无形产品如服务、软件、音乐等，可以直接通过网上进行配送；对于有形产品的配送，要涉及运输和仓储问题。因此形成专业的物流配送服务体系是对网上销售体系的有力支撑。目前物流工作一般是外包给第三方物流企业。

第三方物流即物流外包。第三方物流(Third Party Logistics，3PL)是指由物流的实际需求方(第一方)和物流的实际供给方(第二方)之外的第三方部分地或全部利用第二方的资源通过合约向第一方提供的物流服务，也称合同物流、契约物流。

在 B2B 市场上，企业委托第三方物流来管理供应链，既可以降低库存量，又能及时向客户送货，还能得到一些增值服务，例如：产品的加工和整合，订单的追踪管理等。法国著名电信设备制造商阿尔卡特公司(Alcatel)就是利用 UPS 公司来进行订单管理，以便在整个欧洲地区向客户递送手机。

在 B2C 市场上，企业的退货处理问题也可以借助第三方物流公司解决。美国邮政服务公司(U S Postal Service，USPS)在简化退货流程方面比较成功。该公司的客户，即众多的零售商，在自己的网站上安装一款软件，其用户下载该软件，打印"邮资已付"的标签，这样零售商的客户只要把商品包装起来，贴上"邮资标签"放在门口让邮递员取走就可以。在 C2C 市场上，eBay 公司和实体的 Mailboxes 邮政服务连锁店合作。网络用户在 eBay 网站上完成网络竞拍后，只要将销售的商品送到附近的 Mailboxes 邮政服务连锁店，他们会负责包装和递送。

【案例】 京东物流的青龙配送系统

案例背景

很多人相信京东的一大理由就是因为京东的物流速度。在电商时代，物流速度是整个服务体系中尤为重要的一个环节，它直接影响了用户的购物体验，甚至是购物决策。很多人都很喜欢京东"211 限时达"这样的服务，但在看似简单的发货和收货之间，却隐藏着一套复杂的物流系统，京东称之为"青龙"。京东物流是京东商城的核心竞争力之一，青龙系统正是在背后支持这一庞大物流体系的核心系统(见图 7.3)。

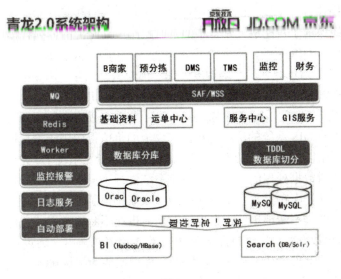

图 7.3

案例执行

在京东的青龙物流配送系统中实现快速配送的核心就是预分拣子系统。预分拣是承接用户下单到仓储生产之间的重要一环，可以说没有预分拣系统，用户的订单就无法完成仓储的生产，而预分拣的准确性对运送效率的提升至关重要。

预分拣系统根据收货地址等信息将运单预先分配到正确的站点，分拣现场依据分拣结果将包裹发往指定站点，由站点负责配送。所以预分拣结果的准确性对配送系统至关重要。青龙配送系统在预分拣中采用深度神经网络、机器学习、搜索引擎技术，通过地图区域划分、信息抽取与知识挖掘，并利用大数据对地址库、关键词库、特殊配置库、GIS 地图库等数据进行分析并使用，使订单能够自动分拣，且保证 7×24 小时在线服务。青龙配送系统能够为各类型订单的接入提供稳定准确的预分拣接口，服务于京东自营和开放平台(POP)的服务。

整个青龙配送系统是由一套复杂的核心子系统搭建而成的，在各个环节中有相应的技术进行配合。

终端系统：通常客户会看到，京东的快递员手中持有一台 PDA(掌上电脑)一体机，这台一体机实际上是青龙终端系统的组成部分。在分拣中心、配送站都能看到它的身影。据了解，目前京东已经在测试可穿戴的分拣设备，推行可穿戴式的数据采集器，解放分拣人员双手，提高工作效率。此外，像配送员 APP、自提柜系统也在逐步覆盖，用来完成"最后一公里"物流配送业务的操作、记录、校验、指导、监控等内容，极大地提高了配送员的作业效率。

运单系统：运单系统是保证客户能够查看到货物运送状态的系统，它既能记录运单的收货地址等基本信息，又能接收来自接货系统、PDA系统的操作记录，实现订单全程跟踪。同时，运单系统对外提供运单状态、支付方式等查询功能，供结算系统等外部系统调用。

质控平台：京东对于商品的品质有严格的要求，为了避免因运输造成的损坏，质控平台针对业务系统操作过程中发生的物流损坏等异常信息进行现场汇报收集，由质控人员进行定责。质控系统保证了对配送异常订单的及时跟踪，同时为降低损耗提供质量保证。

GIS系统：基于GIS系统，青龙将其分为企业应用和个人应用两个部分：企业方面利用GIS系统可以进行站点规划、车辆调度、GIS预分拣、北斗应用、配送员路径优化、配送监控、GIS单量统计等功能；而对于个人来说能够获得LBS(基于位置的服务)服务、订单全程可视化、预测送货时间、用户自提、基于GIS的O2O服务、物联网等诸多有价值的物流服务。京东通过对GIS系统的深度挖掘，使物流的价值得到进一步扩展。

青龙系统从诞生以来，经历了从1.0到3.0的蜕变。青龙系统1.0完成了对海量信息的处理，满足日常海量数据处理的要求，对原有系统进行了重构，使得分拣系统与配送系统达到了全方位的提升。而在青龙系统2.0阶段，京东推出了自提柜系统，用以解决"最后一公里"的难题。经过不断地更新，自提柜的功能也在不断地丰富，水电缴费、一卡通充值、社区O2O、冷藏/冷冻、生鲜自提、WIFI热点等诸多功能将会逐步实现。

青龙系统在技术上也进行了革新，包括SOA(面向服务的架构)框架、分布式调度、Redis、MQ(消息队列)、分布式MySQL等，有力地保证了系统的平稳运行，提升了系统效率。针对架构研发团队进行了诸多改进，如基于Redis的分布式调度，做到了兼容已有的数据库方案，实现了平滑升级，重启不会丢数据，高并发，支持批量处理，支持防重注，支持Redis故障(自动和手动)切换。

2014年青龙迈向了3.0时代，这一阶段"对外开放，构建生态系统"成了重要的战略方向。完成了SOP(标准操作程序)订单对接和ISV(独立软件开发商)对接的重要项目，至此青龙的业务模式也开始从京东内部物流系统转变为社会化物流。这种开放，使得京东的物流平台具备了更多的功能，例如跨境的电商、O2O的配送。而京东也在进一步将渠道下沉，青龙乡村管家系统，将物流配送的深度扩展到了农村，使农村消费者享受与城市消费者同等的消费服务。青龙的创新还在继续，物流的速度以一句话来总结："没有最快只有更快。"

案例思考题

京东公司是如何通过青龙物流系统成功地打造自己的核心竞争力的？给你哪些启示？

- · - · - · - · - · - · - · - · - · - · - · - · - · - · - · - · ●

3. 促进功能

渠道成员发挥的促进功能包括市场调研和支付保障。

1) 市场调研

市场调研是分销渠道发挥的主要功能之一。市场调研需要确切地了解目标受众的规模和特征，渠道中介收集到的信息有助于制造商规划产品开发和营销沟通活动。本书第3章详细介绍了市场调研，这里不再叙述。

2) 支付保障

为每一笔交易进行支付保障是网络中介的一项非常重要的促进功能。中介希望方便消费者支付，以完成交易。大多数网络消费者的交易活动是通过信用卡，或者其他的支付保障系统，消费者又担心自己的信用卡信息在网上被泄露。因此，网络支付的安全问题成为网上安心购物的一个障碍。在 B2B 市场，经纪人和代理商常会主动向买方提供信用，目的是促进交易的完成。正是由于这种信用的存在，网络购物的流程加快了，网络渠道的吸引力也增强了。

7.3　网络营销渠道的类型

比起传统市场营销渠道，网络营销渠道的结构要简单得多，根据是否通过网络中间商，可以将网络营销渠道分为两大类：网络直销和网络间接销售。

1．网络直销

网络直销是指生产企业通过互联网直接将产品或服务转移给消费者。这种类型的渠道常用于大宗商品交易和产业市场的交易模式。企业利用互联网而不借助任何传统中介作用将产品或服务直接销售给最终用户的行为，已逐渐成为企业整体网络营销的一个重要组成部分，以网络为媒体，以新的方式、方法和理念实施营销活动，更有效地促成个人和组织交易活动的直接实现。网上直销不仅要销售产品和服务，还要将企业自己的网络渠道推广出去。

企业采用网络直接销售有许多优势：生产企业能够直接接触消费者，获得第一手资料，开展有效的营销活动；直销减少了流通环节，给买卖双方都节约了费用，产生了经济效益；使企业能够运用网络工具(如电子邮件等)及时得到顾客的反馈意见，提高产品的质量，改善企业的经营管理。

但是网络企业众多，消费者面对着大量参差不齐的域名，很难一一访问，因此网站无法产生预期的效果，这也是网络直接销售的主要缺点。企业可以从以下几个方面寻求解决方法：① 建立有特色的网站；② 建立高水准的、专门服务于商务活动的网络信息服务中心；③ 借助网络间接销售渠道。

【案例】　Dell 的网络直销模式

案例背景

戴尔公司是世界上最成功的采用网络直销的计算机公司，自 1984 年创立仅仅用了二十年便成为了全球个人电脑使用最多的公司。

戴尔创始人 Michael Dell 曾表示，戴尔成为市场领导者的主要原因就在于其选择了"直销模式"，运用这种模式可以"倾听客户最直接的需求，将业界标准的电脑产品与全方位的服务直接提供给客户，并创造最佳的购买经验"。他的理念非常简单，即按照客户的要求制造电脑，向客户直接提供产品，使公司能够最有效、最明确地了解客户的需求，继而迅速地做出回应，所以在人们的观念中，戴尔的成功与其所采用的直销模式是无法分割的。

案例执行

这个模式里面有几个重点：首先，Michael Dell 创建这个公司，他相信中间层越多，戴尔用户的价值越少。因为每个人都要照顾到各自的利润，最终用户买的产品可能是价格非常高，或者同样的价格但是产品已经是淘汰的产品。他相信把中间层减少，公司和客户相对是直接的关系，做什么都是很讲究直接的关系。第二，零库存。戴尔公司的能力不只是零库存。他们是按单生产，没有订单的时候，不会去生产。戴尔为什么很讲究这个呢？Inventory 是一件不好的一件事情，因为有库存就浪费了很多成本。按单生产，即在代理商向戴尔发出订单之后，公司就立即启动高效的生产流程和供应链管理机制，在较短时间内完成配送交货，实现零库存，从而达到没有任何自身的资金占用。需要特别指出的是，戴尔公司的库存周期只有 4 天，而中国厂商的最高管理水平是由联想保持的，库存周期为 22 天，普通的电脑厂商的库存周期更是达到了 60 天，零库存是形成低成本优势的根本原因，这样不仅节省了产品通过中间环节销售所浪费的时间和成本，还可以更直接、更全面地了解顾客的需求，培养一个稳定的顾客基础，既节省了费用，又避免了风险。

戴尔成本上的竞争力来自于 3 方面：第一，没有经销商这个中间环节；第二，戴尔全球化的供应链管理；第三，戴尔的精细化管理，使得戴尔的库存周期在 4 天以内。所以，戴尔在价格上非常有竞争力，而价格这个武器一向是联想公司对付外国 PC 企业的杀手锏，但是在戴尔这里第一次失效了。

值得一提的是戴尔强大的供应链系统。与传统的供应链相比，戴尔的供应链主要有两点不同：首先，它的供应链中没有分销商、批发商和零售商，而是直接由公司把产品卖给顾客，这样做的好处在于一次性准确快速地获取了订单信息，由于是在网上支付，所以还解决了现金流问题(戴尔几乎无须用自有现金来支持其运转)。另外，因为去掉了零售商所赚取的利润，也降低了成本。其次，戴尔公司采取把服务外包的方式，又降低了一部分运营成本。这样，供应商、戴尔和服务商三者共同形成了一个完整链条。

简单来看，传统的链条式生产线是这样的：一台机器放在生产线一头慢慢移动，每个操作员在自己那一站就加入他所负责的零件，一直到生产线的末端。这样的链条式生产线通常适合同一规格产品的大量生产，速度快、效率高，但是弹性较差。戴尔全球的生产都是区域式生产线，而非链条式的。它每一个工作区的链条跑过来并不是直接穿过去，而是转个弯到这个区域来，这里摆满了各种不同规格的零件，每一个机器要求一种规格，跟其他机器的要求可能完全不一样，而每一个批量就是一台，它可能跟前一台或后一台都不一样。这就是戴尔供应链的最大特色，是戴尔电脑的特制化程度里面最与众不同的地方。

事实上，戴尔的供应链系统早已打破了传统意义上"厂家"与"供应商"之间的供需配给。在戴尔的业务平台中，客户变成了供应链的核心。萨克斯先生谈到："由于戴尔的直接经营模式，我们可以从市场得到第一手的客户反馈和需求，然后，生产等其他业务部门便可以及时将这些客户信息传达到戴尔原材料供应商和合作伙伴那里。"

戴尔公司分管供应链管理工作的全球副总裁迪克·L·亨特在接受采访的时候说："一

般情况下，戴尔的物料库存相当于 4 天的出货量。而竞争对手的库存量则相当于戴尔近 10 倍天数的出货量。而在 PC 制造行业里，物料成本每星期下降大约 1%。所以，如果戴尔的某一竞争对手库存量相当于 4 个星期的出货量，反映到产品底价上，就意味着我们有 2% 或 3% 的优势。"

"更关键的秘诀在于戴尔在这个模型中通过一定的流程来和供应商进行不断的数据调整，"迪克猜测，"这样就维持了供应链的动态供需平衡，而这一点是几乎被人们和媒体忽略掉的。"迪克甚至宣布，持续供应链的动态供需平衡是他人生的主要目标。

在不断完善供应链系统的过程中，戴尔公司敏锐地捕捉到了互联网对供应链和物流将带来的巨大变革，不失时机地建立了包括信息搜集、原材料采购、生产、客户支持和客户关系管理，以及包括市场营销等环节在内的网上电子商务平台。在 valuechain.dell.com 网站上，戴尔公司和供应商共享包括产品质量和库存清单在内的一整套信息。与此同时，戴尔公司还利用互联网与全球超过 113 000 个商业和机构客户直接开展业务。通过戴尔公司网站，用户可以随时对戴尔公司的全系列产品进行评比、配置，并获知相应的报价。用户也可以在线订购，并且随时监测产品制造及送货过程。

曾有报道这样评价戴尔的这一创举："戴尔公司在电子商务领域的成功实践使'直接经营'插上了腾飞的翅膀，极大地增强了其产品和服务的竞争优势。今天，基于微软视窗操作系统，戴尔公司经营着全球规模最大的互联网商务网站，覆盖 80 个国家，提供 27 种语言或方言、40 种不同的货币报价，每季度有超过 9.2 亿人次浏览。"

案例思考题

从本案例中，请体会戴尔直销模式为戴尔带来哪些竞争优势？

2. 网络间接销售渠道

网络间接销售是指企业通过融入互联网技术后的中间商机构把产品或服务转移给消费者。这种类型的渠道常用于小批量商品和生活资料的交易。传统间接分销渠道可能有多个中间环节；而由于互联网技术的运用，网络间接营销渠道只需要新型电子中间商这一中间环节即可。这种在线中间商，完全承担起为买卖双方收集信息的作用；同时也利用其在各地的分支机构，承担起批发商和零售商的作用。这样克服了网络直销的缺点，使电子中间商成为网络时代连接买卖双方的枢纽。在这种交易过程中，网络商品交易利用互联网，把制造商、购买方、网络中间商紧密联系起来，为客户提供市场信息和服务。

【案例】 联想的分销渠道改革

案例背景

联想集团成立于 1984 年，由中科院计算所投资 20 万元人民币，并抽调科技人员创办，到今天已经发展成为全球领先的 PC 企业之一，由联想集团和原联想个人电脑事业部组合而成。

案例执行

1. 联想的渠道现状。

联想根据不同用户和消费者对计算机产品及相关服务的不同要求建立了销售网络。在这个网络中，选用多条渠道来销售计算机，有些渠道由联想自己拥有和经营，有些渠道由独立的经销商或代理商经营，不同渠道向不同的顾客和用户销售产品。例如，联想销售公司主要负责一些大中型企业用户，联想直销公司则主要负责向小型企业和一些个人职业用户(如律师、会计师等)销售计算机及其配件，销售方式是电话订购和邮购。这两个渠道由联想直营。联想分销网络的第三种营销渠道是一些专门向某些领域销售计算机的中间商，包括计算机专营商店、代理店和各类经销商，它们从联想购入计算机及相关的软件、硬件及配件，转而销售诸如保险、会计、审计、石油等行业的用户。

2. 联想的渠道改革。

目前的分销系统对传统分销渠道的过分依赖，导致了联想在大客户市场竞争乏力。面对戴尔在大客户市场上的步步紧逼，2005 年 5 月 18 日，在海南博鳌"联想 2005 中国合作伙伴大会"上，联想推出了针对全国近 8000 家渠道合作伙伴的集成分销计划。计划中，除了在某些特大项目上授权分销商可以获得联想的支持外，其余一些中小规模的项目单，联想扶持的是分销商下游的二级代理商。

联想还在全国范围展开了新一轮的代理签约行动，所有的二级代理商都可以跨过区域分销直接和联想公司签署合作协议。而以往这部分二级代理签约工作，通常都由联想在各地授权的区域分销商来完成。这种做法使下游渠道资源游离于区域分销商的掌控，削弱分销商对渠道终端的控制能力。

联想也加紧了直销模式的尝试。因此提出要尽可能采用一层渠道的短链思路，在启动"大客户营销"的同时，联想在北京和上海建立了两个电话营销中心，实现"大客户营销＋电话营销"的"准直销"转变，引发了分销商的猜疑和不满。为此，在 2008 年的"青城山会议"上，联想宣布了其新的"整合分销"策略，将原有 7 个区域总部合并为 4 个，并下设 18 个分区 108 个网格，覆盖全国各个区城市场。在这次会议上，联想 CEO 杨元庆亲自安抚与会的 39 家核心分销商，将直销的比例控制在 20%。但是，这并没有得到分销商的充分理解，一部分大分销商开始加紧投资非联想业务，并且也不断把触角伸到终端，试图加强对终端的控制；还有部分分销商甚至在竞争对手的利诱下开始有些"摇摆"。然而，联想又不得不考虑中间商的利益，特别是还没有在大客户市场站稳脚跟的情况下。

但对于联想这项新政的提出，还是有很多可圈可点之处：首先，向下"虚拟整合"的提出，是渠道管理创新的一次尝试；集成分销的提出，反映了联想在营销思路和营销理念上的转变，联想营销渠道管理思路逐渐清晰。集成分销一定程度上可以减少厂商对渠道的依赖性，增加厂商对市场信息及时反馈的能力，加强了联想对二级渠道的管理力度，削弱了分销商对终端的掌控能力。

此外，2015 年 6 月，联想集团正式发布了 2015 财年 R 模式渠道建设的最新策略"刀锋计划"，从"开放"、"融合"和"赋能"三大方面优化渠道数量和能力，助力渠道合作伙伴向技术型渠道转型，为客户提供更贴切的端到端的整体解决方案和服务。联想将通过渠道招募、外呼等一系列更加积极、主动的措施，大力挖掘具有潜在方案、技术、客户能力的 ISV/SI、经销商，打造开放的企业级生态圈，共同携手为客户提供更多优质服务。

7.4　网络营销渠道策略

渠道策略的目的是使最终用户在恰当的地方、恰当的时间得到恰当数量的产品和服务。在企业的网络营销活动中，渠道策略主要有：增值策略、延伸策略、整合策略和双道策略。

1．增值策略

增值是指企业在为客户提供正常产品价值以外所提供的那部分价值增量。在网络营销渠道中，增值策略主要包括产品信息的增值和客户信息的增值。

1) 产品信息的增值

在传统的渠道分销过程中，生产商一般是把样品摆放在店铺内，同时通过包括电视、广播、平面等媒体形式在内的各种媒体进行促销，刺激消费者的购买行为。而在网络营销过程中，生产商不但能和传统渠道分销一样，通过各种媒体对产品进行传播宣传，还能够将产品按照不同的型号、类别、产地甚至颜色等运用网络技术制作成有视觉冲击力的多媒体形式，给消费者展示。还有些网站提供了产品的比较代理，将产品的性价比、货比三家的咨询甚至已购买者的使用信息反馈提供给消费者，这样使消费者可以了解整个产品的信息，增加产品本身对消费者的刺激。

2) 客户信息的增值

互联网为企业提供了一个收集客户信息的有效途径。网络营销中一个重要的渠道就是会员网络。会员网络是在企业建立虚拟组织的基础上形成的网络团体，通过会员制，促进顾客与顾客、顾客与企业的联系和交流，培养顾客对企业的忠诚，并把顾客通入企业的整个营销过程中，使会员网络的每一个成员都能互惠互利，共同发展。通过网络渠道的建设，企业可以获得大量的客户信息，并通过数据库处理或 CRM 系统进行有效的挖掘和最终的利用。无论是企业还是客户，他们之间信息沟通的有效性提高了，所有信息都透明化公开化，达到双方信息对称对等的目的。

2．延伸策略

延伸策略是指把企业在产品销售过程中对原有的销售方式、手段等进行扩展，以有利于消费者的选购，从而实现销售的最大化。网络营销中延伸策略包括了信息传播的延伸、营销手段的延伸、营销范围的延伸，是一种产品销售多方面的延伸。

1) 产品信息传播的延伸

网站可以进行各种新奇的、个性化的，随一定时期、季节、促销活动、消费者类型变化而变化的店面布置，主动定期向消费者推荐产品，以吸引更多的消费者进入网站购物，促进销售。此外，还可以采取联合促销的方式，将相关联的不同商家的产品捆绑促销，达到信息广泛传递和快速传递的目的，最大可能地接触目标客户。网络渠道在信息流的传递和延伸方面具有传统渠道无法比拟的优势。对于一些中小型企业，其营销渠道不广，手段较为贫乏，资金实力有限，要实施全方位的营销，网络平台就是最好的延伸工具。

2) 产品营销手段的延伸

产品营销手段的延伸主要是指在线交易的进行延伸了传统地面交易，这样交易双方不用见面就可以完成产品交易。生产商为了实现这一策略，建立网上商城，访问网站的消费者都可以通过网络进行产品的购买。

3) 产品营销范围的延伸

为了实现产品营销范围的延伸，企业可以在构建自身网络销售平台的同时，通过门户型网站的搜索引擎等方便消费者对其访问；同时还可以结合网络中介渠道销售，与电子中间商协作，如通过 B2B 网站的商家信息发布、商品目录、虚拟市场、虚拟商业街等实现营销范围的延伸。

【案例】 李宁公司网络营销渠道案例分析

案例背景

1990 年，李宁公司在广东三水成立。1995 年，李宁公司成为中国体育用品行业的领跑者。1998 年，公司建立了本土公司第一家服装与鞋的产品设计开发中心，成为自主开发的中国体育用品公司。公司拥有中国最大的体育用品分销网络，同时国际网络也在不断拓展。公司还在全国范围内建立以 ERP(Enterprise Resource Planning,企业资源计划)为起点的信息系统，全面整合产品设计、供应链、渠道、零售等资源发展电子商务，进一步提高运作效率和品牌形象。2004 年，李宁公司在香港联交主板成功上市，成为第一家在海外上市的中国体育用品企业。

李宁公司目前旗下拥有的品牌包括李宁品牌、艾高 AIGLE、红双喜以及倡导"快时尚"的大卖场品牌——ZDO 新动。李宁服装一直追求的是流行、时尚的元素，很受年轻人喜爱。李宁产品主要是以运动产品为主，每年的新品多达 8000 多个，其中运动装、鞋类非常适合在网上销售。

李宁公司的目标消费群是：14～28 岁，以学生为主，大中城市，喜爱运动，崇尚新潮时尚和国际流行趋势。多年来的实际消费群的特征是：在 15～45 岁等距分布的基础上，以 24～35 岁为主，二级城市，中等收入，大众化而非专业运动消费。

李宁公司在网络营销渠道上，刚开始选择的渠道是网络商城模式。网络商城主要是通过利用现有的网络营销渠道资源，对一些网络店铺进行授权、整合，纳入自己的渠道范畴内，同时也积极在各大商城开设了自己的网络直营店铺，在此基础上推出了自己的网络直销平台。2008 年 4 月 10 日，李宁在淘宝商城开设了第一家直营网店，接着又在新浪商城、逛街网、拍拍、易趣上通过直营和授权的形式开设了网店。2008 年 6 月，李宁推出了自己的官方商城——李宁官方商城。

案例执行

1. 网络营销渠道实施。

(1) 网络商城模式实施。

2008 年初，李宁在涉水电子商务之前做的一项调研结果显示：淘宝网上李宁牌产品的网店已达 700 余家，而 2007 年李宁产品在淘宝上的销售流水已达 5000 万。在此环境下，李宁于 2008 年 4 月在淘宝商城上开设了自己的直营店铺，接着通过直营和授权的形式开设了多家网络店铺。

① 李宁官方直营店铺有：李宁官方商城、李宁淘宝官方网店、李宁淘宝官方折扣店、李宁官方拍拍店。

② 李宁官方授权店有：李宁淘宝五洲商城、李宁淘宝古星专卖店、李宁淘宝古星折扣店、李宁易趣古星专卖店、逛街网李宁专卖店、新浪李宁专卖店等授权店。

(2) 网络直接营销渠道的实施。

随着我国服装行业网络直销的兴起，在网络经济环境下，网络消费者对服装的个性化需求快速提升。李宁公司于 2008 年 6 月推出了官方商城。

① 网站建设。网站是服装企业通向互联网的大门，网络消费者在网络购买服装时是通过网络了解服装企业的信息，通过文字、图片和视频来了解服装产品的相关特性，网站建设者应该重视消费者在观赏网站时的视觉和心理感受及服装产品图片的色彩、搭配等。

进入李宁官方商城后，访问者可以看到，在用色上主要是黑白红的组合，给人以购买的冲动。顶部导航条依次是首页、我的李宁、主题活动、产品地带、兑换礼品、特价区、企业 VIP 等。

② 功能系统的实现。功能系统包括信息系统、购物系统和数据库系统。

信息系统主要是传递李宁公司和服装产品的信息发布、活动公告、消费者信息采集等。通过网站的信息系统，网站获得了网络消费者的个人注册信息，并在线向消费者推广了企业开展的各种优惠活动内容等，从而在美化网站前台系统的基础上，完成了信息的流通和对消费者信息的采集。

购物系统主要是为消费者提供服装产品、方式等信息，记录购物车信息及消费者选择支付和配送的方式。购物系统是服装企业实施网络直接营销渠道的核心部分，在网络消费者进入购物系统后，吸引消费者的首先是其服装产品的色彩和款式，所以此时服装的图片布局和效果都非常重要。

数据库系统主要是有机记录系统传递的信息，并与外部接口(银行系统、认证机构、物流配送中心)连接，同时将实时数据传送至企业内部各个系统，供企业实施相应的内部管理、客户资源管理等。

③ 网络营销渠道支付和配送方式。李宁公司官方网店的支付方式有三种，分别是网银在线、快钱、支付宝。

配送依靠申通快递、顺风快递、EMS，由李宁公司与快递公司签订的线路为依据来做安排，申通优先，如遇前者无法到达区域由 EMS 送达。

2. 网络营销渠道管理。

(1) 网络渠道推广。

① 和门户网站的合作。李宁公司在网易首页上投放的旗帜广告直接连接到官方网店；新浪网合作开设了李宁俱乐部板块。

② 搜索引擎推广。李宁公司购买了 Google 的相关关键词的广告。例如，在 Google 搜索李宁，李宁公司的官方直营店排在第一位。

③ 开展主题活动。在李宁公司的官方网店里面有个栏目是主题活动，会不定期地举办一些活动。例如，注册会员送 500 积分，购买奥尼尔的战靴赠送"大鲨鱼"玩偶等。

(2) 渠道协调。

在渠道协调方面，李宁公司主要做了以下工作：

① 在销售的商品上进行区分。李宁公司在线下各专卖店的销售以正价新品为主，而在专门的打折店中以销售库存产品为主。网上商城主要以正价新品的推荐和限量商品为主，包括明星签名的商品，这些商品瞄准的是少数消费者。而淘宝商城则进行一部分库存商品的销售。

② 网络渠道和传统渠道产品价格一致。李宁公司把各种网店纳入自己的价格体系中。在 B2C 方面，李宁沿用地面渠道与经销商合作的方式，与网上的 B2C 平台签约授权李宁的产品销售；对于 C2C 方面，李宁虽没有与之签订正式的授权协议，但通过供货、产品服务以及培训的优惠条件，也将其纳入了自己的价格体系中。据李宁电子商务部林力介绍，目前已有 400 余家 C2C 网店纳入了李宁的管理体系。

(3) 整顿网络渠道和传统渠道。

为了协调好网络营销渠道和传统渠道之间的关系，李宁公司对很多网店及传统渠道进行了一次整顿，目的是杜绝线下经销商、制造商违规出货。

✒ 案例评析

李宁公司是一家以传统渠道为主的企业，有自己的品牌，在进行网络营销渠道建设时，网络上已经有一些自发形成的网上商城渠道，李宁公司采取的策略主要是整合现有的渠道资源，通过授权的形式收编现有的网络渠道资源，同时也在各大平台上开设自己的网络直营店铺，这可以看成是李宁公司对网络营销渠道的试水。紧接着李宁公司以自建平台的形式开通了自己的官方商城。在渠道协调上，李宁公司主要采取的策略是区分出线上和线下产品销售的种类以及统一产品的价格。在网络营销渠道的推广上，主要是通过在一些综合型门户网站上做广告以及搜索引擎营销的方式。总体来看，李宁公司所采取的网络营销渠道战略是成功的，但同时还有一些问题，比如没能很好地协调好两种渠道，依然存在渠道冲突的问题；在网站的建设方面还有些需要改进的地方，比如网站打开速度较慢，官方商城的建设没能很好地体现和用户之间的交互。总而言之，李宁公司的网络营销渠道建设对于服装企业是具有较高的参考价值的。

案例思考题

1. 李宁公司管理网络营销渠道有哪些做法值得学习和借鉴？

2. 李宁公司的网络营销渠道在管理上也存在一些问题，你认为应该在哪些方面进一步完善？

3. 整合策略

企业在营销中，完全可以将网络渠道和传统渠道整合在一起，从而拓展企业的空间。比如网络渠道向上可以整合市场调查与预测、采购及订单处理；向下可整合到配送、物流咨询、物流方案的选择与规划、库存控制决策与建议、货款回收与结算、教育与培训、物流系统的设计与规划方案的制作等。

1) 上上整合——企业内、企业外、因特网线上整合

企业内联网(Intranet)是联通企业内部各个环节的网络。企业通过整合企业生产、研发、营销、财务、物流等信息资源，强化业务流程管理，使企业内部实现信息共享，为企业内不同职能部门工作群的合作提供服务，提高企业运转效率。

企业外联网(Extranet)是用来连接两个或更多贸易伙伴的网络，促进企业之间的电子数据信息交换、电子转账、信息交流等，以提高沟通效率，缩短生产周期，降低采购成本。它是企业内联网的一种延伸。

因特网(Internet)是更为广泛的网络。企业通过因特网与外界联系，实现与供应商、客户及其他利益相关者(比如银行、认证中心等)的信息沟通，充分实现了"四流(商流、物流、信息流、资金流)合一"的功能。这样企业就形成了一个强大的线上整合网络。

【案例】 七匹狼：解决渠道冲突之道——培养网络经销商

案例背景

传统渠道进军电商，电商渠道开始加紧综合化路线，并积极拉拢传统品牌商入驻。在这样的电商大潮中，传统品牌如何将电子商务纳入到自己的渠道战略中来，是许多传统品牌的老板们思考的问题。是依托自身另起炉灶，还是利用现有电商渠道做好网络分销？传统服装品牌七匹狼的策略是"先放水养鱼，再对大经销商进行招安扶持"，这样的实践未必是一个最好的模式，但或许能给意欲进军电商新渠道的传统企业带来一些启发。

大多数传统品牌在涉足电子商务的过程中，总会遇到内外两大矛盾：外部的电子商务渠道和经销商渠道的冲突，内部的电子商务部门与其他部门的冲突。"这是因为电子商务作为新业务，并没有厘清与传统渠道和业务部门的利益关系。"七匹狼实业股份有限公司电子商务中心(以下简称七匹狼电商)总监钟涛指出。据了解，去年，七匹狼在淘宝系平台上的销售额达到了6.2个亿，这样的成绩正缘于七匹狼电商有效的策略。

🎓 案例执行

1. 渠道策略：招安"五虎上将"。

从 2008 年开始，七匹狼的产品已经在淘宝上销售了。那时候，大多数传统品牌商还没重视起电商渠道。当时，网络上销售的主要是库存货和蹿货来的商品。"我们的策略是扶良除假。"钟涛表示，当时七匹狼自己还没有涉足网络销售，也没有经验。因此，对于网上销售七匹狼产品的网店，只要其不卖假货，对于价格、拿货渠道等，公司都不加干涉。与此同时，七匹狼电商也在淘宝平台上开设了自己的旗舰店，目的是了解这个市场的规则。只有在市场中运营，才能知道谁做得最好。

经过渠道乱战，淘宝平台上 2010 年就发展起来 5 个大的经销商，其平均一年的回款量在 3000 万元，营业额在 5000 多万元左右，七匹狼将其称为"五虎上将"。在 2010 年后，七匹狼电商开始以网络渠道经销授权的方式，对渠道进行梳理规范，同时对"五虎上将"进行"招安"。

七匹狼的网络渠道授权分为 3 个层次：第一层是基础授权，回款达到 500 万元就可获得基础授权；第二层是中级授权，中级授权是回款量在 1000 万元以上；第三层是高级授权，高级授权是回款量在 3000 万元以上。实际上，无论是"五虎上将"还是其他层次的授权，这些网店起家都经历了蹿货、低价竞争等问题。而在拿到授权后，经销商若再有蹿货、卖假货等行为，七匹狼就会"杀无赦"。

七匹狼对于网络经销商的管理，并不仅仅是简单的授权。以"五虎上将"为例，最初，这几个大经销商同在淘宝平台，时常会打价格战。大经营商招安后，七匹狼电商部门开始挖掘他们各自的优势，帮助他们找到自己的差异化，这些大经销商有的擅长休闲产品，有的擅长商务类产品，有的擅长用户数据分析。找到经销商各自的优势之后，钟涛对其进行了有针对性的引导。比如某家经销商擅长卖裤装，那么他的任务就是盯住市场上销售业绩最好的对手，跟随对方的变化。如果该经销商的裤装品类超出了最初的预期销售额，七匹狼电商会就这个单品单独给其返点。而另一家大经销商的长处是做库存，那么七匹狼电商就针对其特点加以扶持，库存来了之后优先分给他。

七匹狼还有类似于线下加盟店的"大店扶持计划"，即单独返点。据钟涛介绍，在线下，某些大区的经销商会在当地做一些品牌推广的活动，这样的运营费用总部会承担 30%。线上的"五虎上将"也被视为大店，七匹狼对他们的优势进行挖掘后，会有针对性地进行扶持，这样他们就愿意一致对外了。

2. 产品策略：不做网络专供款。

很多传统线下品牌为了解决线上、线下渠道的冲突，采取了线上创立新品牌或者线上生产网络专供款的策略，而七匹狼并不这么做。钟涛指出，那些线上、线下冲突比较严重的传统品牌，因为线下经销商库存压力比较大，而线上旗舰店在线下经销商有大量库存压力的情形下，已开始卖新品或是折扣比线下要低许多，这才会引发线下不满，从而引起线上、线下的冲突。

七匹狼的线上、线下冲突不明显，这与七匹狼的线下模式有关。据了解，七匹狼依托加盟店扩张，按照其政策，加盟店如果第二年不赚钱就要被监管；如果三年内不赚钱，则总部就要收归直营。因此，七匹狼的线下店全国只有 1000 多家。在这种情况下，线下经销商往往不愿意囤货，如果能卖掉 150 件，往往只进 100 件，这样会避免因库存压力带来的损失。而线下库存压力小，对于线上的折扣销售就没有那么敏感。

七匹狼的电商部门也并不专门地针对网络设计生产网络专供款。在传统线下渠道，经销商会根据不同的区域消费特点选货。钟涛指出，在互联平台，每个渠道的用户也有差异性，不同的经销商也有各自所擅长的品类。而七匹狼整个集团的 SKU 足够多，每个线上经销商也会根据平台特点和所长来选货。网络空间虽然是无限的，但经过测算，淘宝平台上一个店面最优的款数是 200～270 款。因此，不同经销商选出来的款式还是有很大差别的。

另外，线上有些款，线下店面是没有的，这并非专门生产的网络专供款。这种款型产生的途径有两个：一是某些款可能太另类，线下销售并不好，而线上的聚合效应却能把喜欢这款产品的顾客聚合起来，将这一款式变成线上专卖；另一途径是大经销商发现竞争对手或者网络品牌某款产品销售较好，便可提出将这个款式吸收成七匹狼线上专有的款式。

3．从"独立团"到"文工团"。

在天猫平台上，七匹狼电商也开设了自己的官方旗舰店。从页面设计和产品配置上看，这家店不仅承担了销售任务，更多地承担了品牌宣传的任务。"我们要把官方旗舰店的销售额控制在 30% 以内。"钟涛指出，要搭建互联网上的可控分销体系，必须形成一个金字塔式的销售体系。位于塔尖的是旗舰店，但是塔基应该是由业绩成长性良好的授权店组成，中间是"五虎上将"这样的大经销商。如果旗舰店的销售量增长过快，而使其他店铺增长缓慢，就会形成一个柱状体系，虽然旗舰店业绩可观，但品牌在整个互联网市场中所占的份额就有限。

很多品牌企业为了扶持自己的电商渠道，往往是自己亲力亲为，不仅是自己的官方旗舰店，包括其他各个平台上的销售都由电商部门一力完成。在钟涛看来，这种方式属于"重"模式。"去年 6.2 个亿的销售额如果全部都由七匹狼电商自己完成，则需要的客服至少要 2000 人。"钟涛指出，一个品牌的电商部门不能做成"重"模式，而是要将分销体系搭建好并进行管理。但电商部门也会先有所尝试，比如七匹狼在天猫上开旗舰店，同时也在京东、1 号店等各个开放平台上开店或者供货。在钟涛看来，只有自己先去尝试，才知道该平台的用户特点、规则、销售增长情况等。企业在实践中了解每个平台之后，对经销商就容易管理了。

在许多传统企业中，电商部门不是全新的事业部，就是独立的公司。钟涛认为，传统品牌的电商部门角色一定要随着渠道的规模而进行转变，最初是"独立团"，自己成立团队，老板给货，给政策，自己杀出来做出规模；第二步应该是"保安团"，要对市场上的渠道进行规范，变身为一个执法者；第三步是"文工团"，即先把方向定好，然后树典型，做表彰，拉动权益分配。因此，电商部门要做网络渠道的管理者，需要先定好战略，然后让每个授权经销商执行自己的战术。

案例思考题

1. 七匹狼公司是如何进行电商渠道管理的？
2. 你怎样理解从"独立团"到"文工团"的管理理念？

2) 上下整合

简单来说，上下整合是指利用互联网强大的技术优势，企业通过与网下传统营销资源和渠道完美结合，实现渠道功能的最大化效应。这包括两个方面：线上客户线下做和线下产品线上推。

【案例】　顺丰优选的整合营销

案例背景

顺丰优选是由顺丰速运集团倾力打造，以全球优质安全美食为主的网购商城。网站于2012年5月31日正式上线，目前网站商品数量超过一万余种，其中70%均为进口食品，采自全球60多个国家和地区。顺丰优选全面覆盖生鲜食品、母婴食品、酒水饮料、营养保健、休闲食品、饼干点心、粮油副食、冲调茶饮及美食用品等品类，网站致力于成为用户购买优质、安全美食及分享美食文化的首选平台。顺丰优选进场的底气来自于"速度"二字——以"高端进口食品超市"作为自身定位的顺丰优选，上线之时即以生鲜日配为主要卖点。虽有后来者京东生鲜和亚马逊生鲜奋起夹击，但顺丰优选自孕育之时就具备的"速度基因"，将其与以3C起家的京东、以图书起家的当当、以自有产业链为主的我买网等有效区分开。

为使顺丰优选真正成为顺丰速递旗下的一个独立品牌形象，使其"高端生鲜电商"品类专家形象在一线城市的年轻白领消费群体中留下深刻印象，顺丰开展了贯穿线上、线下的"荔枝刚刚离枝"这一定位清晰、优势明显、手段潮酷的整合营销活动。

(1) 品牌诉求：塑造"高端生鲜电商"形象，让顺丰优选领跑细分市场。

2014年是顺丰优选上线的第二个年头，作为一个新晋生鲜电商品牌，顺丰优选迫切需要提升消费者对于品牌的认知。5月是荔枝成熟的季节，将新鲜的荔枝从岭南送到一线消费者手中，既能体现顺丰优选的物流优势，又能将生鲜电商的印象给消费者一个生动具体的感知。

(2) 目标消费者。

顺丰精准直击一线城市中对生活品质有较高要求的白领。由于生鲜食品是高黏性的，重复购买率非常高，顺丰一旦抓住了这群年轻白领消费云梯，新的用户使用习惯养成，即可迅速实现销量爆点。

(3) 媒体策略：线上预热＋线下活动引爆线上分享＋跨界合作线下声音回到线上。

以网络声音作为排头兵打响第一炮，产生好奇心效应，以病毒式营销为辅助扩大网络声量，通过同平台合作与跨界合作配合，线上、线下同步，在网络和消费者可接触到的线下环节，将声量提升到极致，提升销量的同时扩大品牌认知，实现全媒体整合覆盖。

案例执行

1. "告密"微博线上预热，社交分享引爆话题。

5月的北上杭已进入漫长夏日，顺应时节在北上杭的地铁站，顺丰为女性消费者送上有特殊包装的新鲜岭南荔枝，可谓天时地利。5月13日晚，顺丰优选官方微博首先以"告密"的形式发出预告，借由"免费"的无穷魅力，该条微博在短时间内被转评几千次随后进入热门榜。经过活动前一天的"告密"预热之后，活动当天免费新鲜的岭南荔枝在早高峰期间"惊喜"亮相北上杭的各大地铁站。

在送荔枝的整个行动中，顺丰优选做了精心考虑：其一是选取早高峰时间段进行赠送，高密度的人流量能够使传播的效果达到最大化，同时有很大一部分的消费者通过微博上的提示线索引导，进而参与到活动当中，得到体验装的女性又会在办公室创造一圈新的传播；其二是对赠送的产品进行了精心的包装，包装上附有网站的二维码和已分享的社交元素(萌系十足的广告语"吃荔枝的时候叫人家小甜甜")，消费者可直接扫码下单完成购买行为。地铁送荔枝的活动在当天进入新浪热门微博前十名，这无论对销售还是对线上分享传播都起到了巨大的促进作用。

2. 线上平面系列趣味广告，引发病毒扩散。

线上推出系列趣味广告，如入"帅气的男友要送荔枝，人性化的老板要发荔枝"的暗示，吸引网友转发"求岭南荔枝"，该系列趣味漫画在微博上传播又一次挤进新浪热门微博 Top10。顺丰优选作为一个高趣味性的生鲜电商品牌形象就这样巧妙地直达消费者的社交圈。

除此之外，顺丰还在线下进行了一次"荔枝刚刚离枝"的活动。5月下旬，三棵挂满新鲜荔枝的荔枝树置于国贸商圈以吸引附近的人前来品尝。活动规定只有男士才能从树上亲手摘下荔枝，送给女士品尝。借用"一骑红尘妃子笑"的爱情典故，新鲜感十足，在荔枝树上挂上创意十足的卡片，也让品尝到荔枝的人对品牌有了深刻的认识。最后，这次活动被制作成小短片放在视频网站上，线下声量成功回到线上。

3. 跨界搭配谋合作，层次丰富更有趣。

为使传播更加富有层次，顺丰优选与其他企业和产品进行了两次跨界合作。

(1) 与善用互联网思维的企业官微合作，获免费宣传回报。

5月底，顺丰优选与果壳网、穷游网、广告门、壹读、下厨房、驴妈妈、大姨妈小助手等小而美的互联网公司取得联系，为它们送去新鲜的荔枝。5月27日，大批个性化包装的新鲜荔枝被送到这些公司，员工在分享的同时，顺丰优选品牌也被认知。简而言之，就是利用其他互联网思维企业，配合宣传。在收到荔枝的后续几天，即收到了果壳网、下厨房等官微作为"感谢"的宣传回报。

(2) 与中高端实体店面合作，精准直击目标消费群。

2014年的荔枝营销提前3个月左右启动筹备后，顺丰优选根据"拟定名单"逐一找如主流情调餐厅与鲜花品牌 Roseonly 等"有逼格"的目标合作方谈荔枝营销合作。用顺丰优选 CEO 杨军的话说，"营销成败的关键，是找脾气相投的异业伙伴。顺丰优选要找的是那些对美食和生活有品质要求的吃货，这些人会在哪里出现，喜好是什么，就是顺丰优选寻找异业伙伴的逻辑。"美食餐厅显然是吃货扎堆的地方，顺丰优选与云海肴、雕爷牛腩、赵小姐不等位、海底捞等调性相符的中高档餐厅合作，在他们客流密集的时段，向进店顾客中的女性赠送岭南荔枝小盒体验装。尽量让顺丰优选的荔枝高频率出现在目标人群可能接触到的区域，以达到直击目标消费者的精准营销。

(3) 与荔枝电台合作，打通线上、线下闭环。

顺丰优选是新生的生鲜电商，而荔枝 FM 则是新生的电台应用，他们的主要用户群体都是一线城市的年轻人群。不论从名字上，还是从用户群体上，这都是一次契合度相当高的合作。5月中旬，荔枝 FM 开通了顺丰优选频道，并在顺丰优选的荔枝产品包装上印制荔枝 FM 二维码，消费者只要扫码就可以收听荔枝 FM 顺丰优选频道的节目。从5月14日到6月8日荔枝 FM 邀请热门电台主持为顺丰优选录制了15期"吃一颗荔枝，听一段故事"的节目，这些节目通过与微博、微信的互通，最终使的粉丝回流到社交网络。

(4) 运用创意包装，购买环节传递"新鲜 + 极速送达"的概念

传播如果仅停留在线上，即便成为某个热帖或者热门微博也是瞬间即逝，好的传播不仅需要传播本身的完美，还需要在购买达成后，真正抵达消费者时让其产生超过预期值的惊喜。在这次战役中，顺丰优选所做的不同于以往的一点是在产品上参入创意传播，顺丰荔枝飞机装上附"荔枝干刚刚离枝"的文案，这就使得顾客将产品拿到手后第一时间感受到顺丰的速度和荔枝的新鲜度。对荔枝的包装这样好玩新奇的产品创意改变，完全展现出顺丰优选和顺丰物流的珠联璧合，使其更易于传播企业理念，并在线上实现二次口碑传播，最终让传播实现线上线下的循环联动。

★ 营销效果

(1) 同比销量大增。小小的岭南荔枝在2013年销售量达10万单，销售金额过千万；而2014年的荔枝活动期间，岭南荔枝的销量较2013年同比更达到约一倍增长。在荔枝营销的背后，不难看出"爆款"路线给顺丰优选带来的可观收益。

(2) 成为"生鲜电商"品类第一联想品牌。在网站上岭南荔枝的销售额在不断增长的同时，网页浏览量和新注册用户也大幅提高。可以说，真正成功地把荔枝作为顺丰优选的一个名片推向市场，让客户对荔枝有购买需求时能自动进行品牌联想。

案例评析

1. 线上多重异业合作，引爆品牌话题。

借由线上发起活动与话题和线下活动推动口碑传播，以及异业合作创造社交热点分享话题，与荔枝电台的合作尤其赚足眼球。顺丰优选通过这场荔枝战役获得了品牌提升、客户体验和供应链能力的全方位展示。

2．线下巧妙配合，有针对性地多点触达消费者。

餐厅、地铁站外制造的线下营销网点在线上社交平台爆发，通过在社会化媒体活跃的女性受众群进行更广范围传播，于是形成更多"吃货"目标受众视野中，顺丰优选荔枝"无处不在"的视觉感知。

3．利用荔枝产品的特性，放大自身速递优势完成销售闭环。

众所周知生鲜产品的最大特点就是季节性，需要"精贵"速递的生鲜产品不胜枚举，而荔枝是保鲜要求非常高的水果，"一日色变，二日香变，三日味变，四日五日色香味尽去"。顺丰优选有选择性的梳理出适合"凸显自身物流优势"的产品进行主推，分析目标客户所在的区间和喜好制造营销触点，深入将每一款主推明星产品塑造为单一品牌(除了"岭南荔枝"，还有"阳澄湖大闸蟹""锡盟牛肉"等)，从而达到网站引流促进销售，塑造"高端生鲜电商"品牌营销的目的。

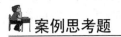 案例思考题

在以上案例中，企业是如何打造自己的销售闭环实现 O2O 营销的？

第8章 网络促销策略与案例

网络促销是指利用计算机及网络技术向虚拟市场传递有关商品和劳务的信息，以引发消费者需求，唤起购买欲望和促成购买行为的各种活动。在竞争更加激烈的今天，开展网络促销是每个公司必不可少的销售方式，这是传统的促销无法实现的。网络促销是基于互联网，将产品或服务的性质、性能、特征等各种信息通过互联网传播出去，没有地域的限制，达到双向的、快捷的信息传播模式，给顾客足够的思考空间，节省了大量的时间，真正实现交易的全球化。

8.1 网络促销的形式

网络营销是在网络市场开展的促销活动，其促销形式分别是网络广告、销售促进、站点推广和网上公共关系营销，其中网络广告和站点推广是主要的网络营销促销形式。

1. 网络广告

根据形式不同网络广告可以分为旗帜广告、电子邮件广告、电子杂志广告、新闻组广告、公告栏广告等。网络广告主要是借助网上知名站点(如 ISP 或者 ICP)、免费电子邮件和一些免费公开的交互站点(如新闻组、公告栏)发布企业的产品信息，对企业和产品进行宣传推广。网络广告作为有效而可控制的促销手段，被许多企业用于网上促销，但花费的费用不少。

2. 站点推广

站点推广就是利用网络营销策略扩大站点的知名度，吸引上网者访问网站，起到宣传和推广企业以及企业产品的效果。

站点推广主要有两大类方法：一类是通过改进网站内容和服务，吸引用户访问，起到推广效果；另一类是通过网络广告宣传推广站点。前一类方法费用较低，而且容易稳定顾客访问流量，但推广速度比较慢；后一类方法，可以在短时间内扩大站点知名度，但费用不菲。

3. 销售促进

销售促进主要是用来进行短期性的刺激销售。互联网作为新兴的网上市场，网上的交易额不断上涨。网上销售促进就是在网络市场利用销售促进工具刺激顾客对产品的购买和消费使用。一般，网上销售促进主要有下面 3 种形式：

1) 有奖促销

在进行有奖促销时，提供的奖品要能吸引促销目标市场的注意。同时，要会充分利用互联网的交互功能，充分掌握参与促销活动群体的特征和消费习惯，以及对产品的评价。

2) 拍卖促销

网上拍卖市场是新兴的市场，由于快捷方便，吸引了大量用户参与网上拍卖活动。我国的许多电子商务公司也纷纷提供拍卖服务。拍卖促销就是将产品不限制价格在网上拍卖。如前面介绍的 Compaq 公司与网易合作，通过网上拍卖电脑，获得很好的收效。

3) 免费促销

免费资源促销，主要目的是推广网站。所谓免费资源促销就是通过为访问者无偿提供其感兴趣的各类资源，吸引访问者访问，提高站点流量，并从中获取收益。利用提供免费资源获取收益比较成功的站点很多，有提供某一类信息服务的，如提供搜索引擎服务的 Yahoo! 和中国的搜狐。

利用免费资源促销要注意的问题：① 首先要考虑提供免费资源的目的是什么。有的是为形成媒体作用，有的是为扩大访问量，形成品牌效应。② 其次要考虑提供什么样的免费资源。网上免费资源非常丰富，只有提供有特色的服务才可能成功，否则成为追随者，则永远不可能吸引访问者。③ 最后要考虑的你的收益是什么。你的收益可能通过访问者数量的增加从广告主获取收益，或者扩大你的品牌知名度，或者增加了你的电子商务收入。当然，利益有短期和长期的，有现金和无形的，这都是需要综合考虑的，毕竟免费资源对站点来说不是免费的。

4．网上公共关系

公共关系是一种重要的促销工具，它通过与企业利益相关者(包括供应商、顾客、雇员、股东、社会团体等)建立良好的合作关系，为企业的经营管理营造良好的环境。 网络公共关系与传统公共关系功能类似，只不过是借助互联网作为媒体和沟通渠道。网络公共关系较传统公共关系更具有一些优势，所以网络公共关系越来越被企业一些决策层所重视和利用。一般说来，网络公共关系有下面一些目标：

(1) 与网上新闻媒体建立良好的合作关系。

(2) 通过互联网宣传和推广产品。

(3) 通过互联网建立良好的沟通渠道，包括对内沟通和对外沟通。

8.2　网络促销的实施

根据国内外网络促销的大量实践，网络促销的实施程序可以由以下 6 个方面组成。

1．确定网络促销对象

网络促销对象是针对可能在网络虚拟市场上产生购买行为的消费者群体提出来的。随着网络的迅速普及，这一群体也在不断扩大，这一群体主要包括三部分人员：产品的使用者、产品购买的决策者、产品购买的影响者。

【案例】 阿联酋航空：大数据精准定向高端人群

案例背景

阿联酋航空 Emirates 机队 2017 年迎来第 100 架 A380 飞机宣传庆祝活动，同时需要配合头等舱、商务舱优惠活动，大力提升 Emirates 机票官网搜索量及销售量。但是如何精准定向高端出行人群，如何把握住每个重要的营销时刻来提升推广效率，如何清晰化每个营销接触点在最终销售上的贡献，是阿联酋航空面临的营销难题。因此，此次的营销目标为：

(1) 加大宣传庆典活动传播力度及传播效率。

(2) 引入大量优质新客，降低转化成本，提升机票销售收入。

(3) 打造营销闭环，分析营销路径，进而指导营销资源分配与优化。

★ 营销策略

(1) 基于银联全民消费大数据，分析阿联酋航空历史真实消费人群的特征及偏好，形成全面人群画像，指导高效的人群策略制订(见图 8.1)。

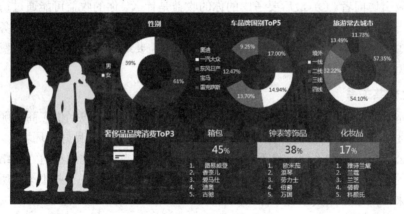

图 8.1

2016 年线下消费支出各领域人数占比见图 8.2。

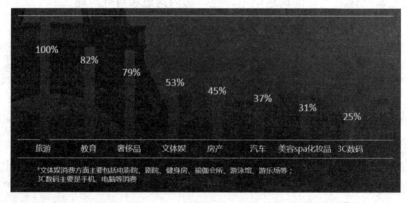

图 8.2

(2) 将线上行为数据及线下消费大数据全融通，实现目标人群全决策周期追踪，打造完美的数字旅程，通过完善的营销技术，精准把握消费者的每个行程阶段(行前、行中、行后)，并匹配高效媒体承载触达，形成有效的数字互动体验。

(3) 提供以大数据驱动的、准确的归因算法及一站式全链路营销归因分析，基于银联刷卡消费数据，直观分析营销触达人群的最终购买转化及后续出行消费特征，直观展示媒体渠道价值，为品牌了解目标消费者、制订营销策略提供支持。

营销创意

充分展示第 100 架 A380 飞机及空中飞行的优质体验，突出头等舱、商务舱机票优惠，吸引高端出行人群，引流至官网的搜索与购买。

案例执行

(1) 基于全面人群分析与洞察，使用独有 POS 雷达定向功能，高效筛选出最合适的目标人群：核心人群、游客人群及高潜人群。

(2) 通过大数据分析细化的人群包与媒体(如广点通、一点资讯、今日头条等)加密匹配，针对行前、行后人群选择高 AFFINITY 媒体增加与客户的沟通与连接场景；对于境外旅行中的目标人群，使用手机系统推送，提升境外游人群的整体触达率；实现客户重要的旅行周期追踪与高效触达，最大化数据与媒体的价值(见图 8.3)。

图 8.3

(3) 使用多种优化方式组合策略，进行全数据监测、多维度分析及与回头客再沟通，不断优化调整创意形式及媒体策略，从而提升投放效果(见图 8.4)。

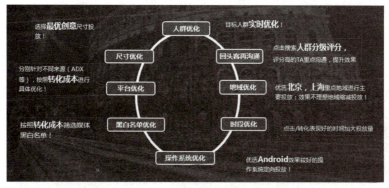

图 8.4

(4) 提供全链路一站式营销归因分析，从人群策略、点击、到站、搜索到最终购买，给出 3 大类人群最终机票消费情况。通过全链路一站式营销归因分析，对每个营销渠道和每个营销触点对最终销售的贡献值清晰化，进而指导营销资源的分配与优化（见图 8.5）。

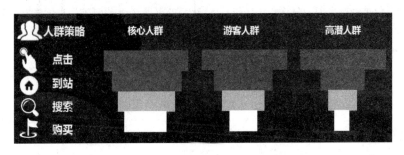

图 8.5

★ 营销效果

整体投放效果点击完成 341%，转化成本降低 75%，销售收入提升 1 倍。

在品牌推广上，阿联酋航空引流消费者至官网，并实现购买转化方面效果显著，凭借独特的数据优势以及完善的数字营销方案，在阿联酋航空数字营销中起到了强大助推力，品牌得到了强曝光，成功引入大量优质新客并有效降低转化成本，得到阿联酋航空高度认可与好评，并开展长期的合作。

2．设计网络促销内容

网络促销的最终目标是达成购买，这个最终目标是要通过设计具体的信息内容来实现的。消费者的购买过程是一个复杂的、多阶段的过程，促销内容应当根据购买者所处的购买决策过程的不同阶段和产品所处的寿命周期的不同阶段来决定。

3．网络促销组合方式

网络促销活动主要通过网络广告促销和网络站点促销两种促销方法展开。但由于企业的产品种类不同，销售对象不同，促销方法与产品种类和销售对象之间将会产生多种网络促销的组合方式。企业应当根据网络广告促销和网络站点促销两种方式各自的特点和优势，根据自己产品的市场情况和顾客情况，扬长避短，合理组合，以达到最佳的促销效果。

网络广告促销主要实施"推战略"，其主要功能是将企业的产品推向市场，获得广大消费者的认可。网络站点促销主要实施"拉战略"，其主要功能是将顾客牢牢地吸引过来，保持稳定的市场份额。

4．制订网络促销预算方案

在网络促销实施过程中，使企业感到最困难的是预算方案的制订。在互联网上促销，对于任何人来说都是一个新问题。所有的价格、条件都需要在实践中不断学习、比较和体会，不断地总结经验。只有这样，才可能用有限的精力和有限的资金得到尽可能好的效果，做到事半功倍。

首先，必须明确网上促销的方法及组合的办法。

其次，需要确定网络促销的目标。

第三，需要明确希望影响的是哪个群体，哪个阶层，是国外的还是国内的。

5. 衡量网络促销效果

网络促销的实施过程到了这一阶段，必须对已经执行的促销内容进行评价，衡量一下促销的实际效果是否达到了预期的促销目标。

【案例】　诺诗兰"胶囊蝉翼"整合营销

案例背景

据数据显示，2012 年中国户外用品市场发展迅猛，年度零售总额为 145.2 亿元人民币，年增长率达到 34.94%，2012 年的销售额排名全国第 5。诺诗兰是一个来自奥地利的户外运动服饰品牌，将目标消费群体定义为"泛户外爱好者"，为其提供舒适的专业户外装备。

2013 年春季，诺诗兰主推"蝉翼皮肤风衣"。当时面临的挑战是：品牌知名度低，主动提及率低，活动预算少，产品与同类相比并无独特卖点。因此，诺诗兰此次的营销目标是：通过本次营销拉开"蝉翼皮肤风衣"的产品认知差异化，大大提升销量。根据客户提供数据显示，2012 年其皮肤风衣销量为 1 万件。2013 年，诺诗兰希望销量比去年同期提升 3～5 倍。同时，诺诗兰希望达成本次营销活动的关注度至少为 10 万人以上，从而大幅增加品牌知名度。

★ 营销策略与创意

诺诗兰的目标消费群是"泛户外爱好者"，这类消费者不是专业户外人，不喜欢携带太多的装备，追求的是一种舒适便捷的户外体验。尤其是春夏户外运动，泛户外人群更追求"小巧便携"的体验，不管是产品本身还是产品包装，要好拿，好带，还要好用，要多功能的，最好是户外运动能用，平时的生活也能用。另外，消费者对衣服品类有体现时尚感、色彩感的要求，在满足基本功能、实用功能的前提下，他们更愿意去选择一款有时尚感的产品，他们也会对一个很酷的赠品产生兴趣而购买产品。所以，户外用品也可以卖"时尚、便携"。既然"蝉翼皮肤风衣"本身无明显差异，那就从营销上建立产品在消费者心中的差异化。

这次营销推广的创意亮点是：把衣服放在七彩胶囊里卖，把胶囊放在自动售贩机里。

在传播方面，诺诗兰运用 OTO(Oline T Ofline)，通过线上传播互动 + 线下活动事件 + 终端配合，全面渗透式地传播"胶囊蝉翼"这个创新有趣的想法，将传统活动与创新活动模式有效结合，通过创新载体"自动胶囊机"和网络新媒体互动的紧密配合，大力传播了"胶囊蝉翼"及诺诗兰品牌。

诺诗兰针对人流众多的地铁、商场使用自动贩售机送胶囊蝉翼，线上微博分享互动、线下贩售机中领取胶囊蝉翼。

诺诗兰开创了国内第一个利用胶囊自动贩售机@话题进行 O2O 的服装互动营销。诺诗兰希望制造一波创意的、新颖的互动行销，来吸引当下被时尚、有趣吸引的泛户外人群，引发他们对"胶囊蝉翼"事件的主动传播，并以轻松的方式，传达诺诗兰"舒适、自在"的户外精神。

案例执行

1．创造完美"胶囊壳"，使它成为"自媒体"。

诺诗兰对胶囊壳进行了一系列的设计，从形状、大小、颜色到附加功能，都经过了精心设计、执行，充分考虑到消费者的审美需求和使用习惯。缤纷的色彩满足了时尚感，小体积让携带更加方便。另外，胶囊壳还是一个更多功能的创意装置，可以根据想象来发挥各种不同的使用效果，对务实主义者有相当的吸引力。

胶囊壳是消费者购买"蝉翼皮肤风衣"后免费获得的赠品。诺诗兰用七彩胶囊壳作为蝉翼的产品包装，塑造产品差异化，引得大量消费者关注，又形成大量流动媒体，成为最好的活广告。

2．线下终端门店、户外媒体进行七彩胶囊视觉展示，提升关注度。

在终端门店设立七彩胶囊的醒目位置陈列，在地铁、车站、户外大牌等户外媒体上用七彩胶囊给消费者直观的视觉冲击力，让他们在逛街时就第一时间被"胶囊"吸引，并关注互动活动。

3．建立活动 MINISITE，官方微博互动宣传。

4．线上互动，线下参与，创新营销——在自动贩卖机上玩 O2O。

诺诗兰用自动贩卖机来陈列七彩胶囊壳，用自有互联网媒体——诺诗兰官方微博在线上操作，进行了一场跨界跨媒体的完美结合。同时，引发一场名为"胶囊蝉翼，全球绚丽首发——@奥地利 NORTHLAND，即可得七彩胶囊 1 枚，更有机会获得胶囊蝉翼"的实时互动活动。

诺诗兰把胶囊放在自动售饭机里，以 O2O 网络互动形式派送胶囊壳。胶囊出现在沈阳、南京、成都等多个城市的地铁和商场。用户只需要通过简单的微博互动分享，就可获得 8 位数密码，输入密码即可免费获得一个任意颜色的户外多功能胶囊。每天有一个幸运者可以得到内装有价值 900 元真实皮肤风衣的胶囊。

此次营销迎合了互联网全新时代，带来一场操作便捷、好玩、参与感强的绩效性互动体验，现场参与，实时互动，能够为"胶囊蝉翼"及品牌带来意想不到的广泛传播力。

微博的大量话题互动、转发，让更多的人也知晓并参与进来。期间，售贩机主要陈列区域的地铁站主干道多次全面瘫痪，导致主办方不得不将活动在下午 5 点——地铁运营高峰时刻暂停。

★ 营销效果与市场反馈

通过 O2O 网络互动共派送 18 000 个胶囊，此次活动引发超过 30 万的活动关注量。截至 5 月 7 日，"胶囊蝉翼"微话题共有 235 892 条结果。百变胶囊玩法转发 25 365 人。官网微博粉丝从原先的 1 万多通过 1 个月的活动时间增长到 13 万以上。

活动期间，平均进店人数环比提升 5 倍。5 月 2 号南京"中央广场店"单店进店人数比活动前平均值提升 7 倍。客户提供销售数据证明，2013 年 3 月 1 日至 6 月 30 日活动期间，"蝉翼皮肤风衣"共卖出 131 890 件，是去年同期销量的 13 倍。截至 6 月 30 日活动结束，客户定量调研结果显示，品牌知名度环比提升 47%，品牌美誉度环比提升 79%。

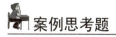案例思考题

1. 诺诗兰创造的"胶囊壳"是如何实现其"自媒体"功能的？
2. 诺诗兰恕用了哪些促销方式实现其营销目标？
3. 你会购买诺诗兰这款产品吗？为什么？

8.3　网　络　广　告

网络广告是广告主为了推销自己的产品或服务在互联网上向目标群体进行有偿的信息传达，从而引起群体和广告主之间信息交流的活动。或简言之，网络广告是指利用国际互联网这种载体，通过图文或多媒体方式，发布的赢利性商业广告，是在网络上发布的有偿信息传播。

1. 网络广告的特点

1) 网络广告具有交互性和纵深性

交互性强是互联网络媒体的最大优势，它不同于传统媒体的信息单向传播，而是信息互动传播。通过链接，用户只需简单地点击鼠标，就可以从厂商的相关站点中得到更多、更详尽的信息，甚至可以直接与商家进行建议咨询和交易洽谈，它是一对一的直接沟通，而厂商也可以随时得到宝贵的用户反馈信息，进一步减少了用户和广告客户之间的距离。同时，网络广告可以提供进一步的产品查询需求。

2) 受众针对性、目标性强

由于点阅信息者即为感兴趣者，所以商家可以直接命中目标受众，并可以为不同的受众推出不同的广告内容。利用传统媒体投放广告，商家很难精确地知道有多少人接收到广告信息，而在 Internet 上可通过权威、公正的访客流量统计系统，可以精确地统计出每个广告的受众数，以及这些受众查阅的时间和地域分布。这样，借助分析工具，成效易体现，客户群体清晰易辨，广告行为收益也能准确计量，有助于正确评估广告效果，制订广告投放策略。

3) 网络广告制作成本低，速度快，更改灵活

网络广告制作周期短，即使在较短的周期进行投放，也可以根据客户的需求很快完成制作；而传统广告制作成本高，投放周期固定。另外，在传统媒体上的广告发布后很难更改，即使可以改动往往也需付出很大的经济代价。而在互联网上做广告能够按照客户需要及时变更广告内容。这样，经营决策的变化就能及时实施和推广。

4) 受众范围广

网络广告不受时空限制，传播范围极其广泛。通过国际互联网络 24 小时不间断地把广告信息传播到世界各地。只要具备上网条件，任何人在任何地点都可以随时随意浏览广告信息。

5) 网络广告是多维广告，感官性强

传统媒体是二维的，而网络广告是多维的，它能将文字、图像和声音有机地组合在一起，传递多感官的信息，让顾客如身临其境般感受商品或服务。网络广告的载体基本上是多媒体、超文本格式文件，广告受众可以对其感兴趣的产品信息进行更详细的了解，使消费者能亲身体验产品、服务与品牌。这种图、文、声、像相结合的广告形式，大大增强了网络广告的实效。

2．网络广告的形式

网络广告采用先进的多媒体技术，拥有灵活多样的广告表现形式。目前常见的网络广告形式主要有以下几种：

1) 网幅广告(旗帜广告、横幅广告)

网幅广告包含 Banner、Button、通栏、竖边、巨幅等，是以 GIF、JPG 等格式建立的图像文件，定位在网页中，大多用来表现广告内容，同时还可使用 JavaScript 等语言使其产生交互性，用 Shockwave 等插件工具增强表现力。

网幅广告因为不可能占据太大的空间，所以在设计上往往只是提示性的——可能是一个简短的标题加上一个标志，或是一个简洁的招牌；但一般都具有链接功能，暗示访客用鼠标点击或直接加上"Click me(here)"、"点击此处请进入"的字样，引领访客走向更深处，去了解更详尽的广告信息。

按钮式广告(Button)又叫"图标广告"，属于纯标志性广告，一般由公司一个标志性图案或文字组成，以按钮形式定位在网页中。按钮广告是从旗帜广告演变而来的一种形式，它形式小巧，费用相对较低，交互性强，成为网站常用的一种广告形式。但是按钮广告的不足之处在于其被动性和有限性。只有浏览者主动点选，才能了解有关企业或产品的更为详细的信息。

2) 文本链接广告

文本链接广告是以一排文字作为一个广告，点击可以进入相应广告页面。这是一种位置最为灵活，对浏览者干扰最少，访问速度最快，较为有效的网络广告形式。有时候，最简单的广告形式效果却最好。

文本链接广告的优点是对用户阅读网站造成的影响较小，能达到软性宣传的目的。但是，此广告是通过文字来传达信息的，在做的时候会有一定的挑战性，越是短小的广告越难做，因为从一句话里传达的信息是有限的，若想发挥好这句话的作用就需要有好的创意。文本链接广告的费用一般也比较低。

3) 电子邮件广告

电子邮件广告一般采用文本格式或 html 格式，把一段广告性的文字放置在新闻邮件或经许可的电子邮件中间，也可以设置一个 URL(统一资源定位符)，链接到广告主公司主页或提供产品、服务的特定页面。邮件广告做得越简单越好，文本格式的电子邮件广告兼容性最好。

电子邮件广告具有针对性强，费用低廉，用户群大，隐蔽性好的特点，且广告内容不受限制。特别是针对性强的特点，它可以针对具体某一个人发送特定的广告，为其他网上广告方式所不及，在直复营销方面的应用最为广泛。

4) 赞助式广告

赞助式广告多种多样，相比传统的网络广告，给予广告主更多的选择。赞助式广告(Sponsorships)是网络广告形式的一种。赞助有 3 种形式：内容赞助、节目赞助、节日赞助。广告主可对自己感兴趣的网站内容或节目进行赞助，或在特别时期(如澳门回归、世界杯)赞助网站的推广活动。

赞助式广告一般放置时间较长且无需和其他广告轮流滚动，故有利于扩大页面知名度。广告主若有明确的品牌宣传目标，赞助式广告将是一种低廉而颇有成效的选择。赞助式广告确切地说是一种广告投放传播的方式，而不仅仅是一种网络广告的形式。它可能是通栏式广告，弹出式广告等形式中的一种，也可能是包含很多广告形式的打包计划，甚至是以冠名等方式出现的一种广告形式。

5) 插播式广告(弹出式广告)

访客在请求登录网页时被强制插入一个广告页面或弹出广告窗口。插播式广告有点类似电视广告，都是打断正常节目的播放，强迫观看。插播式广告有各种尺寸，有全屏的也有小窗口的，而且互动的程度也不同，从静态的到全部动态的都有。浏览者可以通过关闭窗口不看广告(电视广告是无法做到的)，但是它们的出现没有任何征兆，而且肯定会被浏览者看到。

6) 移动网络互动广告

相对于其他广告形式，移动网络广告借助于移动终端所特有的硬件或传感器特性，可以具有更强的达到率、互动性、定位能力和传播性，如 AR(Augmented Reality，增强现实技术)，二维码，蓝牙广告等。其他媒体的网络互动广告如下：

(1) 移动网站互动广告。以移动终端浏览器为基础，以移动网页为展现形式的广告，如：移动网页上的文字链接广告、图片广告以及品牌活动等广告形式。

(2) APP 植入广告。以 APP 为广告载体，在 APP 启动或运行中，植入了 iAD、AdMob 等第三方广告。

(3) APP 互动展现广告。APP 本身即为互动广告的营销平台，如：宜家、Converse 等 APP 应用。

7) 定向广告

定向广告是指网络服务商利用网络追踪技术(如 Cookies，小型文本文件)搜集整理用户信息，按年龄、性别、职业、爱好、收入、地域分类储存用户的 IP 地址。然后利用网络广告配送技术，向不同类别的用户发送内容不同的广告。

定向广告可以精确定位广告受众，提高广告效果，根据用户偏好投放其感兴趣的广告。网站可按照人口统计特征，针对指定年龄、性别、浏览习惯等的受众投放广告，为客户找到精确的受众群。

8) 视频广告

视频广告是指在移动设备内进行的插播视频的模式。视频广告分为传统视频广告和移动视频广告两类。传统视频广告是在视频内的广告进行设置和投放，而移动视频广告分为传统贴片广告和 In-APP 视频广告。

企业经常会运用视频广告进行病毒营销，其厉害之处在于传播即精准。观看者首先对广告产生兴趣，关注视频，再由关注者变为传播分享者，而被传播对象势必是有着和传播者一样特征兴趣的人，这一系列的过程就是在目标消费者中精准筛选传播。网民看到一些经典的、有趣的、轻松的视频总是愿意主动传播，通过受众主动自发地传播企业品牌信息，视频就会带着企业的信息像病毒一样在互联网上扩散。病毒营销的关键在于企业需要有好的、有价值的视频内容，然后寻找到一些易感人群或者意见领袖帮助传播。

【案例】 大众汽车的《开车别低头》视频广告

案例背景

目前国际汽车市场的竞争越来越激烈，先后出现比亚迪、吉利等中国低端国产品牌与大众抢占市场，使得大众汽车在中国的销量不是很理想。数据显示，中国汽车市场是全球各大汽车集团竞争的热点地区，大众的在华市场份额虽然仍居首位，但占有率有所下降。通过对目标顾客的研究数据分析发现：交通事故发生的原因中，开车看手机是一个主要原因，而这个行为是完全可以避免的。因此，大众汽车此次营销的目标是：以影响行销的方式增强企业美誉度、扩大影响力、增加销量，使人们意识到开车看手机的危险性，进而尽量杜绝此类行为的发生。

★ 营销策略与创意

目标顾客没有意识到开车看手机的危险性，要么认为没多大关系，要么认为不会那么凑巧。因此，在营销设计上要让顾客意识到问题的严峻性。

模拟车祸现场，在视频播放时利用传送功能给在场的每一个观众发送信息，当观众低头看手机的时候，屏幕中恰好出现车祸场景，巨大的音效及破碎车窗的画面会带给在场所有低头看手机的观众真实而深刻的冲击。

案例执行

在香港的 MCL 电影院，当一场电影即将开始的时候播放开车的场景，让观众以为是普通的广告而惬意观看。然后，幕后人员通过特定的设施向在场观众的移动设备发送信息，当观众低头看信息的时候，"车祸"发生了。

把该实验过程全程记录下来，制作成病毒视频在网络上投放，形成持续的传播效果。

案例评析

(1) 心里洞察精准。受众对开车看手机抱有侥幸心理，因此要设计方案让受众意识到问题的严峻性。

(2) 情景再现式的真实感。《开车别低头》充分利用了电影屏幕、声音效果及手机移动端，达到了声、画、情景的结合，让受众身临其境，让他们知道危险其实就在身边，其中的手机移动端和场景的结合则是最有创新力的一点。先是通过舒缓的音乐降低人们的戒心，然后用发送信息到移动端的方式，一方面吸引人们的注意力，另一方面再现开车看手机的场景。电影屏幕以巨大的声、画效果展现不可估量的严重后果。画面虽然不血腥，但是通过破碎的玻璃，人们便能想象出残酷的场景，就像真正让人心生畏惧的恐怖片不是那些魔鬼、血腥类的画面，而是那些明明没有血腥场面却其实得仿佛就发生在自己身边的一样。

(3) "恐惧诉求"的尺度把握得很好。用威胁或使受众心生恐惧的方式达成说服的目的，是大众传播效果研究中的一种常见方式。但并不是恐惧越大，说服效果就越好。恐惧诉求与态度改变之间呈现曲线关系：高或低恐惧诉求的说服效果较小，适度恐惧诉求的说服效果最大。而作为公益广告的"恐惧诉求"，要把握其程度。因为受众为全体公众，所以要适合大多数人的心理阈值。

9) 原生广告

原生广告是 2012 年新提出的一个概念，没有人可以给原生广告一个很明确的定义，各界众说纷纭。Buzzfeed 的总裁 Jon Steinberg 说："当你用内容的形式并冠以该平台的版本，就是一种原生广告。举例，在推特里面，它会是一则推特；在 Facebook 里面，它会是一则新的状态；在 Buzzfeed 里面，它会是一则报导。"

Deep Focus 的 CEO Ian Schafer 说："这是一种以消费者本身使用该媒体，去接触消费者的广告方式。"

美国雅虎的销售副总裁 Patrick Albano，2013 年在一场亚特兰大举行的原生广告研讨会上分享，他认为原生广告形式更多元，可能是图片、影音或是文字，只要是消费者体验的一种，它都可以被称为是原生广告的形式之一。

"原生广告(Native Advertising)，它是一种让广告作为内容的一部分植入到实际页面设计中的广告形式。"Sharethrough 的 CEO Dan Greenberg 说。

Solve Media 给出的定义是：原生广告是指一种通过在信息流里发布具有相关性的内容产生价值，提升用户体验的特定商业模式。

IDEAinside 给出的定义是：原生广告通过"和谐"的内容呈现品牌信息，不破坏用户的体验，为用户提供有价值的信息，让用户自然地接收信息。

虽然众多人士理解的原生广告定义和形式不一，但总结各方评论来说，原生广告可以用两种角度来看，除了形式的不同，它是一种新的消费者体验，它是一种互动的广告，但却要以消费者平常的使用习惯切入，没有隔阂地成为消费者原有的体验。

原生广告的以下几个特点：

(1) 内容的价值性。原生广告为受众提供的是有价值有意义的内容，不是单纯的广告信息，而是该信息能够为用户提供满足其生活形态、生活方式的信息。

(2) 内容的原生性。内容的植入和呈现不破坏页面本身的和谐，而不是为了抢占消费者的注意力而突兀呈现，破坏画面的和谐性。

(3) 用户的主动性。用户乐于阅读，乐于分享，乐于参与其中。不是单纯的"到我为止"的广告传播,而是每个用户都可能成为扩散点的互动分享式的传播。

10) 其他广告

其他新型广告有撕页广告、视频广告、路演广告、巨幅连播广告、翻页广告、祝贺广告、论坛版块广告等。

【案例】 Google 分享品牌"撩粉"新技能:用声音让你怦然心动

案例背景

有时,一段优美的音乐、轻柔的耳语或磁性的声线会让人瞬间"触电"。现在,越来越多的品牌也意识到了细微声音在广告中的神奇作用。随着 ASMR(Autonomous Sensory Meridian Response)视频在 YouTube 上的走红,各品牌已经跃跃欲试,试图利用这一让人"怦然心动"的感官元素刷新品牌"撩粉"技能。

例如,BBDO 广告公司在中国为德芙巧克力制作的 ASMR 视频广告,就在试图利用各种细腻的声音,唤起消费者吃巧克力时所感受到的"丝滑感"。

ASMR 直译为自发性知觉经络反应,描述的是一种始于头皮,在身体中由上到下传播"触电般"的感觉,它能在一瞬间调动身体的感官,让人有放松镇静的愉悦感觉。触发这种体验的可能是缓和的画面、轻声的耳语、温柔磁性的声线或某种口音,也可能是不同材质轻微碎裂的摩擦声等。

拥有将近 40 万名 YouTube 粉丝的热门 ASMR 艺术家 Heather Feather 这样描述这种美妙的体验:"简单来说,这就像其他人抚弄你的头发或是指尖轻轻划过你背部时你体会到的那种触电般发麻的感觉。"

与警报声、通知推送声、碰撞砰砰声等将警觉、焦虑的信号陆续传递全身,让人脊背发凉的机制相反,ASMR 视频追求的效果是用声音让身体放松。

目前,YouTube 上 ASMR 视频的数量约为 520 万,ASMR 的 YouTube 搜索量仍在不断增长。一段发布在 YouTube 上的 ASMR 热门视频,自身的点击量能超过 1600 万次。

那么,这红得发紫的 ASMR 到底能为品牌主们做些什么呢?

案例执行

1. 品牌广告"撩粉"新技能:ASMR 元素应用。

其实很多声音都可以触发 ASMR 这种既能撩拨又能安抚人心的感觉,而这恰恰也正是品牌在视频广告中可以与品牌自身产品特性结合,利用声音实现感官营销的大好机会。

越来越多的品牌已经意识到 ASMR 广告可以用来在巩固正在使用本品牌的忠诚受众群的基础上,挖掘更多的潜在受众群,并开始陆续与 YouTube 的 ASMR 艺术家合作,Tic Tac、Swedish Fish、Taco Bell 等已成为 ASMR 视频中的高频客串品牌。

ASMR 艺术家通常还善于利用一些特定的物品,特别是食品类产品,来制造撩拨人心的愉悦刺激效果:比如揉搓包装纸、咀嚼糖果、开罐头等。

快餐巨头肯德基也不甘落后地加入了这一潮流,制作了一系列 ASMR 广告。

在这段 YouTube 视频中，演员乔治·汉密尔顿(George Hamilton)饰演桑德斯上校(Colonel Sanders)，攥着方巾喃喃自语，一边品尝着肯德基新款脆皮炸鸡，一边沉醉于每一口咀嚼发出的清脆咔嚓声。

2. 庞大而广泛的受众群：从美妆控到技术宅。

当然，品牌即使不亲自制作关于产品的 ASMR 视频，也依然可以利用这一趋势本身来吸引感兴趣的受众。调查发现，男性和女性都对 ASMR 内容感兴趣，尤其是 18 至 24 岁的年轻人占到了感兴趣受众的半数左右。

最早掀起这一流行趋势的明星产品要属美妆。YouTube 上的美妆教程一直都很受欢迎，在播主们意识到关于某些细微声音的美妙体验能够提升视频的关注度和点击率之后，成倍的 ASMR 美妆教程上线了。比如一些播主会使用化妆刷等工具创造沙沙的声音，还有一些播主会用手指敲击声和指甲抓挠的声音来炫耀自己的美甲。

还有一个更为庞大的 ASMR 受众群，是技术爱好者和游戏玩家。YouTube 上还有一个专门的 ASMR 游戏玩家频道。因录制 ASMR 对技术有所要求，因而对其感兴趣的消费者有很大的几率也会关注笔记本电脑、手机、游戏机等科技产品。ASMR 正在被陆续应用于快节奏视频游戏，因为加入这一元素能通过"脑按摩"有效地刺激玩家的感官。

但不论 ASMR 如何发挥效果，能肯定的一点是，ASMR 视频目前已经拥有一个庞大的受众群，且不断吸引着越来越多对此感兴趣的新群体。作为跃跃欲试的品牌，不必非得"研究透彻"才能从中受益，只需参与到这个亟待开发的领域中，并以富有创意的方式与受众进行互动。

案例思考题

1. 为什么 ASMR 视频广告这么受欢迎？
2. 请观看有关 ASMR 的视频广告，谈谈你的感受。

8.4　网络公共关系

网络公关关系，简称网络公关(PR on line)，就是社会组织为了塑造组织形象，以网络为依托，运用各种互联网工具，为组织收集和传递信息，在电子空间中实现组织和公众之间双向互动式的全球沟通来实现公关目标，影响公众的科学与艺术。

1. 网络公共关系的特点

1) 传播主动性

在传统的传播方式当中，企业往往是作为被动的宣传对象而存在的，电视台、杂志社等媒体掌握了宣传的主动权，他们可以自由地分配版面，自由地选择宣传重点、宣传力度等，而网络公共关系则可以使企业的传播主动性体现出来。在网络环境中，企业在公共关系活动中的每一个细节几乎都可以自由支配，如企业可以通过各种 BBS、个人博客以及电子邮件等途径直接将信息传播给接收者，不受传统媒体版面、空间和时间等方面的限制。而在传统的公共关系中，利用报纸、杂志和电视等方式来宣传企业则存在多种不可控因素，不一定能完全按照企业公共关系活动的计划及时地、完整地传播信息。

2) 传播效率高

网络公共关系的传播效率体现在时间与空间上。首先，在空间上，在网络环境中，空间几乎无限大，企业可以详尽地传播各种内容，甚至还可以将公关资料进行链接，无限地拓宽传播空间。这样一来，网络公关活动所传播的资料信息量就轻而易举地大大超过了传统的静态公关资料。其次，由于网络传播时间的无限性，企业可以随时对资料数据进行动态的修改或增删。最后，在传播方式上，网络传播是双向互动的沟通方式，这使浏览者在阅读信息的同时，可以与版主、主持人或其他的浏览者展开讨论，版主或主持人还可以对信息内容进行引导和控制，使企业的信息在传播过程中不会产生大的偏差而影响传播效果。

3) 公众客体的参与性提升

网络的虚拟性和隐蔽性，为公众发表言论提供了一个相对自由的环境。网络公共的客体不再是消极的、被动的对象，他们可以主动的与企业进行沟通，或者是彼此之间进行讨论。信息的获取、传播都更加自主、直接。消费者的意见、态度和观点会迅速在网上扩散，对企业产生重大影响，甚至会决定企业的成败。

2. 网络公关的传播渠道

1) 网站

每个机构、公司、个人或品牌的网站都是公共关系营销的工具，因为它们都可以发布介绍当前产品和公司信息的电子小册子。据 Double ClicK 公司的调查显示，88%的受访者认为网站对其产品或服务的购买影响最大，而认为受广告影响的受访者不到 4%。

网站是企业的门户，它必须提供吸引人的、有条理的、相关的信息。微软公司的网站列出了微软公司的所有子站点、主要产品(微软办公软件)和操作系统(目前为 vista 系统的下载)，以及市场(包括企业市场和消费者市场)链接。最后，它还宣扬了客户导向的理念，"随处沟通，无限分享"，以及"你们的潜力，我们的动力"，大量的产品和信息以及众多的网页。制作需要的门户网页十分困难，但是，微软公司却做得很成功。

2) 论坛公关

论坛公关就是在网站提供的公共书写区域上，通过发布信息向公众灌输某种观点或者影响舆论走向。论坛最宝贵的资产有两项：一是社区成员之间的相互信任及对社区的忠诚度；二是社区成员的资料、生活风格等。

论坛公关有两种主要形式：一是利用图片或帖子签名，最大限度地曝光自己的品牌；二是激发网民参与讨论，进行深度传播，具体表现为：在相关的专业论坛发布有关企业的宣传信息，或者发布引导公众讨论的主题帖，与社区中的公众进行互动交流；企业利用网上论坛或社区向目标受众提供服务，或者解答问题等，加深与目标客户的联系与沟通，以提升企业的认知度和形象。

进行论坛公关活动时，首先确定热点主题，提高访问量和回帖量。在这一环节中，运用"马甲"来维护和炒作帖子是必不可少的手段，既不能让帖子"沉下去"，也不能让讨论脱离主题。其次要了解论坛主题的分布和特点，避免盲目发布。企业在发布信息时应该在短时间内选择最适合自己的版块作为平台，这样就大大节省了人力和时间。最后，帖子策划应当遵循内容的真实性。内容虚假的帖子不但起不到维护企业形象的作用，还可能引来网民的指责使品牌美誉度下降，甚至会导致信任危机。

3）网络社区

网络社区是由于共同的兴趣和目的，访问者通过互相交流而在网络上形成互惠互利的一个群体。组成网络社区的各个成员的活动场所是网络。网络社区上的网络公关策略主要有：

(1) 通过网站直接发布企业新闻。通过新闻媒介发布企业新闻，容易被公众接受。如果新闻媒介所发配的新闻稿件有删改，不全面，这样会对企业公共关系活动产生不利影响，因此网上企业可以通过自己的网站直接向商业网络社区发布新闻稿，避免了信息传送过程中的失真。

(2) 在 BBS 上张贴新闻。在网络社区成员经常光顾的网络论坛、电子公告板上张贴新闻。这种新闻可以保留很长时间，不仅能留住老顾客，还能为企业吸引新顾客。

(3) 创建面向网络社区成员的单向邮件清单。及时将企业的新闻稿件发送给网络社区成员，可以巩固和提高企业与网络社区成员的关系。

4）举办新闻发布会和网上年会

在网络论坛举办的专题研讨班中担任客串主持，这对于提高企业的知名度，树立企业良好的形象有很大的帮助。

【案例】 海航"光明行"公关活动

案例背景

"海航光明行"是一项旨在援助贫困白内障患者的公益活动。据统计，全球范围内白内障致盲者为 2000 万人，其中中国占 670 万，大多来自中西部欠发达地区，由于经济上的拮据，因病致盲的人数每年都在激增。2004 年，海航集团响应全国防盲组的号召，正式启动"海航光明行"救治活动。从青海开始，到西藏、四川、内蒙古、新疆等 14 个地区。活动自 2004 年 7 月在青海省正式启动以来，已经持续开展了十年，帮助了近 4800 名贫困白内障患者重见光明。

(1) 品牌诉求：塑造有责任心的企业形象，让"海航光明行"引起社会更广泛的关注。

2014 年是"海航光明行"的第十个年头。海航集团希望在十周年之际，通过社会化媒体的传播，引起公众对于贫困地区白内障患者的关注，鼓励更多的有爱人士助力"光明行"，建立企业社会责任形象的同时，传播善与爱，同时引发线上社交传播，提升官方微信粉丝量，扩大企业知名度，制造网络声量。

(2) 目标消费者：海航潜在用户及富有爱心的社交媒体用户。

基于人们愿意分享正能量，社交媒体用户偏好为自己贴"公益"标签，举手之劳做公益的洞察，围绕"海航光明行"活动深度打造慈善公益话题，以此打造海航潜在用户群体对于海航集团的正面印象。

（3）媒体策略：虚拟端体验＋线上社交分享＋线下志愿行动直播。

通过移动端虚拟体验白内障患者眼中的模糊世界，激发用户的关注与爱心，引发用户通过社交分享进行自主性传播，并利用微信朋友圈达到迅速扩散传播面，带动更多关注和参与互动的营销目的。

🎓 案例执行

海航官方微信建立"海航光明行"专属栏目，依次推出"口号征集"、"擦亮世界"、"最新动态"、"海航十年"4个板块内容，与粉丝进行有节奏、多层次的互动。

（1）预热期：发起"海航光明行十周年"口号征集及票选活动。

2014年8月11日—15日海航通过微信、微博两个平台展开口号征集活动；8月18日—21日，从征选的276条原创口号中优选6条通过海航集团微信公众号进行投票，票数最高者荣获海航光明行徽章。

（2）活动期：8月12日，在微信平台推出"擦亮世界"微站，邀请用户加入海航光明使者善举大军，并通过朋友圈分享，完成爱心接力不间断。

"擦亮世界"微站包含3个环节：

① 通过一系列生动的图文，向用户介绍高原地区白内障疾病多发的原因，以感性的文字描述白内障对患者生活造成的影响，并通过画面展示白内障患者眼中的模糊世界。

② 运用代入感极强的互动体验，吸引用户通过指尖擦动屏幕的简单动作，直观感受为患者带去光明的喜悦，从黑暗无光到光明鲜亮。

③ 赋予参与用户"光明使者"的荣誉，并激励用户将活动分享到朋友圈，号召伙伴们一起加入光明行使者的善举大军，传递爱与善意，完成线上爱心接力不间断。

（3）升温期：微信直播此次"海航光明行"全程，话题热度持续发酵。

8月24日至9月4日，利用微信平台，持续报道此次海航光明行的始末，11天的行程，1500多公里的跨度，8000多人的参与。粉丝们随时随地通过官微，感受医务人员的高超医术，志愿者们的苦与乐，特殊受助者的感人故事，538名患者重见光明的喜悦。

整个微信报道实现多次曝光，持续跟踪，有点有面的传播策略，有效提升粉丝黏度和二次传播效应。企业既传播了此次活动的理念，也客观呈现了实施过程，可谓树立了利用社会化媒体做企业社会责任项目传播的典范和标杆。

★ 营销效果

（1）微信粉丝数量增加，线上声量大增。

"擦亮世界"微站自8月12日上线后，截至9月9日凌晨已超过13万分享量，预估社交媒体曝光达到2000多万人次。官方微信粉丝增长率与没开展活动期间相比，增长速度提高132％。

（2）相关媒体报道量显著，提升品牌的美誉度。

同时监测"海航光明行"十周年活动相关媒体报道1145篇，其中平面媒体13篇，网络媒体1117篇，论坛5篇，博客8篇，视频2篇。此次传播在没有媒体购买的情况下，依靠社交媒体，引发了用户与媒体自发式的传播效应，为品牌积聚了美誉度，成功提升品牌的企业社会责任形象。

案例评析

1. 线上爱心接力，利用社交媒体引爆话题。

海航集团发布"海航光明行，擦亮世界"主体微站，上演线上爱心接力，号召用户成为与海航一起传递光明的使者，一次点击，一键分享，为白内障患者擦亮世界，送去光明。

2. 直观互动体验，诠释"擦亮世界"核心概念。

海航集团运用 HTML5 Canvas 技术，打造代入感极强的触屏互动，让用户通过简单的互动亲身感受白内障患者的"视界"是如何朦胧与黑暗，触动爱心；用户通过手指擦拭，为他们"擦亮世界"，并用转发分享表达对"海航光明行"活动的支持。

3. 线下全程活动线上直播，与光明志愿者"同行"。

实时报道"海航光明行"全程所见所闻，增加与线上活动参与者的黏度，引发二次传播，从而进一步提升企业的正面形象。

3. 网络事件营销

网络事件营销(Internet Event Marketing)，是指企业通过策划、组织和利用具有新闻价值、社会影响以及名人效应的人物或事件，以网络为传播载体，吸引媒体、社会团体和消费者的兴趣与关注，以求建立、提高企业或产品的知名度、美誉度，树立良好品牌形象，并最终促成产品或服务的销售的手段和方式。

事件营销已经是国内外企业在品牌行销过程中经常采用的一种公关传播与市场营销推广的手段了。网络事件营销具有投入小、产出大、受众面广、关注度高、可信度高等优势。开展事件营销的方法有很多种，关键在于各种素材的融合以及有效的传播控制，犹如照顾自己的孩子一样传播一个公共事件，不仅能达到客户的传播预期，更能提高自身的成就感。事件营销，集新闻效应、广告效应、公共关系、形象传播、客户关系于一体，并为新产品推介、品牌展示创造机会，建立品牌识别和品牌定位，形成一种快速提升品牌知名度与美誉度的营销手段。

【案例】　加多宝的网络公关营销

案例背景

加多宝集团隶属于香港鸿道集团，是一家以香港为基地的大型专业饮料生产及销售企业，主要从事饮料、矿泉水的生产及销售。现今集团旗下产品包括金色罐装、瓶装、盒装"加多宝凉茶饮料"和"昆仑山雪山矿泉水"。

大家熟知的王老吉凉茶由王泽邦初创于清朝道光年间(1828 年)，王泽邦去世后，第三代传人便将凉茶店开到了香港。1949 年新中国成立后，王老吉被一分为二，广州王老吉凉茶被归入国有企业，隶属于广州医药集团有限公司，另一支由王氏后人带到了香港，经营王老吉香港及海外业务。

因为历史原因，王老吉只能在内地之外的市场销售。为了扩大内地市场，另起炉灶，加多宝公司与广药集团签订商标许可使用合同，取得王老吉凉茶在内地的独家经营权，产品形式为红色易拉罐装，而广药集团仍生产绿色包装的王老吉凉茶，协议约定租金为 300 万元/年，期限为 15 年。王老吉这一老字号在"中华老字号品牌价值百强榜"中排行第五，品牌价值 22.44 亿元人民币。也正是从这年起，特别是 2008 年汶川地震捐款事件后，王老吉凉茶的销售量突飞猛进。随着王老吉在饮料市场逐渐称雄，广药集团与加多宝之间的矛盾也日益凸显。2010 年 10 月，随着王老吉品牌价值高达 1080 亿的消息公布，广药率先举行新闻发布会，以"王老吉拥有者"的身份将这一荣誉公开宣布，不想却引来红罐王老吉生产商加多宝的强烈不满。随即，加多宝发布澄清声明，称红罐王老吉由香港鸿道(集团)内地公司加多宝生产和销售，与广药无任何隶属关系，但广药给出的回复却是其授权加多宝独家使用和经营"王老吉"品牌商标已于 2010 年 5 月到期。双方陷入商标大战，最终以广药的完胜告终，自此王老吉凉茶改名加多宝饮料。

这场持续了 445 天，炒得沸沸扬扬的"红绿之争"，最终以广药集团的完胜结局。时隔 15 年后，价值千亿的王老吉商标再度回归广药集团，加多宝沦为一代悲情英雄。但是，多年辛苦塑造的王老吉品牌被夺走后，加多宝并没有一蹶不振，随即开展了一系列公关营销活动，快速有效地向公众传递了"加多宝"这一新商标，并且在竞争日趋激烈的茶类饮料竞争中继续占领着凉茶市场。

案例执行

1. "汶川地震捐款"的事件营销，提高品牌知名度。

2008 年汶川地震后，王老吉(此后所提及的王老吉均为改名之前的加多宝饮料)的名字不断出现在各大报纸、杂志、电视和网络上，具有很高的曝光率，使得"王老吉"与"爱国"、"慈善"等名词紧密联系。此次事件营销，不仅提高了产品的知名度，更是提高了消费者对于王老吉的品牌信赖感、归属感与忠诚度，在无形中大大提高了王老吉的品牌价值。

2008 年 5 月 18 日，中央电视台一号演播大厅，"爱的奉献"抗震救灾大型募捐活动现场，加多宝集团副总经理阳爱星代表公司向四川灾区捐款一亿元，顿时成为人们关注的焦点。伴随"此时此刻，我想加多宝和王老吉的每一位职员和我一样，虔诚地为灾区人民祈福，希望他们能够早日离苦得乐"这句捐赠感言，王老吉的生产商广东加多宝集团一夜成名。

通过王老吉在地震之前公布的财务报表可以看得出，2007 年王老吉凉茶业务方面的总利润为 1 亿元左右。也就是说，本次汶川地震捐款等于捐出了企业 2007 年的全部利润。

更值得注意的是，王老吉在进行事件营销的同时，网络营销也在紧锣密鼓地筹备着。在捐款完毕后，各大贴吧、论坛不断涌现关于王老吉的热帖。2008 年 5 月 19 日，网友"狂飙吧蜗牛"在天涯社区"天涯互助—汶川地震"发表标题为"让王老吉从中国的货架上消失！封杀它！"的帖子，这个"正话反说"的"封杀王老吉"倡议发出后，迅速成为最热门帖。不难推断出，大部分帖子是王老吉内部人员转发的。"封杀王老吉"、"喝回十个亿"之类的呼吁贴不断出现在大众视野中，帖子几乎传遍国内所有社区网站与论坛，3 个小时内百度贴吧内关于王老吉的发帖数超过 14 万个。王老吉利用人们的爱国热情，煽动人们去购买其产品。

与此同时，网民们开始讨论可乐等碳酸饮料的危害，以突显出王老吉作为一种凉茶饮料有益于身体健康的特点。至此，"要捐就捐一个亿，要喝就喝王老吉！"、"中国人，只喝王老吉"、"今年过节不收礼，要收就收王老吉"成了在众多网友之间迅速传播的响亮口号。网络舆论的影响力彻底延伸到了现实生活中，将王老吉的声望推向了史无前例的高潮。

在网络媒体推波助澜的作用下，王老吉迅速成为中国最炙手可热的罐装饮料。王老吉开始逐渐出现在很多原来并没有覆盖到的销售渠道上。自捐款事件后，加多宝集团的销售量创纪录地达到了 120 亿元，2008 年全年产销量 600 万吨，超过可口可乐在中国大陆销售的两倍。在由国家统计局中国行业企业信息发布中心主办的第十三届全国市场销量领先品牌信息发布会上，加多宝集团生产的罐装王老吉获得"2008 年度全国罐装饮料市场销量第一名"。

这次事件营销和网络营销是一个经典的完美结合，不仅提高了产品的销量，更提高了产品的知名度和美誉度，为品牌树立了一个良好的形象。总之，王老吉在进行了精准的品牌定位后，通过整合营销传播，综合运用各种营销手段，向消费者传达统一的品牌形象，是其成功的关键。

2. 微博"对不起体"事件营销，传递悲情形象，引导公众舆论。

2012 年，加多宝在与广药的商标争夺战中输掉了官司，广药集团收回鸿道(集团)有限公司的红色罐装及红色瓶装王老吉凉茶的生产经营权，从那以后两家企业的战争便愈演愈烈。在 2012 年 5 月 16 日，加多宝就败诉裁决召开了新闻发布会。在新闻发布会上，加多宝集团宣布"王老吉"正式更名为"加多宝"，但这并不是这次发布会的真正目的。在这次媒体公关上，加多宝集团充分利用公众对国企的抵触情绪，利用各种手段塑造加多宝的悲情者形象，向公众传达其"弱者与受害者"的公关形象，让部分媒体和公众人士对加多宝的处境产生同情进而纷纷站在加多宝这一边，使舆论倾向于加多宝。

为博取公众舆论，加多宝集团在 2013 年 2 月 4 日利用微博发布"对不起体"一事可谓是一次非常有效而成功的公关行动。加多宝以四条微博，分别配以四张不同的幼儿哭泣图片向公众道歉(见图 8.6)。

图 8.6

"# 对不起 # 是我们太笨，用了 17 年的时间才把中国的凉茶做成唯一可以比肩可口可乐的品牌。

对不起 # 是我们太自私，连续 6 年全国销量领先，没有帮助竞争队友修建工厂、完善渠道、快速成长。

对不起 # 是我们无能，卖凉茶可以，打官司不行。

对不起 # 是我们出身草根，彻彻底底是民企的基因。"

这几条微博成功引起网友们的注意并得到迅速传播，加多宝的悲情牌一经打出，立刻博取大量网民的同情，其官方微博上的四张图片获得了超过 4 万的转发量。借助诙谐幽默的文案，加多宝成功地将败诉失去商标的危机转移，赢得了消费者的原谅。加多宝凭借"对不起体"折桂四项营销大奖：金投赏年度创意营销金奖、艾菲奖、梅花网年度公关创新金奖、金蜜蜂网络营销互动营销文案类金奖及全场唯一大奖。

为了强调即使失去了"王老吉"这个一直以来的正宗凉茶品牌，加多宝仍然还是唯一的正宗凉茶，加多宝企业还请来了凉茶始祖王泽邦第五代传人王健仪女士为其站台。王健仪女士不但为加多宝拍摄了新广告，而且还举办新闻发布会，为加多宝的独家凉茶配方进行公告声明，加多宝一举将输掉官司的负面新闻扭转为成功的公关营销事件。

3. 冠名"中国好声音"的娱乐营销，提升品牌市场的认知度。

为使加多宝品牌能够迅速得到大众的熟知和认可，加多宝集团在广告上的投入力度大大增加。

"中国好声音"是浙江卫视从荷兰引进的真人秀节目《The Voice》的中国版，该节目严格按照节目版权手册制作节目，并接受版权方派专家现场监制，与市面上很多简单粗暴复制的山寨节目有本质的不同。这种"正宗"，正是吸引加多宝进行洽谈合作并在很短的时间内同意进行投资的源动力。加多宝凉茶与"中国好声音"共同具有原汁原味、正宗的品牌内涵，这也是两个品牌的结合点。同时，虽然加多宝不再使用原来的商标，但更名后的加多宝凉茶，仅仅只改变了产品名称，原有的配方、工艺、口感都不改变，这与"中国好声音"尽可能地还原《The Voice》的诉求是一样的，归结为一个字就是"正"，即正宗、正统、正版。

随着"中国好声音"收视率屡创新高，加多宝的市场认知度获得极大提升，也坚定了一部分摇摆于王老吉与加多宝之间的消费者选择加多宝的信心。2012 年的中秋节晚上，每一个中国家庭除了传统的吃团圆饭，看央视的中秋节联欢晚会以外，还多了一项活动，就是收看"中国好声音"年度总决赛。最终的收视率调查显示，当晚"中国好声音"的收视率超过 7.0，这意味着当天晚上有超过 2 亿的观众同时收看这个节目。单场次广告收入破亿，以及从初赛就开始不断升温的对于选手、导师甚至主持人的持续关注，这些数字与现象都足以表明，"中国好声音"取得了史无前例的成功，类似的娱乐营销只有 2005 年的"超级女声"能与之匹敌。

但值得注意的是，第三季"中国好声音"所遇到的同类节目的竞争激烈程度远超过当年。为了不断为"中国好声音"制造话题，将观众的注意力牢牢锁定在"中国好声音"上，加多宝还围绕"中国好声音"的宣传展开了一系列营销措施。首先，在第三季加多宝"中国好声音"宣布正式启动的同时，加多宝宣布推出"中国好声音"促销装，以"中国好声音"标志性的 V 形剪刀手的红罐包装为开端，开启了新一轮的品牌宣传活动。随后，在"中国好声音"开播前四天，加多宝"周五我没空"系列海报上线，该系列海报迅速在网上形成病毒传播，阅读量达到 1296 万次，转评 4.3 万次。在"中国好声音"开播后，加多宝保持着每周一期的病毒式海报，先后以刷墙体、民国体、革命体、休战—水浒、休战—西游、休战—三国、休战—红楼等系列，不断为"中国好声音"制造话题，让观众的注意力始终附着在"中国好声音"上。同时，为了吸引年轻的消费群体，加多宝在前一年微信好声音的基础上，全面升级了其用户参与方式，使消费者可以在加多宝的官方微信上，通过摇一摇，实时给自己喜爱的"中国好声音"学员投票加油。

为了更全面地推广"中国好声音"，加多宝还突破性地跨界合作，它与腾讯达成了全面的战略合作伙伴关系。根据协议，加多宝将整合腾讯旗下的新闻客户端、视频客户端、QQ 音乐客户端、游戏、微信、手机 QQ 等多渠道、多终端，并在多个栏目展开合作，尤其是在双方开辟的 QQ 音乐中，可谓是合作密切。通过这个跨界合作，"中国好声音"成为一档可以多屏输出的节目，极大地扩大了节目的影响力。

在"中国好声音"第三季开播 10 天前，加多宝做出惊人之举，与当年颇受瞩目的社区服务站顺丰嘿客达成了战略合作伙伴的关系，借助 800 家顺丰嘿客的线下资源和顺丰速递快速高效的物流体系，把加多宝好声音 V 罐凉茶连同 10 万份好声音节目观看指南，打包成"好声音组合大礼包"，以"中国好声音"第三季首播为契机，以各种形式送到消费者手中，邀请他们"喝着加多宝 V 罐看好声音"。除此之外，在全国 800 家顺丰嘿客门店里，消费者可以通过扫"唱饮加多宝好声音 V 罐，直通中国好声音"的二维码，关注加多宝凉茶官方微信"微信好声音"互动系统，对着系统唱两句自己喜欢的歌，就有机会得到好声音导师的点评，还可以免费领加多宝好声音 V 罐凉茶。此外，顺丰嘿客门店里的电视、LED 广告等集中大变身，让消费者能够现场获得全方位的深度体验，真正实现"正宗好声音、正宗好凉茶"所带来的全民快乐。

最后，为了强化品牌的 V 内涵，加多宝在官方微博上推出了"加多宝中国好声音促销装与您共享胜利喜悦时刻"的微海报，这组海报分别选取了人生中三大 V 时刻——洞房花烛、金榜题名和他乡遇故知，并将加多宝原有的喜庆调性巧妙地融入到这三个成功场景中，产生了强烈的品牌心智关联。除了微博营销外，加多宝好声音 V 罐还化身为电影门票，消费者只要手持加多宝好声音 V 罐，就能免费入场观影。加多宝 V 罐甚至化身成为演唱会门票，它通过新闻媒体向消费者发出邀约：只要晒出自己和加多宝好声音 V 罐的合影并和网友分享你的人生 V 时刻，就有可能获得某明星的演唱会门票。一经发出，该消息的转发量在三天内就超过了 20 万。

加多宝在与"中国好声音"的合作战略中，最值得肯定的有两点：其一，虽然有了"中国好声音"第一季的一鸣惊人，但是加多宝并没有急着"透支"节目价值，追求短期的利润最大化，而是以"培育"和"投资"的心态，与节目制作方灿星、浙江卫视通力合作，着眼于将"中国好声音"做大。其二，借助综艺真人秀节目所带来的收视率和"话题引爆点"，创造品牌与节目延伸话题、延伸联系；通过与消费者产生多角度的沟通、加强品牌附着力，用内容的附着力完成自我销售甚至成为品牌自身的"引爆点"。

4. 借势体育营销，扩大口碑宣传。

2012 年 4 月，加多宝"红动伦敦，精彩之吉"活动在广州拉开序幕，加多宝"红动伦敦之星"评选同期启动。之后"红动伦敦，畅饮加多宝"系列活动随即以"城市接力"的形式，在全国十大城市依次展开主题活动。无论是社会名流、奥运冠军还是普通百姓，都可以将自己对于奥运的祝福写在上面，并将寄语带到伦敦。在伦敦奥运即将开幕之前的 7 月 8 日，当一面庄严壮丽的红动大旗在两个巨型加多宝红罐造型的热气球牵动下，于鸟巢上空冉冉升起的时候，全场人群欢呼雀跃。在红旗的辉映下，现场的每一位国人都突然感觉到，自己和伦敦奥运的距离其实是如此之近。伦敦时间 7 月 22 日上午，由国家体育总局体育文化发展中心和加多宝集团联合发起的"红动伦敦 畅饮加多宝"在伦敦新地标——伦敦眼举行了一次别开生面的为伦敦奥运祝福的活动。本次活动是更名后的加多宝品牌首次在海外惊艳亮相，这无疑展现了加多宝集团的雄厚实力和在全球范围内推广凉茶文化的坚定信心。

加多宝此次体育营销正是借势伦敦奥运会，不断激发中国国民的爱国热情，也拉进了普通民众和伦敦奥运会的距离，让群众获得参与感，使国民的爱国感情得到抒发，从而树立加多宝的正面红色形象，也符合产品定位。此次营销活动使得消费者将加多宝和正能量联系起来，不断扩大口碑宣传。

2015 年，加多宝通过更换金罐实现了产品和品牌战略的双向升级，着眼于加速推进国际化，并围绕全新主题"招财进宝"全面展开 2016 春节营销。此次加多宝抓住了"梅西五夺金球奖"这一世界瞩目的体育事件，借势梅西获得全球关注度和影响力的同时，运用"夺金"这一关键词，将"金罐"与"金球"结合，并巧妙将其"招财进宝"的春节诉求完美呈现。

"招财进宝"一语双关：首先，梅西"夺金"之时正值中国春节临近，"招财进宝"的新年祝福应时应景，让中国球迷激动不已；同时，金罐加多宝借梅西之口，道出了 2016 全新主题"招财进宝"。

无论是将梅西"夺金"与"金罐"形成强关联，还是借"招财进宝"传递新年主题，加多宝的此次体育营销以"以小博大"的借势营销取得了很大的效果。金罐加多宝此番借助人们对梅西的关注度和喜爱度，提升了在消费者中的品牌好感度，为国际化战略铺了路。

案例思考题

1. 加多宝公司在败诉后是如何开展"去王老吉化"品牌活动的？
2. 通过此案例说明，网络公关这一促销方式对企业扩大品牌知名度的作用。

网络营销方法与案例篇

第 9 章　搜索引擎营销与案例

搜索引擎营销(Search Engine Marketing，SEM)，是根据用户使用搜索引擎的方式，利用用户检索信息的机会，尽可能将营销信息传递给目标用户。简单来说，搜索引擎营销就是基于搜索引擎平台的网络营销，利用人们对搜索引擎的依赖和使用习惯，在人们检索信息的同时将信息传递给目标用户。搜索引擎营销是一种典型的网络推广形式，追求最高的性价比，以最小的投入获得最大的来自搜索引擎的访问量，并产生商业价值。

9.1　搜索引擎营销目标层次

搜索引擎营销的基本思想是让用户发现信息，并通过(搜索引擎)搜索点击进入网站/网页，进一步了解所需要的信息。企业通过搜索引擎付费推广，让用户可以直接与公司客服进行交流、了解，实现交易。搜索引擎营销的工作原理如图 9.1 所示。

图 9.1　搜索引擎营销的信息传递过程

在介绍搜索引擎策略时，一般认为，搜索引擎优化设计主要目标有两个层次：被搜索引擎收录、在搜索结果中排名靠前。这已经是常识问题，简单来说，SEM 所做的就是以最小的投入在搜索引擎中获得最大的访问量并产生商业价值。多数网络营销人员和专业服务商对搜索引擎的目标设定也基本处于这个水平。但从实际情况来看，仅仅做到被搜索引擎收录并且在搜索结果中排名靠前还不够，因为取得这样的效果实际上并不一定能增加用户的点击率，更不能保证将访问者转化为顾客或潜在顾客，因此此只能说是搜索引擎营销策略中两个最基本的目标。搜索引擎营销目标的层次如图 9.2 所示。

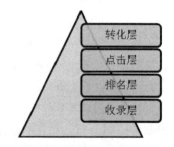

图 9.2　搜索引擎营销目标的层次

第一层是搜索引擎的收录层(也称存在层),其目标是在主要的搜索引擎/分类目录中获得被收录的机会,这是搜索引擎营销的基础,离开这个层次,搜索引擎营销的其他目标也就不可能实现。搜索引擎登录包括免费登录、付费登录、搜索引擎关键词广告等形式。存在层的含义就是让网站中尽可能多的网页被搜索引擎收录(而不仅仅是网站首页),也就是为增加网页的搜索引擎可见性。

第二层的目标则是在被搜索引擎收录的基础上尽可能获得好的排名,即在搜索结果中有良好的表现,因而可称为表现层或排名层。因为用户关心的只是搜索结果中靠前的少量内容,如果利用主要的关键词检索时,网站在搜索结果中的排名靠后,那么还有必要利用关键词广告、竞价广告等形式作为补充手段来实现这一目标。同样,如果在分类目录中的位置不理想,则需要同时考虑在分类目录中利用付费等方式获得排名靠前。

【案例】 手机百度:"让每一分都有意义"高考项目

案例背景

2013年年底,中国互联网三大巨头中的阿里和腾讯正式打响了移动端争夺战。相比较之下,百度这个老大哥显得过于沉寂。百度急需以领先的技术开发出能够满足刚性需求的产品,获取移动入口流量,培养用户并占领未来移动搜索市场。

目前,高考结果受考试分数、志愿填报、报考信息三大因素左右,而且每年都有大量高分考生由于信息闭塞、志愿扎堆而无辜落榜。所以,考生报考难题需要有效的信息整合来解决。因此,百度此次的营销目标是:扩大移动用户份额,占领未来移动搜索市场,增值并巩固用户,增加"手机百度"APP的下载量。

★ **营销策略与创意**

话题预热:制造话题,唤醒公众的高考记忆,利用病毒视频及平面创意在网上进行宣传。

迎合目标群体需求:手机百度开发了此次活动的HTML5(超文本5.0)页面——"高校热力图",并在高考填报志愿时在手机百度客户端上线,迎合考生需求。

突显权威性与公益性:百度借势央视等权威媒体及门户类、专业类网站的软文宣传此次活动。

案例执行

1. 准备阶段。

2013年高考之后,百度发现了广大考生在填报志愿时信息获取渠道受限这一问题,便开始筹划利用大数据做出一款帮助2014高考考生选择志愿的产品。

2. 预热和活动阶段。

百度在2014年考前推出《手机百度2014高考蓝皮书》,发布了一系列专业数据,并于6月高考成绩公布之后在新浪微博、腾讯网等网络平台上传播病毒视频、平面创意,引爆话题。考生用手机百度搜索"高考"、"高校热力图"等与高考和产品相关的信息时,手机百度便会自动进入"高校热力图"活动页面，考生输入自己的准考证号或分数即可查询。查询内容包括各高校的信息、分数分布状况、热门专业等，数据动态更新，并根据考生的具体情况提供报考建议。

3．媒体报道阶段。

百度策划《东方时空》专题报道，用新闻的形式，借助央视的权威形象和全息影像的科技感，提升了产品的可靠性与权威性，同时也表达出百度对高考、对考生的态度，塑造了品牌的公益形象，并辅以微信自媒体、门户类(新浪、网易、腾讯、凤凰等)网站、专业类(比特网、DoNews、环球网)网站和新闻类(新华网、中华网等)网站的公关软文同步报道。

★ 营销效果与评价

"高校热力图"PV 超过 160 万；"高考"百度指数较 2013 年提升了 3 倍，"百度"百度指数上涨 40%，"手机百度"百度指数上涨 31%。

病毒视频得到优酷网、土豆网、爱奇艺、CNTV 等多家视频网站的首页推荐，播放量累计超过 1200 万次。相关微博阅读量 900 万次，转发、评论 18 万次，并有 50 余家媒体的官微转发，覆盖 2 亿人次。包括央视在内，数十家传统媒体进行了主动采访，覆盖 1.2 亿目标群体；15 家微信自媒体进行报道，覆盖群体超过 900 万。

案例评析

(1) 从"有用性"出发解决实际问题。能赢得公众喝彩的不一定是好的创意，好的创意最终还是要落实在实用性上。百度的"高校热力图"为千万考生的志愿报考提供了重要的参考信息。

(2) 发掘自身优势，整合出新。百度作为国内最大的搜索引擎，很好地发挥了其大数据这个最重要的优势资源的潜在价值。

(3) 热点结合。短效传播类项目的成功多需要结合时事，考虑到受众的需求。百度的"高考热力图"项目，结合每年的高考志愿填报难题，切实站在考生的角度，考虑考生的需求。

第三个目标则直接表现为网站访问量指标方面，也就是通过搜索结果点击率的增加来达到提高网站访问量的目的。由于只有受到用户关注，经过用户选择后的信息才可能被点击，因此可称为点击层或关注层。要通过搜索引擎营销实现访问量增加的目标，则需要从整体上进行网站优化设计，并充分利用关键词广告等有价值的搜索引擎营销专业服务。

搜索引擎推广的第四个目标，即将访问量的增加转化为企业最终实现收益的提高，可称为转化层。转化层是前面三个目标层次的进一步提升，是各种搜索引擎方法所实现效果的集中体现，但并不是搜索引擎营销的直接效果。从各种搜索引擎策略到产生收益，期间的中间效果表现为网站访问量的增加，网站的收益是由访问量转化所形成的，从访问量转化为收益则是由网站的功能、服务、产品等多种因素共同作用而决定的。因此，第四个目标在搜索引擎营销中属于战略层次的目标。其他三个层次的目标则属于策略范畴，具有可操作性和可控制性的特征，实现这些基本目标是搜索引擎营销的主要任务。

搜索引擎推广追求最高的性价比，以最小的投入，获得最大的来自搜索引擎的访问量，并产生商业价值。用户在检索信息所使用的关键词反映出用户对该问题(产品)的关注，这种关注是搜索引擎之所以被应用于网络营销的根本原因。

【案例】 **海底捞的搜索营销**

案例背景

四川海底捞餐饮股份有限公司成立于 1994 年，是一家以经营川味火锅为主、融汇各地火锅特色为一体的大型跨省直营餐饮品牌火锅店。海底捞始终坚持"无公害，一次性"的选料和底料原则，严把原料关、配料关，数十年来历经市场和顾客的检验，成功地打造出信誉度高，颇具四川火锅特色的火锅品牌。

海底捞一贯周到的服务理念在消费者心目中形成强烈的品牌标志，而在日新月异的移动互联网领域，海底捞一直并不出彩：海底捞的微信公众号有几千人的粉丝，可一条促销信息在发出去的几天里却只有几十人的阅读量，所以由信息展示到转化率仍是问题。使海底捞的服务和品牌形象由移动互联网渠道延伸至千千万万的消费者，并达到有效的转化是这次海底捞要达到的目的。

因此，此次海底捞营销活动的媒体策略是以百度直达号作为有效的移动互联网入口。"互联网时代，永远是入口之争。"李明远坦言，百度的直达号是在为传统行业和用户"搭桥"。海底捞信息部长冯海龙期待："搜索本身就是一种需求，能够把需求向服务的转化做得更到位，能够从商家的角度考虑搜索，从搜索需求提出到服务的转化一键解决，这是百度的优势。另外，在人工智能、语音技术等方面百度已经走在前沿，这些技术优势都将转化为更好的用户体验。"

案例执行

直达号是商家在百度移动平台的官方账号。海底捞的直达号展示在用户面前，其实类似于海底捞的移动端网站。在直达号的移动页面上，用户可以实现各种功能，比如餐饮企业的座位预订、订餐、服务评论、查看菜单等功能。

1. 移动搜索@海底捞。

常规搜索：用户打开百度移动网页，或百度搜索应用，在输入框中输入"海底捞"，现在得到搜索结果的第一条就是海底捞的直达号。@账号用户在搜索框中输入"海底捞"会跳过搜索结果页面，直接打开海底捞的直达号页面。个人中心提供订单管理、信息通知、会员服务和基础的在线服务。信息形式和内容与一般的餐饮类 APP 类似。

目前，海底捞直达号提供 7 款手机游戏，方便用户打发等位的时间。当然，非店内用户也可以使用。游戏内容大多与海底捞相关。海底捞以游戏排名、活动等措施来刺激用户的使用热情。用户在评论界面可为每一次的消费体验进行评级，方便后续用户参考。用户交流消费体验，在直达号中植入社交的元素有利于提升使用活跃度。

2．地图搜索。

地图搜索目前还不适用于海底捞。但在其他对手商家，用户在地图上搜索，点击进去后可能会进入相应的直达号页面。这项服务还未延伸至海底捞，在直达号界面中，海底捞可以提供各门店在地图上的分布，但是导航、搜索等服务暂时并不完整。随着海底捞直达号的不断完善，这方面服务是可以展望的。

3．个性化推荐。

海底捞基于场景和兴趣向用户推荐，让用户在百度移动端上直接看到海底捞的直达号。

★ 营销效果

(1) 海底捞客户增加，订单量上升。

根据百度移动搜索和百度地图统计，每天在百度移动平台搜索"海底捞"的用户量达到 2 万人次，按照 10%的转化率估算，直达号能为海底捞每天新增 2000 个订单。同时，除了精准需求之外，每天还有 50 万人次在百度平台搜索类似于"火锅""川菜"等词汇，他们同时也在搜索"俏江南""刘一手火锅""澳门豆捞"等餐饮服务。每天有近十万人次通过手机百度搜索"川味火锅""哪家火锅最正宗"等相关内容，海底捞通过直达号向这些用户推送信息，每天也将吸引数百份新订单。而基于百度大数据分析，可以精准找到潜在用户，基于地理位置向用户推荐海底捞。这 3 种方式将每天给海底捞带来 1500 个新订单，等于海底捞在百度新开了一家门店。

(2) 提升转化率和留存率。

此前海底捞在门店提供美甲、小吃、游戏等各种服务，以弥补客户因排队而带来的不快。通过直达号的一站式服务，客户进入服务页面后，直接订座、点餐、下单，将本来在线下的闭环服务提前，提升转化率，也提高服务体验。此外，直达号后台的 CRM 系统能够帮助商户进行客户画像，通过数据分析，将客户标签化，并在此基础上为其提供更加个性化的服务。

案例评析

1．"搜索需求"转化为"消费需求"。

百度将"直达号"定义为帮助传统行业向移动互联网转型的解决方案。李彦宏表示，移动互联网正在改变消费者寻找服务的方式。从百度的后台数据来看，从 2013 年 7 月到 2014 年 7 月，在百度上寻找服务的请求增加了 133%，"越来越多的消费者通过搜索来寻找服务。"李彦宏说。而这些搜索需求，完全可以转化成实在的消费需求。"直达号"核心要做的就是这个转化。

使用"直达号"的方式十分简单。在海底捞的这个案例中，我们看到：消费者在搜索框中输入"@海底捞"之后，手机页面就会自动跳转至海底捞的"直达号"主页，在这个主页上，消费者可以点外卖、订座、看菜单，支付也可以跳转到相关网页。一次搜索，可完成整个消费路径。

2．要想转变消费者的既定习惯需要时间。

根据百度公布的试运行数据来看，"直达号"的威力不可小觑。这对于微信的"服务号"和支付宝钱包的"服务窗"来说是一股不小的压力。

目前，从 APP 体量来看，手机百度、微信、支付宝钱包可谓不分上下，三者全部是用户在"亿"级别。但在用户活跃度上，相信手机百度和支付宝钱包都追不上微信。在使用的黏性方面百度处于劣势，加之用户对于搜索"@+商家"这种方式的使用习惯还没有形成，百度在培养用户方面走在了前列，但是这也成为了百度继续大规模推广"直达号"的挑战。但是，因为百度(搜索)、阿里(电商)、腾讯(社交)各自的基因不同，手机百度将自己的搜索优势与传统商务、社交进行结合是明智的一举。但是，百度越有优势的领域，用户的使用习惯越难改变，更何况是要探索结合阿里、腾讯本来已经成熟的服务，要想转变消费者对于百度的既有习惯，必然是需要时间的。

9.2　搜索引擎营销的方法

搜索引擎的方法包括搜索引擎优化(SEO)、付费排名、精准广告以及付费收录。

SEO(Search Engine Optimization)是一种利用搜索引擎的搜索规则来提高目的网站在有关搜索引擎内的排名方式。SEO 的目的是：为网站提供生态式的自我营销解决方案，让网站在行业内占据领先地位，从而获得品牌收益。SEO 可分为站外 SEO 和站内 SEO 两种。

付费排名顾名思义就是网站付费后才能被搜索引擎收录并靠前排名，付费越高者可能排名越靠前；竞价排名服务，是由客户为自己的网页购买关键词排名，按点击计费的一种服务。客户可以通过调整每次点击付费的价格，控制自己在特定关键词搜索结果中的排名；并可以通过设定不同的关键词捕捉到不同类型的目标访问者。

购买关键词广告，即在搜索结果页面显示广告内容，实现高级定位投放，用户可以根据需要更换关键词，相当于在不同页面轮换投放广告。

有必要说明：搜索引擎不是"活雷锋"，搜索引擎本身的盈利模式决定了网站可以通过购买关键词的方式来提高排名结果，例如 Google、Yahoo、Baidu、FindWhat 和 Sprint 等搜索引擎都有类似的关键词购买方式。客观上讲，希望以单纯的"免费"技术方式的搜索引擎营销效果是有限的。这种以付费的方式来取得较好的搜寻排名也是搜索引擎营销的一环，可用来弥补因同类网站的竞争激烈而无法在某些关键词上取得较好排名的方法。

在国内最流行的点击付费搜索引擎有百度、雅虎和 Google。值得一提的是，即使是做了 PPC(Pay Per Click，按照点击收费)付费广告和竞价排名，最好也应该对网站进行搜索引擎优化设计，并将网站发布到各大免费的搜索引擎中。

【案例】　**美汁源的无线搜索营销**

Ⅸ **案例背景**

美汁源由可口可乐公司所拥有，是世界上最大的果汁饮料销售商。2005 年，美汁源在中国市场推出"果粒橙",目前已成为中国即饮果汁类饮料排名第一的品牌。随着许多企业的加入,饮料市场竞争日趋激烈,美汁源在中国的果汁饮料市场和统一、康师傅、娃哈哈等大品牌瓜分了大部分市场份额。

目前食品安全状况令人担忧。消费者对食品安全性的要求日益提高,美汁源在此前涉及饮料中毒事件,必须重塑形象,恢复消费者的购买信心。因此,此次营销的目标有以下两个方面:

(1) 打造健康的产品概念。打造美汁源阳光果粒橙的形象,强化"阳光橙肉,吸取 200 天阳光"的产品概念,建立品牌与"阳光"的关联,使"阳光"成为美汁源的重要品牌资产。

(2) 快速占据市场。大数据时代,整合线上和线下的资源,提供个性化的跨平台用户体验是吸引消费者关注的重要手段之一。美汁源必须比其他品牌更快地发布移动营销方案,抓住消费者的眼球。

★ 营销策略与创意

美汁源根据人们利用百度进行信息搜索的惯性,整合百度的资源,广泛曝光活动信息,并通过互动的广告形式提高消费者对品牌的好感度和对品牌的美好联想。

在网络搜索端,人们习惯用百度进行信息搜索,美汁源通过百度搜索与"阳光"相关的词条,组成特定词包,推送"阳光"的概念。

在手机客户端,结合人们的使用习惯,美汁源与创新科技相结合,利用智能手机的感光及重力感应功能延伸人们的感觉,让奇迹发生在眼前。

案例执行

1. 百度移动网盟投放 APP 浮层感光交互、重力交互广告。

当手机用户通过无线网盟触发广告时,使用安卓手机的受众可以体验手机端对于感光功能的调用。将手机置于太阳或者其他光源下时,画面中会出现更多的橙子,随后,用户可以用手指切橙子,形成果汁。使用 iOS 操作系统的用户,可以体验对手机重力感应功能的调用。随着用户摇晃手机,画面中的太阳会随着重力的变化移动位置,照射橙子,橙子的颜色也会从绿色变为黄色,随后用户可切开橙子,形成果汁。

2. 百度 PC 美汁源品牌专区与手机品牌专区双浮层互动。

用户扫描 PC 端的二维码,电脑和手机屏幕均会出现浮层。点击手机屏幕上结在树枝上的橙子,橙子会飞入电脑屏幕,汇聚成一瓶美汁源果汁。

3. 锁定搜索端,需求演绎 + 创新交互。

美汁源锁定与天气相关的词条,传递"阳光"主张,在百度网页搜索,覆盖如"上海天气"这样的词条,投放地标广告,传递阳光好心情,号召受众参与分享活动。

4. 整合百度资源,广泛曝光活动。

美汁源在百度图片定制专题,即"阳光普照"百度图片。通过首页黄金位引流至图片专题页,鼓励用户分享自己的阳光照片。同时,在图片详情页右侧炫动浮层展示美汁源的动态广告,博得眼球。例如,在"陈奕迅吧"互动时,美汁源的定制特别版屏幕引起了网友的关注。再如,在搜索 Sunny 汽车品牌的时候,美汁源的形象跃然出现在屏幕上。

★ 营销效果与评价

　　天气词展示次数达到 1990 万，图片频道展示次数达到 929.4 万，图片详情页右侧炫动浮层累计展现 1.5 亿次，获得 7.1 万次点击。

　　无线网盟智能感光上线一周，参与人数超过 11 万，互动参与度是行业平均水平的 20 倍。据百度与尼尔森的合作调研，参与互动的用户比未参与用户的品牌好感度及购买意愿提升近 50%。

　　互动的用户比未参与用户的品牌好感度及购买意愿提升近 50%。

案例评析

　　美汁源的营销案例是一种依托创新技术的无线互动营销的创新形式，也是移动无线推广的 3C 实践。

　　移动无线推广 3C 包括：Creative(创新)、Content(内容)、Connect(连接)，是由一个广告技术创新点与品牌的营销内容相结合，创造新的话题和内容，最终形成消费者与品牌体验和品牌资产之间的连接。

　　Creative(创新)：无线端的新技术将是未来营销非常重要的驱动力，根植于创新技术的营销案例将成为行业的风向标。美汁源通过无线端的感光广告技术，结合客户品牌传播主题，将原本只有展示类的广告形式全面向无线互动营销创新形式上引领。

　　Content(内容)：将消费者和阳光的故事，通过创新型的无线广告形式，把参与、分享和体验有效联系在一起，形成品牌自身的活动和消费者的分享内容与无线端的广告新形式从概念到体验上的统一。

　　Connect(连接)：通过创新点引发创新内容，为品牌与消费者建立最为紧密的感性呼应。通过体感广告的沟通形式，将"阳光"和品牌概念、消费者感受无缝连接，把"阳光"打造成品牌密不可分的品牌资产之一。

案例思考题

1. 通过以上几个案例分析，搜索引擎营销的运用对营销效果有哪些促进作用？
2. 你是如何理解移动无线推广的 3C 实践的？

第10章 社交媒体营销与案例

10.1 社交媒体营销概述

如今，社交媒体已然成为企业与潜在用户连接的最佳方式。社交媒体是所有基于网络的，提供社交聚会和社区间信任方式的网络，是大众之间基于网络分享和讨论信息的工具。任何允许用户分享他们的信息、观点、意见，鼓励互动和社区建设的网站都可以归类于社交媒体。社交媒体即媒体的社交化，这种新媒体通过与用户更深层次地连接已获得了用户的信任。

社会化媒体营销就是利用社会化网络、在线社区、博客、百科或者其他互联网协作平台和媒体来传播和发布资讯，从而形成的营销、销售、公共关系处理和客户关系服务维护及开拓的一种方式。网络营销中的社会化媒体主要是指具有网络性质的综合站点，其主要特点是网站内容大多由用户自愿提供(UGC)，而用户与站点不存在直接的雇佣关系。

许多营销人员非常重视各种社交媒体机会，并且正在逐渐掌握社交的主动权。这是最新的也是最受追捧的营销方法，大到像 IBM 公司，小到街边的冰激凌店都在探索和实践社交媒体营销的模式。虽然国内外网络用户使用的社交媒体网络平台差异很大，但从类型上来看，一般社会化媒体营销工具包括论坛、微博、微信、博客、SNS社区、图片和视频通过自媒体平台或者组织媒体平台进行发布和传播。

【案例】 《爸爸去哪儿》的社交媒体营销

案例背景

《爸爸去哪儿》是湖南卫视从韩国 MBC 电视台引进的亲子户外真人秀节目。纵观综艺节目，从最初知识问答形式火爆荧屏的《正大综艺》到 20 世纪 90 年代后期以《快乐大本营》、《欢乐总动员》为代表的游戏类娱乐节目，再到《幸运 52》、《开心辞典》等益智类节目，最后到《中国好声音》、《我是歌手》等音乐类节目异军突起，如今的综艺节目可以说是真人秀节目呈现一派繁荣的景象。近年来，真人秀节目又成为众人争抢的大蛋糕。因此，为了保护本卫视的综艺第一的名号，湖南卫视从韩国 MBC 电视台购进《爸爸！我们去哪儿？》的节目版权，并且在原来节目形态基础上，进行了适当的本土化改造，以适应国内环境。

《爸爸去哪儿》节目的目标消费者是面向习惯了快节奏生活的父母和孩子(主要为"80后"父母们),节目推广主要是与各大视频、门户网站合作,并携手360深度推广节目,在SNS社交网站上形成广泛的讨论和影响。

案例执行

1. 与门户网站、视频网站深度合作。

《爸爸去哪儿》首先与门户网站合作,主要是在娱乐主页的头条,焦点新闻的要闻版块推送该节目的最新新闻;同时还设立独立的版面和专题报道等;在每期的节目开播前,在门户网站上进行节目的预告,可谓未播先热,吊足了观众的胃口。积极引导观众的讨论,形成口碑传播,为每期的播出进行预热。

与此同时,《爸爸去哪儿》与爱奇艺、腾讯视频、PPS开展深度合作,如爱奇艺影视推出"独家策划""妈妈在这儿""星爸育儿经""亲子阵容""现场趣图""亲子生活""亲子节目""奇谈热议"板块,让观众了解和回顾节目细节。

2. 贴吧、论坛互动,吸引观众的关注。

其次是与贴吧、论坛的合作营销。在百度贴吧、天涯论坛有节目的精彩图片、互动话题;在百度贴吧里,还有五位萌娃相互组合成的独立贴吧,"CK组合"、"天橙组合"等;在天涯论坛,有往期节目特辑,观众打开后就可以直接与视频网站链接,各种话题跟帖。社交网站可以根据受众不同的需求设立不同的小组,通过多元化的组合,吸引观众的关注。

3. 微博营销,培养观众的忠诚度。

微博是节目营销的主要阵地,通过微博不断更新最新消息,选择热门话题聚合受众。同时,微博的传播路径是关注和转发,这种裂变式的传播路径,使节目可以在最短的时间内,达到迅速推广的作用。

从第一期开播以来,《爸爸去哪儿》从没出过微博热门话题榜前20名,更是稳居综艺话题榜榜首,超出第二名两倍之多。微博就节目中发生的大小细节进行的讨论,星爸、星妈时不时抖的料,粉丝精心整理的萌娃照片……各种相关话题铺天盖地,网民讨论得不亦乐乎;在每期节目播完之后,还会邀请受众关于本期节目的讨论和节目组对本期节目的总结,同时也会在微博上晒本期的收视率。节目中五位星爸也会在各自的微博晒出自己参加节目的照片,与粉丝分享互动,为节目宣传,还对即将上映的《爸爸去哪儿》电影版的上映期预告。明星们的私人微博也为节目的推广培养受众。

举办幸运粉丝抽奖活动,参与节目互动赢取精美大奖等活动。湖南卫视从关注《爸爸去哪儿》官方微博的粉丝中进行抽奖,赠送精美礼品回馈观众的同时,保持观众对该节目的关注度,增加与观众的互动,进一步培养观众的忠诚度。

4. 线上、线下及移动端等多渠道推广,加大品牌的宣传力度。

湖南卫视携手360手机助手开发手游《爸爸去哪儿》360社交版,这是一款休闲益智跑酷游戏,二者的携手也成为电视媒体与无线互联网合作的典范。

另外,湖南卫视利用社交网络,例如聊天工具微信和QQ,不断地推送该节目的最新信息。多样化媒体互动营销,同一内容多介质,使节目能够在观众心中保持热度,获得最多的关注度。习近平在访问新西兰时提到,中国的综艺节目《爸爸去哪儿》派摄制组来到新西兰罗托鲁阿拍摄，节目播出后，在中国掀起了新西兰热。此消息一经新闻报道，《爸爸去哪儿》官方微博就迅速转发，粉丝积极参与互动，在节目结束之后又掀起一轮新的热潮。

同时，借助卫视栏目平台，加大品牌宣传力度。该节目的开播不仅得到了湖南卫视王牌节目《天天向上》黄金时段的让位，还得到《快乐大本营》的邀请宣传，青海卫视主打的《老爸老妈看我的》也邀请张亮、李湘等讲述他们儿女的故事。这些都为该节目在成长期和成熟期的品牌宣传提供了社会化的营销和传播平台。

5．制作电影、出版物，为下一季节目打基础。

两季的《爸爸去哪儿》结束之后都分别有一部大电影拍摄并上映。节目的播出和电影的宣传上映相配合呼应，增加曝光率。同时，推进《爸爸去哪儿》系列出版物，举行图书、绘本签售等活动。电影的上映无疑是对该节目的延伸和拓展，也是一种成功的营销手段，观众的意犹未尽可以在电影中得到满足，同时也为下一季的《爸爸去哪儿》节目的开播打下了基础。

★ 营销效果

(1) 收视率。《爸爸去哪儿 2》首播后，全网收视 2.43(首播新纪录)，百度指数 306 万，爱奇艺点播量 6000 万，芒果 TV 点播量 1000 万。从第一季到第二季一共 16 期，收视率稳居第一。

(2) 微博热议程度远超世界杯。据湖南卫视和新浪微博提供的数据统计，第二季首播的热度远超第一季。《爸爸去哪儿 2》在新浪微博的热度已经到了 11.2 亿，超过世界杯的 9 亿，也远远超过去年同期《快乐男声》和《中国好声音 2》时两个节目的热度之和。

案例评析

1．迎合观众口味才是王道。

不论是产品的营销还是电视节目的营销，内容最重要。产品质量好才能销售好，节目内容棒才能收视率高。所以，《爸爸去哪儿》的成功与节目内容迎合观众口味分不开。

2．多平台推广主力节目火爆。

跟喧嚣的选秀节目相比，《爸爸去哪儿》的推广是比较低调的，就连前期宣传也似乎少了很多气势。没有炒作，没有绯闻，没有微博的话题推荐，它的成功可以说是靠节目内容口碑的自然聚合和传播。但在节目播出和推广期间，它综合运用了电视、报纸等传统媒体，并结合网络、短信平台、微信平台、微博平台等进行宣传推广。

3．节目播出期间的口碑营销引领大量讨论。

实行口碑营销战略，包括节目播出期间电视屏幕下方字幕与观众实时互动，不仅有戚薇等明星的微博话语，还有网友、观众的评论，以及爸爸教育问题的讨论成为微博的热门话题等。网友自发传播，社交网络助推品牌的宣传。网友自发运用不同形式表达自己对《爸爸去哪儿》的喜爱，推进了该栏目的品牌推广，同时这种"病毒性营销"策略也影响了更多的网友，扩大并巩固了该节目的受众基础。

综上所述，《爸爸去哪儿》的成功不仅表现在内容上新颖真实和形式上独特创新，还在于它能进行准确的定位、精心的策划包装和采取多种营销策略有效地传播，在品牌的构建、推广、延伸方面都给予同类节目很大的启发。当然，该节目也存在着不足之处，如被网友吐槽节目模式为"分房子＋做游戏＋做饭"，缺少挑战和创意等。

10.2 微博营销

微博营销是指通过微博平台为商家、个人等创造价值而执行的一种营销方式，也是商家或个人通过微博平台发现并满足用户的各类需求的商业行为方式。微博营销以微博作为营销平台，每一个听众(粉丝)都是潜在的营销对象，企业通过更新自己的微博向网友传播企业信息、产品信息，树立良好的企业形象和产品形象。

1. 微博营销的分类

1) 个人微博营销

很多人的微博营销是由个人本身的知名度来得到别人的关注和了解的。如明星、成功的商人或者是社会中比较成功的人士，他们运用微博来让自己的粉丝更进一步地去了解自己和喜欢自己。微博在他们手中就是平时抒发感情的平台，功利性并不是很明显，他们的宣传工作一般是由粉丝们跟踪转帖来达到营销效果的。新浪微博据此向广大博主推出了"广告分享计划"，即只要一个博客的日平均访问量达到一个很低的要求，新浪就自动在该博客上投放广告。博主将根据广告被展示和被点击的情况分得一定的广告收益。

2) 企业微博营销

企业一般是以盈利为目的的，企业运用微博来增加自己的知名度，最后达到能够将自己的产品卖出去的目的。由于微博更新速度快，信息量大，企业在进行微博营销时，应当建立起自己固定的消费群体，与粉丝多交流，多互动，多做企业宣传工作。

3) 行业资讯微博营销

以发布行业资讯为主要内容的微博，往往可以吸引众多用户关注。类似于通过电子邮件订阅的电子刊物或者 RSS 订阅等，微博内容成为营销的载体，订阅用户数量决定了行业资讯微博的网络营销价值。因此，运营行业资讯微博与运营一个行业资讯网站在很多方面是很类似的，需要在内容策划及传播方面下很大工夫。

2. 微博营销的特征

微博营销是以传播学理论为基础，以营销学经典理论与案例为指导，集成以往网络媒介营销手段的一种营销途径。但是微博营销依然表现出个性的特征：

(1) 注册简单，操作便捷，运营成本较低，方便实现"自营销"。

微博具有媒体属性，是将信息广而告之的媒介。但是与其他媒体相比，微博注册免费，操作界面简洁，操作方法简易(所有操作基于信息发布、转发、评论)，又有多媒体技术使信息呈现形式多样；而运营一个微博账号，也不必花大价钱架构一个网站，不必有特别专业的计算机网络技术，也不需要专门拍一个广告，或向报纸、电视等媒体支付高额的时段广告费用等，充分利用微博的"自媒体"属性，做好"内容营销"即是微博营销的王道。

(2) 微博营销的"品牌拟人化"特征，更易受到用户的关注。

社交媒体时代，传播强调人性化与个性化。"官方话"和"新闻稿"除了在严肃事件中扮演信用角色，在这样一个社交与娱乐至上的场所就显得格格不入。企业用一个很人性化的方式去塑造自身的形象，不仅可以拉近和受众的距离，达到良好的营销效果，而且品牌的美誉度和忠诚度也会大大提高。

品牌拟人化，是指通过饱含个性、风趣、人情的语言，使品牌账号富有"人"的态度、性格与情感，真正与消费者互动，从而获得消费者的认可。这种认可不是传统的单纯的买卖关系，也不是粉丝的追捧，而更像是建立并维系一种"友情"关系。这样品牌的忠诚度和美誉度就很强，用户就会支持这个企业的产品，而且还会主动地参与到这个品牌的塑造过程中，也是实现口碑营销的绝佳途径。

(3) 多账号组成的微博矩阵，在保持整体协作的企业文化同时，便于针对不同的产品受众进行精准营销。

微博矩阵是指在一个大的企业品牌之下，开设多个不同功能定位的微博，与各个层次的网友进行沟通，达到 360 度塑造企业品牌的目的。换句话说，矩阵营销是内部资源在微博上的最优化排布以达到最大效果。

(4) 微博造星，可以借助知名微博主的影响力进行营销。

微博的传播机制建立在六度分格、二级传播等人际传播理论的基础之上。换句话说，微博中的社交关系是现实社交关系链的扩张性虚拟迁徙。微博的影响力同时也代表了一种关系的信用值。按照新浪微博的计算方法，微博影响力由活跃度(原创微博、转发次数、评论次数、私信数)、传播力(原创被转发与被评论数)和覆盖度(即粉丝数)共同决定。借助拥有大量粉丝人气和较高影响力的微博主的平台，一则可以和更多的潜在用户接触"发生关系"，达到广而告之的效果；二则扮演意见领袖的人往往也具有消费引导的功能：或是具有某些专业领域的特征；或是一些生活趣味的汇集；或是提供娱乐讯息；或是对社会热点有明晰的评论与态度；或是仅仅是靠语言个性魅力打动人……微博是无可争议的自媒体，借助有大量粉丝受众的微博账号做推广，也是一种打广告的方法。值得一提的是，这种方法和渠道多为营销公关公司利用，开展专业的微博营销有偿服务业务，且根据粉丝量的多少不同微博账户有收价等级。

3. 微博营销的技巧

1) 注重价值的传递

企业博客经营者首先要改变观念，企业微博是一个给予平台。截至 2011 年，微博数量已经以亿计算，只有那些能对浏览者创造价值的微博自身才有价值，此时企业微博才可能达到期望的商业目的。企业只有认清了这个因果关系，才可能从企业微博中受益。

2) 注重微博个性化

微博的特点是"关系"、"互动"。因此，虽然是企业微博，但也切忌仅是一个官方发布消息的窗口那种冷冰冰的模式。要给人的感觉像一个人，有感情、有思考、有回应、有自己的特点与个性。一个浏览者觉得你的微博和其他微博差不多，或是别的微博可以替代你，都是不成功的。这和品牌与商品的定位一样，必须塑造个性。这样的微博具有很高的黏性，可以持续积累粉丝与专注，因为此时的你有了不可替代性与独特的魅力。

3) 注重发布的连续性

微博就像一本随时更新的电子杂志，注重定时、定量、定向发布内容，让大家养成观看习惯。当访客访问企业微博时，即是想看看微博的新动态，这无疑是成功的最高境界，虽很难达到，但企业需尽可能出现在访客面前，成为他们生活中的一个部分。

4) 注重加强互动性

微博的魅力在于互动，拥有一群不说话的粉丝是很危险的，因为他们会慢慢变成不看微博内容的粉丝，最后可能离开。因此，互动是使微博持续发展的关键。最应注意的问题就是，企业宣传信息不能超过微博信息的 10%，最佳比例是 3%~5%。更多的信息应该融入粉丝感兴趣的内容之中。

"活动内容＋奖品＋关注(转发/评论)"的活动形式一直是微博互动的主要方式，但实质上奖品比企业所想宣传的内容更吸引粉丝的眼球。相比赠送奖品，企业的微博能认真回复留言，用心感受粉丝的思想，才能换取情感的认同。如果情感与"利益"(奖品)共存，那就更完美了。

5) 注重系统性、专业性

任何一个营销活动，想要取得持续而巨大的成功，都不能脱离了系统性。企业想要微博发挥更大的效果就要将其纳入整体营销规划中来，这样微博才有机会发挥更多的作用。同场竞技，只有专业才可能超越对手，持续吸引关注目光，专业是一个企业微博重要的竞争力指标。

6) 注重准确的定位

微博粉丝众多当然是好事儿。但是，对于企业微博来说，"粉丝"质量更重要。因为企业微博最终的商业价值，或许就需要这些有价值的粉丝。这涉及微博定位的问题，很多企业抱怨：微博人数都过万了，可转载、留言的人很少，宣传效果不明显。这其中一个很重要的原因就是定位不准确。企业在微博中需围绕一些产品目标顾客关注的相关信息来发布，吸引目标顾客的关注，而非是只考虑吸引眼球，导致吸引来的都不是潜在消费群体。在这个起步阶段，很多企业博客陷入了这个误区，完全以吸引大量粉丝为目的，却忽视了粉丝是否是目标消费群体这个重要问题。

7) 注重方法与技巧

想把企业微博变得有声有色，持续发展，单纯在内容上传递价值还不够，必须讲求一些技巧与方法。比如，微博话题的设定，表达方法就很重要。如果你的博文是提问性的，或是带有悬念的，引导粉丝思考与参与，那么浏览和回复的人自然就多，也容易给人留下印象。反之发表新闻稿一样的博文，会让粉丝想参与都无从下手。

【案例】 "双十一"微博开启内容营销新模式

案例背景

又一年"双十一"将至，一场覆盖整个电商界冬日购物狂欢即将开始。节日未到，营销需先行。介于微博社交媒体领域独一无二的影响力、丰富的广告形式，以及天猫往年与微博合作的良好成效，2015 年天猫再度与微博强强联手，拓展"双十一"微博分会场的规模，并开启社交媒体内容营销新模式。

案例执行

1. 热门话题打头阵，多种营销产品地毯式"轰炸"。

作为最具营销价值的社交媒体平台，微博拥有丰富多样的营销产品形式。天猫在微博平台运用"流量发动机"开机报头、热门话题等资源，调动整个微博平台的力量进行传播。

早在 2015 年 10 月中旬，天猫就推出了"双十一"的微博主话题"双十一来了"，并运用微博自媒体和段子手的原创内容进行话题造势，吸引众多粉丝的自发讨论。同时，从 10 月 20 日起上线的"人人都是眼技派"分会场，微博为用户打造了一种全新的抢"双十一"红包的玩法——转发抽奖，网友转发带有话题词的原创微博，即可抽取微博红包。截止 10 月 27 日，这一话题的阅读量已经超过 8 亿次，有 1200 多万人次参与活动，共有 260 万人点亮天猫 icon(图标)，发出超过 300 万个红包……传播的纪录还在不断被刷新。

2. 5 大场景主题开启另类"导购"，微博红包玩出新花样。

微博作为"双十一"分会场和前哨阵地，话题开启后，大量优质账号参与共同迎接"双十一"。此次，天猫联合微博共同创意，将以往发红包的过程变成了一场分门别类的导购预热。

天猫在微博上展开了一场疯狂的拼眼技、抢红包的活动。大主题下还分为千里眼、透视眼等 5 个子主题，借助不同类型的账号推广与其相匹配的产品，用户在信息流或活动站中转发该账号微博即可抽取红包。

例如，在"千里眼"中，10 个国际类段子手账号根据国家属性发布不同的话题：账号@法国囧事发布了"法国红酒当水喝"；账号@英国报姐发布了"传说中的英国美食"等，这一主题也集中体现了今年天猫主打的全球化概念，将内容产品与国家文化深度捆绑，通过微博段子手的营销能力，为产品完成导购闭环。在"桃花眼"中，@应采儿、@吉良先生、@张梓琳等 11 个资深时尚博主原创内容，为"双十一"活动推荐热门单品。除此之外，天猫通过与微博联合运营的海淘派频道，共同招募 100 位海淘达人，与 11 位"顶尖达人"组成 111 位买手天团，共同为天猫站内提供导购内容的尖货推荐，这也是天猫与微博达人联盟首次发力。

五大活动主题贯穿整个"双十一"全过程，均取得了不俗的传播力。例如，千里眼中@回忆专用小马甲单条微博互动量超 24 万次；花式电眼中@阿狸单条微博互动量超 25 万次。

3. 激发自媒体创作潜力丰富"双十一"营销内容。

作为段子手和自媒体最活跃的社交媒体，在"双十一"期间，天猫共发动了 200 多个微博大号，依靠内容账号和自媒体的创作属性，为"双十一"产出丰富的营销内容。这也是微博首次系统化地联合明星账号、内容账号、网络红人账号、自媒体账号、企业品牌账号打造全平台的内容营销活动。比如@vogue 时尚网制作 H5 微博内容，邀请 5 位时尚界顶尖的 KOL，通过生活化的场景互动，记录下"双十一"的特色导购。@中国新闻周刊、@环球时报、@新京报等媒体同样集体助阵：将深度解读"双十一"微博平台的营销事件。

从目前战况来看，微博作为各电商都依赖的信息平台，将再次成为营销、公关主战场。

"双十一"电商大战在即,在关注各家电商巨头促销策略布局的时候,让我们一起期待微博营销平台再次作为主阵营发力,为品牌客户产出更多与用户互动更紧密的营销价值。

10.3 微信营销

微信营销是网络经济时代企业或个人营销模式的一种,是伴随着微信的火热而兴起的一种网络营销方式。微信不存在距离的限制。用户注册微信后,可与周围同样注册的"朋友"形成一种联系,也可订阅自己所需的信息。商家通过提供用户需要的信息,推广自己的产品,从而实现点对点的营销。

微信营销主要体现在以安卓系统、苹果系统的手机或者平板电脑中的移动客户端进行的区域定位营销。商家通过微信公众平台,结合转介率微信会员管理系统展示商家微官网、微会员、微推送、微支付、微活动,已经形成了一种主流的线上线下微信互动营销方式。

1. 微信营销的特点

1)点对点精准营销

微信拥有庞大的用户群,借助移动终端、天然的社交和位置定位等优势,每个信息都是可以推送的。微信能够让每个个体都有机会接收到这个信息,继而帮助商家实现点对点精准化营销。

2)形式灵活多样

漂流瓶:用户可以发布语音或者文字然后投入大海中,如果有其他用户"捞"到则可以展开对话。

位置签名:商家可以利用"用户签名档"这个免费的广告位为自己做宣传,附近的微信用户就能看到商家的信息。

二维码:用户可以通过扫描识别二维码来添加朋友、关注企业账号;企业则可以设定自己品牌的二维码,用折扣和优惠来吸引用户关注,开拓 O2O 的营销模式。

开放平台:通过微信开放平台,应用开发者可以接入第三方应用,还可以将应用的LOGO放入微信附件栏,使用户可以方便地在会话中调用第三方应用进行内容选择与分享。

公众平台:在微信公众平台上,每个人都可以用一个QQ号码,打造自己的微信公众账号,并在微信平台上实现和特定群体的文字、图片、语音的全方位沟通和互动。

3)强关系的机遇

微信的点对点产品形态注定了其能够通过互动的形式将普通关系发展成强关系,从而产生更大的价值。通过互动的形式与用户建立联系,互动就是聊天,可以解答疑惑、可以讲故事甚至可以"卖萌",用一切形式让企业与消费者形成朋友的关系,你不会相信陌生人,但是会信任你的"朋友"。

2. 营销模式分析

(1) 草根广告式——查看附近的人。用户点击"查看附近的人"后，可以根据自己的地理位置查找到周围的微信用户。在这些附近的微信用户中，除了显示用户姓名等基本信息外，还会显示用户签名栏的内容。所以用户可以利用这个免费的广告位为自己的产品打广告。

营销方式：营销人员在人流最旺盛的地方后台 24 小时运行微信，如果"查看附近的人"使用者足够多，这个广告效果也会随着微信用户数量的上升而显著，这个简单的签名栏也许会变成移动的"黄金广告位"。

(2) 品牌活动式——漂流瓶。漂流瓶有两个简单功能：① "扔一个"。用户可以选择发布语音或者文字然后投入大海中；② "捞一个"。"捞"大海中无数个用户投放的漂流瓶，"捞"到后也可以和对方展开对话，但每个用户每天只有 20 次机会。

营销方式：微信官方可以对漂流瓶的参数进行更改，使得合作商家推广的活动在某一时间段内抛出的"漂流瓶"数量大增，普通用户"捞"到的频率也会增加。加上"漂流瓶"模式本身可以发送不同的文字内容甚至语音小游戏等，如果营销得当，也能产生不错的营销效果。而这种语音的模式，也让用户觉得更加真实。但是如果只是纯粹的广告语，是会引起用户反感的。

(3) O2O折扣式——扫一扫。将二维码图案置于取景框内，然后用户可以获得会员折扣、商家优惠或是一些新闻资讯。移动应用中加入二维码扫描这种 O2O 方式早已普及开来，坐拥上亿用户且活跃度足够高的微信，价值不言而喻。

(4) 互动营销式——微信公众平台。对于大众化媒体、明星以及企业而言，微信开放平台＋朋友圈的社交分享功能的开放，已经使得微信作为一种移动互联网上不可忽视的营销渠道，那么微信公众平台的上线，则使这种营销渠道更加细化和直接。

(5) 微信开店。这里的微信开店是指微信商城，简称"微商"，并非是微信"精选商品"频道升级后的腾讯自营平台，而是由商户申请获得微信支付权限并开设微信店铺的平台。截止 2013 年底公众号要申请微信支付权限需要具备两个条件：第一必须是服务号；第二还需要申请微信认证，以获得微信高级接口权限。商户申请了微信支付后，才能进一步利用微信的开放资源搭建微信店铺。

【案例】 中国银行信用卡的微信营销

案例背景

在社交网络和社会化营销不断发展的背景下，银行业也在积极寻找社会化营销策略以跟上时代潮流。在微信订阅号端，股份制商业银行传播声量全面压制国有银行，国有银行金融风险零容忍，微信端口技术应用一直处于市场跟随状态。中国银行作为国有商业银行，长久以来形成了庄重、严肃的固有形象以及以 30 岁以上男性为主的客群主体。面对目前激烈竞争的金融市场环境，中国银行打造全新的品牌形象，争取年轻客户群体成为必然。所以，此次中国银行的营销目标是：通过内容层面的提升、产品层的利益激化以及技术的应用，放大身边福利，为中国银行信用卡量身打造时效营销互动活动，增强中国银行信用卡微信使用黏性来实现品牌更新和用卡激活，实现与年轻人的沟通。

★ 营销策略

(1) 整体策略：从内容、产品和技术 3 个层面齐发力，实现品效合一。借助内容调性调整实现与"80后"、"90后"的无阻碍沟通；整合线上、线下业务，提高分行与消费者的参与积极性，借助外部开发实现银行内部的技术补足。

(2) 内容层面：巧妙借势热点，为用户提供趣味内容，使福利常态化，维系粉丝的持续增长和用户黏性。"中国银行信用卡"微信公众号和中国银行信用卡客户端"缤纷生活"同时发力，打造"惠聚中行日"、"环球精彩一卡尽享"、"中银海淘"、"无处不分期"四大品牌。

(3) 产品层面：打通线上、线下，辅助业务闭环建立，激活分行与消费者的参与积极性。

(4) 技术应用层面：借助外部开发实现银行内部的技术补足，以新奇的内容提升用户黏性。

案例执行

1. 场景内容营销：趣味化场景转换，提高用户活跃度。

充分运用消费场景对客户办卡及用卡的指导作用，吃、玩、乐、购，全面场景化传播内容对位，业务表述保证消费者可直观理解。

巧妙借势热点，大到英国脱欧、奥运首金，小到洪荒之力、优雅的颓废，让高高在上的"银老大"不再严肃，迅速使得中国银行信用卡微信服务窗口实现了用户活跃度的翻倍提升。

2. 信息平台化管理：充分发挥总行的平台化效用。

在不涉及接口的调用下以外部开发内容接入移动端各个窗口(微信客户端)。

充分发挥总行的平台化效用，为分行商户提供统一的微信端展示及查询平台，便利全国各地持卡人实时获取优惠的同时，也为分行开辟了更多吸纳商户合作的置换资源。

3. 用卡福利常态化，增强用户的黏性。

福利常态化，每周三上午 10 点疯抢半价电子券、刷百必中微信红包，给微信窗口带来更多打开动机的同时，也给用卡提供了更多的衍生趣味。

★ 营销效果

中国银行微信内容升级、技术升级、话题升级，单条内容流量占到单周总阅读量的 60%以上，并将中国银行信用卡官方微信提升至同业运营前列。

10.4 社 区 营 销

网络社区是网上特有的一种虚拟社会，主要通过把具有共同兴趣的访问者集中到一个虚拟空间，达到成员相互沟通的目的。网络社区营销是网络营销的主要营销手段之一，社区营销就是在虚拟空间中，将具有共同兴趣的访问者集中起来，促进成员们相互交流与沟通，从而达到商品的营销效果。

网络社区是网站所提供的虚拟频道，不仅能让网民产生互动、情感维系及资讯分享。也能为网站经营者带来稳定及更多的流量，增加广告收入；同时，注册会员更能在此拥有独立的资讯存放与讨论空间，会员多、人气旺，进一步为社区营销造就良好的场所。

网络社区的一般功能有：电子公告牌(BBS)、电子邮件、聊天室、讨论组、回复即时通知和博客等功能。网络社区主要有综合性的社区和专业性的社区两种类型。专业性的社区分为自己建设的网络社区和其他网站的专业社区。如新浪网上社区内容囊括了社会生活的方方面面，阿里巴巴的内容定位是网上商人。网络社区营销以类似阿里巴巴的专业性社区为主，因为其定位明确，会员多，且会员的结构具有购买能力，商品信息受众的反应率比较高。

【案例】　知乎携手天猫：品质消费新"择"学

案例背景

对于已经参加过多届"双十一"的消费者来说，网购消费、节日大促销已经司空见惯；同时，消费升级带动中国网民消费从"价格敏感"到"价值敏感"跃升，群体呈现出回归理性的消费倾向。此次天猫携手知乎社区的营销目标：如何在 2017 年"双十一"期间，强化天猫品牌"理想生活上天猫"的品质生活新主张，同时让更多消费者能够懂得享受这场由"剁手"引发的品质生活狂欢派对？

★ 营销策略与创意

(1) 洞察&策略。

洞察发现知乎社区的用户在讨论"购物"话题时，尤其热衷讨论"如何选购 X"类型的话题，知道"怎么选"、"为什么选 X"已经成为当下高收入、高消费的年轻群体们的集体需求。

因此，知乎联合天猫聚焦"消费决策"环节，以知乎高价值人群和稀缺的高净值内容，提升全网用户在天猫"双十一"期间的消费品质感。

(2) 创意。

品质消费新"择"学：用知识帮助更多消费者提升购物品质感，让更多消费者在 2017"双十一"更快乐。

案例执行

1. 一个提问引发知友集体回忆"有品质的消费曾带来哪些快乐"。

天猫首先在知乎社区内发布提问"你曾经买过的哪件物品带给你的快乐最多？"引发知乎用户主动参与回答，分享好的消费经验故事，有购物与亲情温暖的快乐、购物与运动健康的快乐、购物与兴趣爱好的快乐、购物与生活品质的快乐等共 333 个优质回答。用购物带来的愉悦享受，成功引导用户关注"'双十一'如何做出好的消费选择，才能获得更多的快乐"。

2. 五大品类品质选品知识文章，与消费者共享品质选择方法。

随后，通过天猫官方机构号连续发布 5 篇品质选购指南知识文章，涵盖知友的五大热门消费场景：食、娱、用、住、行。以中立、实用的选品内容，帮助更多消费者获得更有品质的"双十一"购物体验和更好的生活享受。这 5 篇文章共获得 10 409 311 次曝光，166 677 次点击阅读。

3. 邀约知乎优秀回答者，进行两小时场景化选购知识直播。

由知乎"室内设计""装修"话题优秀回答者王振博作为天猫品牌"特别现场"直播的主讲嘉宾，与知友分享"如何趁'双十一'装出一个理想家"。在两个小时的直播中，王振博与知友分享了可以让家变得更美好的思考方式和采买方法。

4. 聚合专题承载天猫"品质消费新'择'学"内容，二次分享传播。

在天猫"双十一"来临前夕，知乎搭建天猫内容专题，配合知乎问题及回答内页创新广告形式，锁定知友深度阅读场景。

5. 品牌共建，联合发布《天猫&知乎 2017"双十一"生活消费趋势报告》。

知乎首次与商业品牌客户联合发布消费趋势报告，基于天猫平台用户购买数据挖掘衣、食、住、用、行五大消费场景在"消费升级"时代背景下出现的新消费观念，以来自知乎的内容观点进行作证。

6. 知乎丰富的广告产品矩阵，全方位覆盖知友阅读场景，为天猫狂欢节引流。

★ 营销效果

　　广告总曝光 4.2 亿次；

　　品牌提问共获得 333 个回答，属于同期在知乎投放的电商品牌中效果最佳；

　　天猫原生内容(品牌提问、原生文章、Live 特别现场)总曝光超过 1470 万次；

　　天猫内容专题总曝光超过 270 万次；

　　《天猫&知乎 2017"双十一"生活消费趋势报告》总曝光 822 万次。

案例思考题

1. 社交媒体营销方法是如何体现网络营销中互动性特点的？

2. 从以上几个案例分析中，谈谈社交媒体营销方法在内容营销、营销模式上的特点以及你的体会。

第11章　电子邮件营销与案例

电子邮件对于如今的人来说是一种很重要的交流工具，它便于接收信息、注册账号等。对于企业来说，电子邮件也是便于接近目标用户的一种网络营销方式。电子邮件营销是通过电子邮件的方式向目标用户传递信息的一种网络营销手段。电子邮件营销方式是建立在一个数据库的基础上，数据库中的每一条记录不仅包含了客户的电子邮件地址，还包含了其背后的各种客户属性，比如性别、年龄、职业、地区、收入、消费等。由于电子邮件既"古老"，且应用又具有稳定性，因此适用于与客户建立长期联系。

电子邮件营销有 3 个基本因素：① 用户许可；② 电子邮件传递信息；③ 信息对用户有价值。这 3 个因素缺一不可，否则都不能称之为有效的电子邮件营销。

因此，真正意义上的电子邮件营销也就是许可电子邮件营销(简称"许可营销")。基于用户许可的电子邮件营销与滥发邮件不同，许可营销比传统的推广方式或未经许可的电子邮件营销都具有明显的优势，比如可以减少广告对用户的滋扰，增加潜在客户定位的准确度，增强与客户的关系，提高品牌忠诚度等。

根据许可电子邮件营销所应用的用户电子邮件地址资源的所有形式，可以分为内部列表电子邮件营销和外部列表电子邮件营销，或简称内部列表和外部列表。内部列表也就是通常所说的邮件列表，是利用网站的注册用户资料开展电子邮件营销的方式，常见的形式如新闻邮件、会员通讯、电子刊物等。外部列表电子邮件营销则是利用专业服务商的用户电子邮件地址来开展电子邮件营销，也就是以电子邮件广告的形式向服务商的用户发送信息。许可电子邮件营销是网络营销方法体系中相对独立的一种，既可以与其他网络营销方法相结合，也可以独立应用。

【案例】 浅析：欧盟 GDPR 生效后，卖家在欧盟的电子邮件营销将有何变化？

案例背景

史上最严的欧盟通用数据保护条例 GDPR 已于 2018 年 5 月 25 日生效，这对卖家在欧盟的电子邮件营销有何影响，卖家需要怎么做？GDPR 条例对电子邮件营销人员有什么要求？

🎓 **案例执行**

GDPR 对企业收集、存储和处理欧盟用户的个人数据提出了许多新要求，这些要求会影响营销人员的电子邮件营销。以下是两个主要的要求：

(1) 访问权限和数据可迁移性。

欧盟用户有权请求访问企业收集的有关企业自身的所有数据。数据是多少很大程度上取决于企业的商业模式。对于免费电子邮件时事通讯订阅(或选择接收邮件)，公司持有的唯一真实数据可能是用户的电子邮件地址和名称。但是，如果在用户关系管理、营销数据库等中还有额外的数据，企业可能就需要找出这些数据，并根据请求将其提供给用户。

(2) 用户有权要求企业删除数据。

收件人有权要求卖家删除用户信息，或者是退订电子邮件。如果用户要求删除其所有数据，也就默认要求退订未来的电子邮件广告。卖家需注意保存退订用户的电子邮件地址列表，以确保将来所有电子邮件广告系列都不会发送给拒绝用户。

那么，企业对欧盟用户的电子邮件营销会受到 GDPR 的哪种影响？

根据企业的不同，影响可能也不同。欧盟的电子邮件营销已经处于一个必须要用户同意选择接收邮件才能发送的框架下运作，但其他形式的营销则没有此限制。最大的变化可能只是要确保在让用户选择是否接收电子邮件时，要具体说明将如何使用用户数据，并求得用户的同意。如果企业通过电子邮件发送第三方促销活动，也必须在让用户选择是否接收相关邮件时，详细说明情况。

11.1 许可电子邮件营销实现步骤

许可电子邮件营销具有费用低廉、回应率较高以及快捷、保密、方便，反馈迅速等特点，是企业常用的一种营销方式。但是，客户出于对隐私的保护和对推销的反感，销售人员要想得到客户的许可并非易事。实现许可电子邮件营销有以下 5 个基本步骤：

(1) 培养或抓到客户的兴趣，并让客户感觉到可以获得价值，从而吸引其注意力，使客户愿意尝试相关的服务和产品，并自愿加入到许可的行列中去。

(2) 当潜在客户投入注意力之后，企业应该及时为客户提供演示资料、教程或图文并茂的产品目录，让消费者充分了解公司的产品或服务。

(3) 继续提供生日礼物、会员特价等激励措施，以保证将潜在顾客维持在许可名单中。

(4) 给予会员更多的优惠，针对每个客户的特点提供更加个性化的服务。

(5) 经过一段时间之后，营销人员可以利用获得的许可改变消费者的行为。获得许可并达成交易并不意味着许可营销的结束，相反，这仅仅是将潜在顾客变为真正顾客的开始。如何将顾客变成忠诚顾客甚至终生顾客，仍然是营销人员工作的重要内容。

【案例】　梅西百货频发促销电子邮件好不好？

案例背景

美国知名百货公司 Macy's(梅西百货)于 1924 年在第 7 大道开张，号称当时"世界最大商店"。从当年的感恩节开始，每年都会在纽约举行盛大的感恩节大游行，圣诞节时也会有别致的主题橱窗秀。

但是近年来，梅西百货业绩一路下滑。据道琼斯报道，梅西百货截至 2016 年 4 月的第一财季每股收益为 36 美分，同比减少 35%，收入下滑 5%至 59 亿美元(2015 年 7 月，分析师对每股收益的预期还是 66 美分)，公司的同店销量连续 4 个季度下降。为了改善这种局面，梅西百货计划在发布新产品、开设更多折扣店等方面，提升企业业绩。

现如今不光梅西百货，全世界的零售百货都面临着互联网对实体店的全面冲击。所以拥抱电商，成为了零售行业普遍的选择。而对于电商而言，电子邮件营销运用得当，可以直接产生可观的销售额。

案例评析

作为多用途、高性价比的市场营销渠道，电子邮件营销不仅可以向消费者发送产品相关内容，还可以维护 CRM，推广新产品。然而对于梅西百货，电子邮件可能只有一种用途，那就是打折促销。下面，Webpower 中国区的营销专家们将分析梅西百货是如何做电子邮件营销的。

1. 只有促销类邮件产品线。

在订阅梅西百货邮件的半年内，从这些频繁的电子邮件中，我们唯一得到的信息是折扣和优惠，梅西百货简直是促销类邮件产品线的典范。

电子邮件是非常有效的营销工具，它甚至在数字营销渠道拥有最佳投资回报率。促销类邮件虽然是邮件营销中的固定产品线，也确实能直接带动销售额的增长，但是梅西百货的做法可能有点矫枉过正。梅西百货所有的主题行基本都与折扣和优惠相关。

像"save & manage your Macy's offers all in one place!"这样的主题行看似与折扣无关，但不妨仔细揣摩，实质上这是一封推广电子钱包的邮件，仍然属于促销类邮件。梅西百货贫乏的电子邮件创意，也在渐渐消耗着品牌的销售潜能，不得不留给顾客"梅西很久远，打折永不停"的印象。

2. 不太走心的节日关怀邮件。

母亲节之际，用户收到梅西百货邮件的那一瞬，本以为邮件会有温情的一面，打开后却仍然是促销信息。另外，在商品推荐栏，竟然出现了"男士相关"这一与主题非常不符的板块。这样做的结果是削弱了销售的可能性，用户并没有感到贴心的节日问候。

3. 混乱的优惠码设计。

梅西百货邮件中的优惠码埋藏的有点深，在真正注意到这一优惠码之前，读者需要反复阅读好几次。而且推广的品类也是包含方方面面，从收货折扣的惊喜到获取折扣的繁杂，有多少用户会在这臃肿的刺激欲望之下流失呢？我们不得而知。

4．开宗名义的欢迎邮件。

梅西百货的欢迎邮件从一开始就明确表示："Plus，you'l be the firstto know about exclusive offers andsavings."(另外，梅西百货将会第一时间通知您额外的优惠和折扣)这也奠定了梅西百货整个电子邮件营销策略的基础。但这样统一的邮件在一定程度上也破坏了品牌形象。客户会不自觉地把梅西百货的邮件定位为折扣集中营。还会有人为梅西百货的全价商品付费吗？是不是只要几天，就能收到促销邮件了呢？

案例总结

目前许多邮件都是从企业自身需求出发，拷贝企业资讯、促销产品等相关信息，推送给用户，对于用户收到邮件后的感受并不重视。个性化内容与用户密切相关。对于用户而言，邮件易于引发用户内心的情绪冲动，解决他们目前的问题，提供有价值的内容信息。用户期待看到邮件，继而打开、点击邮件，完成浏览购买；对于企业而言，意味着邮件带来了高互动率、高忠诚度、高转化率等。

频繁的促销邮件，在梅西百货看来，或许能直接增加销售量，可收件人的热情也会被盲目无止境的折扣优惠打倒。这样功利性的营销存在消费疲劳的隐忧。如此看来，梅西百货要想真正提高业绩，提升营销效果，则搞清自己在邮件营销中的不足点是非常重要的。

11.2　企业电子邮件营销策略

企业电子邮件营销策略有以下 6 个方面：

1. 搜集客户信息

企业可以利用展会、活动、售后服务、俱乐部、会员制、生活/技术服务、礼品、抽奖等活动获取用户对邮箱资源的授权许可。

2. 建立客户分类管理数据库

企业应保存并分析客户信息(如：联系方式、产量、需求规律、使用频率、特点/习惯、忌讳、民族/宗教等)。

对受众群体/市场进行分类(智能分类、数据挖掘、客户细分)，有针对性、有目的地展开个性化网络营销服务(沟通/群发商务信息)。

3. 采用多种形式

企业在营销形式上可根据客户特点选择 SMS(短信通群发系统)、E-mail、信使、QQ、及时信息通讯等多种形式。

4．制作上要实用

遵循广告规律，充分调用一切视觉/信息要素，抓住目标客户。

发件人、主题是抓住客户的主要环节，邮件内容是服务捆绑营销的主体。主题突出的邮件标题是吸引用户最好的办法，邮件内容言简意赅，开门见山地将重要信息展示出来。

5．有营销网站和相应的配套服务作后盾

一旦用户有进一步的信息需求(点击)，企业则应精确链接到相关内容。

6．要注重细节

企业在客服电话、公司邮箱、联系方式、营销网站、客户兴趣/爱好/特点分类、精确链接等方面都要注重细节，细节决定电子邮件营销的成败。

【案例】　实战：B2B 电子邮件营销如何突破现状？

案例背景

相比 B2C 企业，B2B 企业做营销面临着更多的挑战。大多数时候，B2B 营销的对象、产品服务的最终使用者可能并非直接的购买者，B2B 营销的转化周期相对更长、更曲折，但这恰恰也是邮件营销渠道在 B2B 营销中的优势。邮件具有的用户持续沟通功能和可拓展的内容信息承载特性，让 B2B 市场营销者可以逐步以内容培育用户，与用户达成信任，并最终引导转化。

但遗憾的是，许多 B2B 企业的邮件营销渠道利用依然处于原始初级阶段。Webpower 对 B2B 企业的调查显示，B2B 企业使用只有内容资料上传和发送等基本功能的邮件营销平台，既无法根据用户的不同地理位置、客户所属类型等进行不同内容的呈现，在用户转化为客户的生命周期中，也无法在用户转化的各个关键点(如找到用户的产品意向类型、价格偏好、购买诉求点、售后服务等)，系统周密地自动触发邮件引导用户进入下一个阶段。

那么，B2B 企业电子邮件营销又该如何突破现状呢？

案例执行

1．成为受信任的信息来源。

B2B 行业的特性，决定了其目标客户对待信息的慎重态度。互联网时代信息流巨大，很多 B2C 企业在邮件营销中会借助热点潮流去博眼球。但是对于 B2B 企业，需要非常慎重，盲目跟风热点借势营销将削弱企业在用户心目中的信任度。没人喜欢垃圾邮件(在用户眼中没价值的邮件就会被认为是垃圾邮件)，所以对于用户列表的用心经营就算再困难也要进行，从用户的来源、内容喜好，到互动活跃度、购买转化情况，企业了解得越多，越可能接近用户，取得信任。

在邮件营销实践中，B2B 企业还需要了解哪些用户希望了解企业的信息。针对不同用户进行有针对性的沟通，给用户真正需要的信息，这样将帮助企业逐步与品牌建立关系。

2．帮助用户及业务变得更好。

在 B2B 营销中，目标用户需要的是可以帮助其本人和其业务表现获得提高的信息，所以很多时候，具有价值和提升技能的论坛研讨会、展会、视频教程、白皮书、行业报告、案例等，通常可以获得很好的邮件点击率。在邮件营销中，企业如果还是像做产品宣传册、广告那样从企业角度去组织内容，可能会让用户逐渐失去兴趣。开展 B2B 营销，建议分析企业的邮件用户需要什么内容；如何帮助用户改变；找到或创造内容，与用户产生共鸣。

如何让邮件发送数量变得越来越精减，但内容却更加精准有效呢？对于 B2B 来说，需要针对不同邮件接收用户类型(如负责人、行业专业人士、采购人员、使用者等)采用不同的内容策略。

3．去芜存菁，直奔主题。

标题写作是一门艺术，但在 B2B 邮件营销中，可能并不需要这么复杂。B2B 邮件接收用户喜欢直截了当的标题，而对标题的艺术性不是那么关注。用户打开邮件之前，会从标题中判断邮件内容是否真的具有价值。如果邮件标题还是遵从 B2C 的方法，那么用户很可能根本没有理解标题的含义，最终直接忽略邮件。企业需要预先判断用户群体的语义理解范围，然后用该群体的语言类别去吸引其打开邮件。

B2B 邮件营销转化过程更曲折、更困难，如何促进用户更快转化？在整合邮件营销过程中，应专注于如何帮助客户解决难题。在推销产品服务时，必须凸显对于用户的价值和利益，而避免毫无利益诉求的纯促销推广。B2B 企业通常还会忽略转化过程中的一个关键环节——CTA 按钮，清晰醒目而具有鼓励作用的 CTA 按钮，配合内容文案，将帮助企业顺利把用户拉近购买环节。

4．视觉化的天平在哪里？

强大的视觉效果可以吸引读者并捕获其注意力。但视觉元素多少最好呢？如何找到正确的标准？以某 B2B 企业为例，该企业希望把最近行业及企业内的最新动态、前沿技术推送给用户。通过实践总结及分析，企业发现对于这类内容感兴趣的主要用户群体为行业内的专业人士。而通过对用户属性数据分析，行业专业人士这一用户群体关注的焦点集中在内容信息本身，对于邮件的设计及视觉呈现没有表现出明显的喜好，邮件打开、点击等数据受视觉因素影响不大。那么这家 B2B 企业该采取什么视觉策略呢？企业可以为内容配些新闻图片，加入技术视频，为邮件装饰适宜的视觉元素；或者企业甚至可以用不加任何视觉化效果的纯文本邮件。

另外，在可能的情况下，如果预算允许，B2B 企业则应尽量避免一些毫无视觉美感的图片，这种失误在很多 B2B 工业企业邮件中经常见到。如果可以规划一系列适合用户的视觉化标准，并让这些视觉化元素帮助企业讲述故事，那么用户更有可能感兴趣并阅读更多邮件内容。此外，在邮件营销活动中，要保持品牌视觉的一致性。

5．移动：新客的黄金地，用户流失的重灾区。

越来越多的人在移动设备上查看邮件，企业如果还没有优化邮件，那么可能面临失去用户的更大危险。企业应该做的是，尽早研究自己的邮件报告，分析移动用户情况，响应式在很多的知名 B2B 企业中已经得到应用。如果还在犹豫，那么邮件在移动设备上的下载失败、显示异常、阅读不便，将让企业从此失去好不容易获得的用户。对于企业来说，移动渠道既是未来获取更多新客户的黄金地，也可能是流失已有客户的重灾区。

6. 关于 B2B 邮件营销统计数据。

打开 B2B 电子邮件(Newsletter)最频繁的时间在工作日上午 9 点、10 点、11 点，下午 3 点和 4 点。

邮件打开及展现最活跃的时间段是星期一的上午 9～11 点；周末上午的 9～11 点，B2B 邮件打开量也有一个小高峰。

B2B 用户最喜欢在电脑上接收、浏览邮件(占 50%的邮件展现量和 44%的转化量)；其次是手机(占 20%的邮件展现量和 12%的转化量)。

Windows 操作系统最受 B2B 用户欢迎(42%的展现量和 40%转化量)；iOS 操作系统(iPhone)的展现量、转化量分别占 22%、13%。

社交用户数量正在不断增加，但是电子邮件用户使用量并没有下降。在 B2B 营销中，邮件渠道比社交媒体也更有效。社交粉丝在各个社交工具上同时关注企业，也了解竞争对手，注意力分散而缺乏目的性。但是在邮件渠道，用户一旦按意愿主动订阅品牌邮件，很可能就是企业的优质潜在客户，用户将在一个相对封闭、无干扰的环境中持续接收企业的品牌营销信息，对品牌越来越忠诚。

案例思考题

1. 查看你邮箱中的有关营销的电子邮件，分析其设计的特点，谈谈你对其的感受。
2. 从以上几个案例中，你得到什么启示？

第 12 章 病毒营销与案例

病毒营销(Viral Marketing)，又称病毒式营销、病毒性营销、基因营销或核爆式营销，是利用公众的积极性和人际网络，使营销信息像病毒一样传播和扩散。营销信息被快速复制传向数以万计、数以百万计的观众，它能像病毒一样深入人脑，快速复制，迅速传播，将信息在短时间内传向更多的受众。病毒营销是一种常见的网络营销方法，常用于网站推广、品牌推广等。

病毒营销是通过提供有价值的产品或服务，"让大家告诉大家"，通过别人宣传，实现"营销杠杆"的作用。病毒营销也是口碑营销的一种，它是利用群体之间的传播，从而让人们建立起对服务和产品的了解，达到宣传的目的。由于这种传播是用户之间自发进行的，因此是几乎不需要费用的网络营销手段。因此，病毒营销已经成为网络营销最为独特的手段，被越来越多的商家和网站成功利用。

【案例】 百度"唐伯虎"：中国最早成功的病毒视频营销

✍ 案例背景

在中国，第一个利用网络视频做营销的案例似乎已经不可考证，但百度的"我知道你不知道我知道你不知道我知道你不知道"的"唐伯虎"视频宣传片，应该属于早期非常有名的视频营销案例之一。

这个视频的完成和开始传播的时间大致是在 2005 年的第三季度，此时 YouTube 刚刚成立不到一年时间，更遑论中文的视频网站。但这段视频流传得很广，当时主要的传播渠道是 BBS。

"唐伯虎"是一段非常草根的视频短片，主角看上去是一个周星驰版的唐伯虎，利用中国经典断句难题"我知道你不知道我知道你不知道我知道你不知道"，狠狠地嘲弄了那个只晓得"我知道"的老外，最后把"老外"的女朋友变成自己的女朋友，尼姑也动了凡心。最终"老外"吐血倒地，一行大字打出：百度，更懂中文。

稍微接触过两大搜索引擎的人，都可以看出这段视频是对 Google 的嘲弄。这个通常无法在电视渠道上播放，而且画面模糊的短片，它所产生的病毒化绝对是传统的电视广告无法做到的事情。

案例执行

　　百度"唐伯虎"系列没有花费一分钱媒介费，没有发过一篇新闻稿。从一些百度员工发电子邮件给朋友和一些小网站挂出链接开始，只用了一个月，该视频就在网络上有超过至少 10 万个下载或观赏点。截至 2005 年 12 月，已经有近 2000 万人观看并传播了此片(还不包括邮件及 QQ、MSN 的传播)。而且，这种沟通不像传统的电视广告投放那样是夹杂在众多的广告片中的，所有的观看者都是在不受任何其他广告的干扰下观看的，观看次数不受限制，其深度传播程度亦远非传统电视广告可比。

12.1　病毒营销基本要素

　　美国著名的电子商务顾问 Ralph F. Wilson 博士将一个有效的病毒性营销战略归纳为六项基本要素。一个病毒性营销战略不一定包含所有要素，但是，包含的要素越多，营销效果可能越好。

1．提供有价值的产品或服务

　　在市场营销人员的词汇中，"免费"一直是最有效的词语。大多数病毒性营销计划提供有价值的免费产品或服务来引起注意，例如：免费的电子邮件服务、免费信息、免费"酷"按钮、具有强大功能的免费软件(可能不如"正版"强大)。

2．提供无须努力地向他人传递信息的方式

　　病毒只在易于传染的情况下才会传播。因此，携带营销信息的媒体必须易于传递和复制，如：电子邮件、网站、图表、软件下载等。病毒营销在互联网上得以极好地发挥作用是因为即时通信变得容易而且廉价，数字格式使得复制更加简单。从营销的观点来看，必须把营销信息简单化使信息容易传输，越简短越好。

3．信息传递范围很容易从小规模向大规模扩散

　　为了像野火一样扩散，传输方法必须从小到大迅速改变，HOTMAIL 模式的弱点在于免费电子邮件服务需要有自己的邮件服务器来传送信息。如果这种战略非常成功，就必须迅速增加邮件服务器，否则将抑制需求的快速增加。如果病毒的复制在扩散之前就扼杀了主体，就什么目的也不能实现了，只要提前对增加邮件服务器做好计划，就没有问题。病毒性模型必须是可扩充的。

4．利用公共的积极性和行为

　　互联网的快速发展使得信息传播更迅速，信息获取更便捷。在好奇心以及知识共享观念的驱使下，用户很容易就某一个兴趣或者事件展开交流。因此，巧妙的病毒营销方案应该通过制造兴趣点来充分调动用户的积极性和行动力。

5．利用现有的通信网路

　　大多数人都是社会性的。社会科学家告诉我们，每个人都生活在一个 8～12 人的亲密

网络之中，网络中可能有朋友、家庭成员或同事。根据在社会中的位置不同，一个人宽阔的网络中可能包括二十、几百或者数千人。例如，一个服务员在一星期里，可能定时与数百位顾客联系。网络营销人员早已认识到这些人类网络的重要作用，无论是坚固的、亲密的网络还是松散的网络关系。互联网上的人同样也发展关系网络，他们收集电子邮件地址以及喜欢的网站地址，会员程序开发这种网络，作为建立允许的邮件列表。学会把自己的信息置于人们现有通信网络之中，将会迅速地把信息扩散出去。

6．利用别人的资源

最具创造性的病毒营销计划是利用别人的资源达到自己的目的。例如会员制计划，在别人的网站设立自己的文本或图片链接；提供免费文章的作者，试图确定他们的文章在别人网页上的位置；一则发表的新闻可能被数以百计的期刊引用，成为数十万读者阅读文章的基础。别的印刷新闻或网页转发你的营销信息，耗用的是别人的资源而不是你自己的。

【案例】 **路虎"最强路考"病毒视频营销**

🐾 案例背景

路虎公司以越野车举世闻名，自创始以来就始终致力于为其驾驶者提供不断完善的四驱车驾驶体验。在四驱车领域，路虎公司不仅拥有先进的核心技术，而且充满了对四驱车的热情。在中国市场，路虎的售价一般在人民币 40 万元左右，是预算足够的情况下越野车的首选。

2009 年至今，中国市场的 SUV(运动型实用汽车)销量呈井喷之势。奥迪、本田、保时捷、别克、比亚迪、大众等汽车品牌都已经在 SUV 市场开始了激烈的角逐。路虎揽胜极光于 2011 年下半年正式进入中国市场，普通版售价为 52.80～63.80 万元。在 SUV 销售大战中，作为一个后进者，路虎揽胜极光如此高的价格就呈现出了明显的劣势。

路虎 SUV 瞄准的是中端及高端用户，其营销目标是将消费者对路虎越野车高度认可的态度迁移到新的 SUV 车型上，进而起到促进销量和树立品牌印象的作用。

路虎认识到，近年来在中端及高端用户层中出现了一种新风尚——自驾游。同时，由于中国独特的地形地貌特征，性能强，安全性高，能兼顾城市道路和山地道路的 SUV 成为人们更加关注和感兴趣的车型。

★ 营销策略与创意

对于汽车销售而言，除了汽车采用的新技术的解释性宣传之外，更重要的是驾驶体验的传达。于是，路虎创造性地在极限场地展示了揽胜极光的超强全地形适应能力，其中穿插了驾驶员对一键操控汽车便捷性的介绍。另外，广告中还安排了一位美女坐在副驾驶的位置感受极限地形，惊讶的美女与淡定的驾驶员形成了鲜明对比，从侧面继续烘托极限感。

👨‍🎓 案例执行

1．发布。

在官方网站和其他视频门户网站发布视频，体现"揽胜极光面对各种复杂的极限路况都能轻松搞定"的性能优势。

第 1 场路考：U 形池小试身手。

第 2 场路考：深沟极限穿梭。

第 3 场路考：45°陡坡攀爬。

2．推广。

各地路虎 4S 店官方微博账号发布推广微博，微信公众号对揽胜极光做专栏推广，在百度购买搜索排名进行宣传。

3．引流。

在新浪汽车等汽车网站打出整版广告，将官方体验地址导流给消费者。

★ **营销效果与评价**

路虎全球在 2014 年第 1 季度售出 10 万辆，销量增长 6%，中国区销量增长 33%。路虎品牌 2014 年 5 月全球销量为 32 381 辆，同比增长 23%，销量增长幅度较大，其中中国市场销量增长了 57%。

对于产品的广告来说，销量是判断广告效果的最直接指标。在 2014 年第 1 季度，路虎全地形在线网站还没有发布，中国区销量增长为 33%。路虎全地形在线网站是 2014 年 4 月末发布的，而 2014 年 5 月中国市场的销售增长为 57%，比第 1 季度高 14%，初步达到了推广品牌和促进销售的目的。

🖊 案例评析

1．创意视频紧抓产品特点和满足受众渴望。

相比路虎其他车型硬气的越野风格，揽胜极光更多地显现出了细腻、周到的一面。创意视频紧紧抓住揽胜极光在面对各种特殊、极限路况时动力分配系统的出色表现，利用副驾驶座位上美女惊讶不已的夸张表情，形成了一种很有感染力和带动性的创意。

2．充分利用社交媒体。

营销活动非常成功，对社交媒体和 SNS 社交网络进行了十分充分的利用，尤其是各地的路虎揽胜极光经销商都被发动起来，同时参与线上的微博推广活动，这种多点发布的形式是一种很有用的创新。

12.2　营销设计策略

1．有好的种子——有内涵、有趣、有价值

病毒本身是引发传播的母体和根本，如何设计信息内容才能让它具备病毒特性？网络整合营销 4I 原则中的 Interests 利益原则与 Interesting 趣味原则可以作为生产病毒的指导标准。

互联网中有一个强大的定律：免费模式。若是能提供优秀的内容(免费的电子书、免费的试用装、免费的网络服务、免费的……)，那么用户就会自发传播。网络整合营销 4I 原则中的 Interests 利益原则：给予用户利益，没人会抗拒。互联网是娱乐经济，是注意力经济。病毒的设置，应该具有娱乐精神，网络整合营销4I原则的 Interesting 趣味原则：无娱乐，不病毒。同时不要忘记将病毒巧妙地掩藏起来，合理地展示出来，平衡很重要。

设计具有较高传播性的传播体，或是较高谈论价值的信息内容、或是幽默性的可传播性强的内容，针对某个行业或某个职业的人群，如果能提供与受众群体职业相关的幽默内容，将会得到在同行中的广泛精准传播。关键的是，内容是否符合以下两个方面：第一，是否体现了产品的特征，受众是否看得明白；第二，是否有传播欲望，传播对象是否是准人群。

2．有快捷的传播通路

在开展病毒传播时同样需要考虑：用户传播起来非常简单。例如，简化营销信息，让用户容易复制、传递、转帖、下载、邮件发送等。企业需要充分考虑用户在使用互联网的习惯和传播成本。如果病毒传播成本大于传播获得的乐趣，用户便不会去传播，反之，传播成本越低，获得病毒传播的机会就越大。

将营销创意传播体提供给某些人以产生意见带头人，或社会团体中有影响力的人，例如论坛版主、BLOG主人及某些兴趣团体的领头人，为他们提供额外的服务和联系。这些传播人是网络化所特有的一类网络内行，掌握着一些网络热点的内容发布和展示，他们甚至是网络化社会的风向标，他们的观点被一帮人所关注，是相对拥有人格魅力的角色。所以充分与这些人沟通，并获得他们的支持，将使活动传播、传递的更快更有效。

3．寻找易感人群

进行病毒营销传播也需要寻找容易感染的人，以及传播的平台。针对设计的病毒，寻找容易感染、反馈、参与病毒营销的潜在感染者。比如，设计的病毒目标载体是时尚年轻人，那么需要事前进行病毒测试：感染性怎么样，是否容易感染上病毒。寻找开展病毒营销的平台也很重要，年轻人都喜欢聚集在互联网上的哪些平台，企业就去这些平台上开展病毒营销。结合之前谈的人群聚集，再加上容易感染的特点，那么这个病毒营销就即将爆发。

【案例】 Levi's 病毒营销：把最好的，留在眼前

案例背景

1．Levi's 作为牛仔裤领军品牌的优势不再

从1853年第一条牛仔裤诞生开始，如今经过160余年的洗礼，牛仔裤风行全球，成为永不过时的经典时尚。即使号称永不过时，而如今的消费者"喜新厌旧"，牛仔裤已经不似过去那样"时尚"了。2014年，运动时尚热潮袭来，运动裤的销量第一次超过了牛仔裤，运动裤不再是一种功能性的装备，其能够在舒适和时尚之间获得最好的平衡，转而成为衣橱的常驻裤款。反观牛仔裤的版型固化、舒适度饱受诟病，牛仔裤市场前景不容乐观。

2．牛仔市场内部竞争加剧

如今，牛仔裤迎来"百家争鸣"般的局面。而作为经典品牌的 Levi's，市场份额不断

被新品牌以及快时尚蚕食。Vetements、Off-White™ 等新兴品牌大胆改革，别出心裁，吸引了消费者的眼球。快时尚品牌则以价格优势促使消费者购买，其中保持持久增长的优衣库，让消费者用两百多块就能买到"日本制"面料的牛仔裤，使牛仔裤市场竞争变得更加激烈。

3. 品牌老化

作为牛仔裤的鼻祖，Levi's 一方面面临产品版型固化的问题，另一方面，年轻消费者对 Levi's 的印象往往还停留在中学时期，以陈冠希、余文乐等潮男代言的形象深入人心，而今已经告别了它的黄金岁月。

在这样的环境下，Levi's 面临着以下几个方面的营销挑战：

挑战一：如何在激烈的竞争和大量的市场噪音中，提升品牌影响力。

与新兴品牌以及快时尚品牌相比，Levi's 沉寂已久，品牌的声量大不如前。年轻消费者对品牌的印象还停留在中学时期。如何在激烈的市场环境下，重回消费者的视线，提升品牌影响力？

挑战二：如何引起年轻的消费者关注，实现品牌声量的提升。

年轻消费者的传播语境已然发生改变，作为一个经典的牛仔裤品牌，Levi's 如何别出心裁，与新一代消费者建立共鸣，刷新品牌形象？

挑战三：如何吸纳更多女性粉丝，争夺女性市场。

长久以来，Levi's 都以男性市场为主，天猫"双十一"预售时，Levi's 在男装品牌能排到 Top4，品牌社交媒体粉丝 70%以上都是男性。而竞争对手 Lee 推出"优型丹宁"，抢夺女性市场。如何加强与女性消费者的沟通，提升她们对品牌的认知度和好感度？

因此，此次 Levi's 的营销目标如下：

(1) 消费者认知——最大化提升视频播放量和品牌曝光。

Levi's 需充分地了解年轻消费者的内心价值取向，传递出目标消费者认可的品牌理念，收获更多年轻消费者的关注与讨论。

(2) 商业——活化品牌形象，吸引更多女性粉丝。

Levi's 需要借助此次战役，重建品牌形象，扭转以男性粉丝为主的情况，与女性消费者建立沟通，推广女性系列产品。

通过互动人群画像、用户对品牌的正面评价率来进行评估。

★ 营销策略与创意

(1) 借势社会热点与年轻消费者沟通。

2017 年年中，大规模自媒体被封号禁言，文章被 404 和谐，网络环境有很多限制和屏蔽。而年轻的消费者渴望自由真实地表达自己，Levi's 一直以来也倡导真实，鼓励中国年轻一代真实地表达自我。因此此次战役以此为契机，与年轻消费者沟通，为其发声。

(2) 运用马赛克元素强调产品功能和品牌精神。

此次战役在病毒视频、Campaign Slogan "把囮好的，留在眼前"以及在战役传播其他素材中均运用了大量马赛克的元素。

在网络环境的限制和屏蔽中，马赛克这一元素常用来屏蔽敏感的字眼或图像。

结合亚洲女性追求"显瘦"的深刻洞察，紧身塑形的牛仔裤就像是马赛克一样，修正不好的身形，以此传递该系列产品的卖点。

与此同时，品牌希望发挥马赛克的功能，修正敏感的字眼，把美好的一面留在眼前，又讽刺了过度使用马赛克，矫枉过正的屏蔽限制，鼓励中国年轻人用自己的方式，表达自己最真实的一面，这与 Levi's 一贯坚持的 Authentic 精神是一致的。

案例执行

整体执行：病毒视频出街—引导参与—突出产品特性。

1．病毒视频引爆。

2017 年 8 月 7 日官方平台发布 Levi's 病毒视频，大量微博 KOL 在一周内转发微博、扩散视频，在社交平台引爆对病毒视频的讨论。微博话题"把▨好的，留在眼前"持续发酵。截至 8 月 14 日，该微博话题已引发 2666 万次阅读和 3.7 万的讨论。

2．深度解析引导参与。

8 月 10 日起与擅长剖析争议性话题的 KOL 合作，微信文章深度解析视频，进一步扩大话题影响。

3．突出产品显瘦特性。

8 月 14 日起与带货型时尚 KOL 合作，KOL 上身试穿传递产品本身特性。同时，邀请大量小红书博主通过上身对比图，在消费者心中加强 Levi's 与显瘦之间的联系。

★ 营销效果

2017 年 8 月 7 日至 2017 年 9 月 25 日：

病毒视频总播放量超过 2400 万；

Campaign 总曝光超过 6600 万；

与 2016 年同期相比，Levi's 官方双微平台以及 KOL 导流至官网的销售量，超过 1328%。

案例思考题

1．病毒营销方法最关键的是"有好的种子"，从以上几个案例中，谈谈你的理解。

2．查找相关资料，说明病毒营销方法实施中如何做到"有快捷的传播通路"？

第13章 娱乐营销与案例

娱乐成就很多伟大的公司，如苹果的娱乐科技帝国，迪士尼销售娱乐体验，好莱坞的娱乐产业。很多的企业应用娱乐营销成就品牌，如麦当劳的娱乐定位，百事可乐也通过明星音乐等娱乐战略成为中国最受欢迎的饮料。娱乐营销的作用不言而喻。

娱乐营销，就是借助娱乐的元素或形式将产品与客户的情感建立联系，从而达到销售产品、建立忠诚客户的目的的营销方式。从娱乐营销的原理分析，娱乐营销的本质是一种感性营销。感性营销不是从理性上去说服客户购买，而是通过感性共鸣从而引发客户的购买行为。

13.1 娱乐营销的特点

娱乐营销主要有 4 个方面的特征，即创新性、参与性、整合性和个性化。

1. 创新性

无论在娱乐主题上还是在运作的方式方法上，娱乐营销都要强调创新性，以期激发消费者的好奇心与参与意识。娱乐主题上要有独创性与新闻效应，能吸引大众的眼球，否则收效甚微。其次，创新性要求企业在立足自身资源及优势的基础上，通过不断创造新的体验方式来吸引大众注意力。

2. 参与性

娱乐营销的成功体现在能够把握住大众的好奇等心理特点，以创新式娱乐方式满足大众娱乐化心理，从而引发大众以及目标受众的积极参与、互动与扩散。

企业作为营销的主体，树立"全员娱乐营销理念"非常重要。麦当劳公司直接声称"我们不是餐饮业，我们是娱乐业"，因为它不仅是一个愉悦的就餐场所，更是一处娱乐休闲的场所，消费者特别是未成年的消费者甚至把麦当劳直接当成了自己的"乐园"。同时，娱乐营销的参与性更体现在参与受众的广泛。参与人数越多，企业就有更大的希望从中获得潜在的客户群，营销的效果也便越好。

3. 整合性

企业开展娱乐营销，离不开娱乐元素的整合及体验平台的整合。例如，白象方便面在联手安徽卫视《美人天下》的营销过程中，不仅通过电视广告植入等方式提高曝光，通过首映礼、宣传片、明星互动等多重方式不断制造和挖掘出娱乐元素，而且通过对户外广告、线下推广活动、微博互动、短信互动、网络电视台、《海豚 TV 周刊》等多方位全平台式地整合传播，迅速扩大了白象老坛酸菜牛肉面的影响力和号召力，短时间内达到了爆破效应。

4. 个性化

专属、个性显然更容易俘获消费者的心。因为个性，所以精准；因为个性，所以诱人。个性化的营销，让消费者心理产生"焦点关注"的满足感，个性化营销更能投消费者所好，更容易引发互动与购买行动。在网络媒体中，数字流的特征让这一切变得简单、便宜，细分出一小类人，甚至一个人，使做到一对一行销都成为可能。

除了以上特点以外，互联网时代的娱乐营销的最大特点就是互动性高和传播性快。网络上各种分类论坛的人气都很高，与论坛合作借助于论坛的高人气做营销已是十分常见的网络营销方式。而娱乐营销更是其中最容易成功和影响力最大的营销方式。比如之前的贾君鹏事件等，都是开始于论坛，传播于论坛，并取得了超越常规营销方式的效果。

【案例】 茵曼《女神的新衣》整合营销

🐨 案例背景

茵曼(INMAN)是广州市汇美服装有限公司旗下棉麻生活品牌，由董事长方建华于 2008 年创立，凭借以"棉麻艺术家"为定位的原创设计享誉互联网，是中国成长最快、最具代表性的网络服饰零售品牌。茵曼主张"素雅而简洁，个性而不张扬"的服装设计风格，推崇在原生态主题下亲近自然、回归自然的健康舒适生活。一直以来，茵曼的公关营销与传播侧重于线上渠道，注重于跟顾客的互动交流，以优质的产品和服务，建立起口碑传播效应。同时在社交媒体平台重点布局，倾力推动内容传播和口碑传播。经过长达 6 年对"棉麻艺术家"文艺风的经营和市场培育，此时的茵曼需要通过一次营销活动迅速炸开市场，进一步扩大品牌影响力，撬动品牌升级。2014 年 8 月，天猫和东方卫视联合推出的明星跨界时尚真人秀节目《女神的新衣》，茵曼作为在互联网上土生土长的"淘品牌"，借着这股东风做了一次漂亮的整合营销活动。

★ 营销策略与创意

品牌诉求：拉近目标消费者与品牌的距离，树立良好的品牌形象。

目标消费者风格定位：素雅而简洁，个性而不张扬；年龄定位：25～35 岁；消费层定位：月收入 3500～10 000 元；目标群体：城市小资、都市白领、SOHO(自由职业者)、时尚女生等，崇尚自然、追求健康、生活时尚、注重环保的年轻一族。

媒体策略：电视、电商网站、社会化媒体。

总体来说，此次营销活动媒体平台主要是东方卫视、天猫平台和新浪微博。以东方卫视《女神的新衣》这一节目为主，起到的主要作用是商品展示，品牌曝光，大范围覆盖线下非触网人群并将其引导到天猫平台；新浪微博负责在节目播出前后抛出话题引起讨论。

案例执行

1. 时装秀拉近时尚产品、品牌与消费者的距离，提高了品牌的知名度。

天猫和东方卫视联合推出的明星跨界时尚真人秀节目《女神的新衣》，茵曼作为在互联网上土生土长的"淘品牌"借着这股东风做了一次漂亮的营销活动。

节目中女明星与设计师搭档，在规定时间和场地根据一个主题设计并制造新衣，确保衣服的设计均为原创。

随后电视节目的整个运转过程都起到了为服装宣传的作用。明星穿着新衣进行 T 台走秀，立体展示服装的穿着效果，为服装设计进行宣传。

电商竞拍及最后新衣的排名都在一定程度上引导着消费者的品位。因此，整个过程实现了产品生产、产品宣传和产品销售的全过程，实现了价值的快速实现。

在节目的竞拍环节中，四位买手会有很多表现机会，他们的表现或者体现代表着品牌的调性，比如朗姿的"以我们朗姿股份有限公司的财力拿下这套衣服不是问题"体现的财大气粗。茵曼买手方建华是四位买手中唯一一位企业创始人。第三期节目的主题是制服，方建华在拍下尚雯婕的校园系列衣服后，讲述了自己当初辛苦创业的故事，无形之中将茵曼与纯粹简单等形象挂钩，同时又向消费者讲述了一个关于品牌渊源的故事。

2. 节目播出与电商平台活动相衔接，极大激发消费者购买欲望。

电商将竞拍到的服装放到网站进行销售。在看节目的过程中，观众如果对某件衣服感兴趣，可以直接扫描电视上的二维码进入天猫店下单购买。在天猫平台有专门为"女神的新衣"打造的活动页面。活动页面共分为"积分押注"、"买手品牌"、"边看边买"、"逛主题"、"资讯频道"、"我是女神"六部分，其中"买手品牌"为"双十一"优惠券；"边看边买"展示当期服装，直接导入购买页面；"我是女神"用户的自拍，用户有一定几率获得护肤礼包奖品。十期节目在 2014 年 10 月 25 日播放完毕，这之后的"双十一"顺势接过接力棒将节目的热度过渡到天猫平台，在活动页面放出"双十一"优惠券吸引消费者预订茵曼的服装。

3. 在社交媒体上围绕节目抛出话题增加粉丝参与感。

在整个营销活动中，新浪微博扮演了广告主与粉丝的互动平台这一角色。茵曼官方微博在每期节目播出前会放出一些节目的亮点消息进行预热；在播出过程中，茵曼官方微博通过转发明星的微博抛出话题，同时不时地曝光竞拍服装的销量，试图激发粉丝们的购买欲望；在节目播出后扮演维护粉丝群体的角色，尽量延长节目的热度和影响力。

★ 营销效果

《女神的新衣》首播即取得高收视，全国 50 城收视率为 1.267%，全国 34 城收视率为 1.44%，在一众综艺黄金季中脱颖而出。微博电视指数(2014 年 6 月由央视索福瑞与新浪微博联合推出)显示，该节目首播即成功上榜并位列全国第二，打败《十二道锋味》和《最强天团》等热门综艺，成为 2014 年秋综艺最大一匹黑马。在独家视频合作媒体优酷土豆平台，24 小时点击量突破 600 万，位列全网第一。

不管是百度搜索指数还是淘宝搜索指数，茵曼都比上半年有所提升。"双十一"预热阶段流量相比去年增长 50%，预售额 2209 万排名女装类第一。

案例评析

1. 用电视综艺节目提高品牌影响力，覆盖非触网人群。

一直以来，茵曼的营销与公关传播侧重于线上渠道，这次参与电视综艺节目可以覆盖以前线上渠道接触不到的非触网人群。过去品牌与电视节目合作，就是做硬性广告，或许在一段时间内，能够引起一些关注，但这并不会给品牌带来太多价值。

在女神的节目中，明星们在镜头前大秀"时尚经"，这种接近生活的呈现方式更受粉丝和消费者的喜爱。节目在包装方面也令人耳目一新，在播放期间及播放前后带来了集中爆发的话题和关注度，极大地带动观众对茵曼形象高度的认知，同时融合国内外优秀设计师团队，给茵曼产品带来更多时尚设计元素，完成品牌定位的巩固和突破。

2. 娱乐营销，使产品和品牌作为娱乐内容，不知不觉深入消费者内心。

过去节目、影视等先产生，品牌只能生硬地嫁接或植入，影响了观众的体验，效果可能适得其反。而在《女神的新衣》中，新衣原生出来的时候，品牌就生长在里面，成为节目内容、环节不可或缺的一部分。茵曼借助《女神的新衣》在娱乐营销布局上，实现了商业即娱乐、娱乐即商业的自然整合，达到浑然一体，消费者观看娱乐节目的同时，茵曼品牌的植入与输出已经不知不觉深入人心。

3. "电视＋电商"商业模式，明星效应引发粉丝的追逐，带动茵曼商业价值的提升。

《女神的新衣》从 2014 年 8 月 23 日首播至 10 月 25 日收官，长达两个多月的热播为茵曼带来极大的曝光量、关注和最直接的流量导入。而节目推出的"边看边买"模式，则大大提升了观众的互动参与感。另外，每期节目买手所拍"新衣"，均可获得对应明星舞台照、定妆照用作商品图。无形之中，明星扮演了品牌代言人的形象，如此背后所引发的粉丝效应及撬动的商业价值，更是广告或其他营销预热无法匹及的。

案例思考题

1. 该案例整合营销活动成功的关键点有哪些？

2. 茵曼创始人方建华认为："今后一系列的营销活动拼的是整合资源的能力，玩的是跨界、互动，让顾客在玩的过程中自然接受品牌。"对此，你是如何理解的？

13.2 娱乐营销策略

娱乐营销关键在于让消费者"潜移默化"地接受品牌信息，而不是硬生生地推销产品。现代娱乐营销的形式是多样化的，它包含与电影、电视剧、广播、印刷媒介、体育活动、旅游和探险、艺术展、音乐会、主题公园等相互融合的各类营销活动。

常用的营销方式有明星代言、冠名/赞助、活动营销、内容植入、话题营销、微电影等。

【案例】　**赞意互动：娱乐营销也有高级玩法？**

案例背景

马云说："十年以后最大的麻烦是健康和快乐问题"。事实上，当今也是如此。现代人越来越孤单寂寞，靠综艺节目博一笑。中国的文化娱乐产业在 2020 年有望达到一万亿元，这么大规模级的产业，广告主和代理商当然都不会放过。IP 娱乐营销也日益成为业内人士的热点话题。广义上的娱乐营销并不是请明星代言人、植入影视剧广告这么简单，它是一个娱乐文化或为载体、或为支点、或为核心内容的传播方式。品牌主近几年的广告预算也明显有向娱乐营销倾斜的趋势，也涌现了一些在娱乐营销方面专业经验的广告公司。

赞意互动(www.goodideamedia.com)是国内领先的数字营销传播公司，成立于 2012 年，一直致力于成为中国最领先的帮助品牌连接年轻消费者的社会化营销公司。赞意互动(下称"赞意")现服务于腾讯、乐视、优酷、OPPO 手机、伊利、现代汽车、可口可乐、亚马逊、杜比、南非旅游局、爱钱进等国内外知名品牌。

赞意互动把娱乐营销划分为如图 13.1 所示的几个范畴。

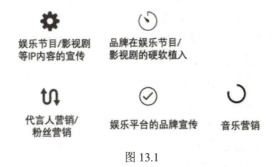

| 娱乐节目/影视剧 | 品牌在娱乐节目/ |
| 等IP内容的宣传 | 影视剧的硬软植入 |

代言人营销/　　　娱乐平台的品牌宣传　　　音乐营销
粉丝营销

图 13.1

案例执行

1. 娱乐节目/影视剧等 IP 内容的宣传。

随着综艺节目的井喷，各大卫视以及视频网站平台的自制综艺和自制剧也越来越多，广告公司也开始接触越来越多的 IP 营销。

作为品牌传播起家的社交媒体传播公司，赞意在 IP 营销方面有其特别的套路和做法，把品牌营销和节目营销的做法结合，产生出意想不到的传播效果。2015 年赞意开始为多档知名综艺节目进行传播推广，包括《王牌对王牌》、《暴走法条君》、《拜托了冰箱》、《拜托了衣橱》、《花样姐姐》、《芈月传》等。

在进行节目宣推的过程中，赞意首创"传播前置于产品"的做法。在节目制作期间赞意会和节目制作方、市场部一起"预先埋梗"在节目环节设置、明星口播台词、节目周边产品等，以达到播后传播效果；将传播过程中分成节目线和品牌线，一方面深耕于每期节目的亮点，明星话题，粉丝管理等，另一方面也把节目按照品牌客户的打法，进行品牌传播，让综艺"大笑之后有共鸣"，与年轻消费者建立好感度，如在《拜托了冰箱》传播中的"冰箱心理学"话题就在"90后"中引起了很大的反响；给综艺节目定位也帮该节目在同质化竞争激烈的市场中形成差异化，奠定了其行业地位。

2. 品牌在娱乐节目/影视剧的硬软植入。

娱乐文化是当前消费者接触最广且最容易接收的内容，越来越多的非娱乐品牌也在借助娱乐营销来与消费者沟通，借势娱乐营销能快速地与消费者建立联系。

互联网金融品牌这两年扎堆发展，产品同质化的问题直接造成品牌趋同，如何将互联网金融品牌与娱乐营销结合起来也是各大品牌这两年在探索的课题。爱钱进是目前国内知名互联网金融品牌。为了形成品牌传播最大化，爱钱进 2016 年发力娱乐营销，赞助汪涵、大张伟主持的国内首档方言音乐节目《十三亿分贝》，打出"唱歌有调赚钱有道，用了就敢炒老板的理财 APP"的花式广告，深得用户喜欢；同时借助《老九门》IP 深度合作，创新性地在《老九门》情景剧中插广告，将理财的产品信息与《老九门》中金钱剧情巧妙结合，深度传播产品卖点，最终其广告创意被各家品牌争相模仿。

作为爱钱进品牌代理商，赞意在帮助爱钱进探索金融品牌娱乐营销上，懂得抓住大众的心理，与消费者建立有效沟通。赞意在《十三亿分贝》节目赞助中深挖洞察，以"用了就敢炒老板"为传播话题，策划"炒老板栗"co-branding 事件营销，与消费者沟通职场闪辞和人生理财规划的话题，获得消费者热议和共鸣；在《老九门》IP 大热之下，通过深挖剧情从剧迷角度讲述理财卖点，达到"有剧情的讲广告，有场景的聊理财"的广告效应。通过借势娱乐营销，爱钱进逐渐与其他互联网金融品牌形成差异化，在同行中迅速崛起，同时成为同行品牌中娱乐营销的活跃者和先锋。

3. 代言人营销/粉丝营销。

说起明星定制手机，其实并不陌生，比如韩庚的"庚 Phone"，崔健的"蓝色骨头"，周杰伦的 uGate U1。但无论是情怀使然，还是霸占互联网入口，明星定制手机的结局都难逃失败的怪圈。从喋喋 phone 的尝试，到 TFphone 的爆红，粉丝营销的关键在于了解粉丝圈的定律，创造可传播的物料，真正了解粉丝所关心话题的同时创造能够让他们兴奋的内容。

OPPO 首次打出"手机人"概念，不仅借势明星人气，更是把"手机人"IP 全方位打造，把粉丝不仅视为消费者，也视为生产者。因此在 TFphone 的传播中，主话题"充电 5 分钟元气 2 小时"阅读量超过 2.7 亿，《我是你的 TFphone》微电影观看量超过 1 亿，粉丝后期自发对活动进行宣传总结。

赞意互动针对 OPPO 代言人的粉丝营销，不仅是让粉丝参与活动，更是通过了解粉丝独特的建构及心理，从而一步步深入打造"手机人"IP 的理念。"手机人"IP 为核心的定制代言模式，既开创了行业先河，也洞开了全新的交易模式，形成了一套可供后期传播应用的粉丝营销方法论。

4. 娱乐平台的品牌宣传。

现在的娱乐平台竞争激烈，不过大部分都是靠 IP 大战，大部分营销预算也是放在内容上。但是久而久之，用户对品牌的忠诚度和黏性是会降低的。所以越来越多的内容平台也希望借助 agency 提升自身平台的品牌力。赞意近期就协助优酷在"90后"年轻群体中做一次大型事件引爆，重新塑造目标消费群体的认知。

为了重塑品牌形象，撩到25岁以下的年轻女性群体，同时也为了抢占暑期先机，推广优酷独播的"六剧一综"，让目标用户看到这些热播剧时就想到优酷，使优酷和剧集产生强关联，赞意为优酷策划了名为"优酷撩一夏"的大型活动。

首先是"优酷 X Itsnothing 联名内裤事件"，赞意选择了与优酷同样具有"撩"精神且目标受众同样是年轻群体的潮牌 Itsnothing 联合发布 3 款内裤，借由超级大 V "衣锦夜行燕公子"发声，引爆话题走势。微博话题阅读量持续升高，同时外围 KOL 自媒人继续扩大声量，微信端累计达 30 万以上，百家行业媒体争相报道，同时行业媒体合作伙伴引发朋友圈礼物刷屏事件。此次营销活动成功将"优酷撩一夏"的概念准确传递给消费者。

随后，优酷推出了"十八撩系列"，即将优酷暑期主推的"六剧一综"的经典片段包装成 18 个场景，融入到"十八撩上河图"中。此次活动既结合了当下以故宫淘宝为首的古风热，又在此基础上加入搞笑创新元素，增加受众的阅读性和探索感。线上通过外围进行扩散，选择"哪种撩技能才是最适合你的"，线下开展粉丝见面会，通过物料多重渠道利用进行二次曝光，扩大传播的曝光与声量。

由上河图延展制作的创意周边"十八撩人扇"也应运而生(见图 13.2)，成为史上最具收藏价值的品牌周边。扇子被打开，优酷暑期热播大剧、热门综艺一览无遗，充满时代感的画风引人入胜，此举产生大量 UGC。

图 13.2

在收尾阶段，优酷针对粉丝侧创造了魔性 H5 "测测你能撩到谁"，通过简单撩人的小测试，成功将杨洋、张瀚、金宇彬等爱豆"撩"到，增加了传播和分享动机，同时再次将"优酷撩一夏"的概念植入消费者的脑海，形成了"撩"和优酷的强关联。

5. 音乐营销。

在品牌宣传上，除了记忆点和传播度俱佳的广告语，近段时间以来，旋律魔性、歌词洗脑的神曲也被列进了宣传推广的阵营。越来越多的品牌开始用具有情感诉求的音乐营销，从方太的《炒包菜》到彩虹合唱团《感觉身体被掏空》等神曲相继被网友热议。

赞意联手美团外卖和岳云鹏打造的魔性大作《新五环之歌》，借势"里约奥运会"，上头洗脑。此次宣传，依然采用了"传播前置于产品"的方法，经和美团产品部门的讨论，推出"五环套餐"产品，在美团外卖 APP 站内重磅上线。岳云鹏携《新五环之歌》

助力"五环套餐",引起广大消费者的关注和讨论,更因为低至三折的促销活动,刺激大批用户下单购买。

在传播内容方面,用现有音乐 IP 进行品牌植入,这种是较为取巧的方式,再用 Rap(说唱、饶舌)的特性结合岳云鹏相声演员的特质进行重新编曲。"我的天哪这么神奇吗"、"你才脑残哪"等诙谐的画外音更增强了整个歌曲的洗脑程度;副歌部分的"啊~五环"是岳云鹏辨识度最高的两句词,稳稳地套牢了岳云鹏的固有粉丝群体。

赞意团队还在原曲基础上,加入了长笛、扬琴等中国民乐元素,增强了整个歌曲的反差感与戏剧性,从而使这支魔性的洗脑神曲最终诞生。而最令人惊喜的应该是其中一句"治疗所有不愉快,洪荒之力难掩盖",因为视频上线几天之后,傅园慧版的"洪荒之力"就火了起来,与"五环套餐"的奥运主题不谋而合。

案例思考题

通过赞意互动的案例,你对娱乐营销的实施策略有怎样的理解?

娱乐营销在实施时主要应用以下几个方面的策略:

1. 锁定策略

锁定策略是指精确定义你所期望的客户群,迎合他们感情上的需要和对成功的期望。例如,中国移动曾在福建举行的"飞越 100 万·动感地带——周杰伦巨星演唱会"上,随着周杰伦的激情演出,全场 3.5 万多歌迷的热情一浪高过一浪,演唱会后,仅厦门每天动感地带的新增用户就比往日增加近两成。

2. 扩展策略

扩展策略是指拓展体验,开发关联产品,给客户创造更多的机会,让他们以购买其他物品的方式来享受你所提供的感情上的联系。电影产业化的成功是这一策略的具体表现,可以看到从《泰坦尼克号》的各种延伸产品,到《侏罗纪公园》的副产品(午餐盒、笔记本、床单、人物玩偶),还有游戏拉线盘等很多东西。体验的拓展需要高度创新的思考,如果电影业能做到,则其他的行业也是可以的。

3. 重复策略

重复策略是指创造一种客户和员工都想重复的体验。例如,《同一首歌》是央视最权威的音乐名牌,以制作独具特色的系列大型演唱会和各类主题、公益演唱会为主,赢得了观众的喜爱和好评。栏目于 2000 年 1 月 27 日创立,四年多来,收视率一直在央视三套节目中处于领先位置,2004 年更是屡创新高。"《同一首歌》走进香港、'为奥运喝彩'"两期节目收视率分别达到 3.14 和 3.13,12 月 31 日 CCTV-3 播出的"《同一首歌》走进广州'新年畅想曲'"收视率更是高达 4.95,刷新了收视纪录。

《同一首歌》在不同城市的举办,创造着观众和演员都想重复的体验——想起当年的情境,忆起当年的情事,体验当年的情怀,获得了一次又一次的成功。

4．升级策略

升级策略是指说服客户在购买了一件物品以后，继续对这件物品投入更多的钱。成功的商业影片都会不断推出续集，而计算机巨头微软公司也是这一策略的典范代表，不断升级的软件让微软成为创造百万富翁最多的企业。

5．更新策略

更新策略就是如果你与客户在感情上建立了联系，他们也将期待体验再次更新。保持神秘感，不断创新是持续成功的关键。

【案例】　云南白药缘定《三生三世》的娱乐营销

案例背景

云南白药作为传统医药老品牌，具备一定知名度。但随着"90后"、"00后"逐渐成为不容忽视的消费主力之一，云南白药必须扭转年轻消费者对于其是传统医药老牌老化的印象，重新激活品牌的活力，让年轻人认为云南白药是一个朝气蓬勃、适合年轻人的品牌。因此，此次云南白药的营销目标，是以云南白药品牌下最王牌的产品云南白药牙膏年轻化营销策略，先撬动年轻消费者对品牌年轻化的认知，从而扩散至全品牌产品线的年轻化认同。

但是，目前各大传统医药品牌都开始重视年轻人市场的抢占，这也造就了非常激烈的竞争环境。云南白药要脱颖而出，抢占年轻人的认知，挑战重重。在这样的环境下，为走进年轻人圈层，云南白药选择与年轻人喜欢的爱奇艺视频合作进行娱乐营销。营销策略是将营销主阵地立足于视频网站爱奇艺，以年轻人汇聚的 IP 大剧《三生三世十里桃花》为切口，借大剧的东风和热度，让年轻人主动走近品牌，并通过网感有趣的创可贴文案广告，融入年轻人的话术语境，主动和年轻人玩大剧。

案例执行

(1) 前期规划：云南白药对场景选择与文案内容进行规划，一方面选取与亲吻有关的场景，与云南白药牙膏相关的"嘴巴"关联发散，且亲吻镜头关注度极高，更容易抢占关注；一方面选择爆点内容，剧情高潮点，保证抓住观众注意力。

(2) 中期执行：爱奇艺、代理、品牌三方共同参与场景选择＋文案发散讨论，在电视直播期间确定文案和场景，保证最新剧集内容在网络更新上线时，创可贴文案广告及时上线。

创可贴文案展示：夜华大战擎苍时，擎苍放狠话，云南白药牙膏代表网友怼回去，巧妙融入卖点。

夜华战死，神族出战复仇，云南白药牙膏纯熟运用网络热词"复仇者联盟""吊打"进行卖点融入，巧妙吐槽等。

(3) 中后期炒作：爱奇艺、云南白药和剧星传媒形成炒作后盾，持续撰文发文炒作。同时，业内也掀起讨论热潮，深度发酵热度。

案例评析

1. 选剧机智覆盖目标群体，实现精准强曝光。

云南白药选择与爱奇艺上年轻群体汇聚的玄幻 IP 巨作《三生三世十里桃花》合作，有效覆盖营销目标的年轻群体；云南白药牙膏与爱奇艺《三生三世》的创可贴合作，PC 端、移动端、TV 端三端达到超过 6.6 亿的曝光量，因为 18～30 岁年轻受众是《三生三世》的主要受众群体，因此创可贴也在精准的年轻群体中获得超强覆盖曝光。

2. 文案网感创新有趣，引发热议。

创可贴广告形式对很多网友而言已经不陌生。但大多数品牌选择较为保守的内容展现，或直接干脆的传达卖点，或文绉绉的抒发情怀。企业想吸引处于信息海洋的受众关注，已经变得越来越难。云南白药与爱奇艺《三生三世》创可贴的合作，其文案另辟蹊径，摈弃品牌自上而下卖点灌输的内容策略，化身段子手，真正进入看剧者的角色，相当于成为与观众一起看剧发弹幕的一员。在最能引发刷屏时刻的情景，云南白药及时弹出文案广告，其文案百变而互联网化，不仅各种网络热词玩得溜，还时常一言不合就飙车，污力十足，大大扭转云南白药的老品牌形象。同时，因为互联网化的语言风格，云南白药牙膏成功从《三生三世》众多广告中跑出，让网友难忘，使网友在弹幕、微博、微信主动为云南白药牙膏点赞，这样巧妙地将卖点融入其中，加深大众印象。

案例思考题

在云南白药与爱奇艺《三生三世》合作制作的创可贴文案，体会互联网化内容时，是如何实现娱乐营销的互动性的？

互联网创新营销与案例篇

第 14 章　移动营销与案例

营销是一种持续升级的艺术。精准地把握顾客的认知、偏好和行为，选择、运用更有效的营销工具，对于营销的成败具有决定性的作用。随着 4G、5G 时代的到来，庞大的手机、平板电脑等移动终端用户所组成的庞大消费群体为移动营销提供了广阔的空间。2015年移动互联网变革与"互联网+"的融合效应，酝酿着无限大的创新空间，成为助推经济发展的又一新动力。各类新型应用呈现爆发式增长，涵盖新闻资讯、生活服务、娱乐社交、金融购物等众多领域。据中国互联网信息中心 2018 年发布的报告显示(见图 14.1)，截至 2018年 6 月，中国手机网民规模达到 7.88 亿人，已成为世界最大的移动营销潜在市场。消费者越来越依赖手机，手机成为人们日常生活中必不可少的一个组成部分。手机即时通讯、手机新闻、手机搜索、手机在线音乐、手机支付等成了主流手机应用。同时，移动营销产业链已经相对成熟，产业链中有广告代理、专业的移动营销公司，相关的各类媒体、应用商店、各种各样的 APP，还有媒体开发服务商、应用优化服务商，包括一些联盟、第三方检测等。本章介绍移动营销的特点，以及 APP 营销和二维码营销这两种主要的移动营销模式。

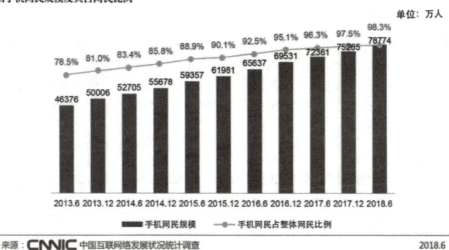

图 14.1

14.1　移动营销的特点

移动营销是指面向移动终端(手机或平板电脑)用户，在移动终端上直接向目标受众定向和精确地传递个性化即时信息，通过与消费者的信息互动达到市场营销目标的行为。移动营销早期被称为手机互动营销或无线营销。移动营销是互联网营销的一部分，它融合了现代网络经济中的"网络营销"和"数据库营销"理论，成为当今各种营销方法中最具潜力的一种。移动营销具有以下几个方面的特点：

1. 实现精准营销

移动营销通过对目标市场的精准细分，利用移动媒体与目标消费者建立"一对一"的营销关系。中国从 2010 年起开始实施手机用户实名登记制度，企业通过手机目标用户信息可以有效地实施精准营销，企业可以随时向客户发送产品推广信息，以及与客户进行短信互动或进行市场调查，同时客户也可以用手机发送短信或手机上网来获取企业的促销或产品等相关信息。企业可以根据通讯运营商数据库分出受众所属的消费群体，移动营销区分出目标受众的消费水平、所属地域等特点后，可以有针对性地向客户展开营销活动。

2. 互动性强，高黏性

移动营销的核心特点是互动性。互动就是信息传播者与目标受众相互吸引并使对方主动参与。在移动营销中，互动侧重于信息传播者所传播的信息对目标受众的吸引。例如，雀巢公司针对旗下花心筒冰激凌，发送对产品赠送的奖券中的积分密码，用户便可参加"赢积分 拍大奖"的短信促销活动。此次活动的设计巧妙、清晰地指明了晋级方式，让参与者感觉大奖就是为其设置的。在这场为期 3 个月的促销活动中，雀巢借用短信网址这个移动营销平台，使花心筒冰激凌席卷全国。该活动运用了移动娱乐式营销，让参与者在对抗中放松对消费的警惕性并持续关注此品牌，增加了消费者黏性。

3. 即时性

现代人对手机的依赖性越来越强，得益于手机先天的随身性及越来越多元化的应用，许多实用有趣的手机应用服务让餐前、午休等大量碎片化时间得以有效利用，从而吸引了越来越多手机用户参与其中；社交网络平台的开放也给手机用户更多个性化选择，基于信任的推荐将帮助企业打造出主动传播的天然 SNS，移动营销就会产生即时效果，有时甚至可能产生病毒性营销。

【案例】 **咪咕影院《你想约谁一起看电影》社会化营销**

案例背景

随着电影市场需求的扩大，各大视频网站及电影类 APP 异军突起，不管是专做影片播放的视频内容性网站，还是用于电影购票的功能性 APP，各家都拥有了一大批资深的用户群体。作为后起之秀的咪咕影院，如何利用自身的产品特色和资源优势在电影市场中抢占忠实用户，如何将自身产品的核心 USP 精准地传达到用户心理，并以此打开品牌知名度，获取忠实用户，是此次营销活动所要解决的首要问题。因此，咪咕影院此次的营销目标有以下几个方面：

(1) 突出产品特色。坚固基础卖点，打造差异化个性产品，为后续产品的推出奠定基础。

(2) 强化独有卖点。重点打造自身特色 USP 传播，营造差异化效果，提升竞争力。

(3) 触发情感共鸣。引发用户主动关注，获取新的目标用户及潜在顾客用户。

★ 营销策略与创意

以微博、微信、知乎、直播平台为传播主体，咪咕影院借助微博热门话题打榜、HTML5 互动页面、创意病毒图片等形式，进行线下口碑植入、线上传播扩散，并利用粉丝效应，引发用户关注与讨论，并自主参与和扩散，全方位覆盖用户群。

(1) 充分利用偶像号召力、粉丝效应引发品牌自传播。

以"偶像约我一起看电影"为主要沟通话题，触发自身粉丝群体关注的同时，粉丝的自主传播引发新的用户群体趋同追逐，使得产品核心卖点得到最大化突出。

(2) 紧贴活跃用户聚集地，搭建沟通平台。

根据中国网民活跃阵地调研，本次沟通渠道确定以新浪微博、微信、知乎、直播平台为主阵地，并选择在北京、上海目标用户群体集中商圈进行线下活动。在微博首页创建微博热门话题榜，微信搭建 HTML5 互动页面，在直播平台搭建活动现场直播房间，并通过知乎等阵地辅助引流，完成泛用户覆盖，并通过系列创意内容成功使咪咕影院进入用户心智。

(3) 情感沟通，深入目标群体心里。

以"约影""观影不孤单"等情感话题进行情感沟通，拉近品牌与用户之间的距离，引发人群情感共鸣，从而获取品牌好感度。

案例执行

整个营销活动的实施分为以下两个阶段：

第一阶段："偶像约我看电影"。时间：2016 年 12 月 20 日—2016 年 12 月 24 日。

① HTML5 发出活动邀约"一封来自异次元的神秘邀请函"。

活动开始前，咪咕影院制作"一封来自异次元的神秘邀请函"H5，以异次元、神秘等字眼吸引粉丝关注，并发出活动预告。

② Coser 线下快闪，迅速聚焦关注。

咪咕影院选择北京、上海两地目标人群集中商圈，邀请知名 Coser(角色扮演者)进行线下 Cosplay(角色扮演)快闪活动。以网友熟知的动漫、电影人物形象作为吸睛点，吸引合照的同时以咪咕影院的名义发出一起观影邀约。

③ 知名网红现场直播，线上线下联动扩散。

线下快闪活动的同时，咪咕影院邀约热门网红主播现场直播，覆盖几大热门直播平台，囊括音乐、动漫、电影界知名网红，同步进行产品植入，使品牌曝光度得到极大提升。

④ 打造新浪微博首页热门话题榜。

咪咕影院借势偶像、看电影等话题，利用粉丝效应，打造微博热门话题"偶像约我看电影"，通过大 V 引爆，并多维度扩散活动现场，带动粉丝对产品卖点的认知和品牌知名度。

第二阶段："你想约谁一起看电影"。时间：2016 年 12 月 25 日—2016 年 12 月 31 日。

① 创意海报沟通，粉丝效应扩大影响力。

咪咕影院创作次元创意海报，以次元偶像口吻阐述产品卖点，将品牌特性完美植入，邀约大号发布的同时引发粉丝自主传播，最大化扩大品牌影响力。

② 线下影院约票观影，产品卖点完美贯彻。

Coser 通过咪咕影院发起约票，配对粉丝一同看电影，通过从线上邀约到线下实现粉丝与偶像共同观影，使咪咕影院"约票"功能深入用户心理。

③ 制造话题引爆点，热门微博首页推荐。

咪咕影院持续打造微博热门话题，以用户角度发起"你想约谁一起看电影"话题，并持续发布生活中的约影小故事，引发共鸣，触动用户主动参与的同时品牌卖点得到最大植入。

④ KOL 集中发声，深度沉淀用户口碑。

咪咕影院邀约电影类微信大号进行创意视频制作，以趣味视频的形式植入品牌卖点，同时邀约二次元界知名微博大 V 一起发声，进一步引爆活动，扩大品牌影响力。

⑤ 知乎社区平台深度发酵，持续扩大品牌影响力。

咪咕影院持续以"你想约谁一起看电影"在知乎发起话题，同时邀约知乎大号助推话题热度，多账号联动发声，持续扩大品牌影响力。

★ 营销效果

(1) 营销行动带来的直接销量转换。

活动传播不到一周，咪咕影院约票发起量激增 300%，APP 下载量远超活动执行前数据。

(2) 营销数据。

活动期间，多平台双管齐下，累计获得品牌曝光量 7279 万人次。

① 微博热门话题：话题#偶像约我看电影#占据微博热门话题第 7 名，话题阅读量 6113.12 万，讨论量 23.8 万人次；话题#你想约谁一起看电影#占据微博热门话题第 4 名，推荐榜第 2 名，并持续上首页热门话题推荐，话题阅读量 5128.16 万，讨论量 11 万人次。

② 线下活动：邀约 Coser 40 人次、主播 20 人次参与线下主题互动；线上直播人群观看 1 038 027 次。

③ Social 大号互动："果子哥哥"创意视频微信约稿，累计获得 28.6 万次阅读量；动漫界微博大 V 互动，累计获得 262 万阅读量。同时带动官方双微平台曝光量高达 48 万次。

④ 其他辅助平台：知乎平台话题持续发酵，引发 96 人参与互动，获得累计 1784 次点赞；今日头条科技类大 V 关注转载视频 11 次，获得累计 22 644 次视频播放量。

14.2 APP 营 销

APP 是英文 Application 应用程序的简称。智能手机中使用的各种工具，如微信、百度地图、美图秀秀等都是 APP。APP 营销就是利用移动端的各种应用程序来进行营销。

APP 营销的特点主要体现在以下几个方面：

(1) 低成本性。相对于电视、报纸来说，APP 成本要低得多。企业只要开发一个适用于本企业的 APP 即可，不过其成本相对于微信公众号来说要高些。

(2) 自主性强。APP 是自己经营及管理，因此这种自主性是微信、微博等第三方平台无法比拟的。

(3) 持续性强。当用户下载 APP 到手机后，该 APP 一般持续性使用就成为必然。

(4) 无时间限制。因为用户一般会随身携带手机，因此，APP 一旦被用户下载到手机上，就意味着是 24 小时跟随其左右。

(5) 互动性强。APP 可以用来与用户进行各种互动，如实时对话、游戏和活动等。

(6) 用户黏性高。如果 APP 的内容或功能能够得到用户的认可，其黏性会比较高。

APP 营销具有以上多个特点，因此进行 APP 营销已成为不少企业社交媒体营销的重要组成部分。企业在进行 APP 营销时应该注意以下几个方面：

1．抓住消费者的内心

企业在做 APP 营销时，第一点就是定位好消费者的心理所需，分析挖掘消费者内在的需求和兴趣点，并能抓住目标人群的某些元素结合，如好奇、分享、健康、感谢等。定位的成败关键在于与产品的贴合度，要既能适合品牌或产品，又能很好满足用户的需求。

2．抓住创意

好的创意决定了好的品质，好的品质可以使消费者和用户接受这款 APP。一般好的 APP 实用性很强，是生活的小助手，使用方便快捷。企业在开发产品时要将 80% 的精力聚焦到产品本身，想出一个产品贴合的好创意来赢得用户的认可。

3．选择适合自己的推广方式

企业做 APP 营销时，千万不要图"免费"，胡乱推广，应该找准自己产品的定位，选出适合自己的推广方式，这样才有利于品牌形象的传播。

【案例】 星巴克中国的 APP 营销

案例背景

星巴克(Starbucks)是美国一家连锁咖啡公司，它从 1971 年西雅图的一间咖啡零售店，发展成为当今国际最著名的咖啡连锁品牌店。星巴克旗下零售产品包括 30 多款全球顶级的咖啡豆、手工制作的浓缩咖啡和多款咖啡冷热饮料、新鲜美味的各式糕点食品以及丰富多样的咖啡机、咖啡杯等商品。星巴克的产品不单是咖啡，咖啡只是一种载体。而正是通过咖啡这种载体，星巴克把一种独特的格调传送给顾客。咖啡的消费很大程度上是一种文化层次上的消费，文化的沟通需要的就是咖啡店所营造的环境文化能够感染顾客，让顾客享受并形成良好的互动体验。

星巴克作为世界领先的特种咖啡零售商，从不做媒体广告，其注重的是顾客与服务员之间的互动，并称之为"口碑营销"。2008 年，发展到一定规模的星巴克遇到了瓶颈，经济形势不佳，竞争对手强大，营销增长呈下降趋势，危机重重。公司决定重新请回霍华德·舒尔茨(Howard Schultz)任 CEO，期盼他能够拯救星巴克。霍华德决意顺从顾客的意思，实施数字化、网络化战略，依靠互联网创造的"第四空间"，走出星巴克发展的新路，即依托互联网，设立 CDO(首席数据官)职位，砸重金于数字网络的发展，进行移动端付费，开展社交网络营销，借此与顾客保持一致的步调。这些调整取得了显著的成绩，星巴克的投资得到了很好的回报，并一跃成为传统企业进行互联网改造的领头羊，保持住了线上、线下持续增长的势头，成为全球最受顾客欢迎的食品公司之一。

在中国，星巴克的"第四空间"通过手机 APP 以及以微博、微信为主的各类社交媒体和消费者连接的平台，坐拥 2000 多万粉丝，在中国的门店数目为 1200 个，并且以每 18 小时新开一间门店的速度迅速扩张。

案例执行

在互联网时代来临之际，星巴克已经做好相关准备并取得了不少成功经验。2009 年以前，星巴克为客户提供短信查询附近门店的服务；根据客户在其网路上社区 My Starbucks Idea 的建议，2009 年 9 月星巴克正式上线了第一个客户端 My Starbucks，使用户能更快捷地查询到附近店铺及菜单饮品信息。此后，星巴克发布了多款 iOS 和 Android 版的应用，其中 2011 年 11 月发布的 Starbucks Cup Magic APP 和 2012 年 6 月发布的 Early Bird APP 属于创意型应用，通过带有乐趣或鼓励的方式进行营销，取得了非常不错的效果。

2012 年 2 月 14 日，"星巴克中国" APP 推出，这标志着星巴克在中国市场正式迈上 APP 营销传播之路。"星巴克中国" APP 为顾客提供更加便捷有效的消费指导和体验服务，手机用户可通过扫描二维码或发送手机短信至指定号码下载 APP。"星巴克中国" APP 如同一个即时分享的社区，囊括了 GPS 定位、绑定星享俱乐部、记录咖啡心情、产品查询和同步社交网络等模块。其包括的主要功能如下：

(1) 查找门店。快速、精确地发现离用户最近的星巴克门店，并指引路线，同时还有签到功能。

(2) 星享俱乐部。用户可随时查看星享卡消费记录、星享等级、星星数量及星享好礼。

(3) 关联星享卡。用户可将新购买的星享卡轻松关联至星享卡账户，即时享用新卡好礼。

(4) 我的虚拟星享卡。在登录 APP 后出示虚拟星享卡二维码即可累积星星，兑换好礼。

(5) 星消息。第一时间获知星巴克最新产品和促销信息。用户解锁星成就、趣味成就徽章等并领取后可马上分享到您的社交平台。

案例评析

移动 APP 应用具有的一些独特优势，如精准性、互动性、超强的用户黏度和可重复性等，使得各种各样的 APP 像赶集一样涌入大众的生活圈，APP 营销迅速发展起来。与传统的引动营销传播相比，APP 营销属于对用户主观行为的利用，即用户可随时随地接收信息；在传播形式上，APP 具有文字、图片、视频等多种表现形式，使得信息表现更加生动真实，创意空间更大；在传播周期上，APP 可以很好地利用用户的碎片时间，有利于企业与用户长期接触。

星巴克的 APP 营销模式不仅推广了品牌，还为更多组织学习 APP 传播提供了榜样。其特点有以下几个方面。

1．个性化和人性化。

"星巴克中国" APP 作为星巴克在互联网界的新成员，把星巴克的产品和服务有效融入其中。星巴克还针对不同的节日和人群推出不同产品，如在儿童节期间推出的 Mini 版的"星冰粽"、为"酷酷小正太"推出的伯爵茶味产品等，都实现了个性化的营销创新。

"星巴克中国" APP 的功能设置充分体现了人性的特点，如"星巴克时刻"和"门店查询"。"星巴克时刻"帮助消费者记录咖啡心情，分享生活。"门店查询"利用 GPS 定位帮助消费者寻找附近的门店。

2．与消费者的互动。

APP 营销互动性强的特点是传统媒体无法比拟的。2012 年夏天，星巴克在中国市场推出"冰摇沁爽"系列饮品。夏季通常是星巴克的淡季，为了配合新品上市，星巴克推出微信官方平台的同时，又推出了被称之为《自然醒》音乐系列。星巴克录制了多种不同的音乐，每种音乐都对应微信上的一种表情。使用者发送任意表情符号，星巴克会即时回复对应的音乐。

借由这项推广，星巴克携手腾讯，于 2012 年 8 月 28 日正式推出星巴克官方微信账号，为广大微信用户和星巴克粉丝创建一种全新的人际互动和交往方式，其营销范围也得到了拓展。截至 10 月 29 日，星巴克在该平台上共拥有 27 万个朋友。据媒体报道，整个活动期间(8 月 28 日至 9 月 30 日)，星巴克微信好友人数达到 12.8 万。微信好友与星巴克分享的情绪超过 23.8 万次。三周内，"冰摇沁爽"的销售额就达到 750 万元。

在 2013 年 10 月，为推广新品早餐，星巴克在 APP 上推出了"早安闹钟"活动。即每天早晨 7:00～9:00，用户在闹钟响后的 1 小时内到达附近的门店购买咖啡饮品，就可半价享受新品早餐。"早安闹钟"以创意的推广方式，给作为白领上班族的顾客带来了独特体验。在活动推出后四周内，"星巴克中国" APP 下载次数超 9 万次，超过 50 万人设置了闹钟。

3．实现多种营销创新。

(1) 新型奖励营销。星巴克利用 APP 进行虚拟物品奖励，在 APP 的"星成就"栏目中，共有 18 个成就，用户完成一定的任务，就能得到相应奖励。用户 1 个月内 13:00～18:00 到店购买 3 次下午茶，就能获得"悠闲咖"成就。

(2) 口碑营销。"星巴克中国" APP 提供了将信息分享到新浪微博、微信朋友圈等功能。使用者可以将"星消息"栏目中的促销信息以及咖啡、食品相关的小知识快捷地分享给自己的粉丝和亲友；"星成就"中获得的成就也可以分享出去。星巴克借力微博、微信等新媒体来进行口碑营销，吸引了更多人目光。

4．促进了星巴克的品牌管理。

在移动互联网时代，星巴克创始人舒尔茨把数字营销和卖咖啡看得一样重要，他主张积极创建第四空间来与顾客保持密切交流。"星巴克时刻"是一个类似微博的应用，其满足了现代人的小资情调，让顾客分享其消费体验。此外，"星享俱乐部"给顾客提供了更深层次的消费体验，使用者可通过 APP 随时查看自己消费和累积星星的情况。与其说"星巴克中国"APP 是一个品牌 APP，倒不如说它是企业与顾客、顾客与顾客之间的一个社交软件。它能实现目标消费者对品牌的深度了解，巩固其在消费者心中的品牌地位，促进品牌忠诚度的形成。

✍ 案例总结

"星巴克中国"APP 的营销传播，充分利用了移动 APP 的特性，其整个过程的关键点是用户(也是其传播对象)。首先，从用户出发，了解用户需要，有针对性地设计 APP 来为之服务；其次，积极与用户互动，建立感情联系，并通过口碑营销做大市场；最后，在此基础上进行创意销售，通过不断创新来适应市场变化，并借助 APP 平台对企业品牌进行有效管理。

案例思考题

1. 试分析目前"星巴克中国"APP 在营销过程中是如何利用 APP 特征的。
2. 请查阅资料，总结目前星巴克以"互联网+"为特征的数字战略主要包含哪些内容？
3. 星巴克充分利用移动互联网的 O2O 所取得的成功，对国内餐饮同行有何启示？

14.3 二维码营销

二维码又称二维条码(2-Dimensional Bar Code)，是用某种特定的几何图形，按一定规律在平面上(二维方向上)分布的黑白相间的图形，是用来记录数据符号信息的。二维码具有存储文字资料、影像资料，且存储量大，信息方便携带，复制成本低廉等特点，因而得到了广泛的应用。二维码营销是指企业利用二维码制作一系列的营销活动，如产品信息、企业活动、企业简介等。具体二维码营销的应用主要表现在以下几个方面。

1．获取用户

通过二维码可以随时随地获取用户资料。如当有人看到企业投放在户外的广告牌，他可以通过二维码迅速与企业建立联系。同时，企业也可以采用二维码延伸推广渠道，获取用户信息，如企业可以申请微信公众平台，传播公众号的二维码，将二维码印在包装盒、名片、广告、宣传单、户外广告上等。

2．内容互动

(1) 实现传统媒体的互动环节，如报纸杂志、相关文章或视频。当用户看了某篇新闻、文章或视频后扫描其后的二维码便可以对它们进行评论。

(2) 实现企业内容的互动，如企业在说明书包装盒上印上二维码。当用户扫描二维码后，就会看到图文并茂且自动有趣的文字和图片，甚至视频，还有关于产品的特色、文化、背景、产品的原理、功能功效等信息，丰富了内容的表现形式，更有利于用户的理解。

3．活动促销

二维码可以延伸活动的范围，增强活动的互动性并增加活动的效果，如参与抽奖、获取优惠券等。另外，二维码还可以实现线上、线下相互带动。如在做促销活动或发放优惠券时，可以引导用户将活动优惠券转发到其微博或微信朋友圈中，这样又带动了企业宣传的二次营销。

4．互动广告

二维码能让广告变得有声有色、活灵活现。例如，企业可以在杂志、报纸、广告牌等广告上面加入二维码，用户用完广告后，如果想了解更多的信息或享受更多的服务，直接扫二维码就可以跳转到企业的网站或者是手机网站，甚至可以直接出现详细的图文并茂的介绍，包括文字、图片、视频、动画等。

5．防伪溯源

二维码还可以实现防伪及监控的作用。通过二维码可以在低成本的情况下记录企业生产、仓储物流等环节的相关过程，让客户看到一个十分健全、放心的产品。这样不但方便客户查询防伪信息，方便顾客购买，而且也增强了企业的质量监控。

6．会员管理

与二维码结合，用户通过"扫一扫"可以方便快捷地成为会员，同时用户成为会员后可以通过手机查询积分、下载二维码优惠券参与促销活动。企业甚至可以利用二维码，针对会员提供个性化的 VIP 服务。

7．数据分析

二维码有利于企业快速地收集顾客的数据，如偏好、反馈意见、使用体验等信息。对营销过程中的渠道效果、消费偏好、时间分布、客户满意度等方面，企业就可以进行精准营销，挖掘更多的商业机会。

8．移动电商

通过二维码企业可以实现真正的移动电商。如二维码可以实现"扫一扫"付款，可以在任何可以印上二维码的地方设点销售。如韩国零售巨人特易购公司在地铁站里推出了"移动超级市场"。

【 案例 】　**维达二维码智能营销**

．．

案例背景

维达，一家在生活用纸上占据领导地位，同时在个人护理上拥有全球领先品牌及产品的卫生用品公司，年产值 200 亿。从 2017 年 4 月开始维达和米多进行会员营销合作，主要是看重米多系统的会员 CRM 系统。经过半年多的系统运营，当前来说会员的深度运营在整个生活类行业首屈一指。此次的营销目标是：客户关系管理，粉丝运营，社群营销，提升销量，粉丝留存并转化。

★ 营销策略与创意

维达开始使用米多系统时只是单纯地对会员进行运营管理，比如小游戏、积分秒杀等活动，后期企业意识到会员会有流失，新的会员从哪来。

维达利用会员卡招募，通过"分享9个好友填写会员卡"活动，快速获取了3万真实有手机号码的会员粉丝。维达利用手机号码可以深度与会员进行短信互动。

每个月28日的会员日企业给所有会员提供了一份饕餮盛宴。在当天，会员用少量积分即可秒杀超值礼品。当天积分商城的流量超过30万。

米多大数据引擎凭借独创的"全场景赋码"理念和"标识赋能"技术，为品牌与消费者之间搭建了最有效的沟通桥梁。维达品牌运用米多大数据引擎系统给每一个商品赋上一个数字身份的"智能营销二维码"——米多码。用户扫码实现了防伪、溯源、抽红包等诉求的同时，品牌商也完成了消费数据的收集。之后，维达打通CRM、ERP等系统，使企业拥有"用户ID、产品ID、标志ID"三位一体的"活数据"。

案例执行

维达通过全平台流量共享，针对京东、天猫、唯品会等电商平台的产品主要以箱为包装单位，对箱进行赋码改造，一箱一码。消费者在电商平台购物，通过扫码获得红包的同时，关注了企业微信公众号，由此将所有电商平台的用户全部积累到自己的公众平台中。在电商平台有活动时，企业再将公众号粉丝流量引到电商平台中，真正意义上做到整个平台流量的集中管理和共享。

★ 营销效果

(1) 工厂的箱子赋码改造已经完成，每日可完成10万以上的箱子喷码工作量。

(2) 企业当前累计生码量已达8000万，日均扫总量超过5万。

(3) 企业公众号粉丝已累积100万以上。

第15章　创意营销与案例

15.1　创意营销的特点

创意营销是通过营销策划人员，思考、总结、执行一套完整的借力发挥的营销方案。创意营销主要有以下两个方面的特点：

(1) 投入少、效果快。

创意营销可以借助多种媒体，例如：传统媒体、网络媒体、口碑宣传等。尤其是公众免费的口碑宣传，企业可以得到一分投入，十分收获的效果，不仅会带来销售额急剧上升，而且市场往往会突飞猛进的发展，让企业利润倍增。

(2) 提升企业品牌的知名度。

创意营销，就是用创意内容吸引公众的注意力，让客户了解企业，并通过公众的口碑宣传，扩大产品的知名度、影响力，进而提高产品的市场占有率。

【案例】　吉列"湿剃门"创意营销

案例背景

吉列在手动剃须刀市场上的领导地位可以说是无可置疑的，其销量主要来自老顾客的重复消费和产品的换代。由于吉列对市场的绝对占有率和强大的品牌影响力，而目前的电动剃须刀市场已呈现多元化发展，众多国内品牌与国际大品牌为争夺有限的市场竞争日渐激烈，所以，吉列要以新的角度和成熟的姿态抢先占据新的市场。

根据多方面的调查研究，吉列的竞争对手有飞利浦、飞科等。目前市场推广的关键正是给用户一个选择吉列或转化为吉列用户的契机，这是一个较大的挑战。

一直以来，吉列在中国不断规划营销策略，找明星代言人，投放广告，试图说服广大中国男性消费者关注和尝试手动剃须产品。但是，这些方式无法吸引已转向干剃的消费者。

★ 营销目标与洞察

关注男性消费者热衷关注的话题，借助有效的信息传达方式，整合线上、线下的销售，以此提高吉列的市场份额。通过广告扩大受众对产品的认识，告诉受众"剃须也可以由亲密的伴侣帮忙"等各种不同的剃法，在中国市场推广手动剃须产品。

★ 营销策略与创意

在广告正式发布前，通过高圆圆"湿剃门"的性感视频在社交网络上引起讨论，创造热门话题，获得大量的关注并形成热度。随后，吉利正式发布广告视频，形成持续的热议话题。

🎓 案例执行

2012 年，在这个广告出炉前，吉列早已在其他活动中做了铺垫。在"Sexy Shave"主题活动中，苍井空(Aoi sola)在新浪微博发布"剃须"照片。

以"曝光私拍视频"为题，吉列发布铺垫视频。2013 年 11 月 5 日，新浪娱乐官方微博发布了一段高圆圆的私密视频，该视频疑似是由一神秘男子持手机拍摄的。在视频中，高圆圆与神秘男子亲密互动，一边娇嗔"别拍了"，一边在掌心揉搓剃须泡沫，男子则将剃须泡沫抹在她的鼻尖，引起了网友的热议。

2013 年 11 月 7 日，高圆圆澄清"湿剃门"视频只是为吉列拍摄的广告。2013 年 11 月 10 日，吉列正式高调地发布高圆圆完整版视频。

转发"男人性感时刻集结令"有奖活动，新浪微博系统将随机选出一位网友获得奖品，引发社交网络持续发酵。另外，@吉列或者@你的 TA，说出男人的性感时刻，受众将有机会拿到性感解密达人奖。受众还可以晒出最性感时刻的剃须照，便有机会获得定制礼盒等。

★ 营销效果与评价

活动的影响人数达到 1.97 亿。吉列官方发布的"男人性感时刻集结令"引起 22 635 条转发，仅互动就达到 20 万次。此次项目对销量产生了直接的刺激：锋隐超顺是吉列的高端产品，尽管单品售价近百元，但受到这场"性感"风潮的影响，产品上市 3 天便断货，吉列的月销售量也创下历史新高。

对吉列来说，这是一个具有革命性意义的改变，它的传播语言被推翻重塑。按照金熙的总结，语言变化主要表现在 3 个方面：以前是讲用户自己的感受，现在是讲使用者周边人的感受；以前是讲剃须，现在是讲吸引女性；以前是传达干净与舒适，现在是传达性感的信息。

🖋 案例评析

1. 恰当的话题切入点。

"剃须"并不是一个人们乐于讨论的话题。吉列的此次创意，将"剃须"与"性感"联系起来，变成大家津津乐道的话题。以广告来增加受众对产品的认识，告诉人们"剃须也可以由亲密的伴侣帮忙"等不同的方式。

2. 利用代言人的反差成功"炒作"。

高圆圆一直是"气质女神"，视频的突然出现引起了巨大的反差，受众的注意力不禁被广告吸引。此次传播选择具有话题性的代言人，通过在社交网站上发布性感视频，引起网友的热议和讨论，促进了品牌与受众之间的互动及媒体的主动关注和报道。

案例思考题

针对此案例中的创意"将'剃须'与'性感'联系起来",你是如何理解其营销内涵的?

15.2 创意营销的实施

创意营销在实施过程中需要注意以下几个方面的问题:

(1) 创意营销需要实施者有极强的执行力和团队精神。

创意营销与其他营销模式的最大不同在于,它将统一的创意理念贯穿于产品的研发、生产、推介和销售等各个环节,避免了传统模式中生产与营销脱节的弊病。但也正因为如此,创意营销需要管理者有极强的创意能力和指挥协调能力;同时,也需要实施者有极强的执行力和团队精神。媒体的经营者不但要精心策划有明显效益的营销项目,而且在项目实施过程中要加强协调、指导和督促,项目操作人员则必须团结协作、扎实工作,才能确保创意营销项目的顺利实施。

(2) 创意营销的核心是要体现产品内容和形式上的独创性。

创意营销的核心切入点是产品,要通过对产品内容和形式的创意策划,提高产品对用户的吸引力。一些媒体创意营销做得比较成功的经验是"以需求为导向,以问题为导向",通过调研发掘用户的需求,然后在创意策划的基础上充分整合自身优势资源,形成丰富扎实、特色突出的核心内容,并在内容呈现形式上精心设计、巧妙包装,使产品在内容和形式上都具有独家、独创、独到的创意元素和价值元素,能够最大限度地满足用户的多层次需求,让用户真正觉得物有所值,甚至物超所值。

(3) 创意营销目的是扩大产品的知名度,进而提高产品的市场占有率。

创意营销的最终落脚点是市场,要通过销售渠道、销售手段、销售策略等的创新,最大限度地扩大产品的知名度、影响力,进而提高产品的市场占有率。一些媒体为此进行了不懈探索,譬如通过举办各种公益活动吸引媒体注意力,开展互动性强的社区活动来吸引受众参与,在各种媒体终端同时进行全方位推介等,既充盈着职业精神的气息,也闪烁着创意策划的光彩。

【案例】 蒙牛大眼萌香蕉牛奶饮品的创意营销

案例背景

1999 年蒙牛乳业(集团)股份有限公司(以下简称蒙牛)在内蒙古成立,发展至今拥有液态奶、酸奶、冰淇淋、奶品、奶酪五大系列 400 多个品项。蒙牛产品以其优良的品质覆盖国内市场，并出口到美国、加拿大、蒙古、东南亚及港澳等多个国家和地区。

面对竞争激烈的乳品市场(包括进口品牌和国产品牌在内，市场上已经有很多品牌的香蕉奶)，如何在产品同质化严重，品牌定位差距不大的情况下，在"90后"这群很难沟通的目标受众中，迅速建立大眼萌品牌与其他竞品的差异化并为其认同和热爱的品牌，是蒙牛此次营销面对的最大挑战。

2014年初，蒙牛与环球影片公司达成战略合作，将即将上市的新品"香蕉牛奶饮品"与电影《神偷奶爸2》中的卡通形象"小黄人"进行结合，并建立了属于品牌本身的名称"大眼萌"，并于1月29日发布《马年拜年神曲》。同年4月，蒙牛通过互动通富媒体广告平台，生动展现了小黄人的呆萌与可爱，将"卖萌至上"主义宣扬得淋漓尽致，同时也帮助香蕉奶这款新宠饮品，在中国时尚年轻群体中得到了更广泛的推广。蒙牛大眼萌香蕉牛奶针对"90后"族群的兴趣爱好，构建了一个产品独有的社交生态系统，即使用微信端作为主平台，发起一系列有趣好玩的活动；与啪啪(有声图片社交APP)合作，让"90后"玩起来；免费试吃，提高品牌认知度；选择合适的平台进行广告投放。这种创新的营销方式，让蒙牛大眼萌香蕉牛奶在上市前3个月的时间里获得了超过4.6亿的总曝光量。

品牌诉求：大眼萌带领年轻消费群体掀起搞怪风潮和"不许不快乐"的生活态度。

目标消费者：目标受众主要为14～25岁之间的年轻人，他们大胆、个性、喜欢卡通，热爱搞怪。

★ 营销策略与创意

核心创意洞察：通过CCS的调研数据发现，"90后"对于媒介广告的接触和接受度非常低，他们喜欢的品牌活动，是要有趣、好玩，可以让他们一起玩起来的。同时，他们是以自我为中心的一个群体，是爱自己、爱表达、爱秀、爱自拍的一群人。"90后"虽然已经长大，但是心里依然住着一个孩子，时常在社交平台上卖萌、秀可爱。

创意核心：深受"90后"喜爱的大眼萌香蕉牛奶的代言人小黄人向"90后"发出一起玩转香蕉奶的邀请：萌出没，不许不快乐！通过卖萌互动，让"90后"消费者成为品牌的自媒体，与大眼萌一起卖萌。

★ 媒体策略

《神偷奶爸2》院线热度不减之时，网络惊现《马年拜年神曲》，在时间上配合了《神偷奶爸2》的上映时间，借助了电影的热潮，深得受众青睐。利用微信营销不仅成本低、性价比高，投放目标用户精准、到达率高且互动性强。重要的是，微信目前有6亿多用户，以年轻群体居多，企业使用微信营销可接触大量年轻群体，提高参与度。与啪啪进行深度合作，将广告有效推送至目标受众，借此提升品牌曝光，扩大蒙牛大眼萌香蕉牛奶对时尚年轻群体的影响力。

🎓 案例执行

1. 打造《马年拜年神曲》视频传播。

蒙牛大眼萌香蕉牛奶与美国环球影业达成合作。经过对小黄人的"中国化"，蒙牛团队独立打造的《马年拜年神曲》横空出世。《马年拜年神曲》传播时间高度吻合了电影的上映和中国马年春节黄金周假期，将借势营销发挥得淋漓尽致。视频一经推出便在粉丝群和朋友圈里面疯转，获得超过 3000 万次用户的主动观看。

2．建立官方微信服务账号。

建立官方微信服务账号，用户关注官方微信即可参与抽奖。

每月推送 3 条信息，并举行一次互动活动。

春节贺卡：选择大眼萌拜年模板—传照片—生成大眼萌拜年贺卡—分享到朋友圈。

情人节照片：选择大眼萌模板—上传照片—生成大眼萌情侣卡片—分享到朋友圈。

该公众账号的自定义菜单共分为"我来搞怪"、"搞怪小黄人"、"搞怪联萌" 3 个版区。其中"我来搞怪"细分为"搞怪行动"和"中奖名单"。点击"搞怪行动"，粉丝可以直接参与其微信互动活动。"搞怪小黄人"版区中的"萌搞"，供粉丝查看小黄人主题高清壁纸，粉丝根据移动设备的屏幕分辨率及自身喜好选择壁纸并下载。现在可供选择的分辨率有四种，基本满足了市面主流手机及平板电脑的需求。"搞怪斗秀场"则收录了粉丝根据小黄人制作的各种搞怪作品，包含动图、照片等，为粉丝互相交流提供了平台。而"搞怪联萌"中的"萌饮"主要为粉丝介绍大眼萌香蕉快乐牛奶饮品的具体信息。"萌购"则为粉丝提供了直接购买香蕉牛奶的通道，将购买变得更加快捷。

3．携手啪啪推出"萌系"互动营销。

大眼萌香蕉快乐牛奶携手国内首款图片语音社交应用啪啪，共同推出了全国首创的"萌系"互动营销。会说话的萌表情率先上线，便凭借独特的创意成为时下年轻人的拍照卖萌"伴侣"，让大眼萌的"90 后"粉丝们能够有声又有型的四处卖萌。声音可以传达用户独有的个性。啪啪创始人许朝军认为："声音比文字更富含情绪，人与人之间能互相感染并传达情绪，这样的交流让社区的氛围更加立体，更加生动。"如今国内手机用户运用各种语音APP 发送信息，早已成为日常社交生活中不可或缺的重要部分。与国外相比，中国语音社交市场的发展潜力与市场规模明显更胜一筹。正是看准这一极具潜力的潮流风向，大眼萌香蕉牛奶在首发的"萌出没，不许不快乐"行动中，独家推出了"会说话的萌表情"，为"语音社交"开启全新的形式。

4．借助女性类、时尚类网站投放广告。

大眼萌香蕉牛奶在女性类、休闲类、时尚类的网站投放广告，将广告有效推送至目标受众，借此提升品牌曝光，扩大蒙牛香蕉牛奶对时尚年轻群体的影响力。

5．天猫试吃活动。

蒙牛创新推出的"大眼萌香蕉牛奶"，登录天猫"百万免费试吃"活动。在"网购虫"群体中沸腾起来，吸引了大批的"吃货"浩浩荡荡前来。活动上线第一天申请人数就超过26 万人，在短短 3 天时间获得 50 余万人饮用。"大眼萌香蕉牛奶"这一上市渠道的创新取得了明显的效果。据统计，因人气超高，大眼萌香蕉牛奶不但荣登食品频道"百万免费试吃"活动首页的第一钻石展位，还连续 3 天在天猫、淘宝、手机淘宝、来往四大平台的首页黄金广告位华丽亮相，实现了超过 5 亿人次的曝光，同时带动了蒙牛旗舰店大眼萌香蕉牛奶的订购量。

★ 营销效果

(1) 销量提升。大眼萌香蕉牛奶上市创蒙牛新品上市单月销量最高，已成为该香蕉奶品类中的销量前三名。

(2) 传播效果好。共引发 9.2 万名爱表现的"90 后"创作了 23 万的"萌表情"卖萌作品，而他们在移动端社交平台上，平均每个人影响 207 人。移动端总计扩散影响 1900 万人次。跨平台扩散影响 4.68 亿人次。在新浪微博热门话题小时排行榜排名第 10 名。

(3) 蒙牛大眼萌香蕉牛奶以小黄人搞怪内容营销荣获了"2014 年度最佳内容营销案例奖"。

(4) 曝光度高。从 2014 年 4 月 21 日投放起共 32 天，共产生曝光量高达 15 642 321，点击率为 1.96%，受众参与度较高，投放效果较好，有效地将"可爱卖萌"与"不许不快乐"的品牌精神推广至受众。

(5) 消费者反馈口碑好。通过定向调研了解到，消费者能明确地说出大眼萌香蕉牛奶与竞品的区别。消费者在选择其他品牌时，更多的是从口味、甜度、浓度上去进行比较，但是他们选择大眼萌香蕉牛奶的理由除了好的口味，更因为他们通过代言人，通过参与营销活动感受到大眼萌品牌更有趣、更个性，让他们感受到快乐和独特。

案例评析

蒙牛此次营销活动以推广蒙牛大眼萌香蕉牛奶为主要诉求，结合视频、微信互动、自拍等，展现了蒙牛大眼萌香蕉牛奶的可爱与呆萌，拉近了与目标受众之间的距离，更加突出了其年轻搞怪、时尚可爱的产品风格，加强了"小黄人""大眼萌"人物形象的品牌印象。网站广告投放方面，选择目标受众聚集的网站，在天猫这一电商平台上，通过免费试吃，更是找到了与消费者之间最佳的契合点。

整体以黄色为主色调，配以"小黄人触电"、"小黄人跳舞"等活泼搞怪的动作与表情，"小黄人"围着香蕉牛奶的各种卖萌与放电，成功俘获了众多"萌粉"的心。在给大家带来欢乐的同时，宣扬了"卖萌至上"主义，使得大眼萌小黄人人气爆棚，更引发了年轻"萌粉"们对大眼萌香蕉牛奶的好奇与期待。

蒙牛总裁孙伊萍指出，2014 年蒙牛的一个关键词就是"颠覆性创新"，即通过产品、营销和模式上的创新，推动企业改革进程。业内人士表示，此次蒙牛大眼萌香蕉牛奶成功上市，除了"小黄人"本身的号召力，接地气的产品理念和创新营销方式也是重要的原因。

案例思考题

查找蒙牛公司相关的资料，谈谈你是如何理解蒙牛在产品、营销和模式上的"颠覆性创新"的。

第16章 视频营销与案例

　　视频营销是指主要基于视频网站为核心的网络平台，以内容为核心、以创意为导向，利用精细策划的视频内容实现产品营销与品牌传播目的的营销活动。作为新型的多媒体广告营销形式，网络视频营销有着鲜明的特点。它是"视频"和"互联网"的结合，具备二者的优点。视频营销既具有电视短片的优点，如感染力强、形式内容多样、创意新颖等，又有互联网营销的优势如互动性、主动传播性、传播速度快、成本低廉等；既有由专业团队制作的精美"微电影"，如益达口香糖的视频广告，又有中小企业的独立制作、小型外包甚至众包形式。

　　视频营销的成败取决于视频的制作和传播的力度。目前网络视频营销主要有 4 种模式：视频贴片广告、视频病毒营销、UGC 模式和视频互动模式。

【案例】 京东视频创新营销：听老罗语录送坚果 Pro

案例背景

　　2017 年 5 月 9 日，锤子科技举行了 2017 春季新品发布会。经过 203 天的认真打磨，万众瞩目的新品坚果 Pro 发布，这一天，是锤子科技历史性的一天，也是锤子科技一年中关注度(曝光上亿)最高的一天，这款新机和以往新品一样选择京东作为首发平台。

　　营销目标：锤子科技新品发布会是锤子一年中关注度爆点的时刻，也是全国各地大量锤友集聚的时刻。京东作为战略合作伙伴和独家首发平台， 如何借助发布会的爆点时刻吸引用户聚焦京东直播观看锤子新品发布会，并引导用户第一时间上京东购买新品成为整合传播的核心。

★ 营销策略与创意

　　每一位用户看完发布会直播，都渴望第一时间拿到新品，京东直播平台可满足用户看完即刻下单的核心诉求。

　　为吸引用户上京东直播观看发布会，京东打破常规直播玩法，创新独特互动玩法，打造了"上京东直播，听老罗爆经典语录(口令)，每爆一个经典语录送一台坚果 Pro"的直播活动。此场直播可给用户带来未知的惊喜，吸引粉丝关注，最终吸引购买。京东最终仅用了 20 台坚果 Pro 作为直播奖品，让坚果 Pro 成功斩获京东手机当日单品销量第一的成绩。

　　创意核心将老罗历年发布会的经典语录作为此场直播的"经典语录"并把语录制作成"快闪＋鬼

畜"形式的创意视频，视频随即在各大社交媒体上进行引爆。

视频第一部分将历年发布会语录经典场景进行鬼畜化剪辑；第二部分通过快闪形式传递。新品发布会中，老罗每说一句口令(经典语录)，即送直播用户一部手机；视频一发出迅速被全国各大锤友疯狂转发，在发布会前引发大量网友传播及关注。

同时，从视频出发，延伸出"经典语录"发布会倒计时海报、"经典语录"直播引流二维码等一系列创意，为京东直播发布会蓄力。

案例执行

第一阶段：京东直播经典语录(口令)预热快闪视频上线。

新颖快闪字幕＋老罗鬼畜发布会视频全网范围扩散，吸引用户聚焦京东直播锤子新品发布会。视频借助京东(@京东手机通信双微)和锤子科技 (@罗永浩、@锤子科技、@坚果手机……)两大传播矩阵共同传播。

视频还引发科技自媒体@性感玉米、@工大掠影等的自发传播。

视频登陆 A 站(AcFun 弹幕视频网)、B 站(bilibili，哔哩哔哩)、秒拍、优酷、腾讯视频等视频网站及京东直播页面。

第二阶段：经典语录(口令)倒计时海报上线(京东直播前期)。

通过延伸视频，将口令制作成立体感十足的创意倒计时海报，为直播活动持续造势。

第三阶段：知名人物新品虚拟测评海报上线。

@二逼瓦西里、@潘采夫、@阿乙、@东东枪、@李诞、@蒋方舟、@叶三等众多名人新机虚拟测评海报陆续上线，以意见领袖为新品代言虚拟评测，引发网友对新机的无限猜想，从而吸引大家上京东直播平台观看发布会。

第四阶段：电獭少女直播海报上线。

为增加京东直播发布会的丰富性，让用户持续关注京东直播，京东直播联合台湾人气3C 评测团队@電獭少女 AotterGirls 吸引目标受众。

第五阶段：创意二维码引流直播海报上线。

以经典语录(口令)创意二维码海报。在发布会当天，通过京东矩阵、锤子科技传播集中吸引大量目标受众扫码观看京东直播，听老罗爆口令，边看发布会边拿手机，看完即刻购买下单。

第六阶段：京东直播锤子科技新品发布会。

在线观看人数最终高达 519 万，点赞超过 450 万次，打破除"618"、"双十一"大型直播活动以外观看人数的最高纪录。

★ 营销效果

(1) 前期效果。

视频上线三天内，快闪老罗爆口令视频全网点击播放量超 2 亿次。

口令倒计时海报及口令二维码直播海报微博转发互动总量突破 5 万，微信阅读总量破 10 万。

全国各大锤友会中引发广泛关注和转发，扩大了坚果 Pro 首发影响力与知名度。

(2) 后期效果。

听老罗发布会现场爆经典语录送坚果 Pro 京东直播活动：

20 台坚果 Pro 奖品，配以全新独特的老罗经典语录这支视频，引发全国各大锤友会疯狂转发，为直播发布会带来了 519 万的观众。

点赞量直接突破 450 万次，打破京东直播科技新品发布会观看人数最高纪录。

直播发布会进行中，用户在京东直播中可边观看边下单，也因此坚果 Pro 成功斩获京东手机当日单品销量第一的成绩。

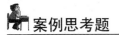

案例思考题

从此案例策划、执行中，谈谈你对创意营销的体会。

- - - - - - - - - - - - - - - - - ●

16.1　视频贴片广告

视频贴片广告指的是在视频片头、片尾或插片播放的广告，以及背景广告等。作为最早的网络视频营销方式，贴片广告可以算是电视广告的延伸，其背后的运营逻辑依然是媒介的二次售卖原理。贴片广告是电视营销模式的翻版，显然不能符合用户至上的精神，很容易被网友轻松跳过。

【案例】　**青岛纯生的视频营销**

案例背景

青岛啤酒是中国最早推出纯生的啤酒品牌之一，并一直保持纯生领域销量第一，是青岛啤酒众产品中最重要的产品之一。以"鲜"字为产品特质的青岛纯生，将"鲜活人生"作为一直秉持的品牌理念。但在推广上，"鲜活人生"的口号却难以令消费者理解。同时，在纯生品类中，产品或多或少都在传播"鲜"的概念。所以，此次营销活动力求用榜样故事作为内容素材演绎"鲜活人生"概念，提高消费者对青岛纯生的品牌忠诚度。

在啤酒的消费者群体中，35 岁以上的群体对品牌的偏好和倾向已经固定。争取 18～35 岁的年轻人，让他们对青岛纯生"就要鲜活人生"的品牌理念产生认同，从而建立对品牌的偏好度是青岛啤酒此次营销的首要目标。然而，当下的年轻人接触的媒体更加多元化、更有主见。青岛啤酒"鲜活"的理念较为抽象，只靠传统的 TVC(电视广告影片)无法将"鲜活"的概念传递出来，也很难产生共鸣。

因此，如何全面增加"鲜活人生"的生命力，让消费者尤其是年轻消费者对青岛纯生的"鲜活人生"有更完整而生动的认知，是本次传播所面临的最大挑战。

★ 营销策划

1. 营销目标

(1) 传达青岛纯生"鲜活、阳光、年轻、时尚"的品牌内涵，激发更多年轻人的情感共鸣，让其感受、认可青岛纯生的"鲜活"理念。

(2) 提升产品销量。

2. 目标受众分析

目标受众：以 18～35 岁年轻人为主；

特征：居住在一、二线城市；受教育程度较高；收入中上；时尚活泼，在意生活品位。

通过分析，我们发现，现在的年轻人越来越个性化、情感化；他们不仅重视产品的功能利益，更重视消费过程中所获得的心理需要和情趣偏好的特定体验；而且音乐、运动、探险是最易让年轻人肾上腺素飙升的三大要素。

因此，我们决定此次营销的主题创意：以影像的魅力，以真故事之名，发起年轻"就要鲜活人生"的全民行动！通过"讲故事"的形式向潜在消费者开展活动，即用时下最流行的视频形式来讲他们喜欢听的故事。

3. 媒体策略

以视频网站为主，以电视户外媒体为辅传达"鲜活人生"的生活态度。

策划团队认为，在生活态度的大众化传播上，最生动有效的方式是以视频为内容传播，用电视、户外媒体扩大传播范围，在社交媒体上发酵话题，形成全民参与的氛围。

广告以诠释"青岛纯生，鲜活人生"为主要诉求，通过视频演绎对鲜活人生不同维度的理解，通过纪录片、访谈、微电影、线下活动等多种形式，呈现不同层次鲜活人生的真实故事。同时团队对目标对象进行定位分析，采取了定频道、定剧目、定频次的媒介策略，以保证广告投放的精准度。

因此，此次营销活动是以优酷作为主传播阵地，从切入年轻男性情绪点的影像故事入手，力邀明星、平凡人讲述自己的精彩人生，诠释"鲜活"。从记录、表达，到讨论、行动、参与，完整的内容矩阵全方位覆盖网民，创造了惊人的传播力，感染了亿万网民。影像串起了有血有肉的"鲜活人生"，将品牌理念上升为了一场"就要鲜活人生"的全民大行动。

案例执行

通过对以往营销活动结果的分析，活动主办团队发现"鲜活人生"的定义非常明确：对事物倾注热情、专注和坚持。这种用心追逐不畏结果的过程，就是隐藏在大家心中的鲜活人生。为了准确解释鲜活人生的定义，主办方决定实实在在地挖掘真实的榜样故事，形成视觉素材，打造一个完整的内容矩阵，准确地阐述并传达这种人生态度，从而提高目标对象的品牌忠诚度。

1. 拍摄访谈节目，还原鲜活人物。

以优酷王牌纪实、访谈节目《季录》和《新编辑部》为主平台，寻找了 20 余位涵盖各行各业的鲜活人物，从普通的小人物到社会公众、明星等，进行访谈拍摄，以媒体视角切中社会脉搏，还原人物故事，诠释鲜活人生。

　　企业共推出 6 期系列纪录片《季录》，发掘小人物真实的鲜活故事；推出 4 集访谈节目《新编辑部》，邀请陶喆、吴晓波等 3 位跨界明星，讲述各自人生的精彩鲜活。其中 1 场主题夜话，由罗振宇、黄西、袁腾飞等 4 大名嘴 PK(比赛)，共话人生鲜活能量。

　　与以往在节目中植入品牌不同的是，这两档优酷节目，在活动期间根据青岛纯生的鲜活人生观念，全面定制式拍摄了节目内容。由活动主办方指定鲜活人物，节目聚焦"鲜活人生"主题诠释鲜活人生，引起观者共鸣，达到传播目的。

　　1. 拍摄微电影，覆盖年轻目标消费者。

　　为了加强与年轻消费者的沟通，主办方聚焦三组年轻偶像的真实故事，呈现三支鲜活人生系列微电影，用"运动""音乐""激情"别样解读"鲜活"。

　　(1)《夜光篮球》，邀请花式篮球第一人韩炜进行拍摄，另类演绎夜光下的运动。

　　(2)《天台音乐会》，邀请颇受关注的英伦摇滚乐队逃跑计划参演，号召大家冲破格子间的束缚，抬头看天跟随音乐的激情鲜活人生。

　　(3)《即刻派对》，选择即刻派对创始人、潮牌创始人季明，区别于夜店的狂欢，引导年轻人做自己派对的主角，不做别人派对的配角。

　　微电影旨在覆盖年轻消费群体，所以选择了三组年轻偶像。在微电影中会强调内容与青岛啤酒的联系，不断露出品牌，加强青岛纯生与鲜活人生的联想。

　　3. 线上多方位推广，发起更互动的鲜活活动。

　　主办方在线上开展全方位的社会推广活动。首先，在优酷搭建专属互动平台，发起"秀出你的鲜活人生"网友互动活动，号召网友一起秀出自己的鲜活态度，将"鲜活人生"上升为一场全民运动。其次，优酷的官方营销微信"视频营销探索"及"麦迪逊邦"等业内知名营销账号联合推广。再次，利用视频周边内容在社交平台引起话题讨论。在社交话题发散上，数十个人物和故事是快速传播的最佳素材。明星访谈、独家趣味爆料，拍摄现场微直播三个环节逐步放送，吸引眼球。讲故事背后的人文、音乐等生活方式理念，以专题形式发布在社交平台上，阐释鲜活人生内核。在传播过程中不断从内容出发，利用话题本身以及明星、意见领袖的力量，不断抛出鲜活人生的话题点，吸引消费者的关注，继而引发心理的共鸣。

　　为了提高营销获得的转化率，主办方打通了视频平台与电商平台。从内容直接拉动销量，在专题页内设置固定 banner 位，实现电商平台导流。

　　4. 线下以电视、户外媒体和主题活动扩大传播范围。

　　在线下媒体方面，主办方将 3 支微电影同品牌 TVC 结合，形成 3 支 15～60 秒全新故事片，在湖南、江苏等多个卫视高峰时段，以及北京、上海多个一、二线城市户外大屏上滚动播出，扩大传播范围，提高活动影响力。同时，在线下举办青岛纯生阳光季"激情燃烧夜"主题酒会，邀请韩炜现场表演，青岛啤酒 CBA 啦啦队火辣助阵，将青岛纯生"阳光季"推向高潮。

★ 营销效果

　　此次营销活动收到良好的广告效果，视频内容得到大范围的传播。活动进行 3 个月，青岛纯生"阳光季" 6 期系列纪录片《季录》、4 集访谈节目《新编辑部》、3 支行动微电影等，总播放量高达

3860 万。具体数据显示：在视频播放量方面，3 部微电影共计 1668 万次，9 部《季录》共计 1780.5 万次，3 部《新编辑部》共计 421 万次，1 部《主题夜话》共计 100.3 万次。广告曝光率达 17.6 亿次，点击量达 747 万次，转化率为 1.43%。

在销量上，根据青岛啤酒销售统计反馈，青岛啤酒在 2014 年上半年较之前取得了两位数的销量增长。活动期间青岛纯生啤酒销量增长率为 15%，高出行业 8% 的平均水平。

案例评析

1. 一反传统的渠道角色安排，以视频网站平台为主要阵地传播活动内容。

在传播渠道上，一改传统营销模式中以电视平台作为 TVC 播出平台的角色，以视频网站平台为整体项目的主阵地，与线下的电视户外媒体紧密结合起来，凭借内容和整体实力向社会大范围扩散，尽量覆盖到更多的人群。

2. 搭建完整内容矩阵，多视角阐述鲜活人生，引发消费者心理共鸣。

在原有的纪录片，除拍客活动和品牌微电影外，新加入了人物专访、高峰论坛、主题策划，搭建完整内容矩阵，全面诠释品牌理念，将品牌理念准确传达给目标消费者。

在传播过程中不断从内容出发，利用话题本身以及明星、意见领袖的力量，不断抛出鲜活人生的话题点，吸引消费者关注，继而引发心理的共鸣。

在视角上更是不仅仅局限于以往单独的明星效应，从明星、意见领袖到小人物全方位覆盖，多角度讲述鲜活人生，同时拉近了品牌与目标消费群体的距离，为全民参与活动提供了可能性。

16.2 视频病毒营销

视频病毒营销是另一种重要的网络视频营销模式。借助好的视频广告，企业的营销活动可以实现无成本地在互联网上广泛传播。视频病毒营销的发生原理可以概括成"内容及媒介"。好的视频能够不依赖需要购买的媒介渠道，以无法阻挡的魅力引无数网友转发分享，像病毒一样迅速扩散蔓延。如何找到合适品牌诉求的"病毒"是企业和营销人需要重点思考的问题，最好的办法是在进行视频创意时，尽量使广告更加"可口化"、"可乐化"、软性化，这样才能更好地吸引消费者眼球。

16.3 UGC 模式

UGC 即是用户产生内容。简而言之，这种模式就是调动民间力量参与视频的积极性，主动产生作品。最简单的形式就是以征文的形式征集与企业相关的视频作品。据艾瑞咨询调查的数据显示，美国营销者使用 UGC 作为网络营销的手段比例最高，达到 57.8%。UGC 模式超越了普通的单向度浏览模式，让用户与品牌高度互动，将品牌传递方式提升到用户参与创造的高度，增加了品牌黏性，深化了广告效果。

很多企业都采取过 UGC 模式。例如，ViTrue 推出"品牌视频社区"的广告类型，为品牌建立广告社区，鼓励用户为自己喜欢的品牌制作视频广告。Holotof 则推出"广告倒卖"网络平台，用户可以提交推销自己的创意，而客户可以从中选用最好的创意。

但是 UGC 这种网络视频还有其他潜在的"风险"。希望借力网络视频的公司必须放弃一些对言论的控制，而且必须为观众可能发出的回应做好准备。

16.4 视频互动模式

视频互动模式类似于早期的 FLASH 动画游戏。借助技术，企业可以让视频短片里的主角与网友真正互动起来。用鼠标或者键盘就能控制视频内容，这种好玩有趣的方式，往往能让一个简单的创意取得巨大的传播效果。随着手机、无线网络的加入，这种互动模式还在继续开发中。

【案例】 汉堡王＋直播视频互动营销

✍ 案例背景

品牌传播背景：春节来临之际，汉堡王新年推出"菇大 LUCK"主题新品系列上市。

行业环境：新年是中国最重视的传统节日，因此春节期间是各大品牌的营销重镇。在餐饮行业具体表现为新年主题消费的盛行，各家餐饮都会应季推出新年主题产品。对消费者来说，尤其是"90 后"消费主力军，一方面新年主题消费的选择非常多；另一方面，对新品尝试的冲动，往往是到了线下门店看到店内宣传物料才被触发。

挑战：汉堡王新年新品如何利用有限的预算和资源杀出重围，在众多新年主题消费中脱颖而出，短时间内提高声量、扩大知名度，并提升销量？

营销目标：

(1) 传递新年"菇大 LUCK"品牌信息，打造话题"你吃过比脸还大的蘑菇吗？"，强化新品特色的记忆点。

(2) 邀请高人气美食达人探店直播试吃，激发"90 后"用户对汉堡王新年新品的兴趣，吸引新客、积累口碑。

(3) 发放海量优惠券，通过线上发券的方式为线下引流，形成交易闭环，拉升过年期间销量。

★ 营销策略与创意

2016 年是网红元年，时下"90 后"、"95 后"对自己喜爱的网红关注度已超过对明星的关注，因为网红更接地气，能与其实时互动，且网红对自己擅长的领域更有话语权。我们结合年轻人的消费心理，邀请了美食达人"小烤鸡"探店直播亲手制作汉堡，并制订了"直播营销三步曲"：

第一步：利用双平台优势，合力曝光"大菇堡"。

大众点评作为聚集吃货最多的 O2O 平台，与最火的吃饭直播平台(拥有专门的吃秀频道)——美拍，强强联手，打造了一场"全民吃货拍"的系列主题活动，让观众边吃边看边领奖。

点评基于大数据对用户画像进行分析，按点评特有人群包，挖掘类似"经常有搜索快餐、咖啡等白领人群，喜欢点外卖"等行为偏好的人群，向其推送"全民吃货拍"专题页，使之在观看汉堡王达人直播视频的同时可以领取优惠券，实现精准营销。

美拍为此特意开通了"全民吃货拍"频道，以及吃货专属滤镜，为活动提供了充分的平台资源与技术支持。

第二步：网红直播试吃，网友热情互动。

美食达人通过摄像头 360°展示店里的环境、氛围，使观众看了一目了然，仿佛身临其境，并且将厨房后台食材拿到镜头前，让餐厅厨房更加透明。

达人通过语音聊天与粉丝互动，解释食材的特点、烹饪工艺等，并且现场按网友要求为粉丝们制作爱心汉堡，增强品牌感知度的同时增加趣味性与互动性。直播中通过评论截图发福利，激发网友的互动热情，甚至有粉丝赶来现场与网红见面，共同进餐，将网红人气转化为客流量。

第三步：线下活动配合，刺激到店消费。

汉堡王作为全球连锁著名商户，以餐饮商户的 KOL 身份引领这场吃货盛宴。同时在直播中插入了线下"大菇换大堡"的游戏环节，在北京、上海两地指定商圈的整点时段，消费者凭大菇车上的大菇到店可以换取大姑堡一份。此次活动增加了现场趣味性，扩大了传播力度，使"大姑堡"形象深入人心。

美食达人在直播时还告知粉丝，提醒网友们上大众点评搜索"汉堡王"，即可领取优惠券，更直接地刺激网友们前往门店消费体验，强化消费者的感官冲击，帮助商户提升春节期间销量。

🎓案例执行

1. 预热期：引起关注，形成认知。

(1) 汉堡王官方双微。

汉堡王作为餐饮界的 KOL，本身拥有百万粉丝。通过官方微信、微博宣传预热直播活动，以及"大菇换大堡"的营销事件，汉堡王让网友们对大菇堡形成认知，引起了网友的热烈关注与讨论。

(2) 本地官方微信大号助推。

因为"大菇换大堡"活动地域属性强，所以更适合地域生活类大号推广。企业通过预热直播活动，为真爱粉提供现场与网红亲密接触的机会。

(3) 网红美拍账号、QQ 粉丝群预告。

美拍美食达人香喷喷的小烤鸡拥有 212 万粉丝，以及 6 个 1000 人 QQ 粉丝群。网红通过美拍账号、粉丝群宣传本次直播活动，效果更精准高效。汉堡王还为网红制作了专属宣传海报，吸引猎奇粉丝关注。

(4) 美拍直播日程表、吃秀 Banner 预热。

美拍在特定日期设置了专属开屏页，并且为全民吃货拍做了专属商户日程表，提前一天通知预告。网友可以提前预约，增加收视率，定制吃秀 banner 直达网红主页，可以看到美拍前期发的具体预告内容，增强粉丝活动感知。

2. 在线期：网红直播，粉丝互动。

(1) 点评："全民吃货拍"专题活动上线。

首页预告、直播，共 7 小时的黄金直通资源位，以"你吃过比脸还大的蘑菇吗？"为直播主题，结合产品特点，强化产品特性，吸引网友关注。另外，在活动期内，按照排期给予专题 H5 在点评不同位置的优质资源位，如为你优选、品质推荐、美食 Banner、开屏、微信红包皮肤、营销型 PUSH、品质优惠、商户促销页面等，部分按照千人千面的规则给予展示，获得超高曝光。

(2) 美拍："全民吃货拍"频道专区上线。

美拍在达人直播期间，将主播直播间推荐至直播栏目第四格，帮助获得超高流量入口。并在封面右上角打上"全民吃货拍"专属标签，统一 VI(Visual Identity，企业 VI 视觉设计)后吸引更多用户关注。同时借势网红已有声量，除了线上与粉丝热情互动，更是吸引忠实粉丝来到汉堡王门店现场，与提前准备的大姑堡表情 KV 板(Key Vision BTW，主视觉海报)道具合影，并由粉丝扩散至社交网络，对美食达人来汉堡王直播做汉堡事件形成二次传播。

3. 盛典期：引流到店，销量转化。

汉堡王在美拍发布了小视频话题#大牛排菇大幸运#，上传了此次汉堡王"大菇换大堡"的宣传视频，引起了网友们的大量关注与热情讨论。并通过鼓励用户领取点评优惠券后到线下消费，与大菇堡合影并上传至社交网络，将大菇堡营造出汉堡界网红的概念。汉堡王建立了品牌与网友们的密切联系，让品牌信息成功渗透进入用户的社交圈，引发病毒式传播。

★ 营销效果

点评和美拍联手打造的"全民吃货拍"系列活动，激发了"90 后"、"95 后"网友的强烈参与感，通过对"比脸还大的蘑菇"形象的塑造，加深产品认知，提升了汉堡王品牌的知名度和好感度。

(1) 引起关注，形成认知。

汉堡王：官方微信、微博，以及 KOL 对美拍达人小烤鸡直播"你吃过比脸还大的蘑菇吗？"主题活动造势宣传，共收获 30 万以上的阅读量，两千以上的点赞量及评论量。

(2) 网红直播，粉丝互动。

美拍："全民吃货拍"活动平台总曝光量达 9000 万，"你吃过比脸还大的蘑菇吗？"主题直播观看数达 6.6 万以上，点赞数：48.6 万以上，互动数：2.2 万以上。话题小视频#大牛排菇大幸运#PV 达到 8000，视频总播放数达 13 万。

(3) 引流到店，销量转化。

点评："全民吃货拍"活动平台总曝光量达 6700 万，H5 专题页收获了超 24 万的曝光关注。汉堡王在点评上的品牌搜索量相比平时增长 35%，累计发放 3 万多张优惠券，近千人前往店面兑换、购买大姑堡。

案例思考题

1. 你如何理解此案例中的"直播营销三步曲"的作用?
2. 汉堡王是如何实现线上发券为线下引流形成交易闭环,提升销量的?

第 17 章 节假日营销与案例

　　节假日营销是非常时期的营销活动，是有别于常规性营销的特殊活动，它往往呈现出集中性、突发性、反常性和规模性的特点。具体来说，节假日营销是指在特定的时间段里，利用传统或流行文化对消费者情感的独特影响，综合运用广告、公关路演、终端促销等多种手段，进行品牌或产品的热点营销。

　　我国目前的节假日共计 117 天(包括公休日)，基本上占到了一年的三分之一。对于消费类产品而言，节假日对拉动销量无疑效果是明显的。节假日营销的兴起与节假日经济的出现有着密不可分的关系。节假日经济已成为社会经济的一大亮点，对扩大内需、刺激消费起到了无可比拟的拉动作用。要想利用节假日使企业的品牌形象和产品销售增值，就需要做好节假日营销活动。

【案例】 哈根达斯《黑科技赏月神器·情黏中秋》

案例背景

　　当代青年群体对传统节日重视程度低。数据显示，65.6%的青年群体表示对传统节日逐渐冷淡，59.8%的受访者认为传统节日气氛变淡。26～35 岁阶段的年轻人，正处于进入社会打拼、成家立业的关键时期，生活、工作压力骤增，过节热情相对冷淡。

　　中秋节是月饼品牌必争之时。哈根达斯作为月饼市场的新晋品牌，如何让爱创新、重氛围的年轻人重燃对传统节日的情感，点亮中秋节？因此，哈根达斯此次的营销目标是：① 建立与年轻人的深度沟通，加深品牌理念；② 借势节点营销，带动天猫店铺的销量增长。

★ 营销策略与创意

　　核心创意：哈根达斯选择天猫超品日作为营造氛围的主阵地，以年轻人喜欢的黑科技创意产品＋全方位体验营销，让年轻人重新情黏中秋。

　　主题口号：情黏中秋·黏情时刻。

　　执行策略：主题海报＋北京明月盛典发布会＋人气女神张天爱分享黏情时刻＋上海麻糬月饼体验馆＋黑科技赏月神器＋KOL 集体直播造势＋450 家门店同步宣传。

案例执行

1．预热期：情感氛围，营造黏情共鸣。

哈根达斯围绕亲情、爱情、友情 3 个主题展开，打造 3 大黏情主题海报，用故事和场景引发消费者共鸣。

8 月 8 日，北京明月盛典发布会，"90 后"人气女神张天爱，现场分享黏情时刻，并为哈根达斯天猫超品日站场，倾情推荐天猫定制月饼，触发粉丝效应。

网络转载媒体超 120 家，阅读次数 2000 万以上，直播在线人数超过 80 万，网络视频播放量 350 万以上。

2．体验期：体验氛围，体验黏情时刻。

8 月 18 日，麻糬屋月饼体验馆落地上海时尚地标滨江大道，用时尚的体验氛围重新燃起中秋情感，让消费者在互动中升温情谊，在体验中向传统节日回归。

线上、线下全线媒体铺开，哈根达斯营造全方位的节日氛围。上海虹桥火车枢纽站、苏州地铁站、理财周刊、OTV(线上电视台)、网络广告及周小晨、上海潮生活等多名 KOL 参与线下活动并在社交平台联合发声，优酷、爱奇艺、腾讯、网易、搜狐等 200 多家媒体覆盖，总曝光达 1.1 亿人次。

3．爆发期：产品氛围，抢购赏月礼盒。

9 月 7 日超品日当天，哈根达斯神秘赏月礼盒旗舰店震撼开售，并获天猫平台顶级资源支持。

十位超人气淘宝主播 14 小时联合直播，大流量曝光为店铺和产品引流，深入展示，增加消费者对品牌和产品的认知。

天猫旗舰店与哈根达斯 450 家线下门店营造新零售的购物场景，联通线上、线下互为引流。

★ 营销效果

哈根达斯超品日基于对节庆与传统文化的洞察，以娱乐氛围开展营销活动，打造一场传统节日情感与黑科技创新的黏情碰撞，成功唤醒年轻人对传统节日的心智！

活动可量化结果：活动当天全店销售额是哈根达斯 2016 年"双十一"的 170%；新增粉丝数量是店铺 2017 上半年累积粉丝数量的 2.6 倍；月光宝盒月饼冰淇淋，单品当天销售破 2016 超品日全店销售总金额，领跑中秋月饼类目。

17.1　节假日营销策略

节假日营销有以下几方面策略：

(1) 节假日营销必须有针对性，分清主次，重点解决终端通路。

通过对零售商和消费者这两个终端的非常刺激，形成一条直线以拉动整个销售面的铺开。零售商业包括超市、仓储、百货、商厦、大卖场、电子城，针对终端的营销活动，主要目标就是要通过一系列活动来提高零售商的产品库存、增加上柜率和取得销售点的优越化、生动化，有效配合厂家节日推广活动。

(2) 针对消费者行为的有效分析，做出营销决策。

针对消费者的营销活动，就要分析消费者对产品的倾向程度，节日消费行为对促销办法的接受程度，对相似竞争性的产品、价格、渠道的市场态度，最终决定是通过推出新产品增加新消费者，还是通过促销手段加固现有消费者，或是通过 4P 手段吸引竞争性品牌的使用者？

(3) 节假日营销活动必须有量化的指标，才能达到计划、考核、控制的目的。

量化的指标通常有销售额、市场占有率、毛利率、对比日期、增长率、重复购买率、促销广告的到达率等。

(4) 选择营销沟通工具的选择很重要。

节日期间，市场竞争激烈，市场需求强烈，使得节假日营销活动不仅要求企业自身迅速推出适销对路的产品，制定吸引人的价格，使目标顾客易于取得所需的产品，而且还要求企业在节日期间加强或重塑其在市场上的全新形象，设计并传播新颖、独特的外观、特色、购买条件和产品，给目标消费者带来利益诱惑等方面的信息。此外，企业根据不同消费者的文化背景、收入、所处地域文化，进行沟通与促销活动，并借助这些工具或活动把这些信息在特殊时期(节日)、特殊地点充分披露展示，以形成超常的规模消费。这些营销沟通工具包括广告销售促进、宣传人员推销的组合和优化。

比如，为巩固成熟产品的市场，节日营销中可采用送小面值赠券、连环大抽奖等方式；为推出新产品，采用降价、免费试用、买一送一、邮寄产品名录、报价单等方式；同时还可以制造公关事件，利用某一新闻促销事件，渲染张扬产品或企业，如献爱心回馈社会活动、体育赞助或明星促销等。当然一些主题广告宣传，从色彩、标题到方案、活动等均能突出节日氛围，营造节日商机。

【案例】 唯品会 "419" 全球特卖狂欢节

案例背景

网购市场泛滥的"促销造节"，让消费者早已产生审美疲劳，而大多用户还没有形成在"419"这个特定日期消费狂欢的习惯。唯品会需要通过事件或互动活动使"唯品会 419 特卖"成为经典的电商品牌日，刺激消费。此次唯品会的营销目标：联合今日头条打造"419全球特卖狂欢节"作为唯品会品牌爆款活动，使用"爆款策略"和受众进行一次精准沟通，拉动上半年淡季销售的增长。

★ 营销策略与创意

策略一：通过爆款明星引爆关注。

策划"周杰伦快递事件"，连续发布原生新闻快速聚焦人气；同时推出创意视频互动，瞬间引爆 4000 万以上的关注；大促日联动明星创作视频开屏，创新玩法引发女性用户好奇，点击率高达 11%。

策略二：爆款商品实现精准转化。

(1) 今日头条首启 DPA(动态广告)电商程序化投放系统，对接唯品会超过 600 万个商品库，打通全链路数据，从阅读兴趣、广告兴趣，到唯品会站内历史记录，将唯品会 19 个品牌馆、8 大品类商品，混剪个性化创意视频，精准对接潜在受众，实现了从用户兴趣锁定，创意差异化定向，落地页个性化展示的千人千面技术投放。最终实现超 3 亿的曝光量，1300 万商品视频播放，以及获得超过 500 万的用户俘获。

(2) 定向头条海量时尚类、娱乐类优质 KOL 内容，拦截用户阅读路径，进行个性化内容推送和口碑营造，实现导购转化，获得 5 亿以上的曝光总量及 100 万以上的用户点击量。

案例执行

1."天王送快递"事件。

"419"期间，"周杰伦送快递"事件以新闻资讯的方式自然呈现。用户点击资讯，就能看见天王身穿唯品会标志性快递服，奔走在送快递途中的各种图片、影像和文字报道：粉丝与偶像周杰伦互动时的幸福感透过手机屏幕传递给头条用户。通过投放，实现近 2 亿曝光，近千万人的实时关注，声量迅速扩散，让唯品会"419"成为热议话题。

除此之外，视频开屏(点击率高达 11%)、唯品会"419"品牌搜索专区，使今日头条给唯品会"419"的导流效果更直接。而在内容上，绑定当下热点《人民的名义》和头条号 KOL 多角度、全方位的解读及集中推广，也进一步提升事件影响力。

2. 千人千面实现精准投放。

"用户想买什么，广告就给他推什么"，这正是今日头条最为擅长之处。作为以大数据算法为基础的个性化资讯推荐引擎，今日头条为每个人建立起个人兴趣模型，实现信息的精准分发。

唯品会拥有千万种商品。在"419"特卖期间，根据用户的不同兴趣，唯品会将不同的商品信息推荐给不同的用户。例如，将居家产品推荐给关注装修的人，将美妆产品推荐给关注时尚的用户等。投放期间，唯品会采用多创意标签信息流的广告形式，素材最高点击率高出常规 800%，累计推送给 3 亿带有不同标签的购买人群，真正实现千人千面、千人千品的精准投放(见图 17.1)。

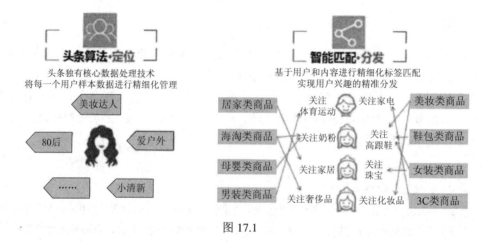

图 17.1

3．兴趣人群全覆盖，打造体验营销模式。

基于对目标人群的洞察，唯品会将目标用户标签定位为关注"娱乐＋时尚"的人群。在两周的推广期间内，唯品会包断娱乐类、时尚类头条号的文章详情页广告，对目标用户进行集中式全覆盖，拦截用户阅读路径，实现导购促销曝光超过 5 亿。强势曝光的同时，唯品会也讲究"软性攻略"，攻心为上，在文章内直接插入商品链接，让用户从阅读场景无缝进入购买场景，体验更自然，转化效果好。

★ 营销效果与反馈

"419"当天网站获得 11 亿次的曝光，1358 万用户参与，获客成本降低 50%，购买转化提升 200%；活动期间，用户页面停留时间增长一倍；留存及复购高达半个月以上；

用户对唯品会"419"关注度提升 36%，为唯品会带来了行业和用户的双重口碑。

国内电商品牌竞争已进入白热化阶段，单纯价格战已无法足够吸引消费者，内容个性差异化将更凸显电商品牌优势。"唯品会 419 特卖狂欢节"是今日头条首次为电商品牌日打造内容营销，以大曝光和精准化内容投放并举，注重提升效果转化，为今后的电商行业开辟了新的营销之路。

17.2　节假日营销实施要点

节假日营销的实施要点如下：

1．明确目标

节日营销的主要目标是通过一系列活动来提高零售商的产品库存、增加上柜率，以及取得售点的优越化、生动化。

由于过年送礼是中国人的习俗，所以一些产品可以推出礼品装。与此同时，一些节日里消费较大的日用品也适合在节日促销。过年时，消费者喜欢大量采购储备年货，对于这些日用消费品的促销设计，除了迎合喜庆的节日文化氛围，还应该考虑到消费者喜欢经济实惠的消费心理，设计的活动切不可只注重出彩，更应该考虑实实在在。

2．突出促销主题

促销活动要给消费者耳目一新的感觉，就必须有个好的促销主题。因此，节日的促销主题设计有几个基本要求：一要有冲击力，让消费者看后记忆深刻；二要有吸引力，让消费者产生兴趣，例如很多厂家用悬念主题吸引消费者探究的心理；三要主题词简短易记。比如，酒店在春节期间要做好年夜饭生意，就必须以"合家欢"、"全家福"为促销主题，有针对性地开展服务项目。

3．关注促销形式

促销包括现场秀、买赠、折扣、积分、抽奖等方式。尽管在促销方式上大同小异，但细节的创新还有较大的创意空间。例如，一家保健品企业设计的"新年赢大奖，谢谢也有礼"的活动，就进行了促销形式的组合。该企业进行了两种形式的组合，共设置 5 个奖项，分别是冰箱、微波炉、自行车、保温杯和"谢谢"，同时还制定了一个规则，即消费者凭借刮刮卡的 4 个"谢谢"可以换一盒小包装的产品。这样就在设计大奖的同时，把买四赠一设计进来了。

4. 把产品卖点节日化

如何根据不同节日情况、节日消费心理行为、节日市场的现实需求和每种产品的特色，研发推广适合节日期间消费者休闲、应酬、交际的新产品，这是顺利打开节日市场通路，迅速抢占节日广阔市场的根本所在。

产品节日化的实现，要注重产品的休闲化、主题化、营养化 3 个基点，所有节日营销活动都要围绕产品的"三化"展开。创新包装，产品"三分养七分装"。包装要"酷、炫"，别具一格，要从千篇一律的金黄红紫的节日装中跳出来，使其好看又实用时尚。如山东景芝集团推出的"小酒虎"，其包装既是一件艺术品，又是件别致的酒具。

5. 促销方案要科学

搞好节日促销，要事先准备充分，把各种因素考虑周到。尤其是促销终端人员，必须经过培训指导，否则会引起消费者不满，活动效果将会大打折扣。节日促销至少要做好以下三件事：销售促进媒介的选择、销售促进时机的选择、销售促进目标对象的选择。

6. 对促销活动的设计

尽量不要和强势厂家正面对抗，尤其是不要和强势对手打价格战，应该独辟蹊径，突出自己的优势和卖点。虽然不少人在春节期间愿意出去走走看看，吃吃玩玩，购物消费，但还有更多的人愿意在家里度假。如何让这部分人在家里也掏钱消费，为假日经济的繁荣作贡献，是当前面临的新课题。在家里花钱，比较时髦的方式莫过于发展信息消费。例如，可在家通过网络、有线台等渠道点播经典影片、地方戏剧等，也可在家里进行网上订购商品或礼品，通过商家送货上门。

【案例】 京东：打造史上最牛的店庆

案例背景

这几年，阿里巴巴旗下的天猫商城每逢"双十一"进行自己的购物节活动，而"双十一"的销量年年让其他电商跌破眼镜。在 2013 年的"双十一"活动中，阿里巴巴最终以 350 亿的销售量结束。互联网购物的战争也由"双十一"的活动进行展开，各大电商网站也开始策划自己的购物节。2014 年京东"618"活动正值京东 11 周年店庆，加上京东前不久刚在资本市场赢了个满钵。因此，京东通过"618"店庆造势，扩大销售量，已成为必然的结果。

目标消费者：电商消费者。

媒体策略：京东移动端、微信、手机 QQ 等三大移动端发力，并结合线下活动扩大宣传力度。

🎓 案例执行

线上活动1：发放10亿线上红包。

京东在5月底陆续在微信、手机QQ和京东客户端上推出价值10亿元的"京东红包"，单个红包价值最高达618元。首先，京东手机QQ购物入口上线，通过网上小游戏的方式发放，以充满互动趣味性的"种子成长"游戏为用户送上超值惊喜。派送的红包分成8元、18元、188元礼包组合共三类。用户可以通过"抢种子"、"邀请好友浇水"获得。只要京东用户邀请到10位好友为自己的"种子"浇水，就能获得188元的礼包组合。

京东与微信的合作，以抢红包的形式进行，微信用户找到京东的公众号，点击关注即可进入京东微信软件的主界面，点击"手慢无"，选择"抢红包"，进入刮奖区就可以刮奖了。此外，微信用户还可以获得群红包，发给群里的好友。10亿元的"京东红包"大大促进了消费者的购买力。

线上活动2：发放全民福利16亿元的优惠券。

京东直接发放的满减优惠券，加上各大品牌优惠券、店铺优惠券、名表优惠券，京东打出了16亿福利大赠送的口号。

用户点击绘制"京东范儿"，再点击了解自己京东的购物史后，在会员优惠券中即可得到全品类的减免券。

线上活动3：压轴重戏——老刘专场。

京东"618"活动压轴戏非6月17日—20日的"老刘专场"莫属，尽管不论国美的32天巅峰对决还是天猫苏宁的年中大促都是针对这一期间围攻的，但是不可否认，"618"这几天还是京东的主战场。京东"618"活动的路线是从部分品类到全品类，不断烘托出"618"当天的气氛。而之前不断送出部分优惠券，产品曝光等，在"老刘专场"全品类促销中，继续通过送券，加入新要素(京东白条专场、各类不定期秒杀等)来吸引用户继续败金。

"老刘专场"主推京东白条、大家电、数码IT、手机通讯四大分会场，还有另外6个分会场，分别是：手机通讯、清凉一夏(空调)、小家电、服饰鞋靴、家居家装、畅销图书、团购啦。每个楼层的基本结构都有两个导流位置，但是许多楼层可直接跳转至一个分会场，除了手机通讯、清凉一夏、服饰鞋靴、团购有两个不同分会场。

线上活动4：送白条。

京东于2014年2月15日推出的白条，刚推出时仅有少量人群有体验的机会(当时主要依赖京大数据，包括消费记录、配送信息、退换货信息、购物评价等进行风险评估)。那什么是京东白条呢？它的主要内容是消费者在京东购物可申请最高1.5万元的个人贷款支付，并在3~24个月内分期付款。而在此次京东"618"店庆之际，京东仅要求消费者将信息、信用卡、手机验证完成后即可获得白条体验的机会。

京东白条在一定程度上推动网友在京东的购物额增长了30%，客观上推动了京东商城的业务。

线下活动：明星趴。

明星趴主要是指京东在"618"期间每天将安排一位人气明星为幸运用户送货，用户可以提前在京东网上投票给希望看到的明星。

例如，6 月 6 日，李维嘉被选定为嘉宾，为爱国者代言。因此京东从 6 月 6 日选购爱国者的订单中选择 2 位用户(每天为 1～3 位不定)，由李维嘉作为当日的京东省心大使，为选中的用户送出千元礼品。

为了增大见到明星的机会，用户会下很多订单。但是京东活动限定每位用户的第一单才有抽奖机会。同时，京东为了给其他商品导流，在选定的明星身上贴了二维码链接，喜欢这个明星的用户就是这些商品的潜在用户。

✎ 案例评析

1. 活动与巴西世界杯关联。

京东"618"店庆正值四年一度的世界杯，此次京东"618"世界杯主会场分 9 层楼，分别是世界杯群英汇(球服)、干杯世界杯(啤酒饮料)、舌尖世界杯(零食)、观战美食团(甜点，给陪同看球的"她"准备的)、畅饮世界杯(有的"她"不喝酒)、健康总动员(保健品)、我的世界杯(相关店铺的运动装备)、高精观战团(电视盒)、战报极速达(手机)。

除此之外，还有 4 个关于世界杯的分会场：桑巴风情(足球装备、书，主要和巴西相关)、青岛原浆(酒)、本地生活(各种食品、小吃)和网银钱包(即京东金融中的足球竞猜)。主会场的每层楼之间还有一些相关或不相关的活动。

足球竞猜的活动大致分为 4 个活动形式：猜 16 强是哪些队伍，猜对分享 100 万奖金，竞猜时间为 5 月 21 日—6 月 12 日；猜小组赛比分，每场小组赛的比分分别是多少，猜对一场得 10 万奖金，竞猜时间为 6 月 12 日—6 月 27 日；竞猜淘汰赛比分，每场淘汰赛比分为多少，猜对一场得 20 万奖金，时间为 6 月 27 日—7 月 23 日；决赛猜比分，有 100 万奖金可拿。

2. 电视上投放广告，吸引注意力。

京东 2014 年"618"创作了 5 个视频并投放到网上，突出"618"这个店庆的日子。5 个视频联系不同的 5 个故事，生动有趣。内容分别联系到唐朝成立于公元 618 年、俯卧撑 618 个，雾霾 PM2.5 为 618，还钱还了 618 元，药费 618 元，一遍又一遍强调 618 这个数字，增加观看者的记忆。电视投放的力度要远远小于移动端和网站，但是也在一定程度上扩大了影响力和注意力。

3. 跨屏整合：网站、手机移动端 APP、微信、QQ 等营销。

随着智能手机的普及，越来越多的支付方式采用移动端。"618"主打三大阵地——京东客户端、微信端、手机 QQ。京东客户端首单减 5 元，领红包消费；微信端的主要促销方案是爆品引流；手机 QQ 端，京东在其二级入口位于"QQ 钱包"之下。同时，2014 年京东商城将 10 亿红包分发微信、手机 QQ 等在手机移动端的 APP 上，在一定程度上扩宽了渠道，使得销售额有了一定的增加。

4. 采用 LBS 技术，基于位置主动推送。

京东 O2O 从根本上革新了传统零售门店的经营形态。通过京东平台上便利店的官网，消费者可借助 LBS 定位，在其旗下所有门店中找寻最近的店面购物。在"618"当天，当用户位于线下大卖场 5 千米以内时，京东会及时推送京东十周年店庆促销的消息。大约辐射 8000 个网店，主动拦截其他卖场信息，改变消费者消费行为。

当然，京东的 LBS 借助的是其物流配送系统的优势。在国内 300 多个城市，京东都有物流和配送的服务，每个城市有若干个配送站，在仓库之间或配送站之间，有上千个货物或订单调配，同时在最后 1 公里，由京东配送员配送。这是一个实时、庞大的系统，京东正是拥有并管理着这样一个庞大系统的庞大后台。所以"618"当天京东通过 LBS 系统对消费者进行定位，并推送相关的信息给消费者，就可以轻易操作并实施了。

5. 关键词搜索，为消费者提供消费信息。

关键词营销是目前最为流行和有效的网络营销模式。基于关键词的网络营销模式有搜索引擎营销、付费搜索或赞助商搜索。

在这个以兴趣为导向的新媒体时代，大型网站在搜索引擎检索的结果中是否排名第一并不重要，但搜索引擎对于产品推广是很重要的。因为随着时间的推移，大型电子商务网站知名度非常高，因此网址推广对大型电子商务网站已经不重要，但对于网站上数以百万计的商品，搜索引擎的作用还是比较有效的；但是根本不可能让众多商品都出现在自然搜索结果靠前的位置。

因此，关键词购买显得尤其重要，在一定程度上可以影响消费者的消费行为，将行为转化为消费。在京东店庆期间，假如在百度搜索引擎中搜索 iPhone5，该页面便会跳出京东商城 iPhone5 的报价以及性能，方便消费者购物的同时，也可以潜移默化地改变消费者的行为，让一部分中间消费者偏向于去京东消费。

★ **营销效果**

(1) 跨屏整合发挥联动效应，20 天内实现活动曝光 7.73 亿。2014 年"618"全天下单量与 2013 年"618"相比增长超过 100%；来自移动端的下单量占总体下单量的比例约为 1/4。

经过"618"的活动，在京东 2014 年公布的数据中，移动端订单量占到总量的 25%，而此前公布的移动渠道占比数据中，京东 APP 订单占比在 18%，其中微信和手机 QQ 的订单数量约 7%。如果 2014 年单日销售额按 34 亿计算，京东 2014 年在移动端口的销售在 8～9 亿之间，而微信和手机 QQ 的销售额在 2 亿左右。

(2) 京东"618"活动在电商内突围，10 亿交易刷新纪录。

艾瑞最新数据表明，2014 年第一季度京东商城市场地位进一步稳固，以 50.1%的市场份额占据国内自营式 B2C 市场的半壁江山。另外，包含平台 B2C 在内，京东的市场份额也已达到 22.7%，进一步缩小了和天猫之间的差距。京东商城 2014 年母婴和图书市场也都已取得月销售额过亿的成绩，在主营业务 3C 家电市场也保持着 200%的增长速度。在 2014 年第一季度，京东各项业务多处开花，但在进入第二季度之后，京东受到有史以来最激烈的电商围剿，而京东"618"店庆日则把这场电商战推向了白热化。

京东商城"618"店庆日再次刷新销售纪录，全天创下有效订单 150 万单、成交金额 10.16 亿的最佳单日销售业绩。根据京东对外公布的数据，活动当日 3C 市场方面，售出 3 万台整机电脑、5000 台组装机电脑、1000 台超级本，电脑配件单日销售增达 300%；路由器、U 盘等单品销量均突破 10 万件；手机销量突破 10 万部，相机销量超 1.5 万台。家电市场方面较去年增长 5 倍，售出 32 寸彩电超 1.5 万台，风扇超 5 万台，另外空调、冰箱也均超万台。京东在日用百货市场同样表现优异，服装品类增幅达 200%；健身器械增长近 500%；家居生活日用品等比去年同期增长近 800%。

在外界竞争环境如此激烈的情况下，京东取得 10 亿销售额的业绩可以算得上是突围成功。

案例总结

1. O2O 模式的结合，扩大了销售影响力。

本次京东"618"周年庆活动很好地结合了线上、线下的活动。线上活动采用发放京东 16 亿元的优惠券、送白条以及推出"老刘专场"等举措。而且在线上活动发放的优惠券中，特别推出了定制自己的"京东范儿"活动，将京东特色很好地融入到活动中。在线下活动中，明星趴进一步使得线上、线下活动的互动更加活跃。每一个明星代言一款产品，使得明星的粉丝成为该款产品的潜在消费者，在一定程度上扩大了销量。明星送礼物是一个很好的线下活动，使得线上活动更激烈，而且也很好地扩大了京东的营销影响。

2. 适当结合时事热点，引发热潮。

京东"618"活动期间很巧合地遇到了四年一次的世界杯，京东很好地抓住了世界杯的机遇，推出了世界杯专场。世界杯的主会场共有 9 个，另外还推出 4 个关于世界杯的分活动专场。并且最重要的是，它和微信、微博以及支付宝推出了足球竞猜，也充分调动了消费者的消费热情。

3. 新技术的使用，跨屏结合以及 LBS 和关键词搜索。

京东采用跨屏结合技术，使得平台当天的流量是天猫的两倍，而且 LBS 的使用和关键词的搜索在一定程度上改变了消费行为，引导消费者消费。消费订单有所增长，也为京东本次的销售额贡献了一份力量。发挥联动效应制造活动强曝光，发挥尖端技术优势促进销售转化，也依托了新技术打造了京东有史以来最牛的店庆。

案例思考题

通过以上的案例，谈谈你对网络上"促销造节"的看法。

第 18 章　大数据精准营销与案例

18.1　大数据精准营销概述

大数据营销是基于多平台的大量数据，在依托大数据技术的基础上，应用于互联网广告行业的营销方式。大数据营销衍生于互联网行业，又作用于互联网行业。依托多平台的大数据采集，以及大数据技术的分析与预测能力，能够使广告更加精准有效，给品牌企业带来更高的投资回报率。大数据营销的核心在于让网络广告在合适的时间，通过合适的载体，以合适的方式，投给合适的人。

1．大数据营销的特点

1) 多平台化数据采集

大数据的数据来源通常是多样化的，多平台化的数据采集能使对网民行为的刻画更加全面而准确。多平台采集可包含互联网、移动互联网、广电网、智能电视，未来还有户外智能屏等数据。

2) 强调时效性

在网络时代，网民的消费行为和购买方式极易在短时间内发生变化。企业在网民需求点最高时及时进行营销非常重要。全球领先的大数据营销企业 AdTime 对此提出了时间营销策略，它可通过技术手段充分了解网民的需求，并及时响应每一位网民当前的需求，使其在决定购买的"黄金时间"内及时接收到商品广告。

3) 个性化营销

在网络时代，广告主的营销理念已从"媒体导向"向"受众导向"转变。以往的营销活动须以媒体为导向，选择知名度高、浏览量大的媒体进行投放。如今，广告主完全以受众为导向进行广告营销，因为大数据技术可让广告主知晓目标受众身处何方，关注着什么位置的什么屏幕。大数据技术可以做到当不同用户关注同一媒体的相同界面时，广告内容有所不同，大数据营销实现了对网民的个性化营销。

4) 性价比高

与传统广告"一半的广告费被浪费掉"相比，大数据营销在最大程度上，让广告主的投放做到有的放矢，并可根据实时性的效果反馈，及时对投放策略进行调整。

5) 关联性

大数据营销的一个重要特点在于网民关注的广告与广告之间的关联性，由于大数据在采集过程中可快速得知目标受众关注的内容，以及可知晓网民身在何处，这些有价值的信息，可让广告的投放过程产生前所未有的关联性。即网民所看到的上一条广告可与下一条广告进行深度互动。

2. 精准营销的含义

精准营销(Precision Marketing)的概念是由营销专家菲利普•科特勒在 2005 年底提出的。科特勒认为，企业需要更精准、可衡量和高投资回报的营销沟通，需要制订更注重结果和行动的营销传播计划，并且越来越注重对直接销售沟通的投资。简单来说，可以用 5 个合适来描述，在合适的时间、合适的地点、将合适的产品以合适的方式提供给合适的人。像恋爱一样，让消费者能够一见钟情、二见倾心、三定终生，实现产品与用户多维度的契合。

精准营销是指在精准定位的基础上，依托现代信息技术手段建立个性化的顾客沟通服务体系，实现企业可度量的低成本持续发展的战略目标。

可从以下几个方面来理解精准营销的含义：

(1) 精准营销是通过可量化的精确的市场定位技术，从而突破传统营销定位只能定性的局限。

(2) 精准营销借助先进的数据库技术、网络通讯技术及现代高度分散物流等手段，保障和顾客的长期个性化沟通，使营销达到可度量、可调控等精准要求。精准营销摆脱了传统广告沟通的高成本束缚，使企业低成本快速增长成为可能。

(3) 精准营销的系统手段保持了企业和客户的密切互动沟通，从而不断满足客户个性需求，建立稳定的企业忠实顾客群，实现客户链式反应增值，最终达到企业的长期稳定高速发展的需求。

(4) 精准营销借助现代高效广分散物流，使企业摆脱繁杂的中间渠道环节，及对传统营销模块式营销组织机构的依赖，实现了个性关怀，极大降低了营销成本。

(5) 与现今大数据营销思路相辅相成。精准营销也是当今时代企业营销的关键，如何做到精准，这是系统化流程。有的企业会通过营销做好相应企业营销分析、市场营销状况分析、人群定位分析，最主要的是需要充分挖掘企业产品所具有的诉求点，实现真正意义上的精准营销。

【案例】 沃尔玛"啤酒+尿布"大数据营销

....

案例背景

在大数据应用中，较为知名的商业案例是"啤酒＋尿布"。该故事的传播源于 20 世纪 90 年代的美国沃尔玛连锁超市。故事是这样的：沃尔玛超市管理人员分析其销售数据时，竟然发现了一个十分令人难以理解的商业现象，即在日常的生活中，"啤酒"与"尿布"这两件看上去风马牛不相及的商品，经常会一起出现在美国消费者的同一个购物篮中。这个独特的销售现象引起了沃尔玛管理人员的关注。经过一系列的后续调查证实，"啤酒＋尿布"的现象往往发生在年轻的父亲身上。

当然，这个现象源于美国独特的文化。在有婴儿的美国家庭中，通常都是由母亲在家中照看婴儿，去超市购买尿布一般由年轻的父亲负责。年轻的父亲在购买尿布的同时，往往会顺便为自己购买一些啤酒。

年轻父亲这样的消费心理自然就导致了啤酒、尿布这两件看上去不相干的商品经常被顾客同时购买。某个年轻的父亲在某超级市场只能购买到一件商品——尿布或者啤酒，通常有可能会放弃在该超市购物而到另一家商店购买，直到可以一次买到啤酒和尿布两件商品为止。

案例执行

沃尔玛的管理人员发现"啤酒＋尿布"的现象后，立即着手把啤酒与尿布摆放在相同的区域，让年轻的美国父亲非常方便地找到尿布和啤酒这两件商品，并使其较快地完成购物。这样一个小小的陈列细节使沃尔玛获得了满意的商品销售收入。这便是"啤酒＋尿布"的故事。

其后，为了证明"啤酒＋尿布"销售的可行性，美国学者艾格拉沃(Agrawal)在 1993 年从数学及计算机算法角度提出了商品关联关系的计算方法——Aprior 算法，即通过分析顾客购物篮中的商品集合，找到商品之间关联关系的关联算法，根据商品之间的关系，找出顾客的购买行为模式。

在此基础之上，从 20 世纪 90 年代开始，沃尔玛尝试将艾格拉沃提出的 Aprior 算法引入 POS 机数据分析中，此举大获成功。

案例评析

实际上，沃尔玛是最早通过分析大数据而受益的传统零售企业。在大数据这个概念提出以前，沃尔玛一度拥有世界上最大的数据仓库系统。沃尔玛通过该系统对消费者购物行为等数据进行跟踪和分析。无疑沃尔玛是最了解消费者购物习惯的零售商之一。

2007 年，为了更好地利用大数据分析消费者的行为与需求，沃尔玛建立了一个超大的数据中心，其存储能力非常强大，可以达到四拍(PB, PetaByte)字节以上。《经济学人》(The Economist)杂志在 2010 年的一篇报道中，高度评价沃尔玛的数据量庞大得惊人。该文指出，沃尔玛的数据量已经是美国国会图书馆的 167 倍。

当然，沃尔玛拥有巨量的数据并非一蹴而就的事情，而是慢慢积累的。早在 1969 年，尽管微型计算机在当时还尚未普及，但是沃尔玛已经开始使用大型计算机来跟踪存货的相关情况。1974 年，沃尔玛就在其分销中心与各家商场运用计算机进行库存控制。1983 年，沃尔玛所有门店都开始采用条形码扫描系统。1987 年，沃尔玛完成了公司内部的卫星系统安装，该系统使得总部、分销中心和各个商场之间可以实现实时、双向的数据和声音传输。

沃尔玛正是采用在当时还是小众和超前的信息技术，搜集和运营消费者的行为数据，才为其高速发展打下了坚实的基础。如今，在沃尔玛全世界最大的数据仓库中，存储着数千家连锁店，在 65 周内的每一笔销售的详细记录，这使得业务人员可以通过分析购买行为更加了解他们的客户。

18.2 大数据精准营销实施关键要素

18.2.1 用户研究——用户画像

用户画像是根据用户社会属性、生活习惯和消费行为等信息而抽象出的一个标签化的用户模型。具体包含以下几个维度：

(1) 用户固定特征：性别、年龄、地域、教育水平、职业等。

(2) 用户兴趣特征：兴趣爱好、使用过的 APP、访问过的网站、浏览/收藏/评论内容、品牌偏好、产品偏好等。

(3) 用户社会特征：生活习惯、婚恋状况、社交/信息渠道偏好、宗教信仰、家庭成分等。

(4) 用户消费特征：收入状况、购买力水平、购买的商品种类、购买渠道喜好、购买频次。

(5) 用户动态特征：当下时间、需求、正在前往的地方、周边的商户、周围人群、新闻事件等。

生成用户精准画像大致分成三步。

第一步，采集和清理数据，用已知预测未知。

首先得掌握繁杂的数据源，包括用户数据、各式活动数据、电子邮件订阅数、线上或线下数据库及客户服务信息等。比如当你登录某网站，其 Cookie 就一直驻留在浏览器中，关于用户触及的动作，点击的位置，按钮，点赞，评论，粉丝及访问的路径，可以识别并记录用户的所有浏览行为，再持续分析用户浏览过的关键词和页面，分析出用户的短期需求和长期兴趣。还可以通过分析朋友圈，非常清晰地获得对方的工作、爱好、教育等，这比个人填写的表单还要更全面和真实。用已知的数据寻找线索，不断挖掘素材，不但可以巩固老会员，也可以分析出未知的顾客与需求，进一步开发市场。

第二步，用户分群，分门别类贴标签。

描述分析是最基本的分析统计方法。描述统计分为两大部分：数据描述和指标统计。数据描述用来对数据进行基本情况的刻画，包括数据总数、范围、数据来源；指标统计把分布、对比、预测指标进行建模。这里常是 Data mining(数据挖掘)的一些数学模型，像响应率分析模型，客户倾向性模型，这类分群使用 Lift(Scala 的 Web 框架)图，用打分的方法告诉你哪一类客户有较高的接触和转化的价值。

在分析阶段，数据会转换为影响指数，进而可以做"一对一"的精准营销。举个例子，一个"80 后"客户喜欢在生鲜网站上上午 10 点下单买菜，下午 6 点回家做饭，周末喜欢去附近吃日本料理。企业经过搜集与转换，就会产生一些标签，包括"80 后""生鲜""做饭""日本料理"等，贴在消费者身上。

第三步，制订策略，优化再调整。

企业有了用户画像之后，便能清楚了解用户需求。在实际操作上，企业能深度经营与顾客的关系，甚至找到扩散口碑的机会。例如上面例子中，若有生鲜的打折券，日本餐馆的最新推荐，营销人员就会把适合产品的相关信息，精准推送到这个消费者的手机中；针对不同产品发送推荐信息，同时也不断通过满意度调查，跟踪码确认等方式，掌握顾客各方面的行为与偏好。

除了用户分群之外，营销人员也在不同时间阶段观察成长率和成功率，前后期对照，确认整体经营策略与方向是否正确；若效果不佳，又该用什么策略应对。反复试错并调整模型，做到循环优化。

这个阶段的目的是提炼价值，再根据客户需求精准营销，最后追踪客户反馈的信息，完成闭环优化。

【案例】　雀巢奶粉"618"大数据精准营销

案例背景

每年的"618"，是年中的各大电商平台大战时期，各大品牌在此期间展开激烈竞争，吸引消费者的注意力，提升品牌的曝光度和知名度。雀巢奶粉作为高端母婴奶粉市场的领导品牌，针对中国母婴的独特需求，推出了不同年龄段婴儿适用的 NAN 奶粉及孕期奶粉。正值京东"618"年中大促之际，雀巢奶粉携手瑞恩传媒公司，利用行业前沿的智能大数据营销技术，在雀巢奶粉和广大母婴妈妈人群之间建立有效的沟通桥梁，让广大母婴人群深入了解雀巢奶粉"优养千日，优护一生"品牌理念和产品特性，并将真实的母婴人群引流至雀巢奶粉在京东的官方旗舰店，最终产生购买行为。

因此，雀巢奶粉有以下两方面的营销目标：

(1) 通过有效的品牌教育，促进母婴消费人群对婴幼儿日常喂养和营养搭配的认知，提高用户对雀巢奶粉的品牌好感度。

(2) 在"618"大促期间，短期内快速聚焦高品质的母婴人群流量，深层次覆盖影响，有效提升电商转化率，刺激销量转化提升。

★ 营销策略与创意

如何识别出目标受众？如何确定目标用户的需求？如何推荐相应的产品？一个个难题摆在面前，此次雀巢奶粉"618"活动不仅是对雀巢奶粉品牌的考验，也是对广告推广平台技术与创意的考验。具体的营销策略有以下两个方面：

(1) 数据技术整合：将客户自有数据梳理(CRM 数据 + 官网访问数据 + 往期广告投放数据)，结合媒体数据及瑞恩平台数据对应打通，进行数据分析并建立全新 DMP 数据库，进行人群行为数据高效识别及全面对接，精细化定位雀巢母婴各市场消费群体。

(2) 通过对到访用户数据进行分析收集，识别判断用户属性，智能匹配高关联的广告素材，同时结合动态轮播和追屏技术，根据受众后续行为特征，合理调整广告素材创意和活动内容，为其投放感兴趣的广告内容，持续影响教育，加深与受众的互动沟通，大大提升用户体验和视觉感知，提高广告投放效果。

🎓 **案例执行**

1. 多渠道数据源生成独立数据库。

瑞恩传媒整合了瑞驰 DMP、"米仓" DMP、媒体 DMP 和雀巢 CRM 数据库等多渠道数据(见图 18.1),将复杂无章的数据进行重新标签化及再分类,形成了具有高度针对性和精细化的雀巢奶粉私有 DMP,完整覆盖了用户身份、地理位置、出行、消费、浏览等多维数据,全面了解并制定雀巢母婴人群行为画像,为下一阶段的目标用户数据挖掘及广告投放打下了坚实的基础(见图 18.2)。

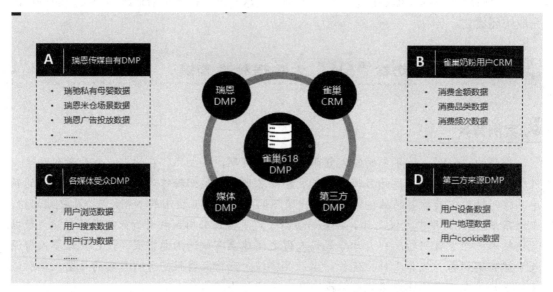

图 18.1

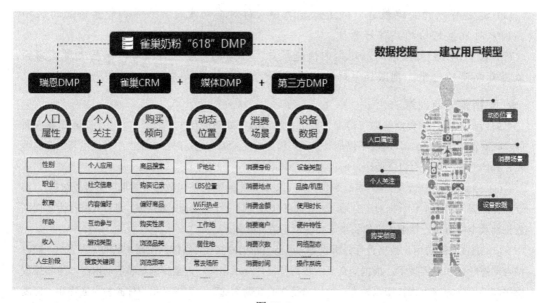

图 18.2

2．高维用户分析模型，识别目标受众。

瑞恩传媒通过数据深度挖掘处理，建立了包含上百个变量的用户分析模型，高度拟合现实用户画像，将用户标签集划分为 3 类：基本属性类标签、媒体属性类标签和消费属性类标签。基本属性类标签用于识别用户人口属性身份，媒体属性类标签用于描绘用户触媒习惯及内容偏好，消费属性类标签用于描绘用户对雀巢奶粉的熟悉程度、消费特征和购买决策过程。通过瑞恩传媒数据源、多维度分析受众、归类标签，对用户识别分类，雀巢将此次活动的目标受众定位为 3 类人群：孕中孕晚期妈妈、0～1 岁婴儿妈妈和 1 岁以上婴儿妈妈。

3．智能动态轮播，打造故事化营销场景，持续深度影响教育。

雀巢通过对到访用户数据进行分析收集，识别判断用户属性，针对雀巢母婴提供的 9 版素材，分期分人定向投放。雀巢基于细分的人群属性特征，智能匹配高关联的广告素材，同时结合动态轮播和追屏技术，根据受众后续行为特征，合理调整广告素材创意和活动内容，为其投放感兴趣的广告内容，引导激发用户兴趣，持续影响教育，大幅度提升用户点击参与度，助力雀巢母婴线上推广"品效合一"。

4．优选媒介矩阵，搭建四维传播网络。

瑞恩传媒在自身庞大的媒体资源库中优选出母婴垂直、新闻资讯、社交互动、在线视频等各领域的 Top 级媒体组成了高质量媒介矩阵。同时，瑞恩传媒根据不同媒体的功能和体量，科学分配广告预算，提前预订广告流量，合理选择广告形式，综合制订媒介排期，形成了包含广度、精度、深度、强度的四维传播网络，高效连接了雀巢奶粉品牌和目标受众群体，最大化地促进了媒介间的协同效应。

★ 营销效果与市场反馈

此次广告投放，PC 端总计曝光 16 675 942 次，超额完成既定投放量，共实现 170 094 次点击，平均点击率为 1.02%；移动端总计曝光 156 108 204 次，超额完成既定投放量，共实现 2 875 832 次点击，平均点击率为 1.86%。大量的曝光和点击使广告有效触达众多母婴消费受众。较活动前期相比，雀巢母婴京东旗舰店面销量有 2 倍以上的提升。

雀巢通过程序化精准投放，持续精细化母婴人群的有效经营和规模覆盖，短期内快速聚焦高品质的母婴人群流量，尽可能地对雀巢母婴"618"促销活动进行曝光宣传，加深受众记忆，形成高强度的品牌活动识别度，吸引更多母婴用户关注并参与活动，有效刺激雀巢母婴电商销量转化提升。

案例思考题

从此案例中体会大数据营销的优势。

18.2.2　个性化推荐

大数据最大的价值不是事后分析，而是预测和推荐。随着电子商务规模的不断扩大，商品个数和种类快速增长，客户需要花费大量的时间才能找到自己想买的商品。这种浏览大量无关信息和产品的过程无疑可能会导致客户的流失。为了解决这些问题，个性化推荐系统应运而生。个性化推荐是根据用户的兴趣特点和购买行为，向用户推荐用户感兴趣的信息和商品。个性化推荐方式可以让用户定制自己感兴趣的信息内容、选择自己喜欢的网页设计形式、根据自己的需要设置信息的接收方式和接收时间等，也可以由服务器系统根据用户的历史行为智能地为用户提供这些个性化设置。

以服装网站 Stitch fix 为例，在个性化推荐机制方面，大多数服装订购网站采用的模式都是用户提交身形、风格数据及编辑人工推荐，Stitch Fix 不一样的地方在于它还结合了机器算法推荐。Stitch fix 通过顾客提供的身材比例，主观数据，加上销售记录的交叉核对，挖掘每个人专属的服装推荐模型。这种一对一营销是最好的服务。

还有，亚马逊的个性化推荐大幅增加了其销售量；Facebook 的精准广告投放，成功把粉丝和流量变现；Google 搜索页面动态调整，使推荐更符合用户心意，提高了搜索的效率，这些事例都成为业界口口相传的大数据营销经典之作。通过大数据计算，企业能够准确推测用户的真实需求，将用户想要的、喜欢的精准到达，有效地导流、触达用户和促进销售。

个性化推荐系统是建立在大数据基础上的一种商务智能平台。其推荐的算法主要有基于关联规则的推荐算法和基于内容的推荐算法，主要考虑的因素是商品的销量、客户所处城市、客户的浏览行为和购买行为，以此推测出客户将来可能的购买行为，为客户提供完全个性化的决策支持和信息服务，满足客户对购物过程的快捷、友好等用户体验需求。

个性化推荐在改善顾客关系、培养顾客忠诚以及增加网上销售方面具有明显的效果。个性化推荐系统具有良好的发展和应用前景。目前，几乎所有的大型电子商务系统，如 Amazon、eBay 等都不同程度地使用了各种形式的推荐系统。有研究表明，为了获得有价值的个性化服务，用户愿意提供必要的个人信息。

数据整合改变了企业的营销方式，现在的经验已经不是累积在人的身上，而是完全依赖消费者的行为数据去做推荐。未来，销售人员不再只是销售人员，而是能以专业的数据预测，搭配人性的亲切互动推荐商品，升级成为顾问型销售。

【案例】 优衣库的个性化 T 恤营销

案例背景

日本快时尚服装品牌优衣库(Uniqlo)是由日本迅销公司于 1963 年成立的。优衣库从一家销售西服的小服装店，发展成为当今国际知名服装品牌。优衣库在中国品牌服装零售业率先推出网购业务，2008 年 4 月 16 日，其网络旗舰店、淘宝商城店铺和外部网店同时上线，开店后平均每天销量为 2000 件。随着移动互联网的迅猛发展，优衣库积极开展在移动互联网平台上的营销布局，推出 Uniqlo Recipe、Uniqlo Wake Up、UTCam 等应用，形成移动互联网应用矩阵，使品牌形象深入人心。

优衣库的目标消费者是有活力，喜欢创造，追求时尚的年轻人。时尚青年最忌讳的就是撞衫，要挑选到一件既能彰显个性又独一无二的服饰是一件颇费脑筋的难事。考虑到了这些时尚青年的心声，"Utme"就是优衣库为解决这个难题应运而生的。

"UT"，即"Uniqlo T-shirt"，是优衣库旗下的经典产品系列。该系列 T 恤以汇集电影、音乐、漫画等新潮的流行文化元素而著称。2014 年是 UT 诞生的第 11 个年头，借此机会优衣库在日本 5 月中旬推出了"UTme"，以此满足年轻人追求不一样的心声。

"UTme"，顾名思义就是使每一个用户能够 DIY 个人专属的 UT。这款应用较好地呼应了本季 UT 系列推出的"THE NEW MODEL T——新世代 T 恤"的新概念，使得用户可以自由发挥自己的创意和想象力，亲身参与个性化 T 恤的定制。可以说，这是一举两得的妙招，既规避了 T 恤容易陷入撞衫的弊端，也有利于优衣库的品牌传播。

相对于统一单调的设计，消费者更青睐独特、个性的风格，这已经成为一种普遍需求。为了抓住消费者不一样的兴趣点，优衣库此次的移动"UTme"APP 应用开发着重落在"互动性"和"趣味性"上。消费者使用这一手机应用设计属于自己的个性 T 恤，并通过参与和分享带来满足感。优衣库通过这些方式最大限度地调动消费者的积极性，并借此传达出优衣库"个性、时尚"的品牌形象。

"UTme"这款应用利用手机具有的互动性特点，抓住产品和应用之间的结合点——个性化定制，把优衣库品牌和产品的最前端推向消费者，让消费者自己设计，并借助优衣库社区的发酵，引起充分讨论和分享，形成螺旋效应。

案例执行

1．多种渠道添加素材，优化消费者选择。

这款应用的主要场景是功能界面。用户进入场景后就可以看到自己的作品将会采用何种方式呈现在 T 恤衫上面，优衣库提供了 3 种选择：涂鸦、添加文字或上传图片。通过这三种图案设计方式，用户可以自定义设计自己喜欢的风格。

2．摇一摇带来奇迹。

作为一款趣味性极强的手机应用，"UTme"充分运用了手机重力感应技术。用户选择好形式后，就可以开始摇晃手机了。手机上的图案会瞬间变化，先前画好的图案会呈飞溅、马赛克或电子脉冲状，当然不是增加俗气的视觉元素，而是注入不同的设计风格，让图形具有专业的艺术性外观。有些设计效果是混乱切割用户设计的图片，有些是将几张图片混合起来，随机添加更丰富的效果。这也降低了 UGC 的门槛，使用户乐于加入创作专属 T 恤的行列。

3．UT gallery 上展示和分享。

优衣库的线上社区精心汇集了用户的 UGC 内容。在社区中，用户不仅可以陈列自己的作品，还可以欣赏其他人的创意作品，甚至为出色的创意点个赞。用户在设计自己 T 恤的同时，也可看到其他用户的作品。应用程序会跳转到 UT gallery 的网页版，并选择是否喜欢其他人的设计，起到了用户之间互动的作用。

4．线上订购助推销量。

为了实现将线上的活动转换为切实的销售额，"UTme"提供了移动端 APP 下单功能。网友的创意一经上传就变成了优衣库的资源。UT gallery 展示了大量网友设计的作品，这些作品都可以直接下单订购。用户需花费 1990 日元(约人民币 121 元)，购买自己或别人独家设计的一件 UT 系列 T 恤。不过，目前订购服务仅在日本国内开通。

★ 营销效果

(1) 关注度高。

优衣库是日本时尚服装领域的领导者。"UTme"一经推出，就引来了媒体的广泛关注，该款应用获得了 1.2 亿次以上的媒体曝光量，软件下载量激增，关注度极高。

(2) 用户评价高，参与度大。

这款软件自推出以来，一直深受用户喜爱。截至目前，在 APP Store 获得了 40%以上用户的 4.5 星或 5 星评价，用户好评如潮。同时，这款应用有着较高的参与度，UT gallery 中展示和分享了大量的用户作品，产生订购行为的作品超过 70%。

案例评析

1．打造创意、产品和销售的闭环营销。

优衣库推出"UTme"，以消费作为最终导向，以需求为前提，综合了多维度的服务，构成了一个闭环的营销圈。用户提供创意的构思和成型，优衣库根据创意进行实物生产，到用户最后的下单购买，这一切都是通过这款 APP 连接起来的，不仅最大化地方便了用户，而且还提升了用户的参与感。

2．科技感提升创意性。

在移动互联网浪潮下，手机 APP 成为有一个力的营销据点，也为品牌走向消费者提供了更多的可能，这本身就是科技使然。Shake，Shake！只需要摇一摇，图案就完成了！新鲜创意的背后是新媒体技术的深刻运用，使消费者多了一些沉浸感。

3．互动性带动广泛参与。

对于一个优秀的营销活动而言，最不可或缺的一环就是用户的分享。"UTme"在设计中充分考虑了和用户的互动，这一理念贯穿整个 UGC 的生产，尤其以用户设计的展示和分享为最。UT gallery 极大程度上带动了用户的参与及二次创作。

4．趣味性优化用户体验。

DIY 图案的创意并不新鲜，但通过移动媒体的方式执行还比较少见。更重要的是，"UTme"的设计方法适用于普罗大众，而不仅限于专业人士，即使闭着眼睛摇手机，最终的图案效果都不会差。这就大大降低了 DIY 的门槛，让更多的用户参与，即使不购买，也是一次表现个性的机会，人们都乐此不疲。

案例思考题

1．请试着下载"UTme"APP，谈谈你的使用感受。

2. 你是否会购买"UTme"中的产品，为什么？

18.3　构建预测模型

基于对存量用户的历史数据挖掘出的典型特征，构建预测模型来输出产品的目标用户群体，并通过模型置信度以及预测效果的评估对模型进行修正，最终得到目标客户群体，为市场营销策略提供有效支撑。

预测客户购买可能性的行业标准是 RFM 模型(最近一次消费 R，消费频率 F，消费金额 M)，但模型应用有限，本质是一个试探性方案，没有统计和预测依据。"过去的成绩不能保证未来的表现"，RFM 只关注过去，不将客户当前行为和其他客户当前行为做对比。这样就无法在购买产品之前识别高价值客户。

聚焦预测模型，就是为了在最短时间内对客户价值产生最大影响。这里列举一些其他模型参考：

(1) 参与倾向模型。参与倾向模型就是预测客户参与一个品牌的可能性，参与定义可以多元，比如参加一个活动，打开电子邮件，点击、访问某页面。可以通过模型来确定 EDM(电子邮件营销)的发送频率，并对趋势做预测，是增加还是减少活动。

(2) 钱包模型。钱包模型就是为每个客户预测最大可能的支出，定义为单个客户购买产品的最大年度支出。再看增长模型，如果当前的总目标市场比较小，但未来可能很大，就需要去发现这些市场。

(3) 价格优化模型。价格优化模型就是能够最大限度提升销售、销量或利润的架构，通过价格优化模型为每个客户定价，这里需要对用户想要的产品开发不同的模型，或者开发通用、可预测的客户价格敏感度的模型，确定哪一块报价对客户有最大的影响。

(4) 关键词推荐模型。关键词推荐模型可以基于一个客户网络行为和购买记录来预测对某个内容的喜爱程度，预测客户对哪些热点、爆款感兴趣，营销者使用这种预测结果为特定客户决定内容营销主题。

(5) 预测聚集模型。预测聚集模型就是预测客户最终会归为哪一类。

第19章 体验营销与案例

体验营销通过看(See)、听(Hear)、用(Use)、参与(Participate)的手段，充分刺激和调动消费者的感官(Sense)、情感(Feel)、思考(Think)、行动(Act)、联想(Relate)等感性因素和理性因素，重新定义、设计的一种思考方式的营销方法。体验营销是建立在对消费者个性心理特征认真研究、充分了解的基础上，以激发顾客情感为手段，使整个营销理念更趋于完善，目的是为目标顾客提供超过平均价值的服务，让顾客在体验中产生美妙而深刻的印象或体验，获得最大程度的精神满足。

在消费需求日趋差异化、个性化、多样化的今天，顾客关注产品和服务的感知价值，比以往更重视在消费中获得"体验感觉"。

【案例】 IBM借"Made with"开创营销新篇章

案例背景

强大健壮的北极熊在水族馆清澈的海水中悠闲地上下浮潜，时而彼此嬉戏，时而游向玻璃窗外的小观众，静谧且温馨。"动物园水族馆就像一座小型城市，365天24小时从不停歇，我们一直寻找各种方法优化现有资源。借助大数据，运营部门可以更高效地运作，节省下来的每一分钱都用于成就我们的教育和生态保护使命。"美国华盛顿迪凡尼动物水族馆工作人员的旁白，静静地诉说着与IBM合作带来的变化——永续的生态来自大数据。

从2014年6月开始，人们可以看到IBM新推出的"Made with"系列广告。上述水族馆的故事，便是这一系列新广告的场景之一。这一系列广告聚焦于人们生活贴近的场景：有兴奋观看球赛的球迷，有动物园内尽情观赏动物的游客们，有新鲜的牛奶和奶牛，还有正在陶醉于音乐的年轻人，等等。我们发现，IBM讲述故事的方式变了，这些广告的叙事方式完全从消费者的感受出发——IBM的视角切换到了最终消费者。更重要的是，IBM跟客户沟通的角度发生了变化。长久以来，IBM广告给人们留下的主要印象是很好看，但是看不懂。虽然这一点在智慧地球广告系列有了很大改观，但是对于每个普通消费者而言，如果不是IBM客户的话，仍然很难了解这些广告的意义以及其背后与每个人的联系。

案例执行

1. 营销转变的核心——客户驱动的时代。

在新的互联网时代，互联网和云计算、社交、移动等新技术赋予了客户更大的权利，催生出首席执行客户(CEC)这一新的势力。被互联网技术武装起来的消费者，影响力不断扩大，从终端扩展到产品的研发、生产、营销等各个环节，拥有了主导商业的权利和能力。

过去 IBM 谈的是如何帮助企业优化性能流程、提升效率来提升企业的竞争力。但现在消费者变了，市场变了，企业的需求也变了，所有的企业都更加关注其消费者的最终感受。

IBM 公司正在进行第四次大的转型，以客户为中心是此次转型的重中之重。虽然 IBM 是服务于企业客户的，但是在当下，IBM 需要关注企业客户的客户，也就是最终消费者的需求。因此，在营销层面，IBM 需要将其如何帮助企业客户更好地服务于最终消费的信息，传递给每个企业以及每个消费者。

IBM 要向企业客户证明，IBM 能帮助企业客户为消费者，也就是客户的客户，带来全新的体验，满足消费者的新需求。例如，在这次" Made with"一系列的广告中，来自中国的乐友孕婴童即通过采用 IBM Cognos(Cognos Analytics，IBM 的商务智能软件)，通过数据分析为中国数百万的妈妈、宝宝提供更好的产品和服务。

2．Made With——"接棒"智慧的地球。

"Made with"被翻译为"携手"，突出了 IBM 新一轮转型过程中营销的核心理念——通过云计算、大数据、社交、移动帮助 IBM 的企业客户提升其最终客户的体验。虽然刚刚被提出，但"Made with"的理念早在 IBM"智慧的地球"的时代就已神形皆备。但如今，"Made with"承袭了"智慧的地球"的理念，通过聚焦生活中熟悉的商品和场景之余，展示了"智慧的地球"五年来的发展成果，从消费者的角度出发，告诉消费者生活中点点滴滴的新体验和新惊喜，都源于新技术带来的改变。

新一轮的广告营销从内容制作到投放渠道，皆与 IBM 以往的广告营销不同，而这不仅仅是在广告角度，更重要的是，IBM 跟客户沟通的方式发生了变化。

"从营销手段上来讲，'Made with'是比较新的理念，但是从 IBM 的初衷和价值来看，其实它一直在我们的基因里。可以说，'Made with'不是全新的，而是一直植根于 IBM 品牌里的重要理念。"IBM 大中华区品牌及企业社会责任部总经理耿晨如数家珍地为"Made with"正本清源，谈起了 IBM 在提出"智慧的地球"概念五周年时，回顾 IBM 心路历程的会议讨论。"我们在 2008 年提了一个愿景'智慧的地球'，当时提出智慧地球的实现路径是通过'感知化、互联化、智能化'，虽然当年在我们提出智慧地球理念之初，能理解的人很少，但是今天智慧地球带给我们的社会、企业、每个人的变化，我们已经可以深刻感受到了。2010 年，IBM 把这个理念又往前推了一下，提出'感知是为了管理，互联是为了创新，优化是为了转型'，关注于推进'智慧的地球'能够帮企业做什么。到 2012 年的时候，在新的'智慧的地球'里就出现了大数据分析。大数据就是从感知来的，你有了感知以后就要有足够的分析能力，这些数据才能真的有用。而云计算则从根本上改变了 IT 服务的提供方式，然后移动技术加上社交媒体，由此衍生了'Made with'。我们在思考现今怎样才能把智慧地球的故事讲得再清楚一点。所以'Made with'携手 IBM，不是一个全新的理念，而是智慧地球新的发展篇章，我们借助'Made with'，把新篇章里非常重要的消费者利益带了进来。"

耿晨特别强调，"Made with"不是一系列广告，而是新的品牌平台，把 IBM 客户的客户所获得的新体验诠释出来。不仅如此，她还表示，广告永远是引起好奇心的东西，如果消费者觉得有意思，就会去关注它。IBM 希望通过新的"Made with"营销，吸引更多客户的客户来讲这个故事，让故事更好听，更有意思，而不是简单重复。另外，企业客户看到这些广告，如果他是经营博物馆或娱乐设施的，就会对动物园的广告有感觉；做零售业的客户可能看了乐友的广告会有兴趣。外行看热闹，内行看门道，"Made with"系列广告可以做到两者兼顾。

3. 与客户携手前行的时代。

与很多面向消费者的 IT 企业不同，IBM 的技术不是生活中随处可见的消费品，普通人了解起来需要一定的技术门槛。但如今，新互联网时代的移动技术和社交网络的发展，不断缩短着 IT 技术与普通消费者之间的距离，如手机下载云服务，以及微信、微博等，都为生活带来了新的惊喜和体验。当消费者变成了"被新技术武装起来的最终用户"时，企业在营销上也需要做出相应的调整。

"客户不应被视为企业，而应被视作有感觉、有喜好的个体。客户如何做到今天这个职位，拥有哪些经验，IT 水平如何……做市场的第一步就是细分市场，最奢侈的细分就是细分到单个人。这是营销人的一个梦想，但是要牵扯的信息太多了。"耿晨坦言，"IBM 从营销角度更重视消费者的视角，能够从消费者视角看待客户的业务水平，并通过大数据分析真正提供最终客户的需求，使客户有足够的处理和分析能力，在正确的时间用正确的方式和消费者沟通，提供特别贴心的服务。这是大数据的精髓，也是互动、全接触式的营销真正的重点。"

虽然 IBM 在新互联网时代之前已经具备这种技术能力，但是以前不太注重这方面的宣传。"Made with"广告讲故事的方式与情景和生活相关，通过各行各业的案例，讲述科技如何改变生活的故事，让消费者感觉到科技与自己的日常生活有关。对于普通消费者来讲，他知道这个就够了。"这种讲述故事的方式比我们自己讲 IBM 有多伟大更能打动读者和听众。"耿晨说。

过去，IBM 的品牌形象都非常具有前瞻性。很多超前的理念到今天都还没有实践。而现在，IBM 会寻找理念层面志同道合的伙伴，共同分享彼此对未来的洞察与思考。这次推出的"Made with"系列广告，就是 IBM 与一群来自各行各业的 Forward Thinker 伙伴们共同制作完成的。

案例思考题

从"Made with"系列广告中，你能体会 IBM 营销与其他企业的营销有哪些不同吗？

19.1 体验营销的特征

体验营销是 1998 年美国战略地平线 LLP 公司的两位创始人 B-josephpine Ⅱ 和 JamesHgilmore 提出的。他们对体验营销的定义是："从消费者的感官、情感、思考、行动、关联五个方面重新定义，设计营销理念。"他们认为，消费者消费时是理性和感性兼具的，消费者在消费前、消费中和消费后的体验，是研究消费者行为与企业品牌经营的关键。

体验营销，是指企业以顾客需求为导向，向消费者提供一定的产品和服务，通过对事件、情景的安排设计，创造出值得消费者回忆的活动，让消费者产生内在反应或心理感受，激发并满足消费者的体验需求，从而达到企业目标的营销模式。

体验营销具有以下几个方面的特征：

1．顾客主动参与，具有互动性

在产品营销中，消费者是企业的"用户"；在服务营销中，消费者被称为"客户"；而在体验营销中，消费者是企业的"客人"，也是体验活动的"主人"。因为体验活动必须要有顾客的参与，进而在顾客和企业之间发生一种互动行为。体验营销效果是顾客在互动活动中的感知效果。体验营销成功的关键，就是引导顾客主动参与体验活动，使其融入设定的情境中，透过顾客表面特征去挖掘、发现其心底真正的需求，甚至是一种朦胧的、自己说不清的、等待别人来唤醒的需求。

2．体验需求

体验营销的感觉直观，形象生动，极易聚集人流、鼓舞人心，促使消费者即时做出购买决定，具有立竿见影的促销效果。但体验营销的基本思想仍是"顾客至上"，强调消费者理性、感性兼具。企业不仅要从理性角度开展营销活动，而且也要考虑顾客的情感需要，从物质上和精神上全面满足顾客需求。

3．个性特征

在体验营销中，由于个体存在巨大的差异性，每个人对同一刺激产生的体验不尽相同。体验又是个人所有的独一无二的感受，无法复制。因此企业应加强与顾客的沟通，发掘其内心的渴望。企业要吸引个体参与达到互动，就必须在营销活动设计中从顾客体验的角度出发，体现较强的个性化，在大众的基础上增加独特、另类和独具一格的元素，满足顾客追求个性、讲究独特品位的需求。

4．延续性

顾客所获得的感受并不会因一次体验的完成而马上消失。感受具有一定的延续性，如顾客对体验的各种回忆等，有时顾客事后甚至会对这种体验重新评价，产生新的感受。因此体验营销的效果是长期性的，一旦顾客对体验满意，他们对公司往往产生高度的忠诚。

【案例】 蘑菇街："三边网络"的"开放游戏"

案例背景

1970 年，7-Eleven 进入日本市场。与竞争对手们不同的是，用户在 7-Eleven 的门店货架上，可以买到涵盖多个品类的 7-Eleven 自有品牌产品。通过切入和影响产业链上游，7-Eleven 成功地将当时看起来并无关联的便利店行业与制造业关联起来。时至今日，这些自有品牌依旧是 7-Eleven 毛利率最高的环节之一。在这一战略的带动下，这家便利店巨头的毛利率要比行业平均水平高出近 7 个百分点。

7-Eleven 这类案例在机遇转瞬即逝的现代商业竞争中并不鲜见，它们的本质逻辑，都是创新者在敏感地嗅到商业环境变化的趋势后，通过找到连接供应与需求间的机会，触发潜在的网络效应或者效率提升，从而完成新的商业突破。

而类似的故事，正在中国的时尚消费领域上演：2018 年中期完成改版，并升级为时尚目的地的蘑菇街，正在触发这样的生态网络创新——这家在过去几年都在女性时尚领域耕耘的平台，通过直播等创新手段，已经将电商常见的、基于售卖关系的"品牌—用户"双边关系，开放升级成为"用户—达人—品牌"三边关系。

蘑菇街的这次升级，是基于移动互联网时代零售领域"人货场"之间的崭新关系。

👨‍🎓 案例执行

1. 从"双边"到"三边"，升级背后暗藏玄机。

在经历了多年的发展后，传统电商逐步进入瓶颈期：一方面，消费者发现自己心仪商品的效率随着平台急剧扩张而下降，用户在过度繁荣的商品货架前反而陷入选择困难；另一方面，对以满足用户明确需求为出发点的货架电商而言，如何激发潜在的消费需求成为了难题。摆在传统电商平台面前的答案是：随着商品和购买渠道的不断丰富，消费者的个性化消费需求得以释放；与此同时，消费领域各类品牌数量上的快速增长，也加大了消费者决策的成本。这也意味着，单纯卖产品的时代即将过去，用户接下来所需要的，是体验、服务和更完整的解决方案。那么，提供这种服务的载体必然也随之变化。

随着移动互联网的发展，商品内容的形态从最初的文字、图片，一步步发展到短视频、直播等，内容展现、诠释商品信息的能力也随之大大增强。

因此，以博主、达人作为内容提供方，以 EGC、PGC、UGC 等混合形态内容作为载体，帮助用户了解商品，进而接触感受品牌内涵，就成为了可行之道。

在蘑菇街打造的"用户—达人—品牌"的三边关系中，除了包含原有的"用户—品牌"(售卖)关系之外，用户与达人形成"影响"与"跟随"的社交关系，达人与品牌之间则形成类似商业代言的关系，这三种跨边互动网络效应，除了各有互动，还将在聚合后发生化合反应。

2. 三边关系升级的三步棋。

2018 年的"双十一"，在蘑菇街穿搭社区内，时尚专家、认证达人、入驻明星等 KOL，从流行元素、品牌服饰、选购意见等不同维度发起时尚话题。"双十一"前夕，达人编辑们还受官方邀请参加中国国际时装周，捕捉时下最流行的时尚元素与潮流单品，和普通用户一起讨论最近的流行趋势、品牌新品，帮助消费者发现适合自己的时尚需求。同时，"双十一"前夕，蘑菇街通过头部主播选品会和线上主播招商会等形式，帮助主播与供应链对接，以"前播后厂"的零库存模式，为"双十一"做好最重要的准备工作。这些成为蘑菇街在今年"双十一"中最具特点的部分之一，也可以管窥蘑菇街的三边关系的构成。

从蘑菇街 APP 平台上看，最有特点的是其首页的搭配社区 feed 流(持续更新并呈现给用户内容的信息流)内容。数以万计的达人通过选择各种时尚品牌的单品，从自己偏爱的风格出发，进行个性化的搭配。这个系统通过三步完成了三边关系的构建：

首先，以时尚内容生产为主，建立了用户与达人之间的关系链；

接着，开放平台上时尚商品的属性，不仅限于平台售卖的商品，还借助内容，让用户获取更多时尚品牌相关的信息(商品、品牌内涵、购买渠道)，在过去电商的"品牌—用户"关系基础之上升级出更深度的价值连接；

最后，逐步引导碎片化的内容向话题形态聚合，从而形成一些以达人为核心的垂直社群，并引导其与品牌完成对接。

这三步具有内在的前后逻辑关系：达人与用户之间，需要形成具有一定紧密性的跟随聚集效应；并且达人也向品牌证明，自身对用户的聚集具有相应的商业(购买或流量)价值，品牌则愿意与达人形成类商业代言的合作关系，而用户发现并获取到了更多品牌相关信息，完成最终的多边互动闭环。

3．直播是升级过程中蘑菇街最为有力的工具之一。

对行业来说，零售最重要的三件事是客户体验、成本和效率。直播可以直观地看到商品，还有主播亲测，帮用户解决很多看不见摸不着的问题；直播由于具有快速销售的特点，能够先接订单再投产，降低了供应端的成本；直播改变了电商从打版、拍照、上架、售卖的流程，打造出"前播后厂"的直播供应链模式，带来了效率上的提升。因此，直播已经被业内视为中国时尚服装行业新革命的发端标志之一。在过去以"双十一"为代表的电商营销重要节点上，蘑菇街直播已经充分展示了自身高效、立体的特点。在 2017 年"双十一"期间，蘑菇街直播间成交额较 2016 年同期增长 2818%。

对蘑菇街"双边"向"三边"升级过程而言，直播对其的重要价值还在于，它会是广大商家未来品牌化的一个起点。大量直播间已经证明了主播能获得更多的溢价，就是因为其成了网红品牌。蘑菇街还在持续帮助主播们进行更高阶的品牌化和风格化。

此外，直播的发展，还为后端具有强供应链能力的商家提供整合的机会。随着行业分工越来越清晰，前端能够与主播、小品牌形成合作，后端供应链不断整合。在蘑菇街所构建的三边关系过程中，平台自身将扮演更重要的引导角色。这也为蘑菇街三边关系所具有的自身特点埋下了伏笔。

4．平台到生态打通"物能流动"。

从内容的角度来说，过去报纸等传统媒体的群体关系间的吸引力多是单向的，否则一旦该平台上某两边群体产生跨边网络效应，第三边群体的位置就可能被替代。

蘑菇街所想要打造的新三边关系，虽然同样以内容为基础，兼有电商售卖，但与传统的内容平台、电商平台等模式都有所不同：

首先，将内容作为主要载体，决定了蘑菇街的三边关系也必然包含了传统内容平台多边之间的吸引力特点；其次，蘑菇街自身拥有电商板块业务，使得用户与品牌之间具有基于售卖关系的直接双向关系；更为关键的是，将直播等内容手段作为提升商业效率的思路，内容成为呈现乃至丰富品牌内涵的载体，使得蘑菇街对于品牌而言，将成为带有精准营销功能的平台，而非仅仅是一个卖货渠道。

这种新型的三边关系，在模式上其实更接近以"图片"发家的社交巨头 Instagram。

Instagram 早在 2016 年就开始尝试在用户图片中添加商品的购物标签等信息，因此被认为在社交产品的货币化竞赛中处在领先的位置。Instagram 与一些品牌商合作，帮助用户在不影响图片浏览体验的情况下完成网购，从而为品牌方起到导购和引流的作用。而平台也不会从完成的交易中抽取佣金，而是从品牌商获得推广曝光费用。从社交切入电商交易，Instagram 的这一转变，也将服务对象扩展到品牌方：平台所提供的最重要价值，是通过挖掘整合用户浏览行为数据后，向品牌方提供更为精准有效的营销方式。

已经有越来越多的商家开始将 Instagram 视为一个能够增加顾客体验的精确营销平台。在图片博主、用户和品牌三方的互动之下，Instagram 的高黏性最终起到提升用户消费频次的作用。只是，目前用户通过 Instagram 点击跳转到其他平台外购物，无法在同一平台便捷地下单。此前，据美国科技媒体 The Verge 报道，Instagram 正在开发一款名为"IG Shopping"的独立购物 APP，这意味着，Instagram 也正试图向真正完整的三边关系迈进。

从零售领域来看，这种三边双向关系，也意味着蘑菇街将彻底区别于动辄发起价格战的传统电商平台：品牌商家如果只是把平台当做卖货渠道，必然会顾及成本和利润；但如果平台又提供了精准高效营销的途径，那么品牌考虑的重点就变成了是否能够增强品牌溢价，这种思维转化之下品牌所能获得收益会加倍扩大。如果用户和达人(内容)的规模雪球越滚越大，并以数据手段，将这种规模优势转化成对于品牌长期的溢价价值，这种有别于传统电商的三边模式，将为行业和用户带来截然不同的体验与效果。

回到文章开头，通过找到供需两端间的新机会，完成类似从双边向更多边结构飞跃的案例，近年来正在越来越多地出现，这一现象背后，体现着移动互联网与传统产业相遇所带来的巨大变革机会。

数据挖掘等技术的发展，意味着平台可以将过去属于传统产业供应链上的一些交易环节，纳入自己的业务辐射范围甚至体系之内，平台影响力向上下游的渗透，为这种升级提供了先决条件；平台通过在 B 端匹配、分析、管理等服务手段，将外部的其他主体吸引进生态内，正是新的"一边"或"多边"关系形成的主要推力。伴随着升级的完成，原本基于双边关系的平台，已经成为容纳更多边关系和更多元主体的生态系统，主体间因此具备了更强的互补效应，生态的商业赋能效率也将大大提升。

 **案例思考题**

蘑菇街是如何打造增加顾客体验的营销平台的？

19.2　体验营销的实施

19.2.1　体验营销实施原则

在实施体验营销时，需要把握以下几个方面的原则：

1. 体验营销适用适度

体验营销要求产品和服务具备一定的体验特性，帮助顾客获得购买和消费过程中的"体验感觉"。顾客为获得购买和消费过程中的"体验感觉"，往往不惜花费较多的代价。

2．体验营销合理合法

体验营销能否被消费者接受，与地域差异关系密切。各个国家和地区由于风俗习惯和文化的不同，价值观念和价值评判标准也不同，评价的结果存在差异。因此，体验营销活动的安排，必然适应当地市场的风土人情，既富有新意，又合乎常理。

3.3.2　体验营销实施策略

由于体验的复杂化和多样化，美国学者伯恩德·H·施密特(Bernd H.Schmitt)在其所写的《体验式营销》一书中将体验营销分为 5 种不同类型的体验形式，由此产生以下几种主要的营销策略：

1．感官式营销

感官式营销是通过视觉、听觉、触觉与嗅觉建立感官上的体验。感官式营销的主要目的是创造知觉体验的体验。感官式营销可以区分公司和产品的识别，引发消费者购买动机和增加产品的附加值等。以宝洁公司的汰渍洗衣粉为例，其广告突出"山野清新"的感觉：新型山泉汰渍带给你野外的清爽幽香。公司为创造这种清新的感觉做了大量工作，后来取得了很好的效果。

2．情感式营销

情感式营销是在营销过程中，要触动消费者的内心情感，创造情感体验，其范围可以是一个温和、柔情的正面心情，如欢乐、自豪，也可以是强烈的激动情绪。情感式营销需要真正了解什么刺激可以引起某种情绪，以及能使消费者自然地受到感染，并融入到这种情景中来。在"水晶之恋"果冻广告中，我们可以看到一位清纯、可爱、脸上写满幸福的女孩，依靠在男朋友的肩膀上，品尝着他送给她的"水晶之恋"果冻，就连旁观者也会感觉到这种"甜蜜爱情"的体验。

3．思考式营销

思考式营销是启发人们的智力，创造性地让消费者获得认识和解决问题的体验。它运用惊奇、计谋和诱惑，引发消费者产生统一或各异的想法。在高科技产品宣传中，思考式营销被广泛使用。1998 年苹果电脑的 IMAC 计算机上市仅六个星期，就销售了 27.8 万台，被《商业周刊》评为 1998 年最佳产品。IMAC 的成功，很大程度上得益于一个思考式营销方案。该方案将"与众不同的思考"的标语，结合了许多不同领域的"创意天才"，包括爱因斯坦(Albert Einstein)、甘地(Mohands Karamchand Gandhi)和拳王阿里(Muhammad Ali)等人的黑白照片。在各种大型广告路牌、墙体广告和公交车身上，随处可见该方案的平面广告。当这个广告刺激消费者去思考苹果电脑的与众不同时，也促使消费者思考自己的与众不同，以及让消费者体验通过使用苹果电脑而使他们成为创意天才的感觉。

4．行动式营销

行动式营销是通过偶像、角色如影视歌星或著名的运动明星来激发消费者，使其生活形态予以改变，从而实现产品的销售。在这一方面，耐克可谓经典。耐克公司的成功，主要原因之一是有出色"JUST DO IT"广告，经常地描述运动中的著名篮球运动员迈克尔·乔丹，从而升华身体运动的体验。

5. 关联式营销

关联式营销包含感官、情感、思考和行动或营销的综合。关联式营销战略特别适用于化妆品、日常用品、私人交通工具等领域。比如美国市场上的"哈雷牌"摩托车，车主们经常把它的标志文在自己的胳膊上，乃至全身。车主们每个周末去全国参加各种竞赛，可见哈雷品牌的影响力不凡。

【案例】 **星巴克的体验营销：抬头行动**

案例背景

创立 15 年来，星巴克成为连锁咖啡店的领导品牌，被喻为家和办公室之外的"第三空间"。然而，随着中国年轻人的品位和追求的不断提升，可以享受和体验的场所不断涌现，其他独具特色的小型咖啡店，甚至酒吧、茶馆，都成为吸引人们的"第三空间"。

星巴克在快速扩张的同时，为了获取规模效应和达到财务目标，接连降低成本，采用流水作业完成服务流程，导致了核心体验淡化和服务水平降低等问题。

星巴克希望此次推广活动能够提升受众对品牌的好感度，传递爱和人文情怀的品牌理念，深化体验，增强受众的品牌认同感。通过社交数字网络平台，吸引人们的关注和参与，推动到店人流量的增加，从而提高销量。

移动终端和社交媒体在进步，交流趋向虚拟化。快节奏的生活方式和高科技的移动设备让大部分上班族终日保持着紧绷状态，忽视了与家人、朋友的面对面交流。然而，任何时候，人们内心深处对于面对面用心交流的渴望始终不变。对于年轻人，面对面交流更是一个重要的主题。

★ 营销策略与创意

具有公益性、社会性并切合消费者情感需求的话题总是能引起大众的讨论和媒体的关注。星巴克结合线上、线下的相关活动，使此次活动具有社会意义，直击目标受众，引起共鸣，从而使话题在短时间内被广泛传播和讨论。

星巴克一直倡导爱和人文关怀的品牌文化，其核心是强调人与人之间的真诚沟通和交流。这次活动把消费者需求和企业文化完美结合，深化了品牌理念。

"抬头行动"——一个"让大家抬起头，面对面用心交流，寻回对话的温度"的全国性线上、线下公益行动，提醒人们从星巴克开始真正感受"用心交流"的美好。

活动利用 PC + Mobile 的形式，运用让人们"低头"的罪魁祸首——他们最熟悉的媒介，最大限度地接近消费者，扩大活动的影响范围。

案例执行

1. 广告海报预热。

结合简单却触动人心的文案形成系列海报，号召人们"抬起头来"参与活动。

2．病毒视频铺垫。

通过视频网站、腾讯微博和 LED 户外媒体资源，在网络渠道和户外播放系列病毒视频广告。

3．线上平台页面发动。

在腾讯微博引发话题讨论和线上活动，受众参与支持活动、观看广告、发布"抬头照"等。同时，制作相应网页，"大号"、明星官微发表"抬头"宣言，星巴克发布话题参与流程图。

4．线下活动现场呼应。

线下门店摆放立宣、签名板、传单，号召消费者在上面签名支持活动。在 2013 年 10 月 16 日"抬头行动日"当天，星巴克为每位顾客免费升杯并合影留念。

★ 营销效果与评价

(1) 获得了很大的参与量、话题量：4 天内，话题讨论量突破 400 万人次，一度成为热门话题；超过 200 万名网友支持；腾讯微博活动平台话题页广播 200 万条，发布框特型广播 66 万条，相关广播 667 万条，滚动直播阅读量 4496 万次。

(2) 获得具有影响力的媒体的充分关注和支持：得到 80 多家网络媒体和报纸等主流媒体的关注和报道；获得主要城市的免费 LED 户外媒体资源；中央人民广播电台音乐之声、凤凰都市传媒免费自发传播。

(3) 到店人流量和销量增长：活动当日销量增长达到小型节庆促销的水平，平均单店交易次数增长 10%，销量增长 11.4%，超过了最为火热的圣诞期间免费升杯活动 8% 的销量增长。

(4) 品牌好感度提升：从《2013 年度星巴克品牌健康监测报告》可以看出，此次活动领先于所有产品主导的活动，与整个新年期间的"星巴克星历"的表现基本持平。

✍ 案例评析

1．"面对面，心对心"的数字营销洞察。

依靠腾讯平台 8 亿人群的大规模覆盖，对消费者情感需求的洞察和高效的营销解决方案，以及具有社会性话题的"抬头行动"，星巴克使其一直倡导的"体验式营销"再次深入消费者心中，完成了一次从线上到线下的成功营销活动。

2．对消费者情感需求洞察的精准把握。

随着生活与工作日趋忙碌和电子产品的普及，人们的交流逐渐趋向虚拟化。然而，任何时候人们面对面用心交流的渴望始终不变。星巴克的"抬头行动"引起的巨大反响，反映出被移动终端"绑架"的大众对现实交流的渴望，而这正是"抬头行动"获得成功的关键。

3．与品牌理念的有效结合。

星巴克在全国范围发起的"抬头行动"，号召人们用真诚的语言和行动与身边的人进行交流。活动自身的社会意义，体现了星巴克的真实和不遗余力地推动人与人连接的理念，与其倡导的爱与人文关怀的品牌理念强力关联，得到了消费者的认同和好感。

4. 对社会化媒体的传播性和扩散性的充分利用。

将腾讯微博作为传播平台，吸引众多网友参与活动投票、评论和转发，同时获得了众多"大 V"、明星、意见领袖的参与和支持，继而吸引了更多用户参与。

5. 汇聚全平台资源的覆盖影响。

此次活动主要在腾讯平台进行：用户在活动界面上传自己的"抬头照"；在腾讯网、腾讯新闻等页面展示通栏广告，在微信的微活动、微周刊发布活动介绍。此次活动还得到了北京卫视及 80 多家网络媒体、报纸等主流媒体关注和报道。通过充分调动各平台的资源，使此次活动的覆盖范围和影响力迅速扩大。

第 20 章 公益营销与案例

20.1 公益营销的概述

公益营销是与公益组织合作，充分利用其权威性、公益性资源，搭建一个能让消费者认同的营销平台，促进市场销售的营销模式。这里所说的非营利组织的资源，往往都是能让公众广泛认同并信任的。由于这些组织的权威性可以被广泛的消费者接受，而他们的公益性又可以得到国家各级主管部门的支持。

公益营销是将公益理念、主题与形式融入营销行为的一种营销思维方法，其核心价值是"解决企业短期效益与长期利益矛盾的同时，让社会公益得到尊重"。公益营销在企业长期利益、短期效益以及社会公益三者之间寻找结合点，为企业的健康、和谐及文明的发展保驾护航。

20.1.1 公益营销的作用

公益营销就是以关心人的生存发展、社会进步为出发点，借助公益活动与消费者进行沟通，在产生公益效果的同时，使消费者对企业的产品或服务产生偏好，并由此提高品牌知名度和美誉度的营销行为。这个定义突出了公益营销的本质是"营销行为"，从而与单纯的慈善活动划清了界限。

公益营销具有以下几个方面的优势：

① 具有营销实效性、公益性、全局性和传播性 4 个特点。

② 提高企业对社会公益需求和危机事件的预见力。

③ 巩固企业的社会关系体系，提高综合竞争力。

④ 在不增加成本的前提下，对企业营销模式进行优化。

⑤ 紧紧地围绕住营销的目标，兼顾社会效益和经济效益。

⑥ 对企业文化起到巩固作用。

作为一种营销模式，公益营销产生的效果是显而易见的：

(1) 长远地看，企业通过公益慈善活动体现了自己高度的社会责任感，并由此建立社会大众的信任，改变人们对企业的看法，树立了良好的企业形象。美国一项对 469 家不同行业公司的调查表明：资产、销售、投资回报率均与企业的公众形象有着不同程度的正比关系。而且这种营销项目本身也超出了普通营销项目的意义。

(2) 这种营销项目能有力地调动员工的积极性。有数据显示，与没有从事过公益事业的公司相比，频繁从事公益事业公司的员工忠诚度大约高出 250 h。而超过 75%的员工之所以选择为其公司工作，部分原因在于看重该公司对各种社会公益事业的承诺。即企业员工的企业荣誉感使其更加忠诚于企业。

(3) 公益营销能有效地提高品牌知名度和美誉度。消费者的公益意识日益提高的今天，越来越多的消费者在价格、质量相当的情况下，其购买行为发生着品牌转移，转向有公益事业投入的企业品牌。

最早运用公益营销的美国运通公司，于 1981 年在全国性的营销活动中与公益事业——"修复自由女神神像"相结合，只要用信用卡购买运通公司的产品，运通公司就相应地捐赠一笔钱用来修复自由女神象。到 1983 年，该公司为此公益事业捐赠了 170 万美元。因此，公益营销逐渐成全球营销界热点话题。

星巴克的公益营销做得非常出色，它经常通过创造各种值得消费者回忆的公益活动，来增加消费者的忠诚度，从而进行品牌扩张与忠诚营销。星巴克在中国台湾通过"对原住民儿童的关怀教育"和"部落孩童助学计划"等公益活动，大大提高了自己的知名度和美誉度，树立了良好的企业形象。

20.1.2　公益营销的分类

依据不同的标准可以将公益营销区分为不同的类型。

1．持续性公益营销与一次性公益营销

持续性公益营销的核心在于培养与塑造企业的品牌，对企业的长远发展大有裨益。持续性公益营销一般适用于资金雄厚的企业。在我国，跨国公司多采取持续性营销方式，最为显著的表现形式是冠名捐赠。

一次性完成的项目最大的优势在于活动本身的可控性，但是弊端是由于曝光时间较短，所带来的利益较少，且短期的公益行为易于使消费者怀疑企业的动机。但对于一些资金不是很雄厚的企业来说，实施公益营销策略或许只能选择此种公益营销。依据公益营销的长期性原则，我们认为，我国企业可以坚持实施一次性公益营销策略。可以选择的公益营销类型有：① 销量决定型公益营销。② 抽奖捐赠型公益营销。③ 奖项捐赠型公益营销。

2．企业与其他组织、机构合作开展的公益营销

根据前面的论述，其他组织、机构包括政府及其部门、非政府性组织(NGO)、国际机构等，企业与其他组织、机构合作开展公益营销的目标包括提高社会知名度，展现企业及其品牌的价值，提高消费者参与程度，使企业显得与众不同等。该种营销方式又可以细分为捐助型公益营销、直销型公益营销、特许授权型公益营销。

1) 捐赠型公益营销

捐赠行为是企业对其他组织、机构的资金、物资、服务的无偿给予。企业对其他组织、机构的捐助可以是金钱，也可以是企业提供的产品或者服务。

2) 直销型公益营销

从企业的角度来讲，直销型公益营销也是可以采取的一种公益营销方式。典型的例子

是流行于发达国家的附属信用卡的发行，人们在申请特定信用卡的同时，就会有一笔钱划拨给慈善机构或公益事业；若持卡人进一步使用信用卡，则依据消费的数量继续向慈善团体或公益事业捐款。

3) 特许授权型公益营销

企业向相关慈善团体或其他公益组织、机构支付特许使用费，从而获得在其产品或服务上，使用慈善团体或其他公益组织、机构标志或身份的权利。特许授权型公益营销是一个值得借鉴和开拓的公益营销类型。

3. 企业支持公益活动开展的公益营销

在我国，这种类型的公益营销比较常见。很多企业开展的"每购买××将有××捐献给××"活动的行为；面对假冒伪劣产品泛滥成灾，一些名牌产品生产厂家及商场采取的悬赏等系列营销活动的行为；某净水器企业针对水资源日渐减少、水质污染而进行的节水征文研讨、街头宣传等活动的行为。企业支持公益活动开展公益营销的主要特征是，在没有其他组织、机构的参与下，企业利用公益活动吸引民众目光，在活动中宣传企业理念，提升企业品牌价值。

【案例】 平安人寿&幕天公益：撑书撑少年

案例背景

平安人寿公司作为幕天公益长期的公益合作伙伴，2016 年末，双方发起战略性公益合作项目——幕天捐书，利用全国近千家寿险门店和百万代理人资源，为幕天乡村学校图书角，筹集书籍，支持乡村阅读公益发展。为此，2017 年，双方希望能在 9 月，结合腾讯 99 公益日，发起一场具有广泛社会影响力，声势强劲的公益传播事件。

平安人寿和幕天公益一直在寻求合作的平衡点，双方一直在探寻，如何能实现品牌口碑和公益效益的双达成。作为企业，平安人寿希望能够承担更多社会责任来做公益，但又不知从哪着手，不知如何通过参与公益活动来提升企业品牌的知名度和美誉度。作为公益组织，幕天公益希望通过与企业合作扩大影响力，从而更好落实项目的公益理念，幕天公益不知如何与企业合作，最大化地借助企业的资源落实公益理念。

此次平安人寿的营销目标：通过与幕天公益合作，参与"撑书撑少年"公益活动，对内要能撬动全公司员工普遍参与，增加凝聚力；对外让大众知晓平安人寿的公益行为，增强企业品牌美誉度和社会责任价值，展现平安人寿的"慈善文化"及员工团结向上向善的精神风貌。与此同时，能让幕天在活动中达到筹款 200 万的目标。

★ 营销策略与创意

生活中，每个人都因为各种各样的事情而忍耐、坚持。乡村孩子也一样，在困苦的生活和学业中撑起自己的一片天。这是一种状态，也是一种态度。我们认为，"撑"代表着一种价值宣示、一个公益口号、一次生活态度、一种时代精神，更符合幕天公益"每个少年都应有向上生长的机会"的价值引申。

为实现具象化"撑"的概念，幕天公益通过对同类公益事件和大众生活的分析，设计了一个以"撑"为标准传播动作的公益接力活动——撑书撑少年。即通过标准玩法：拍摄用头顶"撑书"的照片(或其他创意"撑书"姿势)，发布到社交平台，以此来向自己生活中的坚持致敬，同时也为孩子送去书籍和知识，撑起乡村少年的梦想与未来。

同时在线下，通过在地铁、户外大屏投放广告和百位名人参与进行传播，引爆社会大众参与到"撑书撑少年"的活动中，一起关注乡村少年的精神成长。

案例执行

1. 预热阶段——利用节点、社会现实，唤醒大众同理心，引发情感共鸣。

(1) 全国中小学开学日，唤起大众同理心。通过城里小孩读书和乡村小孩对比的系列文章，让公众关注乡村小孩的读书环境，触发大众同理心。

(2) 百城纸媒悬念广告，揭示大众生活的各种痛点。由"撑"挖掘大众生活的各种困惑，发出"还要撑下去的吗？"的叩问，为后续品牌方的主张，鼓励大众为自己坚持，力撑自己的理念做好铺垫，以此强化"撑"的内核。

2. 启动阶段——针对公众对事件的信任度、公益实效性，进行证明、宣发。

(1) 超过 200 位大咖发声，力撑少年。涵盖中国文坛、学术界、企业、媒体、娱乐圈、音乐圈、体育界大咖，身体力行，"撑书撑少年"，号召全民关注乡村阅读公益事业。

(2) 权威单位为事件站台，强化公益信任度。中国青基会和中国文化院作为公益事件指导单位，率领众多跨界机构集体发声。

(3) 新华社等主流权威媒体印证，增加公信力。获新华网、人民网、和讯网等多家媒体转载报道。

3. 引爆阶段——针对大众生活、网民娱乐、话题、公益联动、业务联动场景引爆。

(1) 针对大众生活。

① 多城地铁包厢广告、户外大屏广告。从大众日常出行、户外的场景进行大量广告曝光，在广州、深圳的商业、人流旺区户外大屏投放温情视频广告、灯光秀，打动城市居民。

② 跨界合作。与饿了么和 KEEP 进行线上、线下传播互动合作，号召用户参与活动。

③ 发布朋友圈广告，精准投放。

④ 定制化社区活动，活跃 UGC 参与。

⑤ 全国多家独立书店、咖啡店地推，情怀升级。

(2) 针对网民娱乐、话题场景。

① 发布"撑书撑少年"微博话题，引大众、明星深参与，发动粉丝力量，"撑书撑少年"。

② 邀请蒋劲夫、李晨参与明星公益直播，实时挑战撑书。

③ 秒拍 APP 跨界悬赏互动，玩转公益。热门短视频平台，开设互动悬赏公益活动。网民以视频方式接受"撑书撑少年"挑战，即能赢取好礼。

④ 多款 H5 助力公益社交推广。

⑤ 公益视频：微电影、病毒视频助推公益，累计播放量超 3000 万。

(3) 针对公益联动场景。

受助学生共同参与，花样撑书，力撑自己。

(4) 针对业务联动场景。

企业一把手平安人寿董事长兼 CEO 丁当亲自发出倡议，发挥榜样力量拉动员工参与。结合企业特色，总部、机构发起挑战赛、撑霸赛，助力产品推广、增员及客户经营，活动类型包括但不仅限于客服柜面等场所举办"平板支撑"、"头顶撑书"等线下挑战赛。

平安人寿各分公司、业务队伍线下积极参与，利用其庞大的业务队伍优势将公益活动声浪推到制高点。

4．收官阶段——针对公众对事件的信任度、公益实效性，进行证明、宣发。

★ 营销效果

(1) 传播效果。

"撑书撑少年"事件话题阅读量达 1.5 亿，微博话题公益榜 Top1、总榜 Top 6。涵盖文化界、企业圈、娱乐圈、教育界、体育界等多个领域的近 200 位大咖、50 多家机构作为发起方，接受撑书接力，全民参与。约 100 万人接受参与线下撑书接力。百位大咖响应幕天公益号召，参与"撑书撑少年"行动。

(2) 公益实效。

9 月 7 日—9 月 9 日，幕天公益"人人图书角"项目在"撑书撑少年"公益行动的推动下，有 254 117 人参与捐款，总筹款额达 2 230 009.81 元。与 2016 年相比，公众筹款增长 70%，捐款人数增长 500%。

20.2 公益营销的实施

20.2.1 公益营销的手段

企业参与公益事业可以选择的具体手段有很多，应用较多的有以下几种：

(1) 公益事业宣传：以促进公众对某项公益事业的了解和关心为目的，企业采用提供资金、非现金捐助或者是其他的企业资源，或者为某项公益事业的募捐活动，参与或为志愿者招募提供支持。

(2) 公益事业关联营销：企业并没有承诺一个精确的捐赠数额，而是基于产品销售额或者一定比例的营业收入来捐助某项公益事业。

(3) 企业的社会营销：企业在自身战略(整体发展战略、具体的产品战略、营销战略等)的指导下，支持一项行为改善活动的策划和实施，以达到改善公共健康、公共安全、环境保护等目的。

(4) 企业的慈善活动：企业以现金拨款、捐款或者非现金服务直接捐助某个慈善机构或某项公益事业。

(5) 社区志愿者活动：企业支持和鼓励企业的员工、分销商、零售商等合作伙伴奉献他们的时间来支持当地的社区组织和公益事业。

(6) 对社会负责的商业实践：企业自觉履行企业公民责任，积极地开展符合社会发展趋势和潮流、符合社会道德、符合公众利益要求，以及改善社区福利和保护环境等一系列的内部和外部活动。

【案例】 汉仪字库世界阿尔茨海默病日公益倡导：不再遗忘

案例背景

每年的 9 月 21 日是世界阿尔茨海默病日，汉仪字库联合麦利博文、新浪微公益、中国人口福利基金会以及中国阿尔茨海默病协会共同发起"不再遗忘"的公益倡导，发布了阿尔茨海默病字体，号召大家一起关爱阿尔茨海默病患者。

此次汉仪字库的营销目标：通过阿尔茨海默病字体这种独特的表现形式，引起更多人对阿尔茨海默病的关注，在世界阿尔茨海默病日推广使用该字体，让爱扩散。

★ 营销策略与创意

观察发现，随着病情的演化，阿尔茨海默病患者的语言能力会逐渐退化，例如，忘记词汇或失去对文字的理解。文字作为语言的组成部分，成了考查病情的重要指标之一。而记忆的逐渐缺失则如文字笔画的缺失，当字难以辨认，就会让人感到迷茫。

因此，设计一套笔画缺失的汉字字库，并应用在不同的场景，当正常人阅读这些字时，便能切身体会阿尔茨海默病患者的迷茫与吃惊，进而引发持续关注。

字体是一枚符号，字库则是一种文化。为了让概念字体能被编辑与使用，我们特地为它制作了规模庞大的中文字库。这不仅增加了文字阅读上的震撼感，更让笔画间蕴含的关爱信念得以广泛传递。

案例执行

执行过程：

(1) 9 月 21 日由中国人口福利基金会发起"不再遗忘"的公益话题，呼吁社会关注阿尔茨海默病。

(2) 活动当天由"锋味"发布阿尔茨海默病字体视频，引爆话题热度。

(3) 同日联合 130 多家企业微博共同使用阿尔茨海默病字体，发布关爱海报，让公益活动扩散到更多人。

(4) 活动一周内，微博公益榜首位引导用户进入主题关注公益活动。

(5) 活动一周内，微博首焦、信息流、热门广告位同步扩散。

(6) 活动一周内，联合 35 位明星共同加入公益扩散，最大化传播公益活动。

执行分析：

(1) 汉仪字库发起一场主题为"不再遗忘"的公益活动，由新浪微公益作为首席社会化公益传播平台，聚合中国人口福利基金会、明星名人、公众及各大品牌，为阿尔茨海默病发声。

(2) 在微博大 V 的推介中，汉仪字库加入了一个精心制作的 H5，让看到的用户通过 H5 参与到话题讨论中，以你最不想忘记的人或事情，在微博评论以及微信平台做二次传播。

(3) 联合 150 余知名企业，汉仪字库使用"不再遗忘"话题，结合自身品牌的特性，产出文案，扩散给社会各界人士。

★ 营销效果

新浪公益、数英网、微公益等平台进行了转发报道。

微博"不再遗忘"话题阅读量达 3949 万，讨论量 10.2 万；本次公益活动有 35 位明星暖心倡导，132 家企业爱心发声。

中国阿尔茨海默病患者已经达到 500 万。此病患者不仅需要社会的关注，同时也具备了公益营销的引爆基础。"不再遗忘"诉求的情绪点恰到好处，能给大众以思考、启发，进而具备社交传播的可能。

语言能力的退化或失去对文字的理解，是患者的病症。汉仪精心设计了一套笔画缺失的字体，让正常人切身感受到患者的迷茫，既呼吁社会大众不再遗忘阿尔茨海默病患者，又彰显了字库服务的市场定位与优势，兼顾了生意与善意。

传统的公益营销或许是"一本正经"的，但往往离客户很远。汉仪字库这次公益营销却"玩"了起来，通过创造阿尔茨海默字体，给人耳目一新的感觉。如果说"不再遗忘"是本次营销引爆情绪的船体，创意则是推动海量传播的风帆。

从本次的创意表现，我们再次看出，创意关键在"化不可能为可能"，字体如何和阿尔茨海默病嫁接？看似不可能，却恰是创意的引爆点，商业向善，汉仪字库做到了。

案例思考题

1. 此案例运用了哪些公益营销手段？
2. 你对此案例中的汉仪字库感兴趣吗？为什么？

20.2.2　公益营销实施的关键点

1. 正确理解公益营销

英特尔全球副总裁简睿杰(Jim Jarrett)认为："企业开展的公益活动与促销活动一般都会给社会带来利益。企业将自己一部分利益通过开展各种公益活动的方式回馈社会，不仅满足了社会公益活动中对资金的需求，同时企业又将良好的企业道德、伦理思想与观念带给社会，提高了社会道德水准。"企业既不能"为了公益爱心而公益"，也不能"为了商业而公益"，公益和商业必须是互相呼应并互相支持的。

出色的商业化运作会使得公益赞助变成一种社会受益、企业有利的双赢行为，并使企业有动力、有能力不断进行循环投入。在中国的传统思维中，做好事不留名是一种最高尚的道德情操。受此思维影响，有的企业家在进行公益赞助时，纯粹只考虑到尽一份企业的社会责任，而没有想到如何使公益赞助促成一种双赢的结果。而有的企业家则走向另一个极端，急功近利，弄虚作假，一切只向钱看，一切均以商业利益来权衡，最后把一场公益活动，变成一场闹剧。

实际上，公益营销必须进入一个完整的链条才能获得长足的发展。也就是通过公益活动，企业为公众创造利益，从而使公众对企业更加认可；而公众对企业的认可，使企业获得了更多的销售机会，从而企业获得成长；而企业在获得成长的同时，有更多的精力与财力承担更多的社会责任。

2. 确定符合企业品牌战略的公益主题，并与企业实力及资料相匹配

品牌传播的"项链理论"告诉我们：所有传播推广都必须围绕一个核心去运作。品牌核心理念及战略一经确定，便要持续不断地进行传播。所有的传播动作，包括公益活动，都以此为主线，保证企业主题的统一性及连续性。例如，安利自进入中国以来，一直是全民健康和运动的积极推动者。安利在公益方面主要选择3个主题："倡导健康"、"关爱儿童"和"致力环保"。如"倡导健康"有"纽崔莱健康跑"活动；"关爱儿童"有"安利名校支教"活动；"致力环保"有"哪里有安利哪里就有绿色"的"种植安利林"活动，以及赞助南北极科考和清扫珠峰的"登峰造极促环保"活动。

3. 顺大势，把握时机

当社会出现重大事件或重大事故时，政府、媒体、公众对事件的关注度是最高的。如果企业能够在第一时间主动行动，必然引来更多公众关注与媒体报道，从而达到四两拨千斤的效果。

在"512"大地震中，王老吉果断捐赠一个亿，赢得国人感动，公众纷纷抢购王老吉产品，以示支持；而万科却因王石不合时宜的言论陷入"捐赠门"漩涡，之后虽有1亿元的援建，但公众仍不买账，称"无论你抓过了多少山头，你也爬不过汶川的坟头"；而一向注重公益投入的一些跨国企业，也因行动迟缓备受诟病，"跨国铁公鸡排名"广为流传，以至于商务部不得不出面以正视听。益佰制药在2008年开展的"让圣火永不熄灭——我们的奥运全民健康大行动"活动，以调研"奥运究竟为中国留下什么"为主题，请最美火炬手金晶做形象代言人，在全国十大城市展开，上百万人参与，并最终发布"奥运财富报告"，多家中央机构支持，数位国家领导人签名或致辞，地方政府领导参加，声势浩大，成绩斐然。

4. 确定有良好声誉的NGO组织(非政府组织)作为战略合作伙伴

赞助什么项目，赞助多少，何时赞助，与哪个公益组织结成战略合作伙伴，必须考虑充分，把握得当。一个得力的NGO组织，其良好的声誉及出色的效率将使企业事半功倍，既让公益落到了实处，也让企业赢得了形象。

5. 急政府之所急，赢得政府的赞许

可口可乐在中国赞助了规模最大的公益活动——希望工程。1993年至今已在中国捐建了52所希望小学、100多个希望书库，让6万多名失学儿童重返校园。而摩托罗拉也为此持续投入了十多年，先是建立摩托罗拉希望小学，又让更多的员工以志愿者的身份加入进来，继而推动教师培训。

6. 贵在坚持

公益营销是企业战略的一部分，而不是做一两次"好事"。在摩托罗拉，企业公益都有一个长远的目标和一个具体的战略规划，对于项目的选择有一套完善的评估体系。在中国，教育和环保项目是摩托罗拉投入的重点。在前期选择公益项目时，摩托罗拉首先要考虑这一项目是否具备可持续性和可发展性。

做有高度社会责任感的企业公民是宝洁公司对社会的承诺。1952 年，宝洁公司建立了"宝洁基金"。今天，宝洁公司和宝洁基金会每年在全世界范围内的捐款都超过了 5 千万美元，不断向有需要的人向有需要的地方伸出援助之手。依靠着这种积极、主动、持续的公益赞助，宝洁在全世界建立起了良好的品牌美誉度与强大的影响力。

扬子江药业作为一个以"护佑众生，求索进取"为使命的大型医药集团，将拥军这一公益活动作为企业公益的核心，将企业的使命和人民军队护佑人民良好地结合起来，是社会责任感与企业发展高度融合的最佳公益战略。2007 年 8 月 1 日，在中国人民解放军建军八十周年之际，扬子江药业开展了"英雄母亲检阅英雄儿女"的活动，三军仪仗队以最高规格迎接了来自全国各地的英雄母亲，得到了媒体、公众、政府、军队等各界的密切关注，将扬子江药业的企业社会责任形象推到了高潮。

7. 做好传播，策略先行

公益营销是一个整体系统工程，贯穿整个营销环节。公益营销的实施，必须整合企业本身的资源，通过具有吸引力和创意性的活动，使之成为大众关心的话题、议题，成为具有新闻价值的事件，从而吸引媒体的报道与消费者的参与，使这一事件得到传播，最终提升企业形象，促进销售，达到营销的目的。

迈克尔·波特(Michael E.Porter)指出："企业从事公共事业的目标，从表面上看，是为了博得更多的认同和社会影响，而实质上，则应该集中于公司竞争力的增强。"现代公关之父艾维·李也指出："一个组织所做的有益于社会和公众的事情，最终必将有益于该组织自身"。我们完全有理由相信，随着公益营销越来越成为企业竞争战略的重头戏，公益营销将进入越来越良性的循环状态：公益做得越好，企业做得越强；企业做得越强，公益做得越好。

【案例】　**"公益+创意+广告"构建的公益营销新生态，改变还是被改变？**

案例背景

公益需要营销吗？公益不就是捐款吗？国内的公益环境，曾经从高峰跌入低谷，目前正在慢慢复苏。然而大多公益组织都不善于做公益项目的推广，也因为限于团队能力、资源、资金等要素，导致很多用户在接触到公益项目时就产生了偏差与误解。

2017 年 8 月 15 日，腾讯社交广告与腾讯基金会联合发起的"我是创益人"创益嘉年华，在北京举行了一场有趣有爱的"创益盛宴"。腾讯与国内外创意大咖、公益人在一起分享了公益与创意、与广告之间的关系。当然，在腾讯的推动下，以 20 亿广告金支持的"创益计划"通过"我是创益人"大赛，吸引众多优秀的创意人参加。截至目前，大赛已收到创益大咖组(红组)报名 218 个团队，创益生态组(蓝组)报名 685 个团队，累计吸引全国超过 3000 名创意人参与。

在本次嘉年华上，腾讯集团高级执行副总裁刘胜义表示："数字时代到来后，每一个人都被科技以前所未有的方式连接在一起，而广告也进入到互联网＋的全新时代。在腾讯，我们的核心优势是科技、产品和平台，但更重要的是价值观。我们相信科技向善的力量，相信创意与公益融合的力量，相信社交赋能的力量，这三大力量将成为公益广告新未来砥砺前行的推动力。"

案例执行

在这个时代，社交网络让更多需要帮助的人得到帮助，也让更多人有机会参与到公益中。因移动互联网的迅速普及，我们每个人既是参与者又是传播者。腾讯社交广告总经理罗征介绍了腾讯社交广告助力 72 小时寻人的项目，这是一个基于社交大数据挖掘、精准定向等技术能力的项目，自 2014 年至 2017 年 3 月，腾讯社交广告共为寻亲项目发布了 87 个案例，其中 54 位走失人口已经找回，走失儿童总寻回率达到 62%。

"从营销能量通向公益热量"，社交广告正在发挥桥梁作用：

(1) 场景：通过 QQ、微信等多样广告场景与 9 亿用户互动。

(2) 数据：打通用户行为链路的数据闭环，让广告始于对人的洞察，终于对目标受众的打动与行动。

(3) 赋能：公益不仅仅是被打动，还需要行动。在这一点上通过数据、技术、场景的融合，形成高效转化。

比如，有一个案例叫"为爱充值"，这个活动的背景是全国约有近 1500 万农村留守儿童每年极少有机会跟父母联系，近 300 万孩子一年与父母完全没有联系。通过社交平台，用户可以参与到"为爱充值，回声计划"的活动中。

用户进入"微信手机充值—更多服务—做公益"页面，收集并捐赠"回声能量"。腾讯手机充值将根据用户捐赠能量总数，配捐支持"回声计划"公益项目。用户每捐赠一份能量，就能多帮助一名留守儿童获得与父母的日常通话机会。

通过微信、QQ 等多平台的广告场景，腾讯社交广告不仅为公益项目提供与 9 亿用户连接对话的机会，还基于腾讯基金会打造了在线公益捐赠平台，使好创意通过精准的广告投放引发更多社交平台用户的 Action(行动转化)，成为公益项目的关注者和捐赠人。

腾讯推出"为爱充值"系列微电影《请给我们一首歌的时间》。"为爱充值"中的一首《鲁冰花》让很多人看了落泪，这就是创意赋予公益的力量，当然社交平台会使这股力量快速放大，并使公众产生公益行动。

戛纳国际创意节主席 Terry Savage 说："创意可以驱动向善的想法更快更强劲，不管是品牌、公益组织，还是公司，都可以通过不同的方面得到改变，通过创意改变我们可以影响到具体的人。"

腾讯社交广告与腾讯基金发起"我是创益人"大赛，正在通过"公益＋创意＋广告"的新生态公益营销模式改变并颠覆传统公益传播，透过数据内容及精准的洞察能力，对公益圈层的有效触及，定会产生更多可能性。

"公益 + 创意 + 广告"的新生态的启发：

(1) 社交力引爆。QQ、微信、QQ 空间等腾讯系社交平台，加上腾讯系生活服务平台，比如美团点评、滴滴等，覆盖 95% 上互联网用户。社交带来了关系链的传递，尤其公益项目会形成信任背书之外的快速扩散。

(2) 创意力聚合。通过推出"创益计划"，再到此次"我是创益人"大赛，腾讯社交广告与腾讯基金会构建的公益新生态，慢慢会聚集更多优秀的创意人才加入。从一线实操者、公益人，再到国内外创意大咖、评审，这种创意力量的聚合会推动公益的快速前行。如果营销人爱上公益、乐于公益，未来不可想象，可能更多创意人在为客户提供解决方案时，会从公益出发。

2017 年 8 月 16 日，腾讯公布第二季度及中期综合业绩：第二季度总收入为人民币 566.06 亿元(83.56 亿美元)，比去年同期增长 59%。其中，网络广告业务的收入同比增长 55%，为人民币 101.48 亿元；社交及其他广告收入增长 61%，为人民币 60.71 亿元，占网络广告收入的 59.8%。该项增长主要来自微信(主要是微信朋友圈及微信公众账号)及其他移动端应用的广告收入增长。

快速发展的腾讯帝国，从 10 年前发起腾讯基金会开始，就在承担着企业的社会责任。然而，腾讯做的不仅仅是企业自身的捐款，更重要的是在社交网络、移动互联网中为公益机构(NGO)、爱心企业、爱心网友提供社交型公益平台。

"我是创益人"大赛是"公益 + 创意"的新生态，是一次实验，更是公益的机遇。

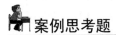 **案例思考题**

从此案例中，你对如何开展公益营销得到哪些启发？

第21章　绿色营销与案例

绿色营销是一种能辨识、预期及符合消费的社会需求，并且可带来利润及持续经营的管理过程。绿色营销观念认为，企业在营销活动中，要顺应时代可持续发展战略的要求，注重地球生态环境保护，促进经济与生态环境协调发展，以实现企业利益、消费者利益、社会利益及生态环境利益的协调统一。

21.1　绿色营销的界定

目前，对于绿色营销的概念没有一个统一的界定。

概念一：所谓绿色营销是指企业在生产经营过程中，将企业自身利益、消费者利益和环境保护利益三者统一起来，以此为中心，对产品和服务进行构思、设计、制造和销售。

概念二：绿色营销是指企业以环境保护为经营指导思想，以绿色文化为价值观念，以消费者的绿色消费为中心和出发点的营销观念、营销方式和营销策略。绿色营销要求企业在经营中贯彻自身利益、消费者利益和环境利益相结合的原则。

概念三：所谓绿色营销，是指社会和企业在充分意识到消费者日益提高的环保意识，和由此产生的对清洁型，无公害产品需求的基础上，发现、创造并选择市场机会，通过一系列理性化的营销手段，来满足消费者以及社会生态环境发展的需要，实现可持续发展的过程。绿色营销的核心是按照环保与生态原则，来选择和确定营销组合的策略，是建立在绿色技术、绿色市场和绿色经济基础上的，对人类的生态关注给予回应的一种经营方式。绿色营销不是一种诱导顾客消费的手段，也不是企业塑造公众形象的"美容法"，它是一个导向持续发展和经营的过程，其最终目的是在化解环境危机的过程中获得商业机会，在实现企业利润和消费者满意的同时，达成人与自然的和谐相处，共存共荣。

概念四：关于绿色营销，广义的解释是指企业营销活动中体现的社会价值观、伦理道德观，充分考虑社会效益，自觉维护生态平衡，自觉抵制各种有害营销。

从这些界定中可知，绿色营销是以满足消费者和经营者的共同利益为目的的社会绿色需求管理，以保护生态环境为宗旨的绿色市场营销模式。

目前，西方发达国家对于绿色产品的需求非常广泛。以绿色食品为例，英国、德国绿色食品的需求完全不能自给，英国每年要进口该食品消费总量的80%，德国则高达98%。这表明，绿色产品的市场潜力非常巨大，市场需求非常广泛。

　　绿色营销是适应二十一世纪的消费需求，而产生的一种新型营销理念。也就是说，绿色营销还不可能脱离原有的营销理论基础。因此，绿色营销模式的制订和方案的选择，及相关资源的整合，还无法也不能脱离原有的营销理论基础，可以说绿色营销是在人们追求健康(HEALTH)、安全(SAFE)、环保(ENVIOROMENT)的意识形态下，所发展起来的新的营销方式和方法。

【案例】 IBM 升级版"绿色地平线"使空气污染无所遁形

案例背景

　　千年历史名城杭州以其柔美的青山、绿水、蓝天和深厚的人文底蕴为世人留下了深刻印象。为迎接 9 月各国游人到访杭州地区，确保"水清天蓝"的杭州与广大长三角地区能够共同沐浴在"科技助力"的清澄环境中，长三角区域空气质量预报预测中心，邀请 IBM 中国研究院参与助力，保障长三角区域的空气质量，以绿色科技支撑区域大气污染联防联控，依托长三角区域空气质量预测预报系统，强化管理决策支持及各项保障机制的落实。

案例执行

　　1. 透视 30 年国际气象大数据，推出升级版"绿色地平线"，助力决策区域性联防联控。

　　为了协助空气质量保障领导小组快速找到污染成因和趋势，制订最优减排管控措施，IBM 中国研究院进一步升级大数据分析、认知计算技术在环保领域的应用。依托收购 TWC 公司(The Weather Company，全球最大的气象公司之一)的相关业务，利用长达 30 年跨度的国际气象数据分析及预报经验，升级版的"绿色地平线"从多个尺度挖掘了大气复合污染成因及传输规律。

　　由 IBM 研究院研发的"污染过程多维认知案例库"，可以实现针对全国 367 个特定城市、20 多个维度的历史污染过程和天气形势全自动化认知分析，助力专业管理机构决策。通过同化融合海量历史数据(诸如空气质量、气象、遥感监测等)，从污染传输、气象条件、遥感反演等多个维度实现对 PM2.5、臭氧等多种污染物的历史同期污染过程深度对照；同时对重点城市和区域的污染发生频率、污染水平及特征、发生气象的条件、污染类型进行系统性诊断，及对未来过程与历史污染过程进行全方位自适应匹配，为全国空气质量保障和专家决策提供专业洞察和科学支持。

　　升级版的"绿色地平线"只用 2～3 秒时间，就可以为未来 15 天匹配到历史上最相似的天气及其污染变化趋势，利用国际气候数据分析的积淀，最终形成了空气预警和污染防治的决策建议，助力区域性联防联控的有效开展。

　　长三角区域空气质量预测预报中心、上海环境监测中心副主任伏晴艳表示："长三角区域的空气质量保障工作一直以来都非常具挑战性。IBM 研发的'污染过程多维认知案例库'，使得我们可以从多维度理解大气污染形成过程，把握污染趋势变化，以科技力量助力长三角区域的大气污染防治。"

IBM 中国研究院副院长、IBM "绿色地平线" 计划全球研发负责人董进博士表示："本次合作是长三角区域空气质量预测预报中心与 IBM 先进创新科技的成功结合。'污染过程多维认知案例库' 是大数据分析和认知计算技术在环保领域极具代表性的应用成果。'绿色地平线' 技术，能够助力提升长三角区域空气监测及预报能力，提高决策及措施的科学性和高精准度。"

2. 诊断：管控臭氧 "污染过程多维认知案例库"，破解长三角大气污染难题。

作为中国华东以至全国的经济活跃带，长三角是中国制造、商贸、金融产业最为集聚的地区之一，也是中国城镇化、文化交流、创新经济和可持续发展的中心之一。这里温和湿润的亚热带季风气候形成了多污染物共存，相互影响，互为源汇的区域性复合大气污染特征，为大气污染预测、污染成因掌握及防控措施决策等带来了更为复杂的挑战。

基于长三角地区轻工业较为发达、地理环境、空气污染及监测管理等特殊性，各方的初期预判结论是 8 月至 9 月的空气质量保障的重点目标不是 PM2.5，而是臭氧管控。

通过联合研究的初期预判，对于长三角区域空气质量预报预测中心来说，在减排措施下，杭州区域其他空气污染物基本都已达优秀或者良好，唯独臭氧浓度成为防控的最大挑战。到底是本地减排力度的程度的原因，还是异地传输的原因，抑或是气象原因？这种污染过程在 9 月初会不会再现？这给保障决策带来了极大的挑战。

IBM 大中华区 "绿色地平线" 计划总经理徐海龙博士介绍说："'绿色地平线' 强大的 '污染过程多维认知案例库' 和认知分析技术使得我们可以快速对 3 次臭氧反常污染过程进行污染成因分析。"

经过分析发现，气温高、湿度低的天气因素是造成这次污染的主要原因之一；同时，在 8~10 月期间，该区域臭氧和二氧化氮的浓度变化存在强负相关性，二氧化氮的大幅下降破坏了氮氧化物与臭氧的平衡，是此区间臭氧浓度上升的重要原因之一。

"污染过程多维认知案例库" 还抽取了与此次污染过程及外部形成条件相似的历史案例，以作为决策的事实依据。例如，基于数据分析，案例库可显示出：9 月初将会经历一次与 8 月底非常类似的臭氧轻度污染过程，提出了应针对性加强臭氧前体物挥发性有机化合物管控的建议。

3. "绿色地平线" 守护蓝天创新、联动科技，助力可持续发展。

建立创新、活力、联动、包容的世界经济，落实可持续发展计划，是世界经济体的共同目标。此次与长三角区域空气质量预测预报中心的合作，是保障空气质量联防、联控举措，呵护 "科技蓝天"，助力环保，落实可持续发展的创新、联动的积极行动。

IBM 大中华区首席技术官、IBM 中国研究院院长沈晓卫博士表示："IBM 一直致力于通过大数据、认知计算等先进技术创新研发，长久支持中国实现可持续发展目标。'绿色地平线技术' 可以在环境保护、能源利用等深层次方面，加强中国在国际平台的竞争力和领先水平。未来 IBM 将与更多合作伙伴展开深度合作，为更广泛的技术应用研发提供帮助。"

自 2014 年 7 月启动以来，"绿色地平线" 已经在空气质量管理、可再生能源高效利用等社会发展的重要领域中，连续取得了创新成果，其高精度空气质量预测及管理决策支持技术，已经被北京、河北等中国多个省市，南非约翰内斯堡和印度德里等国内外多个地区，应用于空气质量监测、治污决策管理中。

案例思考题

从此案例中，对于绿色营销你得到了哪些启示？

21.2 绿色营销的策略

1. 绿色营销战略计划

实施绿色营销战略是与企业的长期发展规划和战略分不开的。企业对于绿色营销的实施和开展必须要有充足的准备，以便为绿色营销提供必要的条件。实施绿色营销要求企业在深入进行目标市场调研的基础之上，将企业产品和品牌进行合理的市场定位，分析潜在市场容量和潜在顾客购买能力，对绿色营销资源有效整合，发挥绿色营销独特的作用，扬长避短，实现绿色营销的综合效益最大化。

针对绿色营销的战略意义，企业要有一个明确的绿色发展计划，作为绿色营销计划的实施基础。绿色计划应该详细表述产品绿色发展周期、绿色品牌实施计划、绿色产品研发计划、绿色营销推广计划、绿色营销服务通道计划、绿色商流物流价值流计划、绿色营销管理方案等。

另外，企业在实施绿色营销前，要对实行绿色营销的过程管理、人力资源管理、资金流和价值流的管理进行系统地计划，确保营销过程中各种资源适时地有效整合，推动整个绿色营销进程的实施，为最终实现各种利益体的共赢打下坚实基础。

2. 绿色产品和品牌策略

营销理论的发展已经给大家一个共识：营销从采购开始。绿色营销的开端更要从源头抓起。只有这样，才能保证绿色产品供应链的有效运转，最终实现绿色消费，达到对生态环境的保护并减少污染的目的。

首先，绿色产品设计成为重中之重。产品策略是市场营销的首要策略。企业实施绿色营销必须以绿色产品为载体，为社会和消费者提供满足绿色需求的绿色产品。所谓绿色产品是指对社会、对环境改善有利的产品，或称无公害产品。这种绿色产品与传统同类产品相比，至少具有下列特征：

① 产品的核心功能既要满足消费者的传统需要，符合相应的技术和质量标准，更要满足对社会、自然环境和人类身心健康有利的绿色需求，符合有关环保和安全卫生的标准。

② 产品的实体部分应减少资源的消耗，尽可能利用再生资源。产品实体中不应添加有害环境和人体健康的原料、辅料。在产品制造过程中，应消除或减少"三废"对环境的污染。

③ 产品的包装应减少对资源的消耗，包装和产品报废后的残物应尽可能成为新的资源。

④ 产品生产和销售的着眼点，不在于引导消费者大量消费而大量生产，而是指导消费

者正确消费而适量生产，建立全新的生产美学观念。

其次，绿色产品讲究综合成果。即绿色产品要能够体现健康、安全、环保，体现对社会的一种责任意识，将原本属于社会职能的内容考虑到企业的经营管理当中，并认真负责地承担起解决这些社会问题的义务。

另外，企业只有对外树立起良好而健康的企业形象，才能真正实现打造绿色品牌的任务。企业在进行品牌战略时，要切实抓紧绿色产品这一载体，赋予绿色品牌更多的内涵，体现绿色经营管理文化，灌输绿色经营管理观念，丰富品牌承载量，扩展品牌深度，从而实现品牌价值最优化、最大化。绿色品牌策略包括如下内容：一是具有高度责任意识的绿色品牌定位；二是精细而健康的绿色品牌维护；三是科学系统的绿色品牌经营管理；四是长期不懈地进行绿色品牌修正。

3. 绿色产品的价格策略及市场定位

首先，绿色产品具有较高的附加值，拥有优良的品质。无论从健康、安全、环保等诸多方面，绿色产品都具有普通产品无法比拟的优势。因此，在其市场定位上，应该着眼于较高的消费需求。企业可以根据市场环境因素，对不同市场进行不同的产品定位。研究表明，在欧美发达国家，即使普通的消费也都倾向于绿色消费。所以绿色产品在发达国家，已经非常普通，其市场定位当然也较为普通；但在发展中国家，绿色产品的消耗量还很小，对于普通消费者来说还是奢侈品，因此，其必须要在一个较高基点上进行市场定位。

其次，在价格策略上，绿色产品由于支付了相当昂贵的环保成本，加之在产品选材及设计上的独特性和高要求，使其具有普通产品无法比拟的高附加值。因此，绿色产品的价格比一般普通产品高是极其正常的。消费者也很愿意接受这样的一种价格。所以，企业在为绿色产品进行定价时，要充分地将环保成本、研发设计成本以及其他诸如绿色包装、绿色材料、绿色渠道、绿色服务等成本考虑在内，从而制定出对于企业和消费大众，都是比较合理的市场价格。逐步在消费者心目中灌输一种"污染者付费"、"环境有偿使用"的现代观念。

另外，企业在对绿色产品定价时，应该遵循一般产品的定价策略。根据市场需求、竞争情况、市场潜力、生产能力和成本、仿制的难易程度等因素综合考虑，切不可盲目完全采取撇脂定价策略，亦不宜完全应用渗透定价策略。注重市场信息收集和分析，分析消费者的绿色消费心理，制订合理可行的绿色价格方案是完全必要的。

4. 绿色渠道策略

绿色营销渠道是绿色产品从生产者转移到消费者所经过的通道。企业只有充分保障绿色产品物流、商流、价值流、信息流在渠道中畅通无阻，才能最终实现绿色消费。企业实施绿色营销，必须建立稳定的绿色营销渠道，策略上可从以下几方面努力：

① 启发和引导中间商的绿色意识，建立与中间商恰当的利益关系，不断发现和选择热心的营销伙伴，逐步建立稳定的营销网络。

② 注重营销渠道有关环节的工作。为了真正实施绿色营销，从绿色交通工具的选择，绿色仓库的建立，到绿色装卸、运输、贮存、管理办法的制定与实施，认真做好绿色营销渠道的一系列基础工作。

③ 尽可能建立短渠道、宽渠道，减少渠道资源消耗，降低渠道费用。

5. 绿色促销策略

绿色促销就是围绕绿色产品而开展的各项促销活动的总称。其核心是通过相关活动，达到树立企业绿色健康形象，丰富企业绿色营销内涵，促进绿色产品推广和消费的目的。这样，企业可以巩固其绿色产品市场地位，开拓绿色市场容量。绿色促销的主要手段有以下几方面：

① 绿色广告。通过广告对产品的绿色功能定位，引导消费者理解并接受广告诉求。在绿色产品的市场投入期和成长期，通过量大、面广的绿色广告，营造市场营销的绿色氛围，激发消费者的购买欲望。

② 绿色推广。通过绿色营销人员的绿色推销和营业推广，从销售现场到推销实地，直接向消费者宣传、推广产品的绿色信息，讲解、示范产品的绿色功能，回答消费者的绿色咨询，宣讲绿色营销的各种环境现状和发展趋势，激励消费者的消费欲望。同时，通过试用、馈赠、竞赛、优惠等策略，引导消费兴趣，促成购买行为。

③ 绿色公关。通过企业的公关人员参与一系列公关活动，诸如发表文章、演讲和影视资料的播放，社交联谊，环保公益活动的参与、赞助等，广泛与社会公众进行接触，增强公众的绿色意识，树立企业的绿色形象，为绿色营销建立广泛的社会基础，促进绿色营销业的发展。

企业开展绿色促销，要严格与传统促销活动区分开来。绿色促销要重点开展具体的营销和推广活动，将企业的绿色行动付诸实施。企业可以通过一些媒体宣传自己在绿色领域的所作所为，并积极参与各种公益及环保活动，大力提倡绿色环保产品的推广和使用，带头推动一些有意义的环保事业。

另外，绿色营销本身就是一项具有高度责任感的事业。企业必须时刻以对自然、对他人、对未来、对竞争对手负责的态度，奉献自己的绿色爱心，提高公众的绿色意识，引导绿色消费需求。

因此，制订绿色促销策略，不但要突出爱心、责任、奉献等人文因素，而且也要具有长期的战略眼光，将企业的长期利益与企业的短期目标结合起来，要有重点、有秩序地层层推进，切不可虚张声势、不切实际。

【案例】 世界自然基金会的绿色营销：数字地球一小时

案例背景

公益活动"地球一小时"在中国缺少话题性和新鲜感，公众参与率低。此外，网上抵制"地球一小时"的人不少，质疑也越来越多。通过洞察发现，在中国，网络的互动非常容易调动话题，人们的分享动机值高。虽然中国的"地球一小时"活动参与度低，但晚间8点至10点，中国网民的在线数量却是惊人的。此外，优酷网、开心网、QQ绿色网、QQ公益网、人人网、139网等每天的浏览量合计超过 2 亿次。

因此，此次营销的目标是：引起话题，提升大众对"地球一小时"的参与度，宣传相关网站的品牌形象，让大众通过实际的节能行动获得互动和感受，使环保理念更加深入人心，并通过互动黏性强的社交数字网络平台扩大参与量。

★ 营销策略与创意

(1) 观念的转换。并不是提倡"不用"，而是提倡"只用你需要的"，从"关灯"到"只开你需要的灯"，同时利用互联网的创新精神和理念，从"实际节能"转换到"强调节能"。

(2) 数字化。2013 年 3 月 23 日 20:30 至 21:30，人人网、优酷网、QQ 公益网、开心网等网站熄掉了网页上的"灯"，给网民别样的感受，让"地球一小时"更加数字化。

(3) 制造话题。在人人网、开心网等社交网站执行，不仅参与人数多，而且能够立即转换为话题——网民可以直接在社交网站发表看法。同时，在微博、微信朋友圈、各大媒体报道中引起关注，增加网站点击量。

案例执行

(1) 编写特殊的代码，与各大社交网络合作，例如：人人网、优酷网、QQ 公益网、QQ 绿色网、139 网和开心网等。

(2) 在网站平台上体验营销。在"地球一小时"活动期间，用户登录网站，看到网页变暗，页面上显示"看哪里，点亮哪里"的字幕，只有一个聚光点跟随鼠标移动，照亮浏览的页面，让用户切身体验并参与到活动中来。同时提供网站链接，方便用户在"数字地球一小时"网站上学习节约能源的知识。

(3) 在社交媒体上引发话题讨论。

★ 营销效果与评价

超过 5000 万台个人电脑、笔记本电脑及手机的屏幕同时"熄灯"。

大约有 10% 的中国网络用户参与这次活动，切实增加了"地球一小时"活动的参与度。

活动期间，参与活动的网站流量飙升 630%，整个活动的媒体化费为零。

案例评析

1．基于数字平台的体验式营销。

数字平台对广告商来说，受益最大的部分，莫过于消费者的行为是可以预测和计量的，可以通过数据找到消费者，了解他们的体验。在渠道方面，无论在哪个终端，人们都逐渐形成了自己的网络社交圈，社交媒体也逐渐成为受众聚集的平台。从社会背景来说，中国的网民更热衷于分享他们所经历的事情，而传播活动则能直接得到受众的反馈，如在人人网、开心网、微博上发表言论等。

2．成本低廉，效果显著。

这次数字化营销成本低廉，为优酷网、人人网、开心网等带来了同比增长超过 600% 的浏览量，是零成本的附加收益。

3．线上和线下形成了一致的体验关联。

此次"地球一小时"活动，不仅有线下的"关灯一小时"，还有线上"我的数字地球一小时"。

6. 绿色服务

随着经济的不断发展，服务已经由原来的营销辅助功能，转为创造营销价值的主要营销功能。而针对绿色营销而开展的绿色服务更是必不可少，它将为绿色营销最终价值的实现发挥极其重要的作用。随着近些年企业服务意识的加强，普通产品营销企业，在服务上已经开通了具有划时代意义的绿色服务通道，极大地方便了消费者与产品供应者之间的沟通，不但解决了顾客的后顾之忧，也为企业信息的收集和传输建立了渠道。而绿色营销更应该建立绿色服务通道。这一通道的建立将执行如下几项功能：一是传播绿色消费观念，减少绿色消费误区；二是真正从专业化的角度，解决消费者在绿色消费中出现的问题，指导消费者进行纯绿色消费；三是实现绿色产品价值再造。通过绿色服务，减少资源浪费、节约物质消耗、减少环保成本、实施资源综合利用，实现绿色产品在绿色服务中价值的最大化。

7. 绿色管理

企业在对外推行绿色观念的过程中，也要将绿色观念融入到企业的生产经营管理活动中。目前，国际比较通行的做法是"5R"原则：研究(Research)，就是把环保纳入企业的管理决策中来，重视对环保的研究及相关的环境对策；减消(Reduce)，通过采用新技术、新工艺、新材料，减少或消除有害废异物的排放；再开发(Rediscover)，积极进行科研活动，变普通产品为绿色产品，积极创造绿色品牌；循环(Recycle)，对废旧产品进行回收处理，循环利用；保护(Reserver)，积极参与环境整治活动，培养员工环保意识，树立企业绿色形象。

企业通过绿色管理原则，建立绿色发展战略，实施绿色经营管理策略，制订绿色营销方案，才能加快企业绿色企业文化的形成，推动企业绿色技术、绿色生产，生产出满足公众绿色需求的产品，实现社会和企业经济的可持续发展。

绿色营销观要求企业家要有全局、长远的发展意识。企业在制定企业发展规划和进行生产、营销的决策和管理时，必须时刻注意绿色意识的渗透，从"末端治理"这种被动的、高代价的对付环境问题的途径，转向积极的、主动的、精细的环境治理。在可持续发展目标下，调整自身行为，从单纯追求短期最优化目标，转向追求长期持续最优化目标，将可持续性目标作为企业的基本目标。

【案例】 **快递"量"不是核心，"降解"才是关键**

📖 案例背景

快递行业每年"双十一"来临都会迎来旺季。随着快递包裹数量的不断上涨，快递包装的垃圾量也随之上升。绿色物流刻不容缓，不仅需要国家管理部门的政策推动，还需要各大企业共同携手打造绿色物流。

今年的"双十一"，各大快递公司的快件量又将达到全年顶峰。但与往年"双十一"产生大量包装垃圾不同的是，随着绿色物流新政接连出台，物流行业从粗放式的"野蛮生长"

转型升级。2018 年的"双十一",部分"绿色快递"已在路上,您可能即将收到换装后的包裹。

旧包装:

目前,我国快递业的包装仍集中在六大类:快递运单/快递电子运单、编织袋、塑料袋、封套、包装箱(瓦楞纸箱)、胶带。

回收率低:快递业中纸板和塑料实际回收率不到 10%。

垃圾量大:我国特大城市中,快递包装垃圾增量已占到生活垃圾增量的 93%,部分大型城市则为 85%~90%。

污染大:透明胶带、塑料袋等材料主要原料都是聚氯乙烯,埋在土里需要上百年才能降解。

绿色包装:

快递电子面单:在南宁市使用率从 30%提升到 90%以上,每年集中销毁的快递面单超 3 亿份。

环保包装材料:可循环利用的环保编织袋使用率,已经从原先的 40%提升到 65%以上。全叠盖胶粘式包装箱,纸箱由原来的 5 层减少到现在的 3 层。

"瘦身胶带":封口胶的宽度由原来的 6 厘米"瘦身"到 4.5 厘米,并采用科学打包法。

案例执行

1. 包装垃圾回收率低,对环境造成污染。

随着快递业务的猛增,快递包装垃圾成了大问题。南宁市民魏女士是网购达人,家里的快递纸箱、塑料袋等堆放在房间的一个角落。纸箱会留着拿去废旧点变卖,塑料袋则进行分类,大的留下来装垃圾,小的丢掉。单身的小陈同样喜欢网购,她收到快递后,总是将包装直接丢进垃圾桶。因为塑料袋没有可以回收的机构,纸箱也占地方。

在明秀东路某小区里的一家圆通公司网点,工作人员介绍说,目前邮寄化妆品、玩具之类的物品多用纸箱包装,比较轻便的衣服多采用塑料袋包装,需要按斤称重的大件物品一般选择编织袋。对是否能回收利用这些包装垃圾,该工作人员表示不清楚,他们也不负责管理。

国家邮政局发布的数据显示,我国快递业中纸板和塑料的实际回收率不到 10%,这些包装大多被直接送进垃圾场填埋。

据国家统计局数据,从 2007 年到 2016 年,全国年垃圾清运总量从 14 841.3 万吨增长到 20 362 万吨,其中包含了不少快递包裹垃圾。而快递包装中常用的透明胶带、塑料袋等材料,会对环境造成不可逆转的损害,快递包裹减负刻不容缓。

2. 管理部门推进城市绿色物流体系建设。

邮政业是生态文明建设的重要领域,中央对打好邮政业污染防治攻坚战提出了新的明确要求。

南宁市邮政管理局积极推进绿色邮政业建设,坚持先行先试,先后联合市快递行业协会,开展快递面单集中销毁行动、电子面单推广使用行动、邮政快递包装的可循环推广行动等,为全面推广绿色包装工作积累经验。

　　自治区人民政府办公厅印发《广西大气污染防治攻坚三年作战方案(2018—2020 年)》，其中明确了建设城市绿色物流体系，推进新增和更新的，包括邮政车辆在内的配送车辆，采用新能源或清洁能源汽车。自治区政府办公厅日前还印发《支持新能源汽车发展的若干措施》，在新能源汽车研发生产环节、充电基础设施建设运营环节、采购及使用环节提出了规划要求和奖补政策。明确要求邮政业等多个行业，在新增和更新车辆时，新能源汽车的比例应保持增加，并提出相应的鼓励政策等。

　　目前，区内的顺丰、京东、宅急送等快递企业正在试点通过租赁方式，推广使用新能源汽车。其中顺丰已投入 12 辆、京东已投入 18 辆、宅急送已投入 5 辆，均用于支线运输和末端配送环节。而南宁邮政分公司投递邮路电动三轮车覆盖率达 100%，新能源汽车也已在试点使用阶段，2019 年将重点推广使用。

　　据南宁邮政分公司市场部副经理莫坚介绍，采用这些绿色环保快递措施后，所关联的成本开支有了明显的节约。比如，按现在电子运单使用率 90% 来算，公司一年就能节约好几百万元的成本支出。正在推进的新能源汽车，预计公司明年的汽油成本将下降 40% 以上。

　　3. 快递企业纷纷推行绿色环保措施。

　　《快递暂行条例》于 2018 年 5 月起正式实施，提出向绿色环保倾斜，明确鼓励使用可降解、可重复利用的环保包装材料，实现包装材料的减量化利用和再利用。随着相关政策标准相继出台，越来越多的物流企业开始率先行动，快递公司和电商平台纷纷试水绿色物流。

　　例如，中国邮政于 2018 年 5 月 10 日启动了绿色邮政建设行动，发布了《中国邮政绿色行动宣言》。其中，对快递包装进行了改革。11 月 11 日上午，记者在南宁市保爱路 66 号保爱邮政所大厅看到，大厅内展示着绿色低碳包装材料的纸箱。1、2、3 号包装纸箱变薄了，封口胶带也变窄了。

　　南宁邮政分公司城区营业网点营业管理员李女士介绍说，目前全市 100% 营业网点销售的商品均采用全叠盖胶粘式包装箱。之前包装时，封口胶往往要在纸箱上缠很多圈。现在开展胶带瘦身计划，向市民宣传科学打包法。比如，装载货物 8 公斤以下的纸箱采用"一"字打法，8 公斤以上的采用"井"字或"工"字打法，减少胶带使用量。此外，推广使用包裹电子运单，推进热敏打印机和便携式蓝牙打印机的使用等。

　　2018 年"双十一"，圆通速递全面启用一款芯片环保袋。该环保袋采用高分子聚乙丙烯材料，比普通编织袋更防水、耐磨和环保。其装载容量也更大，单只平均装件量达 38 票，是普通编织袋的 1.5 倍。同时，该环保袋与到件龙门设备相配合，可有效减少快件错分等情况，有利于快件的全程流向追踪。例如，苏宁的共享快递盒采用环保高科技材料，重量轻，无毒无害，坚固耐用，可 100% 回收再循环利用。

　　京东物流率先成立了电商行业首家物流包装实验室——京东物流包装科研检测中心，先后研发了新型两层物流标签、生物降解快递袋等新材料。推行之后，使用两层物流标签每年可减少 700 吨纸张的使用；使用生物降解包装替代传统 PE 包装袋，每年可减少 2000 吨聚乙烯材料的使用。在减少包装耗材使用方面，京东物流推出了更窄的"瘦身胶带"，大大减少了胶带的使用量。同时构建回收体系，目前已在部分城市的日常运营中推行纸箱回收计划，用户可以捐出闲置纸箱换取京豆奖励。京东物流提升了快递包装在供应链中的周转效率，大大减少了对环境的压力。

　　而如何从技术层面为绿色物流贡献一份力量，还有很长一段路要走。"未来的快递业，'快'保证不输，'绿'才能赢。"马云曾如是表示。而无污染、环保、可回收再循环利用，也将成为绿色物流要达到的彼岸。

案例思考题

　　请查找相关资料，谈谈你对建设绿色物流的思考。

参 考 文 献

[1] 叶琼伟，孙细明，罗裕梅，等. 互联网 ＋电子商务创新与案例研究[M]. 北京：化学工业出版社，2017.

[2] 谷虹. 智慧的品牌：数字营销传播金奖案例 2015 [M]. 北京：电子工业出版社，2016.

[3] 李琳. 网络营销[M]. 北京：电子工业出版社，2015.

[4] Judy Strauss，等. 网络营销[M]. 5 版. 北京：中国人民大学出版社，2010.

[5] 谭贤. 新网络营销：推广实战从入门到精通[M]. 时启亮，等译. 北京：人民邮电出版社，2016.

[6] 舒立平. 打造爆品：互联网产品运营实战手册[M]. 北京：人民邮电出版社，2017.

[7] 陈月波. 网络营销与案例评析[M]. 北京：中国财政经济出版社，2015.

[8] 杨路明，罗裕梅，等. 网络营销[M]. 北京：机械工业出版社，2017.

[9] 王薇. 互动营销案例 100(2014-2015)[M]. 北京：清华大学出版社，2015.

[10] 夏雪峰. 全网营销：网络营销推广布局、运营与实践[M]. 北京：电子工业出版社，2017.

[11] 徐雅卿. 电子商务导论[M]. 西安：西安电子科技大学出版社，2017.

[12] 曲翠玉，毕建涛. 电子商务理论与案例分析[M]. 北京：清华大学出版社，2015.

[13] 卢泰宏，朱翊敏，贺和平，等. 促销基础：顾客导向的实效促销[M]. 5 版. 北京：清华大学出版社，2016.

[14] 罗小鹏. 互联网企业发展过程中商业模式的演变：基于腾讯的案例研究[J]. 经济管理，2012，34(2)：183-192.

[15] 周旭阳. 移动互联网时代：LBS ＋O2O 客户定位与营销实战[M]. 北京：中国铁道出版社，2016.

[16] 珍妮·哈雷尼，赫尔曼·谢勒. 拒绝平庸：100 个最佳市场营销案例[M]. 郭秋红，译. 北京：中国友谊出版公司，2017.

[17] 唐方方. 移动商务与网络营销案例分析[M]. 北京：北京大学出版社，2013.

[18] 陈刚，方立军. 颠覆你的营销想象：金鼠标·数字营销大赛经典案例 100 集锦[M].北京：电子工业出版社，2015.

[19] 于勇毅. 大数据营销：如何利用数据精准定位顾客及重构商业模式[M]. 北京：电子工业出版社，2017.

[20] 阳翼. 大数据营销[M]. 北京：中国人民大学出版社，2017.

[21] 冯英健. 网络营销基础与实践[M]. 4 版. 北京：清华大学出版社，2013.

[22] 姜旭平. 网络营销[M]. 北京：中国人民大学出版社，2011.

[23] 贾森·米列茨基. 网络营销实务[M]. 李东贤，李子南，漆敏，等译. 北京：中国人民大学出版社，2011.

[24] 张卫东，秦琴，邬兴慧. 网络营销与实训[M]. 北京：经济科学出版社，2009.

[25] 王宜. 赢在网络营销：经典案例与成功法则[M]. 北京：人民邮电出版社，2008.

[26] 符莎莉. 网络营销[M]. 北京：电子工业出版社，2006.

[27] 贾帝许·N·谢斯，阿普杜勒扎·艾希吉，巴拉奇·C·克里士南.网络营销[M]. 喻建良，译. 北京：中国人民大学出版社，2005.

[28] 李蔚田，等. 网络营销实务[M]. 北京：北京大学出版社，2009.

[29] 翟彭志. 网络营销[M]. 3 版. 北京：北京：高等教育出版社，2009.

[30] 温浩宇，李慧. Web 网站设计与开发教程(HTML5、JSP 版)[M]. 西安：西安电子科技大学出版社，2014.

[31] 杨路明，等. 电子商务物流管理[M]. 2 版. 北京：机械工业出版社，2013.

[32] 维克托·舍恩伯格，肯尼思·库克耶. 大数据时代[M]. 杭州：浙江人民出版社，2013.

[33] 约翰·纽豪斯. 最高的战争：播音与空客的全球竞争内幕[M]. 宁凡，译. 北京：北京师范大学出版社，2012.

[34] 张焱. 从消费者出发，IBM 借"Made with"开创营销新篇章[J]. 商学院，2014，6：18-20.

[35] 韦薇. 快递"量"不是核心，"降解"才是关键[N]. 南宁晚报，2018-11-15.

[36] 魏家东. "公益＋创意＋广告"构建的公益营销新生态，改变还是被改变？[Z/OL]. [2017-08]. http://bbs.paidai.com/topic/1289516.

参考网址：

[1] http://baike.baidu.com/(百度百科)

[2] http://www.vmarketing.cn/(成功营销)

[3] http://www.17emarketing.com/(网赢天下网)

[4] http://www.ebrun.com/(亿邦动力网)

[5] http://www.100ec.cn/(网络经济服务平台)

[6] http://www.10000link.com/(万联网)

[7] http://chinabyte.com/(比特网)

[8] http://www.adchina.com/(易传媒)

[9] http://www.adquan.com/(广告门)

[10] http://www.cnnic.net.cn/(中国互联网信息中心)

[11] http://www.tmtpost.com/(钛媒体)

[12] http://www.taiwan.cn/(中国台湾网)

[13] http://www.sxrb.com/(山西新闻网)

[14] http://1th.tma999.com/html/case/(中国数字营销智库)

[15] http://jjckb.xinhuanet.com/2016-10/25/c_135778767.htm(经济参考网)

[16] http://mashable.com/2014/05/20/uniqlo-t-shirts-smartphone/(UTme!官方网址)